심리적 문제 치료에서의
동기면담

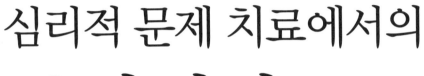

심리적 문제 치료에서의 동기면담

Hal Arkowitz, Henny A. Westra
William R. Miller, Stephen Rollnick 엮음
신수경, 조성희 옮김

Σ 시그마프레스

심리적 문제 치료에서의 **동기면담**

발행일 | 2009년 3월 16일 1쇄 발행

저자 | Hal Arkowitz, Henny A. Westra, William R. Miller, Stephen Rollnick

역자 | 신수경 · 조성희

발행인 | 강학경

발행처 | (주)시그마프레스

편집 | 홍선희

교정 · 교열 | 장은정

등록번호 | 제10-2642호

주소 | 서울특별시 마포구 성산동 210-13 한성빌딩 5층

전자우편 | sigma@spress.co.kr

홈페이지 | http://www.sigmapress.co.kr

전화 | (02)323-4845~7(영업부), (02)323-0658~9(편집부)

팩스 | (02)323-4197

인쇄 | 남양인쇄   제본 | 동신제책

ISBN | 978-89-5832-594-9(93180)

Motivational Interviewing

In the Treatment of Psychological Problems

＊책값은 책 뒤표지에 있습니다.

동기면담(Motivational Interviewing: MI)은 물질 남용자들이 가진 문제 해결의 핵심이 '동기' 때문이라는 Miller의 통찰에서부터 시작되었다. 자신이 가진 문제에 양가감정이 많은 사람일수록, 자신이 가진 문제 해결에 대한 낙관적 조망이 부족하고, 전문가를 비롯한 타인의 도움을 적절히 구하지 못하고, 전문가와 신뢰로운 의사소통을 하지 못하는 모습을 종종 보게 된다. 동기의 부족과 결손이 삶을 회복시킬 기회를 잡지 못하게 할 수 있고, 삶에서의 만족과 희망, 생산성을 방해하기도 한다. 또한 심리적 부적응과 부정적 스트레스를 초래하는 결과가 되기도 한다.

양가감정, 저항으로 표현되는 동기 부족과 결손이 알코올 혹은 다른 약물 남용에서 흔한 것과 같이, 다양한 영역의 심리적 문제 속에서도 자주 발생하는 문제이다. 이 책은 물질 남용의 영역을 넘어 광범위한 심리적 문제와 장애에 대한 동기면담의 효과적인 적용을 생생히 보여 주고 있다. 심리적 문제를 가진 개인의 변화에 대한 양가감정을 다루는 방식과 치료적 목표를 효과적으로 달성하도록 동기면담이 어떻게 기여하는지, 사례를 통해서 환자(내담자)와의 대화를 통해서 보여 주고 있다. 환자(내담자)의 삶의 변화를 위해 동기가 중요하다고 여기는 전문가들에게, 동기면담을 임상 및 상담 장면에 효과적으로 적용하길 원하는 전문가 및 학생들에게 이 책이 실제적인 도움을 줄 것으로 기대한다.

마지막으로 이 책의 교정을 위해 번역본을 읽어 준 여러분들, 본 역서가 나오도록 도움을 주신 (주)시그마프레스 강학경 사장님, 사랑하는 가족, 기도로 많은 후원을 해 주시는 여러분들, 그리고 환자들과 동기면담을 사랑하시는 하나님께 감사드린다.

2009년

신수경

동기면담(Motivational Interviewing : MI)은 William R. Miller와 Stephen Rollnick이 개발한 것으로 사람이 변화하도록 돕는 접근 방법이다. 동기면담은 미국뿐 아니라 수많은 나라에서도 약물남용과 건강관련 문제 분야에서 연구 및 실제에 엄청난 영향을 주었다.

이렇게 호소력이 있었던 이유가 몇 가지 있다. 첫째, 동기면담이 모든 치료에서 공동적으로 중요한 문제―즉, 변화에 대한 저항이다―를 직접적으로 다루고 있다는 점이다. 동기면담에서 저항은 변화에 대한 양가감정의 결과로 보며, 주 목표는 내담자로 하여금 내면의 동기를 높이고 양가감정을 해결하도록 도와줌으로써 행동 변화를 촉진하는 데 있다. 둘째, 동기면담은 융통성이 있어서 '단독' 접근뿐만 아니라 타 치료와 조합하여 또는 타 치료의 보조로서 사용 가능하다는 점이다. 셋째, 동기면담이 약물사용과 건강관련 문제에 효율적이고 효과적이라는 사실을 입증하는 연구 결과가 상당히 많다는 점이다. 넷째, 동기면담은 학습 가능하며 상당히 적은 회기에서도 유의미한 치료 효과를 달성한다는 점이다.

이렇게 호소력 있는 점을 감안할 때, 약물사용 및 건강관련 문제 영역 밖에서 동기면담이 적용되거나 연구된 점이 적은 것은 다소 놀랍다. 최근에 심리치료 분야에서 동기면담에 관심을 가지기 시작했고 심리치료 학술대회에서 동기면담 심포지엄과 워크숍이 진행된 바 있으며, 각기 다른 임상 대상군에서 동기면담의 효과성을 연구하고자 준비하고 있는 것으로 보인다.

이제 임상 연구가와 임상가들이 동기면담에 대해 심각하게 고려하고 있는데, 심리적 문제를 가지고 있는 사람들에게 변화 준비도를 증가시키고 치료 효과를 증진하는 방법으로 사용하고자 한다. 우리가 바라는 것은 이 책이 이러한 목표를 촉진시키는 것이다. 다양한 임상 문제에 이미 동기면담의 활용을 탐색해 온 연구자와 임상가를 초빙하여 그들의 연구를 기술하도록 하였다. 각 장에는 임상 문제와 일반적인 치료, 동기면담이 어떻게 사용되고 있는가, 동기면담이 해당 문제와 대상군에 맞추기 위해서 필요했던 수정 보완작업, 자세한 임상 사례, 그리고 관련 연구에 대한 요약을 싣고 있다.

이 책은 공동 편저자들이 진정 협동하여 노력한 산물이다. Miller와 Rollnick은 동기면담의 개발자이며, 약물사용 장애와 건강관련 문제에 동기면담을 사용한 수많은 연구와 임상 작업을 진행해 왔다. Arkowitz와 Westra는 우울증과 불안증에 동기면담 사용을 확장한 임상 작업과 연구를 해 온 바 있다.

수많은 분야에서 임상가들이 이 책에 담긴 많은 양의 정보, 즉 동기면담의 임상 적용의 수많은 사례들을 보게 될 것이다. 임상 연구가들은 동기면담의 효율성, 효과성, 기제와 관련하여 검증되어야 할 가설에 대해 많은 자원을 얻게 될 것이다. 정신과 수련의뿐 아니라, 임상심리학, 상담, 재활, 사회사업 분야의 대학원생 역시 이 책에 관심을 갖게 될 것이다.

편집자 중 한 사람은 수년간 애리조나 대학교에서 임상심리 전공 대학원생들에게 동기면담 임상-연구 실습을 가르치고 있다. 학생들은 매우 긍정적으로 받아들이며 대부분이 실제 장면에서 통합하고자 기대하고 있다. 실습을 한 대학원생들에 대한 추후 조사에서 대부분 실제 장면에 적용하고 있음이 밝혀졌다. 우리는 다른 대학에서도 동기면담 과목과 실습을 제공하게 되기를 바란다. 그럴 경우 이 책은 교과서로 사용 가능하며 기타 심리치료 유형에 대한 세미나와 실습에서는 참고서적으로 사용될 수 있다.

차례

Contents

제 01 장

동기면담을 배우고 적용하고 확장하기

Hal Arkowitz, William R. Miller

동기면담에 대한 첫 번째 임상적 기술이 있은 후, 동기면담 연구와 적용이 부쩍 늘어났다(MI; Miller, 1983). 동기면담의 시작은 음주 문제에 활용되었으나, 이후 약물사용, 도박, 섭식장애, 불안장애, 만성적 질병관리, 건강관련 행동에 관련된 다양한 문제에도 활용되고 있다. 이 장에서는 동기면담을 개관하면서 동기면담이 임상 장면에서 어떠한 방법으로 활용되는지, 동기면담의 효과성 연구, 임상가들이 동기면담을 어떻게 효과적으로 배울 수 있는지를 보여 준다.

임상 장면과 연구에서의 동기

수십 년간 동기의 개념은 학습이라고 하는 주제에 대한 연구 분야에서 중요한 역할을 해 왔다(Cofer & Apley, 1964; Sorrentino & Higgins, 1996). 그러나 심리치료 분야에서는 동기의 개념이 놀랄 만큼 미비한 영향을 주었다. 20년 전에 Miller(1985)

는 동기변인과 개입이 치료의 시작, 치료 준수, 치료 효과와 관련된 연구 자료를 조사한 바 있는데, 그 결과 치료에서 동기변인의 중요성을 강조하게 되었으며 이것이 차후 동기면담의 개발을 예견하였다(Miller & Rollnick, 1991, 2002).

동기의 개념은 심리치료에서 내담자들이 '막힌 것'처럼 보일 때 특히 유용하다. 대부분 전통적인 심리치료 접근에서 볼 때 이런 진퇴양난의 상태를 변화의 저항이라고 본다. 저항이라는 용어는 의도적인 괴팍하고 고집스런 뉘앙스를 내포한 비하적인 뜻을 함축하고 있다(비록 무의식적이긴 하나). 더불어 심리치료 학파는 각각 저항의 구성요소에 대해서 그리고 저항을 다루는 방법에 대해 서로 다른 견해를 가지고 있다. 동기라는 요소를 사용하는 것은 내담자를 보다 존중하는 것일 뿐만 아니라, 내담자가 무슨 이유로 변화하는가에 대해 치료자가 더 통합적인 이해로 다가가게 해 준다. 즉, 변화를 촉진시키는 여러 가지 방법으로 이끌어 준다(Engle & Arkowitz, 2006).

동기면담은 치료를 원하는 많은 내담자가 변화에 대해 양가적이라는 점과 치료 과정에서 동기는 변동적일 수 있다는 전제하에서만 효과가 있다. 그러므로 치료자들은 이러한 변동을 거스르지 말고 오히려 이런 변동에 맞게 조율되어야 한다.

동기면담의 핵심 목표는 변화하고자 하는 내적 동기를 높이는 것이다. 이것은 타인에 의한 설득, 달램, 강요 등의 외적 요인에서 나오기보다는 개인의 목표와 가치관에서 발생한다. 사실, 변화하도록 외적에서 압박을 한다면 오히려 변화하려는 욕구는 역설적으로 감소된다. Brehm과 Brehm(1981)은 사람들이 자신의 자유에 위협을 느끼면 그 위협을 피하려고 하는 반응이 일어나게 된다. 이런 회피하고자 하는 마음의 상태를 줄이고자 변화하라고 지시하면 그 반대로 행동한다. 치료자가 지시적이기보다는 지지적일 때 이런 반응이 일어날 확률은 낮고, 변화가 일어날 확률은 커진다(Miller, Benefield, & Tonigan, 1993; Patterson & Chamberlin, 1994).

내적 동기의 중요성은 Lepper, Greene과 Nisbett(1973) 연구에서 두드러졌다. 이 연구에서 연구자들은 교실에서 어린 학생들이 외부로부터의 뚜렷한 부추김이나 보상물 없이 자기 스스로 어떤 활동에 참여할지 결정하는 것을 보았다. 이 연구의 가설은 이렇게 해서 결정한 학교 활동은 내적으로 동기화된 것이라는 점이다. 이 연구의 두 번째 단계에서 연구자는 활동에 참여하였을 때 각각의 학생들에게 칭찬을 하였다. 이런 보상을 줄 때 보상이 그 행동을 증가시킬 것이라는 일반적인 예측과는 달리, 칭찬을 해 주자 그들이 선호했던 행동이 줄어들었다. 여기서 해석은 외부에서 주는 칭찬이 내적 동기를 감소시켰다는 것인데 그 이유는 자기 스스로 만족하기보다는 어른을 만족시키는 행동을 현재 자신들이 하고 있다고 느꼈기 때문이다. 역으로 말하면, 그 행동에 참여하려는 흥미도를 감소시킨 것이다. 더불어, 몇몇 연구는 외적 요인으로 귀인된 변화에 비해서(예 : 치료자 또는 처방약) 변화가 자기 자신에게 귀인된 것이라고 할 때 그 행동이 더 오래 지속된 것을 보여 준 바 있다(참조 : Davison, Tsujimoto, & Glaros, 1973; Davison & Valins, 1969).

동기면담과 변화단계

동기면담은 Prochaska와 그의 동료들이 개발한 다이론적 모델과 유사성이 있지만 (Prochaska & Norcross, 2004), 이 두 가지는 각각 독립적으로 개발되었다. 이 둘 모두 변화하려는 사람들이 각각 다른 변화 준비도를 가진다고 가정한다. 다이론적 모델에서 제시하는 것은 여러 가지 변화단계는 변화 준비도의 서로 다른 수준과 관련 있으며, 다음의 다섯 단계를 거친다는 것이다. 인식전단계(precontemplation), 인식단계(contemplation), 준비단계(preparation), 행동실천단계(action), 유지단계(maintenance)이다. 이 단계를 거칠 때 순조롭게 단계적으로 진행되기보다는 진보와 후퇴를 반복할 수 있다. 예를 들면, 행동실천단계에 있는 사람들은 한동안 인식단계로 후퇴할 수 있고 거기에서 다시 인식전단계로 퇴행하거나 또는 행동실천단계로 나아갈 수 있다. 이 변화단계 모델은 각 변화단계에서 가장 자주 사용되는 특정한 변화 과정을 기술한다. 예를 들어 인식전단계나 인식단계에서 의식의 고양이라는 변화 과정이 공통적으로 흔히 사용되며, 이후 행동실천단계와 유지단계에서는 유관 보상 관리가 자주 사용된다. Prochaska와 Prochaska(1991)는 변화 과정과 변화단계 간의 부조화가 있을 경우(예 : 인식전단계에서 유관 보상 관리를 활용할 경우), 단계를 통한 움직임이 장애를 갖게 되어 그 사람은 마치 저항하거나 비협조적인 것처럼 보일 수 있다.

동기면담과 다이론적 모델에서 양가감정은 정상적인 것으로 간주된다. 다이론적 모델에서 양가감정은 인식단계의 특징이다. 변화의 손실이 이득을 넘어서는 사람들은 상대적으로 변화의 동기가 없어 보이고, 변화의 이득이 변화의 손실을 넘어서면 그 사람은 변화 동기가 있는 것으로 보일 수 있다. 이 문제를 저항으로 보기보다는 양가감정이라는 것으로 보게 되면 양가감정의 양쪽 편을 검토할 수 있고 두 면의 역동적인 관계에 대해 검토할 수 있다. 변화하지 않는 것에 대한 이유는 타당한 것으로 간주될 수 있고 변화를 설명하는 공식 내에서 고려될 수도 있다. 동기면담은 변화라고 하는 방향에서 양가감정을 해결하여 동기를 증진시키도록 고안된 것이다.

동기면담이란 무엇인가?

Miller와 Rollnick은 동기면담을 다음과 같이 정의하였다. "양가감정을 탐색하고 해결함으로써 내적 동기를 증진시키는 내담자 중심의 지시적 방법"이다(2002, p. 25). 동기면담은 Carl Rogers(1951, 1959)의 내담자 중심 치료에 강한 뿌리를 두고 있으며, 내담자의 내적 준거와 현재의 염려를 강조하면서 행동과 가치관 간의 불일치감을 이해하는 것에 중점을 둔다. 동기면담과 내담자 중심 치료에서는 모두 치료자가 정확한 공감과 무조건적인 긍정적 존중감을 전달하는 태도를 가지고 성장과 변화의 조건을 제공한다.

동기면담은 내담자 중심 치료와 유사하면서도 다르다. 동기면담은 변화에 대한 양가감정을 줄이고 변화에 대한 내적 동기를 증진시키는 특별한 목표를 가진다. 이런 의미에서 치료자가 아닌 내담자가 변화의 주요 매체일 뿐 아니라 변화의 수호자가 되는 환경을 만들어 준다.

　동기면담의 정신은 협동성, 유발성, 자율성으로 구성되는데 이 정신은 동기면담의 핵심요소이다. 이 정신 없이도 동기면담의 기법을 활용할 수 있을지는 모르나 기법만으로는 동기면담이 될 수 없다. 그렇다고 동기면담을 동기면담의 정신으로만 정의할 수 없고 정신에 더해 동기면담의 원리들(공감 표현하기, 불일치감 만들기, 저항과 함께 구르기, 자기효능감 지지하기)로 구성되며 그중에 가장 중요한 것으로 양가감정을 해소할 수 있도록 변화대화와 결단(혹은 전념)대화를 이끌어 내고 차별적으로 보상하는 기법, 변화 동기를 증가시키고 행동 변화를 촉진시키는 기법들이 있다.

　Burke, Arkowitz와 Menchola(2003)는 동기면담 연구 결과에서 다소 놀라운 관찰을 하였는데, 문헌의 연구 중에서 어느 것도 '순수하게' 동기면담 접근만을 사용하지 않았다는 것이다. 사실 모든 발표된 연구 결과들이 몇몇 측면에서 동기면담의 기본 접근을 수정보완 했던 것이다. 많은 연구 결과에서 동기면담을 인지행동치료와 같은 다른 치료 기법과 병행하여 연구하였다. 가장 흔한 적용 연구에서는 내담자에게(일반적으로 알코올, 약물 문제를 가진) 표준화된 평가 결과를 개별적으로 피드백을 제공해 주는 것으로(Miller, Sovereign, & Krege, 1988) 현재 동기증진치료(MET; Miller, Zweben, DiClemente, & Rychtarik, 1992)로 알려진 혼합 접근법이 있다. 이런 피드백은 내담자의 주요 증상의 심각도 수준을 규준과 비교하는 것으로 동기면담 식으로 전달되는데, 이러한 피드백은 동기면담에 반드시 필요한 부분은 아니다(매우 도움은 될 수 있으나). 한편 피드백이 없는 동기면담의 효과에 대해서는 알려진 바가 적다.

동기면담의 원리와 전략

Miller와 Rollnick(2002)은 동기면담의 네 가지 기본 원리를 설명하면서 원리로부터 유출된 구체적인 임상 전략을 소개하였다.

원리 1 : 공감 표현하기

공감적인 치료자는 판단이나 비판 없이 내담자의 시각으로 세상을 경험하려고 노력함에 따라, 환자의 생각, 감정, 행동을 더 많이 이해하게 된다. 예를 들어, Arkowitz는 생명에 위험을 주는 통제되지 않은 고혈압 환자와 작업을 하였다. 50대 초반인 이 남자는 뇌졸중이나 심장 발작의 위험성이 높은 사실을 매우 잘 알고 있었으나 처방약을 규칙적으로 복용하지 않았고 의사가 추천하는 식이요법과 운동요법을 따르지 않았다. 환자의 주치의와 가족들은 외적 준거에서부터 그의 상태를 볼 수 있었기 때문에 그러한 행동을 이해할 수가 없어서 환자에게 좀 더 건강하게 생활하도록 끊임없이 설득하였다. 그러나 환자의 시각에서 볼 때 그의 행동은 보다 더 이해할 만했다. 환자가 보고하기를 직장 'O.K.', 가족 'O.K.', 자기 삶 역시 'O.K.'였다. 이러한 표현을 할 때의 환자의 어조는 에너지와 열정이 확실히 부족하게 들렸다. 그러나 자기가 좋아하는 음식을 이야기할 때만(그 음식들은 어떤 것도 환자에게 건강하지 않았다) 활기가 넘쳤다. 이러한 음식들을 먹을 때 그는 다른 영역에서는 결여된 삶의 즐거움과 활력을 얻을 수 있었다. 치료자가 환자에게 약을 잘 복용하는지 질문하자, 자신의 노부모에 대해 이야기하기 시작하였다. 그의 부모는 입에 들어가는 음식 한 조각, 한 조각마다 분석하는 사람이고 약을 먹을 때는 정확히 먹기 위해 매일 나머지 약의 수를 꼼꼼하게 세는 분들이라고 말했다. 환자가 말하기를 "나는 그런 식으로 살고 싶지가 않습니다. 우리 부모처럼 살기보다는 마음껏 즐겁게 살고 싶어요." 그의 시각으로 볼 때 이러한 행동은 확실히 이해가 될 만한 것이었다.

공감이란 비판단적인 태도를 내포하는데, 치료자가 내담자의 시각으로 세상을 보도록 노력하는 것을 말한다. 치료자가 그 행동을 묵인하는 것을 의미하는 것은 아니며, 또한 치료자가 내담자의 선택에 대해 반대하거나 비판하는 것도 아니다. 다만 내담자의 시각에서 이해를 하면 내담자의 행동이 보다 납득할 만하다.

원리 2 : 불일치감 만들기

동기는 내담자의 현재 행동과 가치관 사이에 불일치감을 주는 기능을 한다. 이러한 불일치에 대한 인식은 변화 동기를 높일 수 있다. 예를 들어, 훌륭한 부모가 되는 것을 매우 가치롭게 여기는 약물 의존자의 경우 약물사용과 수준 높은 부모 역할을 하고자 결단하는 것 사이에 괴리가 있음을 알게 될 때 더 불편감을 경험한다. 이런 불편감이 변화 동기를 증진시킬 수 있다. 동기면담 치료자는 내담자가 이렇게 성취할 수 있도록 행동과 가치관 사이의 괴리를 반영해 주는 것이다. 동기면담에서 치료자는 내담자가 변하지 않는 것에 대한 주장보다는 변화에 대한 주장에 특별한 관심을 두는 것이다. 또한 치료자는 내담자 자신의 변화에 대한 진술을 양가감정에서부터 나오는 하나의 통로로 차별적으로 이끌어 내고 탐색한다.

원리 3 : 저항과 함께 구르기

동기면담에서 변화에 대한 저항을 극복해야 할 장애물로 보기보다는 변화 과정에서 하나의 정상적이고 예측 가능한 부분으로 간주하는 동시에 내담자의 경험에 대한 귀중한 정보 자원으로 간주한다. 양가감정은 내담자의 희망, 바람, 그리고 두려움을 조명해 준다. 내담자는 변화가 주는 장점을 보는 동시에 변화에 대한 염려를 가지고 있다. 염려란 실패에 대한 두려움, 변할 때 있을 수 있는 요구와 책임에 대한 두려움, 변화로 기인된 미지의 것과 예측 불가능한 것에 대한 걱정과 우려를 포함한다.

동기면담에서 치료자는 내담자의 시각에서 양가감정의 양면을 이해하고 존중하고자 노력한다. 변화에 반대하는 논쟁이 일어날 때, 그런 논쟁을 공감과 수용으로 받아 준다. 내담자의 입장에서 볼 때 치료자가 변화의 옹호자가 아닌 채 열정을 가지고 경청하고 반응하는 것을 보면서 동시에 문제가 가져다주는 이득에 대해 이야기하면서 심오한 경험을 할 수 있다. 저항과 함께 구르기는 저항을 증폭시키기보다 감소시키는 경향이 있다.

원리 4 : 자기효능감 지지하기

동기면담의 치료자는 내담자의 자기효능감을 지지하는데, 자기효능감이란 변화에 필요한 행동을 수행하여 성공할 수 있다는 믿음을 말한다. 사람들은 종종 자신이 원하는 변화를 하고자 결정하고 나면 그러한 변화를 가능하게 해 줄 지식과 자원을 얻는다. 만약 그렇지 않다면 치료자가 내담자가 찾을 수 있는 가능한 방법들을 제안하면서 자문인 또는 안내자 역할을 할 수 있다. 그러나 동기면담에서는 내담자가 변화과정의 마지막 조정자로 남는다.

동기면담의 기본적 기술

Miller와 Rollnick(2002)은 위에서 언급한 원리와 일치하면서, 토대가 되는 수많은 기술을 소개한 바 있다. 두 사람은 동기면담을 두 단계로 나누었다. 첫 번째 단계에서 내담자는 변화에 대해 양가적이고 변화를 성취할 만한 동기가 불충분할 수 있다. 첫 번째 단계에서 목표는 양가감정을 해소하고 변화의 내적 동기를 만드는 것이다. 두 번째 단계는 내담자가 변화 준비 신호를 나타낼 때 시작하는 것으로, 변화에 대한 진술이 많아지고 변화에 대한 질문을 하며, 변화된 미래에 대해서 상상하는 것 등이 신호가 된다. 이 두 번째 단계에서 변화의 결단을 돈독히 하여 내담자가 변화계획을 세우고 수행할 수 있도록 돕는 것으로 이동한다.

　　몇몇 동기면담 기술들은 Rogers(1951)의 내담자 중심 치료에서 유래하며, 열린질문하기, 반영적 경청하기, 인정해 주기, 요약해 주기가 포함된다. 한편, 동기면담만의 독특한 방법 한 가지는 의도적으로 지시적인 것인데(여기서는 방향 지향적이라는 의미임), 즉 내담자로부터 변화대화를 이끌어 내는 것이다.

열린질문하기

동기면담에서 내담자가 대부분의 대화를 해야 하는데, 이 목표를 성취하기 위해서 열린질문하기를 사용할 수 있다. 선별적인 열린질문하기와 반영을 사용하여 치료자는 양가감정과 변화에 대해 작업하는 것이 중요한 영역에 내담자가 초점을 맞추도록 한다.

반영적 경청하기

반영적 경청은 아마도 동기면담에서 최고로 가장 중요한 기술이다. Miller와 Rollnick이 제언하기를 "반영적 경청의 본질은 화자가 말하고자 하는 의미에 대해 추측을 하는 것이다"(2002, p. 69). 사람들은 자기가 의미하는 바를 늘 명료하게 표현하지는 않는다. 두려움이나 염려, 자기가 의미하는 바에 대해 잘 알지 못하는 점, 자신의 경험을 전달하는 데 적절한 낱말을 찾지 못하는 것 등으로 인해 자신의 진정한 의미를 언어로 표현하지 못할 수가 있다. 반영적 경청은 사람들로 하여금 그들이 의미하는 바를 언어화하도록 도우면서 더욱 명백하도록 해 준다. 표 1.1은 반영의 다양한 수준들을 보여 준다.

많은 치료자들은 그들의 기본 면담 기술의 초기 훈련시간에 반영적 경청에 대해서 배운다. 그러나 숙련된 반영적 경청이 얼마나 어려운지에 대해 과소평가하기 쉽다. 높은 수준의 반영적 경청은 동기면담의 핵심 기술로서, 이것은 변하려는 내담자의 동기와 결단을 증가시킨다. 동기면담 치료자들의 언어적 표현 중의 대부분이 내담자가 의미하는 것을 반영적으로 추측하는 것들이다. 우리들은 동기면담을 경험이 많은 전문가뿐 아니라 초보자에게 가르치면서 경험한 것인데, 외적인 준거를 제시하지 않으면서 온전히 공감적 반영에 의존하는 것이 처음에는 매우 어려웠다.

인정해 주기

변화 과정 중에 내담자를 격려하고 지지하기 위해서 동기면담 치료자들은 빈번히 감사의 표현, 이해의 말로 내담자를 인정해 준다. 간단한 예로는 "그렇게 할 용기가 있으셨군요", "매우 좋은 생각입니다" 등이다.

요약해 주기

요약해 주기는 동기면담 회기에 통틀어 중요한 역할을 한다. 요약해 주기를 통해 치료자가 경청하고 있었음을 보여 줄 뿐 아니라 그동안의 대화 내용을 연결 짓고 특정 사항을 강조할 수 있게 도와준다. 요약해 주기는 특히 '변화대화', 즉 내담자 자신의 변화하고자 하는 동기 진술들을 한데 모아 보상하는 데 사용한다.

변화대화 이끌어 내기

위에서 설명한 네 가지 방법이 동기면담에서 기본인데, 그렇다고 해서 내담자가 양가감정에서 반드시 빠져나오도록 하지는 않는다. 질문하기, 반영하기, 인정해 주기, 그리고 요약해 주기를 반복하다 보면 양가감정 주변을 맴돌 수 있다. 다섯 번째 방법, 즉 내담자로부터 변화대화를 이끌어 낼 때만 치료자는 변화의 옹호자가 되지 않은 채, 의도적으로 내담자의 변화대화를 이끌어 낼 수 있다. 변화대화는 변화의 바람, 변화에 대한 지각된 능력, 변화의 필요성, 변화의 준비성, 변화의 이유 또는 변화 결단을 반영해 주는 진술 등이다. Amrhein, Miller, Yahne, Palmer와 Fulcher(2003)는 변화를 반영해 주는 진술이야말로 치료에서 가장 강력한 치료 효과의 예측 인자임을 보여 주었다. 동기면담 치료자는 열린질문을 함으로써 변화대화를 이끌어 내고 내담자가 이야기한 것을 탐색하고 반영해 주며 변화대화 주제를 끌어모아서 요약해 준다.

양가감정 다루기

위에서 언급한 전략은 양가감정을 다루는 데 활용할 수 있다. 양면반영은 내담자의 딜레마를 부각시켜 주는 데 사용할 수 있다. 예를 들어, "그러니까… 한편으로는 그 관계를 끊어 버리고 싶고 다른 한편으로는 끊어 버리는 게 잘하는 건지 확신이 서지 않는다는 거군요."라는 식으로 가끔씩 요약해 주면 변화대화를 모아 주고 보상하는 데 도움이 된다.

표 1.1 동기면담에서 반영의 여러 가지 수준

내담자 진술

"아무 일도 일어나지 않았는데, 요즈음 더 우울해져요."

	정의	예
반복하기	화자가 하는 말을 반복한다.	"요즈음 더 우울해졌다는 거군요."
재진술하기	화자가 말한 것과 비슷한 말을 한다.	"그러니까 슬픔이 더 심해지는데 왜 그런지 모르겠다는 말씀이군요."
의역하기	화자가 한 말의 내용에 대해서 의미를 유추하거나 추측하여 다시 말한다.	"왜 이렇게 기분이 변하는지 알고 싶으신 거군요."
느낌 반영하기	감정의 표현과 은유를 가지고 정서적 측면을 강조한다.	"우울감을 이해할 수 없다는 것이 두렵군요."

치료자가 느끼기에 내담자가 양가감정의 해결 쪽으로 향하고 있다고 생각하면, 다음과 같은 열린질문이 도움이 된다. "이제 무엇을 하실 건가요?" 내담자가 진솔하게 행동에 대한 말을 할 수도 있고 또는 아직 무언가 할 준비가 되어 있는지 모를 때가 있다. 후자의 경우라면 치료자는 제1단계 전략으로 돌아가서 양가감정을 다루면서 때가 될 때까지 기다려야 한다.

제2단계 동기면담 : 결단(혹은 전념)과 행동실천

동기면담의 두 번째 단계는 변화 계획을 세우고 실천을 결심하도록 돕는 것이다. Miller와 Rollnick(2002)은 내담자가 제2단계로 들어가고 있음을 암시하는 몇 가지 준비 신호를 설명하였다.

- 변화에 대한 저항이 줄어들었다.
- 문제에 대한 언급이 줄어들면서 다음 단계를 기다리고 있다는 느낌을 준다.
- 내담자가 좀 더 편안해 보이면서 문제에 대해 부담스러워 하지 않고 안도감을 준다.

- 변화대화가 많아졌다.
- 변화에 대한 질문이 많아졌다.
- 변화가 내포된 미래에 대해 보다 많은 상상을 한다.
- 다음 회기까지 가능한 변화 행동을 시험해 본다.

우리가 알아야 할 것은 사람들은 종종 동기와 양가감정의 수준이 변동될 수 있다는 것이다. Mahoney(1991)가 제시한 것과 같이 변화를 변동하는 과정으로 기술할 때 가장 정확하다.

더 나아가, 변화란 일차원적인 것이 아니다. 치료를 찾는 대부분의 사람들이 한 가지 이상의 문제를 가지고 있거나 다양한 수준에서 변화의 무게를 재고 있다. 예를 들어 우울감은 종종 대인관계 문제와 약물남용과 동반한다. 이렇게 서로 다른 문제 영역에서 변화 동기 수준이 다를 수 있다. Arkowitz와 Burke제(6장), Zuckoff, Swartz와 Grote(제5장)은 문제 전반(예 : 불안)을 변화라는 동기와 변화를 성취하기 위해 필요한 행동(예 : 노출)을 하려는 동기를 구별하였다. 심리적 불편감을 낮추려는 동기가 높은 사람이라도 그렇게 할 수 있는 전략을 실천하지 않을 수 있다. 한쪽 또는 양쪽 모두에 대한 양가감정이 있을 수 있는 것이다.

동기면담 스타일은 치료자보다 내담자가 우선적으로 계획을 제안하도록 고무한다. 치료자는 "어떻게 하면 그렇게 될 수 있을까요?"라고 질문하면서, 내담자가 변화하려는 동기가 있기는 하지만 그 변화를 위해 무엇을 해야 하는지 모를 때 도울 수 있다(예 : 공황 발작 줄이기 등). 그러한 경우엔 치료자의 전문성이 치료에 있어 유용하면서 필수적이다. 문제는 조언과 제언이 주어질 것이냐 아니냐가 아니라 조언과 제언이 어떻게 그리고 언제 주어질 것인가 하는 것이다. 동기면담에서 이러한 정보는 치료자가 제공하는 데 이때 치료자는 안내자 또는 자문의 역할을 할 뿐이다. 안내자는 내담자에게 언제, 어디로 가야 한다고 결정해 주지 않는 대신에 내담자가 가기를 원하는 곳에 갈 수 있도록 도와준다. 내담자가 원한다면 치료자는 어떻게 일을 진행해야 하는지 제언해 줄 수는 있으나 그렇게 할 때는 내담자가 그 지점에서 가장 알맞은 대안을 선택할 수 있다고 여운을 남긴다. 예를 들어, 변화할 준비가 된 것처럼 보이는데 어떻게 해야 할지 모르는 내담자에게 다음과 같이 치료자가 말할 수 있다. "이런 유사한 문제를 가진 다른 사람들에게 도움이 되었던 몇 가지 방법에 대해 제가 알고 있습니다. 그 방법에 대해서 듣고 싶으신지요?" 이러한 방법으로 치료자는 내담자가 자기에게 가장 좋은 것을 선택할 수 있는 능력이 있음을 존중하고 있다는 것을 전달하는 동시에 변화를 촉진해 줄 정보를 제공할 준비가 되어 있음을 전달한다.

임상 장면에서의 동기면담 적용의 다양성

동기면담도 다른 치료 접근법처럼 단독 치료 기법으로 활용될 수 있고, 또 1~4회기의 동기면담에 단기적으로 노출되어도 중요한 변화가 있을 수 있다(Hettema, Miller, & Steele, 2005). 예를 들어, 알코올 의존 치료 효과에 대한 주요 비교 연구에서(Project Match Research Group, 1997) 동기증진치료(MET)의 4회기에 참여한 내담자들이 1년 후 후속 연구에서 인지행동 또는 12단계의 12회기에 참가한 내담자와 비교했을 때 단주 기간과 음주량에서 그 결과가 비슷했다. 동기면담은 또한 동기 측면에 초점을 맞추기 때문에 다른 치료 접근법을 위한 촉매 역할을 할 수 있는 잠재력을 지녔다. 사실, 동기면담은 다른 치료 기법에 사전치료, 병행 치료 또는 조합 및 통합하여 함께 사용되고 있다.

동기면담은 사전치료로서 성공적으로 사용되어 왔으며, 차후 치료 회기에서의 동기를 증진시켜 준다. 동기면담의 메타 분석을 통해서 보면 동기면담 단독 사용에 비해서 동기면담이 사전치료로 사용될 때 효과 규모가 더욱 크고(Burke, et al., 2003), 지속적인 효과가 있음을 보여 주었다(Hettema et al., 2005). 더 나아가 Connors, Walitzer와 Dermen(2002) 동기면담이 사전치료로 사용되었을 때 Jerome Frank와 그 동료들(1974)이 개발한 바 있는 역할 유도 사전치료에 비해 알코올중독을 위한 인지행동 치료 효과를 증진시키는 데 더욱 효과가 있었음을 발견하였다. 역할 유도 면담자는 내담자에게 치료가 합당한 이유나 치료 과정에서 내담자가 치료자에게 기대하는 바를 이야기한다. 동기면담 사전치료에서도 역시 보다 지시적인 입원(Brown & Miller, 1993) 및 외래(Bien, Miller, & Boroughs, 1993)에서 치료 효과를 개선시킨 바 있다. 변화에 대한 내적 동기가 충분하다면 사람들은 변화에 대한 저항이 줄어들기 때문에 지시적인 프로그램도 따라갈 수 있는 듯 보인다.

Arkowitz와 Westra(2005)는 임상 장면에서 동기면담을 임상적으로 사용하는 또 다른 활용을 설명하였다. 동기면담을 다른 치료 과정 속에 포함하면서 양가감정과 저항을 보다 잘 다룰 수 있도록 하였다. 치료 회기 중에 어느 시점에서든지 낮은 동기 수준이나 양가감정이 드러날 때는 치료자가 동기면담을 사용할 수 있도록 동기면담을 다른 치료에 통합시킬 수 있다. 더불어 치료자는 양가감정을 다루는 데 초점을 맞춘 일련의 회기 중에 동기면담 스타일로 옮겨갈 수 있다(종종 현재 하고 있는 것을 내담자와 나누는 것). 동기면담은 변화의 압박감을 제거해 주기 때문에 변화를 방해하는 요소를 탐색하도록 내담자를 자유롭게 해 줄 수 있다. 다면적 장면 COMBINE 연구에서 알코올 의존 인지행동치료와 동기면담의 임상적 스타일을 조합하여 유사한 검증을 한 결과(Miller, 2004), 플라세보 집단보다 더욱 효과가 있었으며 의료적 처치 장면에서 날트렉손 약물치료와 견줄 만한 효과를 보였다(Anton et al., 2006).

동기면담과 기타 심리치료와의 관계

초기에 설명한 것과 같이 동기면담은 어떤 치료 '학파'라기보다는 사람들과 함께 하는 하나의 방식이다. 그러나 다른 유형의 심리치료에서처럼 동기면담의 목표도 역시 치료적 변화를 촉진하는 것이다. 여기에서는 동기면담을 다른 심리치료와 비교 대조하여 어떻게 이러한 심리적 치료와 결합하여 사용할 수 있는지 간략하게 설명하고자 한다.

동기면담은 Carl Rogers의 내담자 중심 치료에 깊게 뿌리를 두고 있으며, 다른 치료적 접근과도 역시 유사성을 지닌다. 동기면담과 정신분석 치료 기법들은 양가감정과 저항을 치료에서 생산적으로 사용할 수 있는 의미 있는 정보를 제공해 주는 것으로 간주한다. 그러나 이 둘은 매우 다른데, 중요하다고 보는 정보 유형에서 다르고 또한 양가감정을 다루는 면에서 다르다. 정신분석이론에서 양가감정은 무의식적 성격적 갈등으로 생각한다. 정신역동 시점에서 양가감정은 억압된 갈등에 대한 정보를 제공하는데, 억압된 갈등이란 과거로부터 온 것으로 안전한 자아 이미지의 위협이자 병인론적 신념, 변화에 대한 두려움, 이차적 이득일 수 있다. 이와는 대조적으로 동기면담은 매우, 여기 그리고 지금에 놓여 있는데 저항과 양가감정이 왜 일어나는가에 대한 결정론적 시각을 갖지 않으며, 양가감정과 저항을 병리적인 것으로 보지 않는다. 동기면담에서 중요한 것은 변화의 찬반에 내담자가 어떤 견해를 갖고 있는지 이해하는 것이다.

인지행동치료에서 저항과 양가감정은 특별한 부분이 아니다. 그럼에도 불구하고, 어떤 행동주의 치료자(Patterson & Forgatch, 1985)와 인지행동치료자(Leahy, 2002)는 저항에 대해 언급하고 있다. 인지행동치료의 모체가 되는 행동치료는 저항을 설명하기를 행동을 통제하는 조건에 대해서 치료자가 부적절하게 개념화한 것으로 본다. 인지치료자들(Beck, Rush, Shaw, & Emery, 1979)은 저항을 내담자의 왜곡된 사고와 신념에 대한 정보를 제공하는 것으로 간주한다. 예를 들어, 인지치료에서 우울해하는 내담자가 과제를 하지 않을 때, 인지치료자들은 그러한 저항, 그러한 변화에 대한 비관론을 초래한 신념과 도식을 찾고자 한다.

동기면담과 대조적으로 인지행동치료는 매우 현학적인 접근법으로 내담자에게 역기능적 신념을 수정할 새로운 행동과 방법을 가르치는 것을 강조한다. 인지행동치료의 변화 작업에서 과제의 사용은 치료자의 역할보다 선생님의 역할로 강조되고, 인지행동치료자는 내담자에게 변화를 촉진시킬 방향을 제공하는 전문가로 간주된다. 이와는 대조적으로 동기면담은 전문가-환자 관계라기보다는 동등한 '파트너 정신'이다.

동기면담은 인지행동치료와 그 밖의 다른 치료 효과성을 증진시킬 잠재력을 가지고 있다. 예를 들어, Arkowitz(2002), Engle과 Arkowitz(2006), 그리고 Miller (1988)은 인지행동치료가 어떻게 동기면담 맥락 안에서 수행될 수 있는지 설명하였다. 인지행동치료와 정신분석치료에서 전략들(전자에서는 회기와 회기 사이의 활동을 구조화하는 것이고 후자에서는 해석을 제공하는 것인데)은 전문가가 유도하는 방식보다는 동기면담에서 보다 일치하는 관계의 맥락에서 수행할 수 있다. 동기면담 스타일을 이용할 때 저항과 방어를 줄이면서 변화를 위한 내적 속성들을 고무시킬 수 있다. 동기면담은 다른 치료의 효과를 증진시키는 잠재력을 가지고 있다.

동기면담은 어떻게 효과적인가?

동기면담이 얼마나 효과적이며, 무엇에 효과적이며, 어떤 대상에게 효과적인가? 지난 30년간 방대한 연구가 이런 질문에 답을 하고 있다. 우리는 다음 세 가지 측면에서 이 문헌들을 요약한다. (1) 임상 연구에서 동기면담 효과성, (2) 다른 접근법과 비교했을 때 동기면담의 상대적 효과성, (3) 임상적 효과성 연구들-통제된 임상 연구 조건이 아닌 지역사회 실제에서 동기면담이 얼마나 효과적인가? 동기면담 웹사이트에서 이와 관련된 문헌의 축적된 참고자료를 제공한다(www.motivational interview.org 참조).

효과성 검증

많은 사람들이 치료 효과성을 입증하는 데 있어 무선별 임상 연구가 가장 좋은 기준이 된다. 이런 검증 연구에서 참가자들은 검증하려는 치료에 참여하거나 무선별로 할당되는 것에 동의한다. 비교 연구에서 사람들은 통제 집단, 일반적인 치료, 상이

한 치료 유형에 참여한다. 이 장에서 글을 마쳤을 때, 100개 이상의 무선별 동기면담 검증 연구 논문들이 발표되었으며 연구 결과를 요약한 수많은 고찰 연구들이 있었다(Britt, Hudson, & Blampied, 2004; Burke et al., 2003; Dunn, Deroo, & Rivara, 2001; Hettema et al., 2005; Moyer, Finney, Swearingen, & Vergun, 2002; Rubak, Sandbaek, Lauritzen, & Christensen, 2005).

이 문헌을 통해 몇 가지 일반적인 결론을 내릴 수 있다. 동기면담은 변화를 유발하는 데 효과적임을 강력하게 입증한다. 수많은 연구가 동기면담에 참여한 사람들이 동기면담에 참여하지 않는 사람에 비해 행동 변화를 유의미하게 많이 보여 준다. 그러나 동기면담이 반드시 효과적인 것은 아니며, 그 효과성은 연구, 지역, 내담자, 상담자에 따라 다양하다. 다음 부분에서는 동기면담이 왜 어떤 맥락에서는 효과가 있고, 효과가 없는지에 대한 가능한 이유들을 고려하고자 한다.

동기면담의 영향력은 내담자의 문제 유형에 따라 다양하게 나타난다. 그림 1.1은 지금까지의 연구를 기반으로(Hettema et al., 2005), 짧게는 3개월에서 12개월 이후, 모든 추후 조사를 조합하여 볼 때 각기 다른 목표의 문제에 따라 동기면담의 평균적인 효과 크기를 제시해 준다. 대체로, 동기면담은 크게는 0.7 이상이기는 하나, 통계 기준에 따르면 작게는 0.3에서 0.5까지 중소의 유의미한 효과 크기를 산출하고 있다. 대부분 동기면담 이후 몇 개월 동안은 가장 크고, 시간이 흐르면서 다소 감소하는 경향이 있다. 대체로 이것은 동기면담의 영향력 감소 때문이 아니라 비교 집단이 시간이 가면서 따라오기 때문이다(다른 심리치료 연구 결과와 일관성이 있다). 한 가지 흥미롭고 예외적인 연구는 동기면담이 다른 치료 기법에 부가되었을 때 시간이 흐르면서 0.6 크기의 효과를 지속하는 것을 보여 준다는 것이다(Hettema et al., 2005). 동기면담과 기타 치료 방법들이 시너지 효과가 있는 것으로 보이는데 이는 서로 영향력을 보상해 주기 때문으로 보인다. 동기면담이 치료 준수를 증진시키면서 기타 기법들의 효과성을 높이고 있는 것으로 보인다.

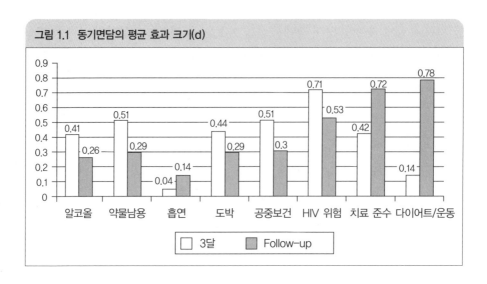

그림 1.1 동기면담의 평균 효과 크기(d)

동기면담의 상대적 효율성

동기면담이 기타 치료 기법과 직접적으로 비교해 볼 때는 어떠할까? 여기서 동기면담을 기타 기법과 부착하는 대신 내담자를 무선별로 동기면담에 참여하게 하든지, 또는 기타 치료에 참가하든지 할당하는 것이다. 연구에서 보면, 동기면담에 참여한 사람들이 교육적, 현학적, 설득적 개입을 제공받은 사람들에 비해 더 많은 변화를 보여주는 경향이 있다. 동기면담을 기타 적극적인 치료 접근법(예 : 인지행동치료)과 비교하면 더 적은 회기 수에서 유사한 효과를 보인다(Hodgins, Currie, & el-Guebaly, 2001; 대마초 치료 Project Reserach Group, 2004; Project MATCH Research Group, 1997).

임상적 효과성

대부분의 무선별 임상 연구에서(Miller, Yahne, & Tonigan, 2003) 고도로 통제된 조건하에서 동기면담이 행동 변화에 유의미한 긍정적 효과를 가지고 있음을 보인다. 그렇다고 해서 다양한 대상군을 가진 지역사회 장면의 일상적인 조건하에서 일선의 전문가들이 활용할 때도 효과성이 있음을 장담하는 것은 아니다. 그럼에도 불구하고 임상 연구 문헌의 여러 가지 측면에서 볼 때 이런 면에서 고무적이다(Hettema et al., 2005). 동기면담은 광범위한 유형의 중요 문제, 대상군, 치료 제공자, 국가에서 그 효과성을 보여 준다. 소수민족을 대상으로 동기면담을 연구한 미국의 연구에서 볼 때, 백인 미국인을 대상으로 한 동기면담에서 보다 훨씬 큰 효과를 보여 준다. 동기면담은 다문화적 상담 장면에서 장점을 제공하는데, 특별히 치료자가 내담자의 독특한 환경맥락과 견해를 이해하는 데 초점을 맞추기 때문에 더욱 그러하다. 더 나아가 전문가가 매뉴얼 지침을 지킨 연구 효과는 매뉴얼의 엄격한 지침을 따르지 않았을 때 관찰되는 효과에서 더 적은 효과를 나타냈다(Hettema et al., 2005). 이 결과는 동기면담의 구체적인 기법보다는 총체적인 접근이나 동기면담의 정신에 강조점을 두는 것과 일관성이 있다. 매뉴얼은 치료자의 융통성을 감소시키는 위험을 가지고 있어서 동기면담 방법의 효과성을 떨어뜨릴 수 있다. 여하튼, 다양한 연구를 통해서 이러한 결과는 동기면담이 다양한 집단 대상과 문제에 사용될 수 있음을 보여 주며 동기면담이 절차를 따른 매뉴얼 구조나 준수 모니터링이 필요하지 않음을 나타낸다.

약물사용의 치료 면에서 여러 가지 광범위한 규모의 동기면담이 현재 진행 중으로 NIDA(National Institute on Drug Abuse)에서 개발하고 관리하는 국립 임상 연구 네트워크(CTN)하에서 진행 중이다. CTN 연구는 일선의 지역사회 프로그램 내에서 수행되고 있으며 기관에 의뢰된 일반 내담자들에게 상주하는 임상 스태프들이 연구 치료로 제공하고 있다. 그중에서 최초로 완성된 연구에서(Carroll et al., 2006) 1회기 20분짜리 동기면담을 그 프로그램의 일반적인 초기 면담에 수행했을 때 그 효과성을 평가한 바 있다. 이전의 연구 결과와 일관성 있게(Hettema et al., 2005) 동기면담을 제공받은 내담자들은 차후 치료 회기에 유의미하게 많이 참석하였는데, 이 결과는 일반적인 초기 절차만을 제공받은 내담자와 비교할 만하였다. 또 다른 연구에서 동기면담이 유의미한 임상적 호전을 보여 준 바 있는데, 이 연구에서 동기면담은 일선 치료자에 의해서 알코올(Senft, Polen, Freeborn, & Hollis, 1997), 약물남용(대마초 치료 Project Research Group, 2004), 고혈압(Woollard et al., 1995), 건강 증진(Resnicow et al., 2001; Thevos, Quick, & Yanduli, 2000)을 포함한 문제에 적용되었다.

동기면담은 어떻게 해서 효과적인가?

치료의 효과성은 치료 제공자와 프로그램에 걸쳐 다양하게 나타나는데 효과를 증진시키는 중요 요소들을 이해할 필요가 있다. 동기면담의 창시자들이 효과성의 주요 구성요소로 간주하는 것은(Miller & Rollnick, 2002) 정확한 공감이라고 하는 치료자 자질이다(Rogers, 1959; Truax & Carkhuff, 1967). 때로 정확한 공감이라는 것이 내담자와 유사한 인생경험을 한 것으로 잘못 오해되곤 하는데, 사실 정확한 공감이란 내담자의 경험한 바를 알아내고 반영하는 학습 가능한 임상적 기술을 의미한다. 동기면담이 소개되기 전의 연구들을 보면, 이 영역에서 치료자의 대인관계 기술이 차후에 내담자 변화와 관련 있는 것으로 밝혀졌다(Miller, Taylor, & West, 1980; Truax & Carkhuff, 1967; Valle, 1981).

동기면담 내에서 수행되는 정확한 공감은 그 밖의 대인관계 기술 구성요소들과 어우러지면서 근본이 되는 동기면담 정신을 이룬다. 그리고 이것은 전문가-내담자 상호작용에 대한 전반적인 평가 치수로 측정된다(Baer et al., 2004; Miller & Mount, 2001). 이 전반적인 척도의 관찰자가 전문가를 평가하였을 때 보다 나은 내담자 치료 효과뿐 아니라(Miller, Taylor, & West, 1980) 동기면담 회기 내에서 보다 호의적인 내담자 반응을 예측하였다(Moyers, Miller, & Hendrickson, 2005). 따라서 동기면담 효과성에 기여하는 관계로 대인관계 자질이라고 보는데 이러한 자질은 협동성, 내담자 자율성 존중, 내담자의 지혜와 자원의 유발성으로 특징지어진다(Rollnick & Miller, 1995).

이러한 접근법과 일관성 있게 Miller(1983)는 다음과 같은 가설을 만들었는데 동기면담은 내담자로 하여금 변화에 대해 스스로 언어 표현하도록 함으로써 효과를 낸다고 보았다. 내담자 양가감정은 내담자가 현재 상태의 단점과 변화의 장점, 변화 능력과 의도를 큰소리로 표현할 때에 변화되는 방향 쪽으로 해결된다는 것이다. 이러한 내담자 진술은 차후 '변화대화'라는 용어로 부르게 되었고 내담자 변화대화를 전략적으로 이끌어 내는 것은 동기면담을 일반적인 내담자 중심 상담과 차별화시켜 주었다(Miller & Rollnick, 2002).

동기면담 회기 중에 내담자의 변화대화는 차후에 있을 행동 변화의 가능성을 추측한다는 사실이 뒤따랐다. 이 가설을 입증하고자 언어심리학자 Paul Amrhein은 변화대화를 변화에 대한 바람, 능력, 이유, 필요성, 결단(혹은 전념)이라는 언어 표현으로 구별화하였다. 약물남용의 동기면담 연구에서(Miller et al., 2003) 내담자의 결단(혹은 전념)대화("나는 무엇을 하겠습니다.")만이 단약을 예측하였음을 보여 주었다. 그 밖의 네 가지 변화대화의 유형들을 언어로 표현하는 것—바람(하고 싶어요), 능력(할 수 있어요), 이유(해야 할 이유가 있어요), 필요성(해야만 해요)—은 결단(혹은 전념)의 강도가 증가하도록 이끌었다. 바꿔 말하면 이것은 행동 변화의 전조였다. 이러한 연구 결과는 위에서 언급한 바 있는 동기면담의 두 가지 단계로 나누어지는 것과 함께 간다(Miller & Rollnick, 1991, 2002). 첫 단계에서 목표는 내담자의 시각으로부터 변화의 바람, 능력, 이유와 필요성을 탐색함으로써 변화 동기를 이끌어 내는 것이다. 두 번째 단계는 자연적으로 이 뒤를 따르게 되는데 변화 결심을 돈독히 하는 데 중점을 둔다.

대조적으로 내담자가 현재 상태를 고집하는 언어 표현(sustain talk)은 차후에 변화가 없을 것임을 예측한다(Amrhein et al., 2003; Miller et al., 1993). 내담자가 변화에 반대하는 말을 많이 하면 할수록 변화는 일어날 가능성이 점점 줄어든다. 이 사실은 그다지 놀랄 만한 일은 아니다(저항하는 내담자는 변화하지 않는다). 실제 적용에서 보면 내담자 저항 수준이 치료자 자신의 상담 스타일에 강한 영향을 받고 있음이 연구 결과에서 보인다(Miller et al., 1993; Patterson & Forgatch, 1985).

동기면담의 근본이 되는 기전들을 이해하는 것은 여전히 도전적 과제이다. 어떻게 동기면담이 효과적인가에 대한 우리들의 최근 이해는 다음과 같다. 만약 치료자가 내담자의 현상 유지에 대한 저항과 방어를 반응하는 식으로 상담하면 변화는 오기 어렵다. 반대로, 만약 치료자가 내담자 자신의 동기를 이끌어 내는 식으로 정확한 공감을 가지고 상담하는 경우 변화 결단이 강해지면서 행동 변화가 종종 따른다. 보다 더 복잡한 질문은 '결단(혹은 전념)대화가 왜, 그리고 어떤 조건하에서 변화로 이끄는가?' 하는 것이다.

동기면담이 특별히 적합, 특별히 부적합한 부류의 내담자가 있을까? 여기서 증거가 될 만한 기저선은 약하나 경향성은 확실히 있다. 내담자가 저항적이면 저항적일수록(반항적, 분노적), 동기면담이 가져다주는 혜택은 처방적 접근법에 비해서 훨씬 더 큰 것으로 보인다(Babor & DelBoca, 2003). 동기면담은 특별히 양가감정을 가지고 있는 내담자, 변화로 나아갈 준비가 덜 된 내담자를 위해 개발되었다. 따라서 동기면담은 이미 변화할 준비가 되어 있고 변화 열정이 있는 사람들에게 있어서 덜 필요하거나 덜 생산적이 될 수 있다. 만약 내담자가 어느 정도 행동실천을 하여 성공하였거나 제안된 방법이 수용적임을 알아냈다면 변화에 대한 찬반을 고민하면서 이야기할 필요는 없다.

치료자는 동기면담을 어떻게 배울 수 있는가?

치료 기법이 어떻게 그리고 왜 효과가 있는지 치료자가 이해하는 것은 그 방법을 배울 수 있도록 어떻게 도와줄 수 있는지를 알아내는 데 유용하다. 이 부분에서는 어떻게 상담자들이 동기면담 방법을 배울 수 있는지에 대해 무엇이 알려져 있는지 중점을 둔다.

동기면담 학습에서의 8가지 기술
Miller와 Moyers(2006)는 치료자의 동기면담 숙련에 필요한 8가지 기술을 설명한 바 있다. 첫 번째는 최소 동기면담 기법의 근본이 되는 전제와 정신에 대한 개방성과 관련이 있다. 즉 처방적 접근보다는 협동적인 접근으로서 내담자에게 동기를 부여하기보다는 내담자로부터 동기를 이끌어 내는 것이며, 처방적, 직면적인 태도를 취하기보다는 내담자의 자율성에 경의를 표하는 접근이다. 이러한 정신을 전반적으로 치료자가 내면화하기 위해서는 연습이 필요하다. 하지만 우선, 이 접근의 가능성을 기꺼이 맛보고자 하는 것 없이는 동기면담을 배우기 어렵다(동기면담은 배우고 싶어지게 되는 것이 어렵다). 동기면담 학습은 우리의 경험에서 볼 때 조력 과정에서 지시적 전문가 시각을 가진 사람에게는 특별히 어려웠다.

그다음 과제이자 그 자체가 도전적인 과제는 내담자 중심 상담적인 대인관계 기술의 숙련도를 발전시키는 것으로 특별히 정확한 공감이다. 숙련된 치료자의 반영적 경청은 겉으로 보기에는 쉬워 보이지만, 이것은 수년간의 연습을 통해서 발전되고 연마되는 전문 능력이다. 동기면담에서 그다음 단계로 나아가기 위해서 치료자는 내담자를 계속 발전시켜 가면서 지속적인 탐색을 고무해야 하며, 그러기 위해서는 정확한 반영을 하는 기술과 편안함이 요구된다.

동기면담은 내담자 중심 상담과는 다른데, 특히 양가감정에 초점을 맞춘다는 점과 변화대화라는 점에서 다르다. 동기면담 학습에서 세 번째 기술이 상담자가 내담자의 언어 표현의 여러 형태로부터 변화대화를 듣고 구별해 낼 줄 알아야 하는 것이다. Amrhein의 최근 연구에서도 역시 변화대화 유형 중에서 결단(혹은 전념)대화를 구별해 낼 수 있음을 제안하였으며 그 이유는 전자가 변화의 매우 중요한 예측 요인이기 때문이다(Amrhein, Miller, Yahne, Knupsky, & Hochstein, 2004).

변화대화를 알아차릴 때 전문가는 그다음 변화대화를 어떻게 이끌어 내고 어떻게 보상하는지 배우게 된다. 다시 말해 상담자는 구체적인 전략을 이용하여 변화대화의 수를 증가시키고 강도 있게 만들기 위해 선별적으로 반응해 나간다. 이 기술은 다섯 번째 기술과 관련 있는데, 이름하여 어떻게 저항을 최소화하여 상담하는지 배우는 것이다. 즉 현상유지대화의 수가 많아지지 않도록 어떻게 반응하는지 배우는 것이다.

　내담자의 양가감정을 탐색하는 것은 거의 무한하게 지속될 수 있는데, 내담자가 변화 계획에 대해 이야기할 준비가 되었는지 아는 것이 또 하나의 기술이다. 내담자로 하여금 변화대화를 만들어 내도록 도와주는 것은 동기면담 학습에서 여섯 번째 기술이 된다. 그러나 성급하게 변화 계획을 만들려고 서두르는 것은 저항을 이끌어 낼 수 있다. 사실상 내담자가 현재 상태를 유지하겠다고 하는 말을 많이 하게 하는 반대의 결과를 가져올 수 있다. 동기면담에서 변화 계획 과정은 지속적인 하나의 타협일 수 있다. 만들어진 변화 계획과 함께 상담자는 그 계획에 대해서 내담자가 결심하도록 최소한 약속을 받아야 한다—동기면담 숙련도를 달성하는 데 있어 일곱 번째 과제이다.

　마지막으로 동기면담을 기타 심리치료 기법과 융통성 있게 조합하는 기술이 요구된다. 동기면담은 기타 치료 기법을 대체하는 포괄적인 치료 기법은 아니다. 사실, 동기면담의 가장 일관성 있는 효과 중에 어떤 효과는 다른 유형의 치료들과 조합을 이루었을 때이다. 동기면담의 고수준의 기술을 습득한 상담자는 필요할 때 자유자재로 다른 스타일과 융통성 있게 바꾸는 데 어려움을 보인다. 동기면담에서부터 보다 처방적, 현학적인 접근법으로 원만하게 움직여 가는 것은 하나의 예술이다 (Rollnick, Miller, & Butler, 출간 중).

초기 훈련

앞서 말한 일련의 기술에서 보면, 1회기 동기면담 워크숍에서 치료자가 배울 수 있는 것이 상당히 제한적이다. 숙련된 동기면담 훈련가가 이끄는 2~3일 초급 워크숍조차도 동기면담의 기본 스타일과 정신의 소개 정도, 반영적 경청을 학습하는 것에 대한 초기 단계, 변화대화를 알아차리는 능력 정도이다. 워크숍은 동기면담을 배우는 수단이 아니라 시작일 뿐이다. 이틀간의 초급 워크숍에서 반드시 이루고자 하는 학습 목표는 다음과 같다.

1. 동기면담의 근본이 되는 정신과 접근에 대해 이해하기

2. 반영적 경청 반응을 알아차리고 기타 상담 반응과 차이를 구별해 내기

3. 대화 중 최소 50% 반영적 경청 반응을 만들어 내기

4. 변화대화를 알아내고 기타 변화대화 중 결단(혹은 전념)대화 알아차리기

5. 내담자의 변화대화를 이끌어 낼 수 있는 여러 가지 전략을 진술하고 보여주기

그러나 추후 연습이 따르지 않는 워크숍은 실제적으로 많은 차이를 만들어 주지 않는다. 위에서 제시한 것처럼 치료자는 초급 워크숍 이후 몇 가지 기술을 시연할 수는 있지만, 지속적인 연습 없이는 그 효과성을 크게 발휘할 수 없다(Miller & Mount, 2001). 다시 말하면 워크숍 이후에 연습을 하지 않는 경우 내담자가 치료자에게 반응하는 것(예 : 변화대화)에 차이가 없다(Miller, Yahne, Moyers, Martinez, & Prritano, 2004).

처음에 동기면담을 학습하는 데 도움되는 것으로는 지속적인 피드백과 코칭의 조합이다. 이것은 납득할 만한데 이 두 가지 구성요소—개인적인 피드백, 실연 코칭—는 어떤 종류의 새로운 기술을 학습할 때도 도움이 된다. 동기면담에 있어 임상적 기술을 익히는 데 중요한 결과를 얻기 위해서는 초급 워크숍 이후에 개인적인 피드백을 실제 장면에서 지속적으로 받아야 하며 실연 개선을 위해 코칭을 받아야 한다(Miller et al., 2004). 대학원의 훈련과정으로 이러한 지속적인 임상적 숙련성을 만들어 내는 데 기회를 제공해 줄 수 있다. 예를 들어, 애리조나 대학의 임상심리학 대학원에서는 동기면담이 1년 동안 실습과정이 있는데 강의, 토론, 시연, 역할연기, 연습, 지역사회에서 의뢰받은 지속적인 임상 사례 감독 등이 포함된다.

상시학습

동기면담 초급과정에서의 탁월한 훈련이 몇 개월간의 코치와 함께 제공되더라도 이 임상적 방법의 초입뿐일 수 있다(이틀간의 워크숍으로 정신분석, 테니스, 피아노,

체스 게임을 배운다고 상상해 보라). 진정한 학습은 행위하는 데 있다. 행위는 피드백이 있는 지속적인 연습을 요구한다.

드러난 바에 의하면 요구되는 피드백이 동기면담 과정 안에 들어 있으며, 무엇을 유심히 찾을 것인지 아는 것에 따라 달라질 수 있다. 훌륭한 반영적 경험 진술에 대한 반응으로 내담자는 계속 이야기를 하게 되고 더 많은 것을 드러내고 더 깊이 있게 탐색한다. 반영적 경청 자체의 과제가 상담자로 하여금 발전하도록 도와주는데 내담자들이 계속해서 보완된 피드백을 제공하기 때문이다. 반영에 대한 반응으로 기본적으로 내담자는 '예', '아니요', '네, 맞습니다', '제 말은 그런 의미가 아닙니다'라고 말하는데 어떤 경우에서든 자기의 이야기를 상세하게 지속적으로 해 나간다. 마치 골프공을 친 후에 공이 얼마나 날아갈 것인가에 대해 믿을 만한 것이 바로 피드백이다.

이와 유사하게, 성공적인 동기면담에서 내담자 언어 표현의 순서를 알게 되면 회기가 어떻게 진행될 것인가에 대해서 즉각적인 피드백이 일어나게 된다. 변화대화로 이끄는 상담자의 반응은 다시 '바로 오는 것'이라고 볼 수 있다. 핵심적으로 내담자 변화대화는 상담자 행동의 강화물이 되기도 한다. 상담자는 또한 어떤 반응이 내담자의 제자리 대화와 저항을 유발시키는지 알게 된다. 핵심적으로 내담자 현상유지 대화 또는 저항은 그 반응을 다시 하지 말라고 하는 즉각적인 신호이며, 다른 접근을 시도해 보라는 즉각적인 신호이다. 이런 방법으로 내담자가 선생님이자 계속적 정보를 제공해 주는 사람이다. 마치 활 쏘는 사람이 매번 과녁을 향을 향해 쏜 화살에 대해 즉각적 피드백을 받는 것과 같다.

내담자로부터 제공된 피드백을 넘어선 다른 보조 자료들이 동기면담 상시교육에 사용될 수 있다. 치료자들이 동기면담 반응을 만들어 내고 피드백을 얻는 모의훈련 사례 비디오테이프가 개발되었다(Rosengren, Baer, Hartzler, Dunn, & Wells, 2005). 자기 자신의 실제 회기를 녹음하여 듣는 것도 도움이 될 수 있는데, 특히 MISC(Moyers, Martin, Catley, Harris, & Ahluwalia, 2003), MITI(Moyers,

Martin, Manuel, Hendrickson, & Miller, 2005)와 같이 구조화된 분석 코딩 체계를 사용하면 더욱 유용하다. 이러한 회기 테이프는 슈퍼바이저가 검토하여 치료자가 동기면담 기술을 발전하도록 사용할 수 있다. 어떤 치료자들은 동료 슈퍼비전 집단을 형성하여 회기 테이프를 검토하고 동기면담을 적용시키는 등 지속적인 도전 과제에 대해 토의할 수도 있다.

결론

1. 지금까지의 동기면담 역사가 짧은 것에 비해 사람들로 하여금 변화하도록 도와주는 데 연구 및 실제에 중요한 영향을 주고 있다. 수많은 건강 문제와 생활양식 행동뿐 아니라 약물 및 알코올 문제를 치료하는 데 동기면담이 이미 상당한 효과성이 있음을 보여 준 바 있다.

2. 동기면담에 가장 잘 반응하는 유형의 문제와 대상군을 알아낼 연구가 있어야 하며 덜 적합한 경우도 역시 연구되어야 한다.

3. 심리치료 분야에서 불안, 우울, 섭식장애 그리고 기타 임상적 문제에 동기면담의 유용성을 검토할 때에 이르렀다. 이 점에서 동기면담은 단독 치료뿐만 아니라 인지행동치료와 같은 기타 효과적 치료접근법과 조합되거나(예 : 사전치료) 통합될 수 있는 치료로서의 가능성을 가지고 있다. Westen과 Morrison(2001)이 수행한 우울과 그 밖의 불안장애들을 위한 치료(주로 인지행동치료)의 메타 분석 연구를 보면, 내담자의 1/2~2/3가 두드러질 만한 호전을 보이는 상당한 효과성을 가지고 있음을 보여 준 바 있다. 그러나 중도탈락한 사람이 비록 호전되었지만 그중 많은 사람들이 여전히 문제를 가지고 있으며, 다소 높은 재발률을 고려할 때 개선의 여지가 많다. Westra와 Dozois(2006)가 수행한 바와 같이 동기면담을 사전치료로 사용하거나 동기면담을 인지행동 및 기타 치료 기법과 함께 사용하거나 또는 동기면담 정신 속에서 기존의 치료를 해 나가는 것 모두가 이와 같은 결과

를 개선시킬 여지를 가지고 있다.

4. 근본이 되는 동기면담 기전을 이해하는 데 몇몇 유력한 초기 연구가 있기는 하나 아직 갈 길이 멀다. 동기면담 효과성을 가장 잘 설명해 주는 그런 요인들을 더욱 명백히 알아내어 더 큰 효과성을 낼 수 있도록 더 많이 수정 보완할 수 있다.

5. 동기면담을 가르칠 수 있는 가장 효과적인 방법에 대한 연구가 필요하다.

참고문헌

Amrhein, P. C., Miller, W. R., Yahne, C., Knupsky, A., & Hochstein, D. (2004). Strength of client commitment language improves with therapist training in motivational interviewing. *Alcoholism: Clinical and Experimental Research, 28*(5), 74A.

Amrhein, P. C., Miller, W. R., Yahne, C. E., Palmer, M., & Fulcher, L. (2003). Client commitment language during motivational interviewing predicts drug use outcome. *Journal of Consulting and Clinical Psychology, 71*, 862–878.

Anton, R. F., O'Malley, S. S., Ciraulo, D. A., Cisler, R. A., Couper, D., Donovan, D. M., et al. (2006). Combined pharmacotherapies and behavioral interventions for alcohol dependence. The COMBINE study: A randomized controlled trial. *Journal of the American Medical Association, 295*, 2003–2017.

Arkowitz, H. (2002). An integrative approach to psychotherapy based on common processes of change. In J. Lebow (Ed.), *Comprehensive handbook of psychotherapy: Vol. 4, Integrative and eclectic therapies* (pp. 317–337). New York: Wiley.

Arkowitz, H., & Westra, H. (2004). Integrating motivational interviewing and cognitive behavioral therapy in the treatment of depression and anxiety. *Journal of Cognitive Psychotherapy, 18*, 337–350.

Babor, T. F., & DelBoca, F. K. (2003). *Treatment matching in alcoholism.* Cambridge, UK: Cambridge University Press.

Baer, J. S., Rosengren, D. B., Dunn, C. W., Wells, W. A., Ogle, R. L., & Hartzler, B. (2004). An evaluation of workshop training in motivational interviewing for addiction and mental health clinicians. *Drug and Alcohol Dependence, 73*(1), 99–106.

Beck, A. T., Rush, A. J., Shaw, B. E., & Emery, G. (1979). *Cognitive therapy of depression.* New York: Guilford Press.

Bien, T. H., Miller, W. R., & Boroughs, J. M. (1993). Motivational interviewing with alcohol outpatients. *Behavioural and Cognitive Psychotherapy, 21*, 347–356.

Brehm, S. S., & Brehm, J. W. (1981). *Psychological reactance: A theory of freedom and control.* New York: Academic Press.

Britt, E., Hudson, S. M., & Blampied, N. M. (2004). Motivational interviewing in health settings: A review. *Patient Education and Counseling, 53*(2), 147–155.

Brown, J. M., & Miller, W. R. (1993). Impact of motivational interviewing on participation and outcome in residential alcoholism treatment. *Psychology of Addictive Behaviors, 7*, 211–218.

Burke, B., Arkowitz, H., & Menchola, M. (2003). The efficacy of motivational interviewing: A meta-analysis of controlled clinical trials. *Journal of Consulting and Clinical Psychology, 71*, 843–861.

Carroll, K. M., Ball, S. A., Nich, C., Martino, S., Frankforter, T. L., Farentinos, C., et al. (2006). Motivational interviewing to improve treatment engagement and outcome in individuals seeking treatment for substance abuse: A multisite effectiveness study. *Drug and Alcohol Dependence, 81*, 301–312.

Cofer, C. N., & Apley, M. H. (1964). *Motivation.* New York: Wiley.

Connors, G. J., Walitzer, K. S., & Dermen, K. H. (2002). Preparing clients for alcoholism treatment: Effects on treatment participation and outcomes. *Journal of Consulting and Clinical Psychology, 70*, 1161–1169.

Davison, G. C., Tsujimoto, R. N., & Glaros, A. G. (1973) Attribution and the maintenance of behavior change in falling asleep. *Journal of Abnormal Psychology, 82*, 124–133.

Davison, G. C., & Valins, S. (1969). Maintenance of self-attributed and drug-attributed behavior change. *Journal of Personality and Social Psychology, 11*, 25–33.

Dunn, C., Deroo, L., & Rivara, F. P. (2001). The use of brief interventions adapted from motivational interviewing across behavioral domains: A systematic review. *Addiction, 96*, 1725–1742.

Engle, D. E., & Arkowitz, H. (2006). *Ambivalence in psychotherapy: Facilitating readiness to change.* New York: Guilford Press.

Frank, J. (1974). Therapeutic components of psychotherapy: A 25-year progress report of research. *Journal of Nervous and Mental Disease, 159*, 325–342.

Hettema, J., Steele, J., & Miller, W. R. (2005). Motivational interviewing. *Annual Review of Clinical Psychology, 1*, 91–111.

Hodgins, D. C., Currie, S. R., & el-Guebaly, N. (2001). Motivational enhancement and self-help treatments for problem gambling. *Journal of Consulting and Clinical Psychology, 69*, 50–57.

Leahy, R. L. (2002). *Overcoming resistance in cognitive therapy.* New York: Guilford Press.

Lepper, M. R., Greene, D., & Nisbett, R. E. (1973). Undermining children's intrinsic interests with extrinsic reward: A test of the "overjustification" hypothesis. *Journal of Personality and Social Psychology, 28*, 129–137.

Mahoney, M. J. (2001). *Human change processes.* New York: Basic Books.

Marijuana Treatment Project Research Group. (2004). Brief treatments for cannabis dependence: Findings from a randomized multisite trial. *Journal of Consulting and Clinical Psychology, 72*, 455–466.

Miller, W. R. (1983). Motivational interviewing with problem drinkers. *Behavioural*

Psychotherapy, 11, 147–172.

Miller, W. R. (1985). Motivation for treatment: A review with special emphasis on alcoholism. *Psychological Bulletin, 98*, 84–107.

Miller, W. R. (1988). Including clients' spiritual perspectives in cognitive behavior therapy. In W. R. Miller & J. E. Martin (Eds.), *Behavior therapy and religion: Integrating spiritual and behavioral approaches to change* (pp. 43–55). Newbury Park, CA: Sage.

Miller, W. R. (Ed.). (2004). *Combined Behavioral Intervention manual: A clinical research guide for therapists treating people with alcohol abuse and dependence* (COMBINE Monograph Series, Vol. 1; DHHS No. 04-5288). Bethesda, MD: National Institute on Alcohol Abuse and Alcoholism.

Miller, W. R., Benefield, R. G., & Tonigan, J. S. (1993). Enhancing motivation for change in problem drinking: A controlled comparison of two therapist styles. *Journal of Consulting and Clinical Psychology, 61*, 455–461.

Miller, W. R., & Mount, K. A. (2001). A small study of training in motivational interviewing: Does one workshop change clinician and client behavior? *Behavioural and Cognitive Psychotherapy, 29*, 457–471.

Miller, W. R., & Moyers, T. B. (2006). Eight stages in learning motivational interviewing. *Journal of Teaching in the Addictions, 5*, 3–17.

Miller, W. R., & Rollnick, S. (1991). *Motivational interviewing: Preparing people to change addictive behavior.* New York: Guilford Press.

Miller, W. R., & Rollnick, S. (2002). *Motivational interviewing: Preparing people for change* (2nd ed.). New York: Guilford Press.

Miller, W. R., Sovereign, R. G., & Krege, B. (1988). Motivational interviewing with

제 **02** 장

불안장애 치료를 위한
동기면담의 적용

Henny A. Westra, David J. A. Dozois

동기면담(MI; Miller & Rollnick, 2002)은 약물남용(알코올) 치료에 광범위하게 적용되고, 효과적으로 입증되어 온 바 있으나(제1장 참조, Arkowitz & Miller) 불안장애를 위한 동기면담의 적용은 비교적 최근에 발전된 것이다. 오늘날 불안장애의 효과적인 치료 개입은(Barlow, 2002 참조) 전형적으로 환자가 변화를 실현화하도록 적극적으로 단계를 밟아갈 것을 요구한다. 그러나 많은 환자들이 비록 치료에 의뢰되어 치료를 받더라도 변화에 양가적일 뿐 아니라 변화 전략을 실행하는 데에도 양가적이다. 변화에 대한 양가감정을 해결하는 데 주요 중점을 둔다면, 불안장애를 위해 동기면담을 적용하는 것은 환자들이 효과적인 치료에 몰입하도록 돕는 데 그 전망이 좋아 보인다.

이 장에서 우리들은 현재까지 적용된 일반적인 불안장애 치료에 대해 언급을 하고, 동기면담이 불안장애에 적용될 수 있는 이론적 근거를 개략적으로 설명하며, 이 접근법(임상적 사례들과 더불어)의 개요를 제시하고, 이 작업에 따르는 임상적 도전

과제를 거론하며, 불안장애를 위한 인지행동치료 이전에 사전치료로서 동기면담을 적용한 예비 연구 결과들을 제시한다. 이 책의 다른 장에서 보다 구체적인 불안장애 (외상 후 스트레스 장애, 강박장애)를 다루고 있으므로 이 책에서는 그 밖의 불안장애(범불안장애, 사회공포증, 공황장애와 광장공포증)에 초점을 맞추었다.

불안장애의 일반적 치료

불안장애는 평생 유병률 25%에 이르며 정신장애 중에서 가장 흔한 장애이다(Kessler et al., 1994). 불안장애를 치료하지 않는 경우 만성화되고 재발하는 경향이 있으며 심각한 개인적 스트레스와 고통을 수반한다(Dozois & Westra, 2004). 불안장애 환자의 삶의 질이 감소된다고 보고된 바 있는데, 이 점은 기타 주요 의학적 질병들과 유사하고 어떤 경우에는 불안장애의 경우가 더 심하다(Rubin et al., 2000). 또한 치료 면에서 비용이 많이 드는데, 미국에서만 이 장애에 직간접으로 쓰는 비용이 연간 약 420억에 이른다(Greenberg et al., 1999).

   인지행동치료와 같이 노출에 기반을 둔 행동 개입은 불안장애에 있어서 가장 잘 연구되고 입증된 치료이다. 사실, 많은 치료 지침서에는 불안장애를 치료하는 제일선의 접근법으로 인지행동치료를 추천하고 있다(National Institute for Clinical Excellence, 2004). 인지행동치료는 전형적으로 다양한 개입전략들로 구성되어 있지만(호흡 유지, 자기 모니터링), 대부분의 연구자들은 공포를 자아내는 상황/자극에 노출되는 것이 효과적인 심리치료의 매우 중요한 구성요소라고 동의한다. 구체적으로 어떠한 노출에 초점을 맞출 것인지는 다양하지만 치료하려고 하는 불안장애 유형에 적용되는 원리는 동일하다. 즉, 불안을 유발하는 자극에 직면시킴으로써 공포를 소멸하고(습관화 과정을 통해서), 새로운 대처 기술을 배우고 중요한 적응적 인지 변화가 일어난다는 것이다. 공포와 관련된 인지 변화가 일어나게 되는 것은 자신의 비극적, 재앙적인 신념과 괴리가 있는 새로운 증거가 쌓여서 새로운 학습이 일어나는 기회가 있을 때 변화가 일어나는 것이다.

　모든 유형의 불안장애를 위한 인지행동치료의 효율성은 이미 견고하고 공황장애 치료에 성공률이 가장 높았다. 예를 들어, 공황장애 환자 63%가 치료 종료 시 유의미하게 호전되었으며(Westen & Morrison, 2001), 이러한 결과는 후속 평가에서도 지속되었다(Craskel Barlow, 2001). 43개의 통제된 연구를 메타 분석한 결과, 공황장애를 위한 인지행동치료의 효과 크기가 가장 컸으며, 정신과 약물치료와 심리치료의 조합과 비교해서 탈락률이 가장 낮은 것을 보여 준 바 있다(Gould, Otto, & Pollack, 1995). 사회 불안 사례에서 초기 치료 반응에서 보면 인지행동치료 간의 차이가 없었다(Rodebaugh, Holawary, & Heimberg, 2004). 그러나 인지행동치료는 단독 약물치료에 비해서 재발 예방에 우수성을 보여 주는 경향이 있다(Hofmann & Barlow, 2002). 인지행동치료가 범불안장애에 효과적이긴 하나(Borkovec & Ruscio, 2001), 이 환자군은 불안장애 중 인지행동치료 반응이 가장 낮은 것으로 간주되었다. 예를 들어, Fisher와 Durham(1999)는 범불안장애를 대상으로 6개의 통제된 인지행동치료 연구에 결과를 재분석한 결과 전반적인 회복률이 40% 이하로 나타났다.

불안장애를 위한 동기면담의 이론적 근거

오늘날 임상 연구에서는 효과적인 치료의 반응률을 증진시키는 것이 중요한 우선순위로 떠오르고 있다. 반응이라고 하는 것을 엄격한 회복 기준치를 사용하는 것으로 정의한다면 상당히 많은 수의 환자들이 인지행동치료에 효과적인 반응을 하지 못하는 것이 분명하다. 예를 들어, 우울증, 공황장애, 범불안장애를 위한 치료들에 대해 메타 분석을 했던 Westen과 Morrison(2001)은 치료를 완료한 사람 중 37~48%, 치료받고자 하는 통제 환자군의 46~56%가 추후 조사에서 호전되지 않았다.

　회복률을 좀 더 높이는 것은 적어도 환자들로 하여금 효과적인 치료를 시작하도록 하는 기능을 한다(Collins, Westra, Dozois, & Burns, 2004). 심리치료에서는 탈락률이 흔한데 23~49%의 내담자들이 1회기 이상 참석하지 않으며, 2/3가 조기에 치료를 종료한다(Garfield, 1994). 더 나아가 과제 비준수는 인지행동치료 전문가들(Huppert & Baker-Morissette, 2003) 사이에 흔히 인정되는 문제이며, 준수율이 인지행동치료에서 개인적인 차이가 매우 컸음을 보인다(Burns & Spangler, 2000). 치료 참여가 심리치료 효과에 중요한 예측인자라면(Henry & Strupp, 1994), 환자가 치료에 전적으로 몰입하도록 해 주는 우리들의 능력을 높이는 것이 치료의 반응률을 호전시키고 넓혀 주는 데 중요하다.

치료의 변동적인 참여는 변화에 대한 양가감정의 높은 수준과 관련 있는 것으로 보인다. 예를 들어, 범불안장애 분야의 연구자들은 걱정에 대한 서로 상충된 신념이 있음을 밝힌 바 있다. Borkovec와 Roemer(1995)가 발견한 사실은 범불안장애 환자들은 자신이 걱정하는 바를 문제로 보는 동시에 걱정(예 : 걱정이 동기화한다)에 대한 긍정적 신념을 가지고 있음을 밝혔다. 따라서 이들이 걱정을 없애는 것에 대해 양가적임을 보여 주었다. 공황장애(Dozois, Westra, Collins, Fung, & Garry, 2004)와 강박장애(Franklin & Foa, 2002)와 같이 기타 불안장애 환자를 대상으로 한 연구에서 많은 환자들이 치료에 참여하는 것에 대해 심하게 유보적 태도로 치료를 시작한다는 것이다. 마지막으로, 변화 동기가 불안장애에 있어 심리치료 효과의 중요한 예측 요인임이 밝혀진 바 있다(GAD ; Dugas et al., 2003).

Engle과 Arkowitz(2006)가 제안하기를 심리치료에서 저항, 비준수로 간주되는 것 중에 많은 부분이 변화에 대한 양가감정의 반영이라고 했다. 더불어 최근의 연구에서 제안하기로는 변화 동기 수준이 낮은 환자들에 있어 치료자의 반응 양식이 치료 효과에 중요할 수 있다는 것이다. 예를 들어, Huppert, Barlow, Gorman, Shear와 Woods(2006)의 공황 통제 치료에서 치료 지침 프로토콜을 엄격하게 준수하는 것이 치료 효과가 빈약한 정도와 관련이 있음을 보고한 바 있다. 이 결과는 다른 연구 결과와도 일치하는데, 매뉴얼로 만들어진 프로토콜을 엄격하게 준수하는 것이 어떤 환경에서는 치료 효과에 장애가 될 수 있음을 의미한다(Gastonguay, Goldfried, Wiser, Raue, & Hayers, 1996).

이와 유사하게 치료에 있어서 유통성, 예를 들어, 공감을 현명하게 사용하도록 제안하는 것과 저항을 만났을 때 양가감정에 초점을 맞추는 것 등이 중요한 치료적 방향으로 대두된다(Bursn & Auerbach, 1996). 따라서 동기면담과 인지행동치료를 조합하는 것이 불안장애 치료에 특히 전망이 있는데, 동기면담을 동기 증가와 변화에 대한 양가감정 해소에 방향을 두고 환자가 원하는 변화를 달성하도록 돕는다면 전망이 있어 보인다(Arkowitz & Westra, 2004).

불안장애를 위한 동기면담에서 임상적 적용

개관

이 분야에서 동기면담의 적용은 Miller와 Rollnick(1991, 2002)의 업적에 토대를 두고 불안장애에 구체적으로 적용할 수 있도록 일반화되었다(Arkowitz & Miller, 제1장 참조). 이 치료를 불안장애에 적용할 때는 동기면담의 모든 중심전략과 원리를 구체화하고, 전반적인 문제(즉, 불안)를 변화시키고, 불안 관리를 위해 대처법(예 : 회피, 노출 훈련하기)을 적용시키는 것에 대한 양가감정에 초점을 맞춘다. 불안장애에서 만나게 되는 양가감정에 대해 이야기하는 것은 동기를 위한 작업의 초석이 되며, 이 후 저자들은 동기면담의 핵심 원리 하나하나를 불안에 적용한 바를 상세히 설명하는 임상 사례를 보여 주고 있다.

양가감정

변화에 대한 양가감정과 변화를 수행하는 데 필요한 단계에 대한 양가감정은 임상 장면뿐만 아니라, 우리의 일상생활 전역에 걸쳐 일어난다. 치료자는 모두 내담자가 스스로 다루려고 애쓰는 문제들에 대해서 '한 입으로 두 말 하는 것'으로 듣는다. 불안장애 치료에서도 예외는 아니다. 제1저자인 Westra는 1990년 후반에 Miller와 Rollnick이 중독치료의 동기를 증진시키기 위한 동기면담 제1판(1991)을 읽으면서 약물남용이라는 말 대신 '불안장애'를 넣어 볼 수 있겠다고 생각했다. 왜냐하면 불안장애 환자에게도 같은 유형의 문제이기 때문이다.

불안장애 환자는 종종 특히 노출 과제에 대해 강하면서도 복합적인 반응을 보이는데, 많은 견해에서 볼 때 이런 반응은 놀랄 만한 것은 아니다. 노출은 어떤 형태이든 간에 환자가 자신의 압도적인 불안을 다루기 위해 시도했던 모든 대처 노력에 대해 현상학적으로 보자면 정반대이다. 거의 대부분 환자가 시도했었던(어떤 것은 단기간 성공했던 것도 있었음) 대처 노력(전형적으로 회피하기)이다. 결과적으로 환자는 이 치료의 이론적 근거에 대해 수용하는 바가 다양한데, 이러한 수용성이 인지행동치료 결과를 예측하는 것으로 보인다(Addis & Jacobson, 2000). 환자들은 자신의 변화에 대한 양가감정을 드러내어 표현하는 바가 거의 없지만 여러 방식으로 이러한 양가감정을 나타낸다. 예를 들어, 수동성, 지각, 회기 취소, 비준수, 논쟁(예 : 그러나), 치료자의 조력 노력을 좌절시키는 것 등이 있다(Newman, 2001).

변화에 대한 양가감정(환자는 변화를 원하면서도 동시에 변화에 저항할 수 있다는 사실)을 정상적인 것으로 치료자가 인정하고 통합하는 것은 환자가 이러한 딜레마를 훈습하는 데 특히 도움이 된다. 이러한 환자의 서로 다른 부분이 있음을 듣고 진행하면서, 정당성을 확인하고, 통합시키면서, 더 나아가 존중해 주는 여유를 가지는 것이 양가감정을 성공적으로 해소하는 데 중요하다. 환자들은(여러 차례 실패한 치료경험을 가진 사람이라도) 종종 변화해야 하는 이유에 대해서 열정을 가지고 치료에 임한다. 그러나 변화하려는 노력이 반복적으로 좌절되거나 치료에 힘들게 분투했던 경력이 있다면, 변화에 대한 더욱 복잡한 견해가 될 수 있다.

결정 저울은 밖으로 표현되든 함축적이든 양가감정에 대한 작업을 할 때 안내 역할을 하는 주요 틀이 된다. 우리는 종이 한 장을 반으로 나누어 양편에 양가감정의 측면을 적도록 한다(변화가 주는 장단점, 현재 상태가 주는 장단점). 이 결정 저울은 변화에 대해 '줄 당기기'를 하는 방법으로 틀을 마련해 준다. Burns(1989)의 제안처럼 우리도 변화를 하지 않는 것부터 시작한다. 우리의 경험으로는 많은 환자들이 변화를 해야 하는 훌륭한 이유를 말로 멋지게 표현한다(예 : 저의 이 불안은 납득이 안 된다는 걸 알아요. 우울하게 하고, 나의 삶을 망치고 도망가도록 만들어요. 내가 가지고 싶은 많은 것들을 가지지 못하게 해요). 우리가 주장하기로는 이러한 유형의 '변화대화'가 환자로 하여금 호전하는 데 충분했다면 벌써 그렇게 했을 것이라는 사실이다.

결과적으로 우리는 동기면담을 활용할 때 말로 표현되지 않았거나 충분히 음미되지 않았던 양가감정의 측면—이 부분은 환자가 변화를 저항하는 한 부분이다—을 진지하게 타당화하고 이해한 후에야 변화대화를 탐색한다. 이것을 충분히 탐색하지 않는다면 환자는 변화를 저항하며 '비합리적으로' 행동하고 있지 않다는 사실을 식별하는 기회를 갖지 못하며, 더 나아가 변화 과정의 어려움과 혼란에 대해 자기 스스로에게 더 연민을 가질 수 있는 기회를 놓치게 된다. 즉, 환자의 저항을 불러일으키는 중요하고도 영향력 있는 욕구에 귀를 기울이고 관심을 줄 필요가 있다(예 : 통제, 예측, 안전, 거절과 같은 부정적 결과로부터 자유로움에 대한 욕구 등). 더욱이 변화를 막는 장애물이 공감적으로 탐색될 때는 변화해야 하는 이유가 환자의 언어 표현을 통해 자연적, 자발적으로 흘러나온다.

환자들은 종종 너무 조급하게 수용적이거나 타자들(치료자 포함)이 듣기 원한다고 믿는 것에 뛰어드는 경향이 있다(즉, 변화해야 하는 중요한 이유). 그 결과 변화를 스스로 수행하려고 할 때 표면에 떠오르는 이러한 태도에 대해 영향력 있는 반대 주장을 충분히 구별하지 못한다. 우리의 경험으로 환자들은 종종 균형 있는 견해를 좋아하는 것 같다. 왜냐하면 많은 사람들은 스스로 변화해야 한다는 것을 이미 알고 있고, 변화를 달성하기 위해 무엇이 필요한지 구체적인 생각을 가지고 있기 때문이다. 예를 들어, 환자는 학대적 관계에 대해 "제가 이 관계를 벗어날 필요가 있다는 걸 알고 있어요. 제가 이미 알고 있는 것을 다시 말해 저를 모멸하지 않는 유일한 사람이 선생님입니다. 제가 진짜 알아야 할 것은 왜 내가 그 관계를 지속하는지 입니다."

현재 상황이 지속하는 것의 장점을 자세하게 설명할 때 기본이 되는 개념은 '그 문제'의 기능적 측면을 진솔하게 듣고 확인해 주는 것이다. 이러한 기능을 탐색하는 데 있어 중요한 도구가 되는 것이 공감과 인증(validaton)인데(이후 좀 더 설명될 것임), 중요한 것은 치료자가 변화에 대한 저항을 멸시하지 않고 볼 수 있는 견해를 갖도록 하는 것이다. 환자들은 문제에 대한 자신의 견해를 낼 것을 전제로 했을 때 가장 이해할 만한 것을 할 뿐이라는 사실을 종종 식별하지 못한다. 목표는 환자가 겉으로 보기에는 이해가 되지 않는 문제의 저변에 긍정적인 동기가 깔려 있다는 사실을 경청하고 식별할 수 있도록 돕는 것이다. 그러므로 동기면담을 사용하는 이유 중의 하나는 그 목적이 매우 바람직하면서 인간 욕구의 기본적인 것임을 인증해 주는 것이다. 문제가 되는 그러한 목적을 달성하기 위해서 환자들이 그동안 배웠던 수단인 것이다(또는 그런 수단이 더 이상 효과가 없었을 때). Mahoney(2003)가 말한 바와 같이 현재의 모든 문제는 과거의 모든 문제의 해결책이라는 점이다. 중요한 것은 탐색의 목표는 환자 자신의 견해로 볼 때 자신의 변화에 대한 주저가 납득할 만한 것임을 돕는 데 있고 또한 자기 자신에 대한 큰 연민을 불러일으키는 데 있다. 치료자는 환자가 자아의 부인된 측면에도 가치가 있음을 보도록 개방적이면서도 이러한 기본 욕구와 바람에 대해서 공감적으로 공명해 준다면, 환자는 자비롭고 인정 많은 접근을 모델로 따를 수 있다. 또한 이러한 접근방식은 자기비판적이고 자기부정적이기보다는 허용적이고 개방적이다.

다음은 사회 불안장애를 가진 환자와의 대화 사례이다.

치료자 : 다른 사람들이 어떻게 생각할까? 무엇을 원할까? 하는 것에 많은 시간을 들이면서 스스로 무엇이 필요한지 잘 알지 못한다는 것이 놀랍네요.

환　자 : 그것을 알게 되는 것이 위험해요.

치료자 : 그곳에 가는 것이 두려우시군요. 만약 기꺼이 그렇게 한다면, 무엇이 위험한지 좀 더 이야기해 주실 수 있어요? 어떤 일이 일어날까요?

환　자 : 다른 사람들이 다치겠지요. 저는 야비한 사람이 될 거고요.

치료자 : 그것은 당신이 원하는 건 물론 아니지요. 다른 사람들을 즐겁게 하고 돌봐주는 것이 당연하니깐요. 왜 그곳에 가지 않는지 이해합니다.

환　자 : 그러나 동시에 가야 하지요. 제가 하지 못했던 것이 매우 많아요. 왜냐하면 난 늘 다른 사람들을 먼저 배려했어요. 이제 생각해 보면, 제가 당했던 것 같아요.

치료자 : 네. 자기 것도 아닌 것을 가져가는 사람 같군요. 내가 그것을 눈치 채지도 못했는데, 어느 날 내 인생은 어디에 있는가 하고 말하는 거군요.

환　자 : 네. 맞아요.

치료자 : 그래서 좀 화가 난 것 같군요.

환　자 : 네. 저번 날 아내가 집을 수리하자고 하더군요. 저는 여분의 돈으로 하고 싶었던 일이 따로 있었거든요. 그리고 이건 공평하지 않다고 생각했어요. 내가 원하는 것이 무엇인지 아내는 한 번도 생각해 주지 않아요.

내용 면에서 볼 때 이 사람은 항상 그대로 있는 것이 갖는 가치(예 : 익숙함, 예측 가능함, 거절로부터의 자유로움, 준비할 수 있게 도와줄 수 있다는 것, 변화로부터 자유로움)를 고려하도록 부추겨졌다. 대가는 예를 들어, 변화해야 하는 어려운 작업보다는 좀 더 쉬운 것, 노출하는 것보다는 덜 위험한 것, 실패할 위험이 없다는 것, 자기주장을 하면서 타자들을 상처 주지 않을 수 있다는 것 등이다. 예를 들어, 범불안장애 환자는 두려운 공포를 찾아가는 것이 염려를 악화시킬 수 있고, 통제 상실이나 사랑하는 사람들을 위험에 빠뜨리는 것과 같은 바람직하지 못한 결과를 가져올 수 있다는 확신을 버리지 못하고 주저할 수 있다. 또는 사회공포증 환자의 경우 실패할 수 있다는 두려움 때문에 사람이 많은 식당에서 식사를 하거나 강의실이나 회의에서 질문을 하는 것과 같은 사회적 노출을 매우 꺼릴 수 있어 더욱 무력감을 느낀다.

동기면담이 주는 이득 중의 하나는 환자가 스스로 변화해야 하는 이유를 명확하게 말로 표현하도록 격려하는 데 있다. 결정 저울의 또 다른 편을 탐색하면서 환자가 불안이나 그대로 머무는 것이 주는 단점을 말로 표현하고 상세하게 설명하도록 돕는데, 이 점이 바로 변화가 주는 이득이다. 이것을 할 때 가장 적절한 시기는 환자가 '변화대화'를 말로 표현하기 시작할 때이다(변화를 저항하는 훌륭한 이유를 탐색할 때도 역시 종종 일어나는 것과 같이). 치료자는 변화가 주는 유리한 면뿐 아니라 불안/회피가 주는 불리한 면을 언급함으로써 변화에 대한 주장을 환자가 탐색하고 상세하게 설명하도록 촉진한다. 변화대화를 늘리는 것은(변화의 방향 쪽으로 이야기를 하거나) 동기면담에 가장 가까운 목표이다.

어떤 경우, 환자는 변화하지 않았을 때 치러야 하는 대가의 인식이 제한적일 수 있다. 예를 들어, 환자가 자신의 불안장애가 어린 자녀들에게 어떠한 영향을 주는지 알기 원하지 않을 수 있다. 또한 사회불안증을 가진 청년이 자신의 출세와 대인관계 면에서 제약점을 가져온다는 것을 충분히 고려하지 못할 수 있다. 다음 사례를 보자.

> 치료자 : 걱정하는 것이 많은 면에서 유용할 수 있겠군요. 물론 걱정이 가져오는 불리한 점을 말씀하시기도 했고요. 걱정하는 것을 바꾸는 것에 대해서 어떤 이유를 생각하시는지요?
>
> 환　자 : 글쎄요. 걱정하는 것이 방해가 되고, 다른 사람과 있을 때 긴장감이 높아지게 합니다.
>
> 치료자 : 그렇다면, 걱정이 대인관계를 경직하게 만들고 장애물이 되는군요. 어떻게 방해가 되나요? 구체적으로 어떤 생각들을 하시나요?
>
> 환　자 : 항상 걱정에 싸여 있는 것 같아요. 집중할 수가 없어요. 왜냐하면 늘 걱정

하니까요. 피곤하고, 우울하고, 소진하게 만드는 게 싫어요.

치료자 : 그렇다면 걱정은 집중력을 떨어뜨리고 에너지와 기분을 많이 앗아가는군요. 만약 걱정을 덜 한다면 기능을 좀 더 잘할 수 있을 거라고 생각하시는군요.

환　자 : 네. 예를 들어, 일을 할 때 많은 일을 할 수 있겠고요. 사람들하고도 더 잘 어울릴 수 있겠지요.

치료자 : 두 가지 모두 중요하군요.

환　자 : 네. 지금은 제가 원하는 것의 반밖에 안 되는 거 같아요. 불안이 관련이 많죠. 우울해져요.

치료자 : 만약 6개월이나 1년이 지나도 걱정 수준이 오늘과 똑같다면, 어떨 거라고 생각되나요?

환　자 : 끔찍할 거예요. 더 불행하게 되고, 더 통제하지 못한다고 느낄 거예요.

환자가 변화해야 하는 이유들을 알아내고 차별적으로 탐색하는 것이 중요하다. 즉, 환자가 표현한 몇 가지 보상은 그 환자의 가치관과 가치 있다고 여기는 인생의 방향에 따라서 다른 보상보다 더 중요할 수 있다. 위의 사례처럼 불안이라고 하는 주제는 대인관계에서 방해가 되고 있는데, 대인관계가 환자에게 더 중요한 것으로 보인다면 더 많이 탐색되어야 한다(예 : 걱정 때문에 사람과의 관계가 불리하게 되었던 경우를 말해 주시겠어요? 그때 가장 상처가 되었던 것은 무엇인가요?). 이 과정을 진행할 때 정서적인 것을 사용할 수 있다(어떤 대가에 대해 곰곰이 생각할 때 부정적 느낌을 표시하거나 또는 변화가 의미하는 어떤 측면을 생각하면서 긍정적인 느낌을 보이는 등). 예를 들어, 회피가 자녀에게 주는 영향력을 생각하면서 슬퍼지는 부모라면 이것이 가지는 현재와 미래의 잠재적인 결과에 대해서 좀 더 자세하게 설명하도록 부추긴다. 이와 유사하게, 사회적 불안이 줄어든 경우 친구관계가 더 즐거워질 수 있다고 얼굴이 밝아지는 환자라면 이 가능성에 대해서 차별적으로 더 상세하게 말할 수 있도록 부추길 수 있다(예 : 미래의 대인관계가 어떻게 될 거라고 생각하세요? 그것이 어떤 결과를 가져오게 될 것 같으세요?).

동기면담의 핵심 원리

공감 표현하기

공감은 많은 이론가 사이에 상당히 차별적 의미를 지닌 구성개념이다(Bohart & Greenberg, 1997). 가장 기본적인 형태로는 심리치료에서 공감은 환자의 준거 기준으로부터 그 환자를 이해하는 의도라고 일컫는다(Rogers, 1959). 공감은 환자에게 친절하고 다정한 태도 이외에 더 많은 것을 의미하며, 환자의 견해를 이해하고 전적인 관심과 집중, 의도를 끌어주는 것이다. 환자를 판단하거나 바꾸려는 노력이 공감이 아니라 환자를 온전히 알고 환자가 자신의 경험을 납득하도록 도와주는 데 있다. 공감은 환자의 염려, 희망, 두려움, 포부, 기대, 의미, 신념에 대해서 골고루 주의를 분배해 주는 것(Bohart & Tallman, 1997)을 포함한다. 이것이 가지는 의미는 환자가 의미하는 바를 알아차리기 위해 세심히 노력하고, 환자의 반응을 진지하고 무비판적으로 받아들이며(예 : 외적 준거에서 보지 않고, 방어, 합리화, 부인 등으로 간주하지 않고), 끊임없이 이해하고 있는지 확인하면서 환자가 치료자의 의사소통을 지각하는지 알아보고, 환자라면 어떨지 라는 느낌을 갖는 것이다(Bohart & Tallman, 1997). 치료자는 또한 자신의 바람, 편견, 이론, 선입견, 가치, 계획 등을 적극적으로 단념해야 하며 환자와 환자의 독특한 현실을 이해해야 한다(Geller & Greenberg, 2002).

따라서 중요한 것은 치료자가 정확하게 이해했는지보다는 환자에 대한 치료자의 호기심과 환자를 알고자 하는 갈망이다. 공감적인 공명이 성공적이었을 경우 환자와 어울려서 전율하는 음색을 띠게 된다. 이러한 공명이라고 하는 요소는 많은 공감의 정의들이 공유하는 것인데, 내적인 것을 외현화하고 이전의 표현되지 않았던 것을 표현하는 것이다. 치료자의 반응은 환자의 언어 표현 위에 기반을 두거나 그 표현을 발전시켜서 서로 나눈 이해를 확장하고, 탐색을 증진시킨다(Greenberg &

Elliott, 1997). 공황장애 환자가 약혼자와 결혼하는 것에 대해 가지는 양가감정의 대화를 보자.

> 환　자 : 그이는 대단한 사람이에요. 그런데 왜 불안한지 알 수 없어요. 그 사람은 너무나 많은 긍정적인 면을 가지고 있거든요.
> 치료자 : 표면적으로는 대단해 보이는군요. 정말 너무 좋아 보이는군요. 단 당신의 감정은 아니군요.
> 환　자 : (한참 후에) 그가 훌륭한 남자이긴 한데, 통하는 것 같진 않아요. 그 사람을 알고 있다고 느껴지지가 않아요. 또 그도 저를 모르고요(매우 언짢은 표정을 지음).
> 치료자 : 그게 마음에 들지 않는군요.
> 환　자 : 네. 사랑 없는 결혼은 원하지 않아요. 좀 더 친밀함이 있어야 해요.

　여기서 관련된 개념은 Linehan(1997)의 인증 개념이다. 공감은 인증을 위한 선행 조건이며, 공감적인 의사소통 그 자체가 인증을 해 주는 것이다. 그러나 인증은 공감을 넘어선다. 인증이란 논리적이거나 기능적 수준의 하나의 반응, 신념, 느낌, 행동이 가지는 지혜를 이해하였음을 겉으로 표현하는 것을 포함하며, 환자와 환자 반응의 내재된 타당성의 가치 있음을 확인해 주는 과정이다. 여기에서 치료자는 그 반응이 내담자의 과거나 현재 상황에 대해 알아가면서 이해할 만하고, 정당하며, 기능적이고, 논리적이고, 적합하다는 사실을 추구하면서 동일시하고 의사소통하며 더 나아가 확대해야 한다(Linehan, 1997). 환자의 경험에 대해 타당성을 반영할 때 흔히 "당연하지요", "그 외에 무엇이 가능했을까요?", "매우 납득할 만합니다."라는 진술을 사용한다.

　중요한 것은 공감은 기법과 동의어가 아니라는 사실이다. Rogers는 공감을 근본적으로 하나의 태도라고 보았다—존중, 무비판, 칭찬, 협동—이러한 태도는 모든 상호관계에 퍼져 있어야 한다(Bozarth, 1997). 동기면담에서 이러한 태도를 '정신 (spirit)'이라고 일컫는다. 공감적인 태도나 정신이 부재한 채 동기면담 기법을 사용한다는 것은 비효과적이다. 치료자는 그 개인을 신뢰해야 한다. 그 사람의 타고난 능력을 신뢰해야 한다는 것이다. 사회심리학의 연구들은 이런 대인관계에서 기대감 효과와 그 영향력을 입증한 바 있다. 즉, 상대방의 능력에 대해서 확신하는 것은 사실상 수혜자 편에서 큰 능력을 이끌어 내는 것이다(Rosenthal, 1994). 따라서 공감이란 환자를 향한 언어적, 비언어적으로 전달하는 근본적인 태도다.

공감이 성공적일 때 안정감과 개방된 의사소통을 촉진한다. 공감은 환자가 회피하거나 견디기 어렵고, 인정하기 어렵고, 탐색하기 어려운 자기 자신의 어떤 차원이나 문제들을 탐색하도록 환경을 조성한다. 게다가 환자가 알려고 하는 치료자의 열의, 어려운 감정을 포용하는 능력, 환자에 대한 신뢰는 내담자 자신의 거부된 측면에 대해서 자기 연민을 조장하고 통합/탐색하도록 도모해 준다. 이러한 접근은 또한 치료자의 아이디어와 제안을 많이 통합시킬 수 있는 통로를 열어 준다. 간단히 이야기하면, 자기 이야기를 누가 먼저 들어 주었을 때 그 사람이 말하고자 하는 것을 좀 더 열의를 가지고 듣게 되는 것이다.

범불안장애로 인해 일을 하지 못하는 내담자와의 첫 만남을 보자.

환　자 : 내가 여기서 뭘 하는지 알 수가 없어요. 주치의가 말하기를 제가 부정적인 생각을 가지고 있어서 좀 더 긍정적 생각을 해야 한다고 하는데, 저는 동의하지 않습니다.

치료자 : 주치의는 당신이 문제가 있다고 말하고 있지만, 당신은 문제가 없다고 생각하는군요.

환　자 : 있기도 하고, 없기도 하지요. 그렇게 심각한 문제라고 생각하지 않아요. 하지만 일을 하지 못하는 데 이유가 있겠지요.

치료자 : 뭔가 어려움이 있는 거 같긴 한데, 치료를 받을 정도로 심각하다고는 확신

하지 않는군요. 아마도 지금까지 내가 잘해 왔다고 느끼시는 것 같네요.

환　자 : 그래요. 저는 스스로 문제가 없다고 말할 수 있는 사람입니다. 그게 도움이
　　　　됐어요. 대부분의 경우, 적어도 최근까지는…

치료자 : 그렇게 말하는 것이 상당히 효과적인 대처 전략이었던 거 같군요. 그런 방
　　　　식을 포기하는 것을 꺼리는 것이 이해됩니다. 그러나 지금 다른 대처 방법
　　　　들이 있는지 알아보아야 할 시간이 아닌지 궁금해하는 거 같군요.

환　자 : 그렇습니다. 제가 생각하는 방식이 문제라는 것을 계속 부인하기는 너무
　　　　많은 에너지가 드는군요. 다루어야 할 문제가 있다고 하는 말을 듣기를 거
　　　　절하니까 사람들은 미칠 지경인가 봐요.

불일치감 만들기

사람은 자신이 원하거나 가치 있게 생각하는 것과 현재 행동 간의 불일치감을 반영
하고, 더 확대시켜 줄 변화의 동기를 이끌어 낼 수 있다(Miller & Rollnick, 2002).
자신이 강도 있게 바라는 것이나 선호하는 방향과 현재의 행동으로 인한 불만족 사
이의 괴리를 드러냄으로써 불일치감을 만들 수 있다. 환자가 여러 차원에서 가치 있
게 생각하는 것을 알아내어 말로 표현하게끔 하면 자신이 원하는 것과 그러한 비전
안에서 그 문제가 어떻게 부합되는지를 드러냄으로써 환자가 양가감정을 해소하도
록 돕는 기회를 제공한다. 다음과 같은 질문에 답을 하도록 한다. "당신의 삶 속에서
아주 중요한 것들은 무엇입니까?", "어떠한 꿈을 가지고 있습니까?", "만약에 미래
가 놀랄 정도로 일이 잘된다면 어떤 모습일 것 같습니까?" 그리고 나서 현재의 행동
이 이 방향에 어느 정도 맞는지 또는 맞지 않는지를 말하도록 한다.

　이와 유사하게 결정 저울이 보여 준 바와 같이 치료자는 이제까지 드러난 찬반 사
이의 불일치감을 만들어 준다. 기타 모든 기법에서처럼 환자가 그러한 불일치감을
고려하도록 부추길 때에는 판단적이거나 비판적이지 않고 내담자 중심의 정신 속에
서 생각할 거리를 제공한다. 공감적인 반영은 환자가 부상한 거리들을 처리하도록

촉진하고 도와주는 데 사용된다.

다음의 예는 불안장애와 작업을 하면서 불일치감 만들기에 목표를 두고 다양한 문제유형을 가진 환자와의 대화이다. 이 짧은 사례의 모든 자료는 치료자가 말한 것이 아닌 환자가 이전 회기에서 언급한 것을 토대로 한다.

> (범불안장애 환자에게) "한편으로, 걱정하는 것은 다른 사람들이 상처받는 것으로부터 보호한다는 의미를 가지는군요. 그렇게 하기 원한다는 것이 정말 환상적이지 않나요? 그런데 한편으로는 걱정해 줌으로써 다른 사람을 보호해 주는 것이 그 사람에게 피해가 되는 것 같은데요. 왜냐면 당신이 그들을 믿지 않는 것 같은 메시지를 주니까요. 여기에 대해 어떻게 생각하세요?"

또는

> (이 환자는 의료종사자인데, 자신의 사회 불안장애로 인해서 환자들을 도울 수 있는 정보들을 동료 직원들로부터 가져오지 못하기 때문에 환자를 기만하는 느낌이라고 말했으며 사회 불안증으로 인해서 워크숍을 가지 못한다고 말하였다.) "환자들을 기만하는 것이 당신의 일을 잘하려고 하는 것과 어떻게 부합되는지요?" 또는 "워크숍에 가지 않는 것이 일을 잘하려고 하는 당신의 욕구와 어느 정도 일치 또는 불일치하나요?"

또는

> (광장공포증 환자에게) "자유로움과 모험이 매우 중요하다고 말씀하셨어요. 자유로움을 사랑하는 사람이 늘 집에만 있으면 어떨까요?

또는

> (범불안장애 환자에게) "그러니까, 걱정하는 것이 나쁜 일들이 필연적으로

생길 때 스스로 준비할 수 있게 해 준다는 것에서 중요하군요. 그러나 걱정하는 것이 자기 자신을 마비시킨다고 말씀하셨어요. 이것이 어떻게 서로 부합되나요?"

이러한 스타일은 인지행동 치료자에게는 '증거 조사하기'처럼 익숙한 스타일일 수 있다. 동기면담에서 이러한 소크라테스식 기술은 내담자 중심 정신 내에서 통합될 수 있다. 여기서 목표는 어떠한 생각들을 반박하거나 역기능적으로 보고 적응적인 아이디어로 환치시키는 것이 아니라(그 생각들은 환자에게 어떤 목표를 달성하게 해 준다), 그 아이디어들을 환자에게 도움이 되도록 '바라볼 수 있게' 해 주는 데 목표가 있다. 중요한 것은 불일치감을 만드는 데 목적을 두는 모든 진술을 환자의 생각을 바꾸려는 의도로 하지 말고 호기심과 탐색이라는 정신으로 해야 한다. 즉, 동기면담 정신과 일관성 있는 치료자라면 환자가 변해야 하는 것을 일정 계획 문제의 제약점을 보는 데 집중하는 것이 아니라 내담자 스스로 문제를 탐색하도록 촉진하는 데 함께 하는 것이다.

저항과 함께 구르기

저항은 임상 장면에서 가장 중요한 현상 중 하나지만, 잘 이해되거나 검토되지 않은 것이기도 하다(Engle & Arkowitz, 2006). 저항에 대한 연구가 제안하기로는 저항은 훌륭한 치료 효과로서 나타날 수 있으며(Miller, Benefield, & Tonigan, 1993), 환자와 치료자 대신에 조정하는 매우 임상적으로 도전적인 것으로 본다(Burns & Auerbach, 1996). 일반적으로 저항에 대한 증거는 가르치고 직면하는 스타일이 촉진적, 지지적인 스타일보다는 환자의 많은 비협조와 관련 있다고 본다(Miller et al., 1993). 일반적으로 저항의 존재에 민감하여 지지적이고 탐색적인 스타일을 적용하게 되면 저항을 효과적으로 조정하는 데 결정적이다.

동기면담에서 저항은 상호관계적인 것으로 본다. 공감이 서로 나누어지고 또는 공동으로 구축되는 현상같이 저항도 마찬가지이다(Bohart & Tallman, 1997). 이 것은 포용하기에 가장 도전적인 아이디어 중 하나가 될 수 있는데, 왜냐하면 저항이 란 방어, 방해, 비협조성, 기타 성격 요인과 같이 오로지 환자의 특성으로 귀인시키 려는 유혹을 갖게 하기 때문이다. 동기면담에서 저항은 환자의 양가감정의 산물이 자, 치료자가 이 양가감정에 어떻게 반응하는 것이냐의 산물로 본다(Moyers & Rollnick, 2002). 공감적인 태도를 가질 때 저항은 전반적으로 최소화된다. 일반적 으로 동기면담에서 저항의 접근은 저항과 함께 구르기, 또는 저항과 나란히 가기로 저항을 직면하지 않는다. 구체적인 전략 중 그 모든 전략은 저항을 약화시키고자 저 항과 나란히 가는 것을 목표로 한다(예 : 재구조화하기, 양면반응하기, 개인의 선택 성과 자율성 강조하기). 다음의 사례에서 저항에 반응하는 예를 보도록 하자.

먼저 저항 확대(치료자의 실수)의 예를 들고, 다음 저항과 함께 구르기의 예를 제 시한다.

> **환자(사회불안장애)** : 서른이 됐는데도 아직도 부모님과 함께 살면서 일자리가 없다 는 것이 우울하게 합니다.
>
> **치료자** : 1년 후에도 역시 부모들과 살면서 일자리가 없다면 어떻게 될 것 같습니까? 지금의 우울감이 나아질까요? (저항을 확대시킴)
>
> **환 자** : 모르겠어요.

이 사례에서 보여 준 바와 같이 치료자의 계획이 매우 포착하기 어렵게 전달되긴 했지만 환자는 정확히 포착하였다. 여기서 치료자는 환자가 이렇게 말하길 원했다. "똑같은 상황이라면 우울하겠지요."라며 변화대화가 많아지기를 원했다. 이제 내담 자가 입을 다물고 있는 것을 통해서 저항이 있음을 알아차린 후에 치료자가 했던 다 른 반응을 알아보자.

> 환　자 : 모르겠어요.
> 치료자 : 그렇다면 상황이 1년 후에도 똑같다면 어떻게 될까요? 좋은 점, 그리 좋지
> 않은 점, 장단점은 뭐가 있을까요?
> 환　자 : 매우 우울해질 거 같아요.

여기서 치료자가 전달하는 것은 어떤 주어진 상황 속에서 어떻게 반응할 것인가 결정하는 자유를 가진 사람이 환자라는 것이다. 보다 더 균형 있는 언어를 사용함으로써 치료자는 환자에게 반응에 대한 대안을 열어 놓았다. 환자는 그때 치료자의 통제로부터 자유롭게 자신의 진실한 반응을 말로 표현할 수 있다.

다음은 사회불안장애를 가진 환자의 또 다른 경우로 배우자에게 자기 의견을 주장하고자 생각 중인 환자이다.

> 환　자 : 내가 뭔가 이야기를 할 수 있을 것 같아요. 그런데, 제가 문제인 것 같아요.
> 아마도 제 문제 때문인 거 같아요. 괜찮아질 거예요.
> 치료자 : 좋은 생각입니다만 그렇게 될 거라는 증거는 있는지요? 말을 하지 않았을
> 때 그 문제가 사라진 적이 있나요? (저항을 확대시킴)
> 환　자 : 그렇지만 제 문제가 아니라면 남편에게 더 큰 갈등을 자아내는 게 공평하
> 지 않겠지요.

이제 저항과 함께 구르기라고 하는 대안 반응을 살펴보자.

> 환　자 : 내가 뭔가 이야기를 할 수 있을 거 같아요. 그런데, 제가 문제인 거 같아요.
> 아마도 제 문제 때문인 거 같아요. 괜찮아질 거예요.
> 치료자 : 그 문제가 사라진다고요. 아주 이상적일 수 있겠군요. 더 큰 어려움을 만들
> 어낼 필요는 없겠지요. 작은 일로 크게 만들 뿐이군요. (저항과 함께 구르기)

환　자 : 우리 남편도 늘 똑같이 그렇게 말해요.

치료자 : 어떻게 생각하세요. 맞습니까? 그렇지 않습니까?

환　자 : 남편이 틀렸다고 생각해요. 서로 의견을 나눌 필요가 있는 문제들이 있어
요. 그런데 남편은 늘 제 걱정을 사소한 것으로 만들어요.

　　각 사례마다 치료자가 저항과 나란히 가면서 환자가 선택하는 자율성을 부추길 때에 환자는 방해받지 않고 그 문제를 처리하는 식으로 진행할 수 있다. 만약에 이러한 보완이 치료자의 편에서 만들어지지 않았다면 환자는 치료적일 수 있는 의사소통이 얼마나 쉽게 논쟁으로 전락하고, 환자의 입을 다물게 하는지 상상할 수 있다. 흥미로운 것은 환자가 우리들과 의견을 같이 할 때라도(예 : 남편에게 뭔가 이야기를 해야 할 것 같다고 동의한다 할지라도) 강요된다는 느낌을 받고 싶어 하지 않는다. 즉, 이것은 정확한 개념화의 이슈라기보다는 과정의 이유이다. 또한 중요한 것은 이러한 스타일이 역설을 적용한 전략과 표면적으로 유사할 수 있음을 볼 수 있다(Haley & Richeport-Haley, 2003). 그러나 역설을 사용할 때 환자의 마음속에 있는 전략적 구성 틀은 동기면담의 정신과 양립할 수 없다. 왜냐하면, 이러한 전략적인 마음의 틀은 치료자가 환자를 통제하려고 시도한다는 것과 보다 동기화되거나 변화하도록 속인다는 의미를 내포하기 때문이다. 동기면담의 사례에서 치료자는 공감적으로 환자가 표현한 딜레마와 공명하고 있다(환자의 시각으로부터 환자를 이해하려고 노력한다).

　　환자의 선택과 자율성을 명료하게 강조하는 것은 저항을 만날 때 동기면담에서 사용하는 또 다른 기법이다. 건강에 대한 불안증을 가진 청소년과 첫 회기에서의 만남을 보자.

환　자 : 선생님은 저의 부모님이 만나라고 했던 세 번째 치료자세요. 저는 치료에
오고 싶지 않아요. 제 스스로 해결할 수 있어요.

치료자 : 16살이지?

환 자 : 네. 15의 3/4입니다.

치료자 : 네가 스스로 결정할 수 있고, 이 문제를 어떻게 해결해야 할지 네가 선호하는 방법을 모두 존중해야 한다는 것에 동의한단다. 이 시간이 끝날 때쯤 이 문제를 다루어야 하는 사람은 결국 바로 너란다. 이제 한 시간 정도 함께 할 거야. 여기서 끝낼 수도 있고, 또 네가 원한다면 불안에 대해서 조금 이야기하면서 이 시간이 끝날 때에 선생님이 너에게 도움이 되는 무언가를 했는지 의견을 줄 수도 있겠지. 네 스스로 이미 잘하고 있는 것같이 들리는 구나. 하지만 이 분야는 선생님의 전문 분야라는 점에서 네게 도움이 되는 어떤 것을 제시해 줄 수도 있겠고 또는 계획을 실행하는 데 도움을 줄 수도 있겠지. 어떻게 하면 좋을까?

환 자 : 여기 있을게요. 뭐부터 시작해야 하나요?

환자가 호전하도록 보상해 주기를 원하거나 또는 낙관적인 태도를 전달하기 원하는 등의 최소한의 치료적 의도라고 하더라도 저항과 부딪힐 수 있다. 다음 사례를 보자.

환 자 : (사람들 앞에서 이야기하길 불안해하는 사람) 내 친구가 가는 AA 모임에서 내가 사람들 앞에 나가서 이야기할 수 있을 거 같지 않아요. 그러나 정말 그렇게 하고 싶어요. 하지만 굉장히 힘들 것 같아요.

치료자 : (그동안 환자가 보였던 수많은 성공적인 노출에 대해 언급하면서) 매우 익숙한 이야기군요. 지난번에도 노출 전에 수차례 못할 것 같다고 말한 적이 있어요. 그렇죠?

환 자 : 네.

치료자 : 나는 절대 이렇게 할 수 없을 거라는 생각이 과거에 몇 번이나 맞았나요?

환 자 : 그때는 그때고, 지금은 지금이지요.

또는

환 자 : 제가 이 불안을 극복할 거라고 생각하시나요?

치료자 : (희망을 전달하고자 노력하면서) 분명히 그렇게 생각해요. 불안은 치료 가
능합니다.

환 자 : 의심이 됩니다. 제 인생에 이 문제가 늘 있었거든요.

또는

환 자 : (만성적으로 광장공포증 무직인 환자) 일자리를 잡았어요.

치료자 : 대단하십니다. 잘하셨어요.

환 자 : 사실, 대단한 거 같지가 않아요.

이러한 사례에서 보는 바와 같이 치료자는 좋은 의도를 가지고 마음속에 훌륭한
치료 원리를 작동하려는 것처럼 보인다. 환자의 능력을 지지하고 확신을 보여 주고
회복의 자신감을 보이며 긍정적 보상을 제공하고 있다. 한 동료가 말한 바와 같이
칭찬이 강요될 수 있다고 하였다. 누구의 계획에 맞추느냐에 따라서 그러하다. 각
사례마다 치료자는 특정한 조력 방식으로 내담자가 상황을 볼 수 있도록 좋은 의도
로 계획한다. 그러나 또 한편에서는 치료자의 말이 치료자의 준거 틀을 토대로 판
단, 배려의 말일 수도 있다. 즉, '당신이 치료가 호전되도록 노력할 때만 당신을 인
정하고 좋아할 수 있을 거예요.' 라는 의미, 일자리를 가지고 있는 것이 없는 것보다
명백히 더 좋다는 것 등이다. 긍정적 보상 또는 희망을 촉진하는 것은 그 자체로 잘
못된 것은 아니며 적시에 제공된다면 환자의 목표를 향해서 앞으로 나아가는 데 매

우 도움이 될 수 있다. 열쇠는 매 순간마다 환자의 수용 능력을 읽고 융통성 있게 반응하는 능력인 것 같다.

우리의 경험에서 볼 때 이것을 정복하기는 매우 어려운 기술이 요구된다. 진행이 잘되어 갈 때는 환자에게 따뜻하게 대하고 긍정적인 배려를 가지는 것이 쉽지만, 우리가 저항을 만날 때에 지속적으로 환자를 칭찬하고 이해하려고 노력하는 것은 보다 까다로운 영역이다.

자기효능감 지지하기

동기면담은 두 가지 주요 단계로 나누어진다. 양가감정의 관리와 해소, 그리고 변화 계획을 시도하고 수행할 수 있는 능력에 대한 자신감을 만드는 단계이다(Miller & Rollnick, 2002). 단계 2의 전략은 환자가 변화에 대한 양가감정을 충분히 해소했고, 변화 준비에 대한 진술을 명확하게 이야기하기 시작할 때만 사용된다. 그러한 진술의 예는 다음과 같다. "다르게 해 볼 생각을 더 많이 하고 있습니다. 몇 가지 충고와 제안이 필요할 것 같아요." 또는 "뭔가 변화를 하는 것이 좋을 때인 것 같아요."

다른 이론가뿐 아니라(Linehan, 1997; Prochaska, 2000) Miller와 Rollnick (2002)이 말한 바와 같이 환자가 변화할 준비가 되었을 때 환자와 함께 행동 양식으로 전환하는 것이 중요한데, 그렇게 하지 않으면 보류하는 것으로 경험될 수 있기 때문이다. 이 단계에서 단순히 반영과 인증만을 지속적으로 사용한다면 환자의 발전을 막을 수 있다. 여기에서 치료자는 환자와 함께 협동하여 변화 전략을 최대한 모으면서 변화 계획을 만들고, 변화에 대한 자기효능감을 불러일으키는 방향으로 갈 필요가 있다. 환자가 변화 준비와 관련된 말을 할 경우 치료자는 자기효능감을 만들고 세우기 위해 다양한 자원을 사용하면서 환자가 변화할 준비를 할 수 있도록 돕는다. 환자야말로 무엇이 효과가 있고 효과가 없는지를 아는 전문가이므로 변화 방법, 적시성, 선호하는 전략에 대해서 자유롭게 선택하도록 한다.

중요한 것은 단계 2의 작업이 내담자 중심의 정신 안에서 이루어져야 한다. 이 정신은 환자의 자율성을 보존하면서 치료자로 하여금 환자의 자문가로서 진행하는 자로서 해석을 하게 한다. 즉, 아이디어를 자발적으로 낼 수 있고 환자가 과거에 다른 환자에게 효과 있었던 것을 토대로 대안을 제공하기, 환자에게 도전적 과제를 제공하기. 만약에 치료자가 환자의 전문에 대해서 존중과 믿음의 정신을 유지한다면 생산적으로 발전할 가능성이 높아진다. 또한 치료자는 늘 저항과 구를 준비가 되어 있어야 한다. 치료자가 성급한 의도를 가지고 변화 계획을 만들려고 너무 빨리 움직인다면(자신의 의도와 행동을 취하게끔 하는 훌륭하고 견고한 의도라고 잘못 가정하여서), 환자의 진보를 지연시킬 수 있다. 이처럼 공감은 여기서 멈추거나 행동하기 전에 필요한 사전 조건으로만 간주해서는 안 된다. 그보다는 상대방의 준거를 통해서 행동을 예견하고 행동의 준비를 보는 식의 공감적 반영이 변화 전략을 효과적으로 수행하는 환자를 지지하는 데 매우 유용하다.

자기효능감을 증진시키고 변화 계획을 세우는 데 다음과 같은 유발적 질문이 도움이 된다. "변화하기로 결정하셨는데 어디에서 시작하겠습니까?", "변화를 고려할 때 적합한 것으로 과거에 당신이 무언가 변화를 하면서 경험하였던 것은 어떤 것이 있나요?", "변화하기로 결정한 것이라면 어떤 사람들과 자원이 변화하는 데 도움이 될 수 있을까요?"(Miller & Rollnick, 2002)

조금씩 변화하기

우리의 경험에서 보면 환자가 변화할 준비가 되어 있다는 것을 보여 주는 흔한 신호는 변화 과정에 완전히 들어가지 않고 '조금씩 조금씩' 변화를 시도하는 것이다. 즉, 어떤 작은 변화를 수행하면서 점차적으로 변화를 향해서 움직이기 시작한다. 불안장애를 가진 환자는 전형적으로 노출 과제를 조금씩 나누어서 시도한다(예 : 사회공포증 환자의 경우 경미하게 위협적인 맥락에서는 자기주장을 할 수 있다고 보고하며, 광장공포증 환자의 경우에는 교외에 사는 친구를 방문할 계획을 하려고 전화하겠다고 한다). 치료자는 이러한 자발적인 변화 노력을 경청하는 데 개방적일 필요가 있으며, 모든 변화들이 다 치료자의 제안에 의해서 시도되는 것이 아님을 깨달아야 한다. 또한 변화하려는 새롭고 사소한 노력을 말로 표현할 수 있도록 허용하는 데 주력해야 한다.

이런 상황에서 치료자는 그 사례를 환자가 가지고 있는 변화 잠재력의 일례로 탐색할 수 있으며, 변화하려는 자기효능감과 결단을 높이는 기회로 탐색할 수도 있다. 예를 들어, 환자가 어떤 노출 연습을 했다고 언급하는 경우 치료자는 어떻게 해서 그런 시도를 하였는지 묻고 그렇게 할 때 좋았던 점과 좋지 않았던 점을 묻고, 자신에 대해서 또는 불안증에 대해서 무엇을 배웠는지 질문할 수 있으며, 이와 동일한 불안 주제가 유발되는 다른 경우에도 일반화할 수 있는 것이 무엇인지 묻는다.

여기서 호기심을 가지는 것이 결정적이다. 치료자는 강도 있게 환자가 평소 스타일과는 다르게 이런 경험을 어떻게 시도하고 왜 시도하는지에 대해 호기심을 가져야 한다. 치료자는(적어도 명심해야 한다) 환자가 자율적인 사람이기 때문에 오래되거나 회피적인 스타일을 온전히 수용적인 대안으로 삼고 지속적으로 선택할 수 있음을 명료하게 이야기해 주어야 한다. 강조할 것은 환자 자신의 결정이며, 치료자의 시각으로 특정하고 바람직한 행동을 강요해서는 안 된다. 어떠한 치료자의 칭찬이나 반응도 환자가 자신의 견해로부터 변화를 충분히 탐색하고 평가한 후에 주어져야 한다.

이끌어 내기–제공하기–이끌어 내기 스타일

Miller와 Rollnick(2002)은 피드백을 제공하는 맥락에서 전형적으로 고려되는 기본적인 스타일을 소개한 바 있다(Zuckoff, Swartz, & Grote 제5장 참조, 우울증 치료의 피드백 스타일의 실례를 보여 준다). 그러나 이 스타일은 변화 전략에 대한 치료자의 생각을 소개할 때와 같이 치료에 보다 광범위하게 사용한다. 이 기본 스타일은 먼저 허락을 받고 정보를 제공하고 다시 환자가 반응하도록 묻는 것으로 구성된다

(Rollnick, Mason, & Butler, 1999).

하나의 실례로 불안장애에 대한 인지행동치료에서 전형적으로 저항이 일어나는 시점은 치료자가 내부 감각 수용 노출, 수치심 자극, 또는 염려 노출과 같이 고도의 불안 유발 과제들을 소개할 때이다. 여기에서 동기면담이 '설득적 스타일'이나 '치료자 유도 스타일'을 대신할 수 있다. 두 가지 모두 효과적일 수 있지만, 이끌어 내기-제공하기-이끌어 내기 접근은 저항을 만날 확률이 훨씬 적다. 공황장애 환자와 작업하는 한 예를 보자.

> 치료자 : 당신은 공황 상태를 잘 통제하는 데 몇 번이나 멋지게 성공했습니다. 그런데 불안 예민성 지수에 나온 당신의 점수는 여전히 정상치보다는 높군요. 현재 공황 발작은 없지만, 여전히 공황 증상에 대해 두려워한다는 것을 말합니다.
>
> 환 자 : 네, 맞아요. 심장 박동이 빠르게 뛰거나 어지러울 때는 늘 두려워요.
>
> 치료자 : 그러한 두려움을 낮추는 것이 재발을 피하는 데 종종 결정적이지요. 자, 이것이 당신에게 도움이 될지 아닐지 모르지만 그런 두려움을 완전히 잠재우는 데 사용될 수 있는 방법 하나를 들어 보고 싶으신지요?
>
> 환 자 : 물론이지요.
>
> 치료자 : 자, 처음에는 좀 도전적이면서 이상하게 들릴 수도 있습니다. 때로 당신과 유사한 상황에 있는 사람들이 했던 것인데, 연구에서 재발을 낮추는 데 효과적인 것으로 입증된 것입니다. 당신이 두려워하는 바로 그 증상들을 사실상 불러일으키는 것입니다. 그래서 심장 박동이 빠르게 뛰거나 어지럼증이 죽음이나 정신 착란으로 끌고 가지는 않는다는 것을 단번에 알게 됩니다. 지금 이것이 당신에게 효과가 있을지 없을지 모릅니다만, 많은 사람들이 이 생각이 매우 두렵기 때문에 정말 힘든 시간을 가지고 있습니다. 당신이 이것에 대해 탐색할 만한 가치가 있다고 느끼거나 좀 더 듣고 싶다면 우리가

좀 더 이야기할 수 있습니다(제공하기). 그러나 무엇이 가장 효과 있을 것인지 결정하는 것은 완전히 당신에게 달려 있습니다. 어떻게 생각하십니까?(이끌어 내기)

치료자는 환자가 선택의 자유를 보장받을 수 있도록 노력해야 한다. 환자에게 지시해서는 안 되며 단지 협동 과정의 일부분으로 제공해야 한다. 환자는 문제를 가지고 있고 치료자는 환자의 자원과 전문성을 끌어내어 이것을 환자에게 제공하는데, 환자는 이것을 자유롭게 받아들일 수도 있고 거절할 수도 있다. 일화를 통해 이 스타일을 사용하면서부터 우리가 알게 된 것은 환자가 이러한 제안을 기꺼이 포용하고자 하는 것이 상당히 증가했다고 하는 사실이다. 환자가 수용적으로 보인다면 치료자는 초기의 설명한 기타 MI 전략들을 사용하여 환자가 결단을 돈독히 하거나 자기효능감을 세우도록 도와줄 수 있다. 만약 환자가 수용적이 아니라면 치료자는 이것을 인정하고 다른 대안을 탐색하는 것으로 초점을 바꾸어야 한다.

문제와 제안된 해결책

우리는 동기면담을 불안장애 치료에 적용하면서 세 가지 주요한 어려움을 만나게 되었는데, 이것은 중점 문제 정리하기, 불안장애에 대한 좋은 점을 알아내기, 그리고 내담자 중심의 동기면담 정신 속에 머무르기 등이다. 이 세 가지를 하나씩 설명하고 우리가 이러한 이슈를 어떻게 다루려고 시도했는지 방법들을 보여 준다.

중점 문제 정리하기

불안장애에서 공존 병리 문제는 정상적인 것이다. 흔히 있는 공존 병리로는 기분장애, 약물남용, 기타 불안장애 그리고 대인관계 문제 등이다. 이 각각이 그 사람에게 있어서 주된 염려가 될 수 있으며, 각각을 다루고자 하는 동기 수준이 다를 수 있다.

더 나아가 동기면담의 내담자 중심 성격상 환자에 초점을 두면서 치료 매체로서 환자를 유발시키는 것에 초점을 두기 때문에 치료자 편에서 경직되고 예정된 초점을 두는 것은 적절하지 않다고 본다. 게다가 환자의 초점이 임상 장면에서 변동될 수 있고 빈번하게 바뀐다. 한 가지 중점 문제(예 : 걱정)로 시작했다가 나중에 환자가 보다 중요한 현재의 염려, 또 다른 영역으로 관심(예 : 부부 문제)을 돌릴 수 있다는 것을 알게 되는 것은 흔한 일이다.

　이러한 이슈에 대한 쉬운 해결책은 없고 경험적 연구가 필요하다. 우리는 동기면담 정신에 가장 일관성을 가지고 불안장애와 작업을 할 때 이와 관련된 중점 문제를 고려하는 것이 도움이 된다는 것을 알게 되었고, 또한 구체적인 중점 문제를 환자가 결정하고 유동적이 될 수 있도록 허락하는 것도 유용하다는 것을 알게 되었다. Arkowitz와 Burke(제6장)의 생각과 Burns(개인 서신, 2003년 11월)의 생각과 일관되게 우리는 동기를 증진시키는 데 목표 과제가 될 수 있는 수많은 구체적인 중점 문제를 열거하였다. 불안장애 특유의 중점 문제와 관련하여 환자가 다음 두 가지 수준에서 양가적일 수 있음을 알고 있다고 생각한다.

1. 불안 변화 자체 : 공황이나 걱정 없는 삶은 어떤 것인가? 나는 어떻게 될 것인가? 또 다른 요구가 있게 될 것인가?
2. 회피적 대처 기법의 사용 : 바꿔 말하면 불안증을 관리하는 대안적 수단의 수행 - 노출, 재확인 욕구의 저하, 과잉보호의 감소, 대인관계에서 모험하기 등

　우리는 치료자와 환자의 초기 관계에서 환자가 자신의 불안장애를 대처했던 주요 독특한 방법을 이해하도록 협동 노력을 할 것을 제안한다(예 : 저는 시간을 끌면서 지체합니다. 저는 생각하기 싫어서 잠을 잡니다). 이것을 이해하고, 결정 저울 기법으로 현재 상태 그대로 있는 것에 대해 찬·반에 대해 좀 더 광범위하게 항목들을 실행해 본다. 이렇게 하면 초점을 맞추는 데 유동성을 허용해 줄 뿐 아니라, 환자가

소멸에 대해 양가감정을 느끼고 있는 행동에 구체적인 대응을 할 수 있도록 도와준다. 예를 들어, 치료자가 다음과 같이 질문을 시작한다. "지금처럼 그대로 있으면 어떤 점이 좋을까요?" 좀 더 구체적인 초점을 맞출 수 있는 관련 질문을 물을 수 있다. 예를 들어 "불안해하는 것에는 어떤 좋은 점이 있을까요?" 과잉보호하는 것이… 어떤 것이 걱정하는 것이… 자기 자신에 대해 시간을 갖는 것이… 사람들을 피하는 것이… 그렇게 되면, 양가감정을 탐색하면서 동기를 불러일으키는 것에 초점을 맞추면서 폭넓게 접근하면 다수의 문제를 가질 수 있는 환자들과 작업할 때 중요한 자유로움을 허락하며, 동시에 치료자 중심의 상호관계를 피할 수 있도록 도와준다. 더불어 환자에게 가장 염려가 되는 것을 미리 결정하지 않음으로써 치료자는 "조급하게 초점 맞추기 함정"(Miller & Rollnick, 2002)을 피할 수 있다.

변하지 않는 것이 가져오는 '좋은 점을 알아내기'

처음에 환자는 자신이 자유롭고 싶어 하는 문제가 사실 몇 가지 좋은 점을 가지고 있다는 사실에 종종 당황하거나 때로는 불쾌해한다. 불안이나 걱정의 경우 이 사실을 환자와 치료자 모두가 개념화하는 것이 도전적일 수 있다. 환자가 '나의 불안감은 좋을 것이 하나도 없어요.' 라고 주장하는 것이 흔하다. 그러나 이때 내담자 중심의 초점을 유지하는 것이 중요하다. 치료자는 이러한 시각에 대해서 논쟁을 피하고 환자가 알아채지 못한 생각들이 있다고 주장하지 않는다. 이렇게 말하지 않고 있어야 하는 시간은 상당한 임상적 기술을 요구하는데, 내담자에게 중요한 방식으로 충족되는 불안에 대한 역동과 신념에 대해서 경멸하지 않는 관점으로 환자가 자신의 상태에 대해 좋은 점이 있을 수 있다는 것을 꺼리는 것이 이해할 만하다는 존중하는 태도가 필요하다.

이 시점에서 다음과 같은 많은 제안을 치료자에게 제공하고자 한다.

- 변화 과정에 대해서 간략하게 치료자에게 심리교육을 제공한다.

- 변화를 원하는 환자의 한 부분을 인정해 주면서 동시에 환자가 변하려는 자신이 노력을 접으려고 하는 또 다른 한쪽 부분에 대해서 경청하고 정중하게 개방적이 된다.
- 변화하지 않는 것이 가져올 수 있는 이득에 대해서 한두 가지 예를 들어 준다.
- '변화에 대한 장애물' 또는 이 같은 이슈에 대해 구조화한다(예 : "불안감이 당신으로 하여금 변화하지 못하게 하는 어떠한 훌륭한 이유들을 들고 나올까요?").
- 특별히 초기부터 현재 상태 배후에 숨겨져 있는 환자의 지혜를 인정해 준다.

동기면담의 결정적 측면은 환자가 이런 장점에 대해 정확하게 말하는 것이 괜찮고 안전하다고 느끼게 해 주는 것이다. 전형적으로 환자들은 이러한 정보들이 수용될 수 없는 것으로 간주한다(특히 자기 자신이나 치료자에게 있어서). "불안감은 저에게는 정말 많은 도움이 될 수 있어요."라고 진술하거나 "저는 불안해하면서 사람들을 통제하는 느낌을 받는 것을 좋아해요."라고 진술한다는 것은 사회적으로 수용될 수 없다고 느낀다. 그리고 치료자는 매우 자주 이차적 이득에 대해서 비방하는 견해를 쥐고 있을 수 있다. 광장공포증 환자의 다음 예를 보자.

치료자 : 집에서 나가지 않는 것에는 어떤 좋은 점이 있나요?

환　자 : 좋은 점이 하나도 없어요. 그것이 문제지요.

치료자 : 맞습니다. 당신이 없애고자 하는 민감한 문제라는 것을 확실히 알겠어요. 그렇지요. 때로 당신의 경우가 아닐 수 있겠지만, 어떤 사람들은 집에 붙어 있는 것이 안전감이나 통제감을 준다고들 합니다. 이 점이 당신에게 조금이라도 해당될까요?

환　자 : 네. 외출을 하지 않으면 나쁜 일이 일어날 수 없다는 것을 확신할 수 있다고 생각해요.

치료자 : 그렇다면, 집에 있는 것이 당신을 보호해 주는군요. 우리는 모두 활동을 위해서 안전감이 필요하지요. 일어날 수 있는 나쁜 일들을 다룰 수 있다고 정말 확신하는 것 같지는 않군요.

환　자 : 네, 맞아요. 외출을 하면 공황 발작이 생기지도 모르고 그것을 통제할 수 없을 거라는 걱정을 하게 되요.

치료자 : 그렇다면, 집에 있으면 당신이 이미 가지고 있는 문제보다 더 어려운 문제를 갖게 될 위험이 없어지기 때문에 기분이 좋으시군요. 집에 있게 만드는 그 밖의 다른 동기는 무엇이 있을까요?

동기면담 정신 속에 머무르기

수용을 장려하는 것과 행동을 촉진시키는 것 사이에서 빈틈없이 움직이는 것이 동기면담을 효과적으로 활용하면서 좀 더 확대 적용하는 데 가장 벅찬 도전 중 하나이다. 이렇게 양편을 움직이면서 작업하는 것이 어떤 치료자(저자들과 같이)에게는 특히 도전적이 되는데, 그 치료자가 불안장애 관리 촉진을 위하여 사용하는 행동중심 또는 보다 구조화된 방법에 익숙해 있는 사람일 경우는 그러하다. 이러한 경우 치료자는 동기면담과 일관된 반응을 해주면서 동시에 동기면담과는 비일관된 반응을 제어해야 하는 두 가지 과제를 안게 된다(Miller & Mount, 2001). 만약 이것이 효과적으로 달성되지 않은 경우 치료자는 말로는 옳게 하지만 정반대의 의미를 전달하고 있는 자기 자신을 보게 된다(예 : 말로는 당신이 결정하는 거야 합니다). 동기면담 훈련에 대한 Miller와 동료들의 연구에서 제안한 것처럼(Miller, Yahne, Moyers, Martinez, & Rirritano, 2004) 기법에 초점을 맞추기보다는 동기면담 정신을 강조하는 훈련이 더욱 효과적이다. 동기면담 그리고 진정 공감이라고 하는 것이 겉으로 보기엔 현혹시킬 만큼 간단하게 보일 수 있으나 실제에서는 엄청나게 도전적이다.

공감과 관련된 개념 예를 들어, 치료적 동맹과 같은 기타 관련 개념들은 긍정적인 심리치료 효과에 기여하는 데 경험적으로 지지되어 왔다(Bohart & Greenberg, 1997 참조). 이러한 개념은 동기면담과 같은 기법을 통해서 행동모델이든 변화를 통한 모델이든 간에 보다 충족적인 통합을 가진 것으로서 그 전망이 매우 크다. 그러나 이러한 생각을 폭넓게 통합하는 것이 반드시 순조롭거나 쉽지는 않다. 예를 들어, 동기면담 정신을 보다 강도 있게 통합하는 것은 변화가 어떻게 일어나며, 변화의 원천, 변화의 과정과 기제, 치료자의 역할과 같은 근본적인 가설에 대해 도전적인 원천이 될 수 있다. 인간 만남의 본질은 변화의 기술을 강조하는 이 시대에 있어서 통합하기 쉬운 개념은 아니다. 진정으로 공감적인 것은 근본적으로 틀을 바꾸는 것을 요구하기 때문에 이것은 항상 쉽게 달성될 수 있는 것은 아니다. 변화를 촉진시키기 위해서 동기면담을 약삭빠른 기술로 사용한다는 것 자체가 그 모델의 근본에 정반대 입장이다. 상반되는 입장에서 본다면 공감을 토대로 한 모델에 익숙한 치료자의 경우, 행동을 토대로 한 기법을 빈틈없이 통합하는 것이 종종 어려울 수 있다(Borhart, 2001). 수용과 변화라고 하는 이러한 변증은 동참과 기법 사용, 지시적인 것과 비지시적인 것의 변증으로서 싸워야 할 가치가 있긴 하지만 또한 위험할 수도 있다.

우리의 경험으로 볼 때 변화 일정에서 수용의 틀로 옮기려고 할 때 치료자들이 종종 두려워하는 것을 본다. 치료자들은(아마도 환자들도 마찬가지일 텐데) 변화에 저항하는 환자의 부분을 인증하는 것이 변화하지 말라고 허락해 주는 것이거나 변화를 덜 일어나게 만드는 것이 아닐까 하고 두려워한다. 또한 우리의 역할을 주로 변화 매개체로 간주하기 때문에 저항에 나란히 가는 것을 마치 환자를 포기하는 것과 같다고 느낀다(물론 포기하는 것에 대해 우리는 저항한다). 치료자는 변화에 대해 권고하는 것의 제한점은 알고 있으나 이러한 기법을 잠시라도 내버려 두는 것이 여전이 힘들 수 있다. 간단히 말하면 환자뿐 아니라 치료자에게 존재를 대신하는 대안과 다양한 방식에 순응하는 것이 익숙하지도 않고 편하지도 않을 수 있다.

연구 : 무선화된 예비 연구

다양한 정신건강 문제에서 동기면담의 적용이 증가하고 있지만 현재까지는 동기면담을 불안장애 대상군으로 한 통제 연구는 없다. 이 분야는 좀 더 많은 경험적 관심의 가치가 있다. 우리는 인지행동치료에 반응하지 않았던 환자를 대상으로 불안장애 치료에 동기면담을 적용시키면서 일련의 통제된 사례연구를 수행했으며 그중 몇 가지 연구가 출판되었다(Arkowitz & Westra, 2004; Westra, 2004; Westra & Phoenix, 2003).

Westra와 Dozois(2006)는 동기면담을 불안장애에 적용시키고 인지행동 이전에 사전치료로 무선별 예비적 연구를 수행하였다. 집단 인지행동치료 이전에(GCBT) 주요 불안장애 진단을 가진 55명의 환자들이(45% 공황장애, 31% 사회공포증, 24% 범불안장애) 무선별로 불안장애를 위해 고안한 동기면담의 3회기에 할당되거나 사전 무치료에 할당되었다. 그 결과 동기면담 사전 사후를 볼 때 동기면담 사전치료 집단은 사전 무치료 집단에 비해서 불안 변화에 대한 긍정적 기대감에 유의미한 증가를 보였다(즉, 치료경과, 효과 크기=0.60). 이러한 결과는 변화에 대한 양가감정을 해소하는 것이 변화에 대한 낙관적 태도 증가와 관련이 있다는 이론적 고찰의 측면에서 볼 때 흥미롭다(Miller & Rollinick, 2002). 게다가, 초기의 긍정적 기대감은 인지행동치료의 긍정적 치료 효과와 관련된 중요한 변인으로 상당한 경험적 지지를 받고 있다(Arnkoff, Glass, & Shapiro, 2002).

집단 인지행동치료에서 동기면담 사전치료 집단이 사전 무치료와 비교해 과제 준수에 유의미하게 높게 보고되었다(효과 크기=0.96). 동기면담 사전치료 집단의 84% 정도가 집단 인지행동치료를 완료한 것에 비해 사전 무치료 집단의 63%만이 완료하였다. 이런 경향이 동기면담 집단을 좀 더 유지해야 함을 찬성하지만, 이 차이는 통계적으로 유의미하지 않았다. 만약 다시 재검증한다면 임상적으로 주목할 만할 것이다. 양 집단은 인지행동치료 사전과 사후를 비교해 볼 때, 대단히 유의미한 불안 증상의 호전도를 보여 준 바 있다. 그러나 임상적 중요성을 평가하고자 기준을 사용했을 경우 동기면담 사전치료 집단이 사전 무치료 집단에 비교해서 유의미하게 높은 점수의 인지행동치료 반응률을 보였다. 6개월 후 추후 조사에서 두 집단 모두 효과를 유지하고 있는 것으로 입증되었다.

요약하면, 이러한 결과는 동기면담이 그 이후에 주어지는 치료의 참여 증진과 치료 효과를 높일 수 있는 예비적 증거를 제공한다. 가장 영향력 있는 효과는 인지행동치료의 과제 준수에 대한 자기 보고에서 관찰되었는데, 이 결과가 의미하는 것은 동기면담이 장점으로 이후에 제공되는 행동적 치료 과정에 참여를 높이는 데 촉매 역할이 될 수 있음을 말한다. 또한 이렇게 전망을 보이는 결과는 이러한 효과에 차후 연구해야 함을 정당화하는데, 동기면담 특유(예 : 변화 양가감정의 해소)의 효과인지 또는 기타 사전치료 유형의 효과인지를 구별하는 보다 영향력 있는 설계를 사용하는 것이 바람직하다. 더불어 이러한 결과는 동기면담 사용이 개입의 사전치료로서 지지해 주는 그 밖에 영역에서의 동기면담 연구와도 일치한다. 기타 치료 유형이 차후 임상 시도에 중요한 비교 집단이 될 수 있다. 짐작하기로는 기타 치료 유형의 사전치료가 기대감 증진이나(Constantino, Greenberg, & Aptekar, 2005) 치료관여 치료의 촉매제로서(제5장 참조) 연구해 볼 만한 가치가 있다. 변화에 대한 양가감정을 알아내는 수단을 연구하고, 더 나아가 동기면담 사용을 변화에 대한 양가감정에서 우선순위에 있는 것과 조화시켜 주는 것이 또한 추구할 만한 가치가 있다.

결론

불안장애 환자에게 변화에 대해 느끼는 양가감정이 만연해 있다는 사실을 고려해 볼 때, 동기면담은 인지행동치료와 같이 현존하는 효과적 불안장애 치료 기법과 병행하거나 또는 그 맥락의 활용 면에서 전망이 좋다. 예비적 연구 자료에서 전망이 좋긴 하나 이러한 통합의 보다 엄격한 연구가 필요한 것이 확실하다. 불안장애 및 기타 관련 장애 치료에서 동기면담 연구의 중요한 장점 중의 하나는 동기면담이 현존하는 치료들과 개념적 또는 방법론적으로 상호 보완적이라는 것이다. 사실, 현재까지의 문헌에서 동기면담이 보여 준 가장 큰 효과의 크기는 동기면담 단독 치료보다는 다른 치료의 사전치료로서의 효과 연구였다(Burke, Arkowitz, & Menchola, 2003). 이 연구에서 가장 요구되는 질문은 동기면담과 같이 공감적인 접근 방법이 언제 필요하며, 보다 행동적 접근법이 언제 더 적절한지에 관한 신뢰할 만한 지료를 알아내는 것이다. 과정 연구 또한 중요한데 동기면담의 어떤 요소가 가장 효과적인지 알아낼 필요가 있다. 하지만 기타 치료 유형에서의 사전치료와 동기면담의 비교 연구가 필요한데 동기면담 자체가 효과적인지, 치료준비를 위한 다른 접근 방법이 효과적인지를 알아내야 하기 때문이다. 이 책의 다른 장에서도 보여 주는 바와 같이 동기면담을 약물남용 대상군뿐 아니라 다른 대상에게 적용, 연구하는 것이 현재 상당한 관심으로 떠오른다. 이러한 탐구는 심리치료의 효과의 기저를 이루는 기제에 대해서 중요한 통찰을 발견하고 임상적 적용을 진보시키는 데 잠재적인 힘을 가지기 때문이다.

참고문헌

Addis, M. E., & Jacobson, N. S. (2000). A closer look at the treatment rationale and homework compliance in cognitive-behavioral therapy for depression. *Cognitive Therapy and Research, 24*, 313–326.

Arkowitz, H., & Westra, H. A. (2004). Motivational interviewing as an adjunct to cognitive behavioral therapy for depression and anxiety. *Journal of Cognitive Psychotherapy, 18*(4), 337–350.

Arnkoff, D. B., Glass, C. R., & Shapiro, S. J. (2002). Expectations and preferences. In J. C. Norcross (Ed.), *Psychotherapy relationships that work: Therapists' contributions and responsiveness to patients* (pp. 325–346). New York: Oxford University Press.

Barlow, D. H. (2002). *Anxiety and its disorders: The nature and treatment of anxiety and panic* (2nd ed.). New York: Guilford Press.

Bohart, A. C. (2001). The evolution of an integrative experiential therapist. In M. R. Goldfried (Ed.), *How therapists change: Personal and professional reflections* (pp.

221–246). Washington, DC: American Psychological Association.

Bohart, A. C., & Greenberg, L. S. (Eds.). (1997). *Empathy reconsidered: New directions in psychotherapy.* Washington, DC: American Psychological Association.

Bohart, A. C., & Tallman, K. (1997). Empathy and the active client: An integrative, cognitive-experiential approach. In L. S. Greenberg & A. C. Bohart (Eds.), *Empathy reconsidered: New directions in psychotherapy* (pp. 393–415). Washington, DC: American Psychological Association.

Borkovec, T. D., & Roemer, L. (1995). Perceived functions of worry among generalized anxiety disorder subjects: Distraction from more emotionally distressing topics? *Journal of Behavior Therapy and Experimental Psychiatry, 26,* 25–30.

Borkovec, T. D., & Ruscio, A. M. (2001). Psychotherapy for generalized anxiety disorder. *Journal of Clinical Psychiatry, 62,* 37–42.

Bozarth, J. D. (1997). Empathy from the framework of client-centered theory and the Rogerian hypothesis. In L. S. Greenberg & A. C. Bohart (Eds.), *Empathy reconsidered: New directions in psychotherapy* (pp. 81–102). Washington, DC: American Psychological Association.

Burke, B. L., Arkowitz, H., & Menchola, M. (2003). The efficacy of motivational interviewing: A meta-analysis of controlled clinical trials. *Journal of Consulting and Clinical Psychology, 71,* 843–861.

Burns, D. D. (1989). *The feeling good handbook.* New York: Penguin Books.

Burns, D. D., & Auerbach, A. (1996). Therapeutic empathy in cognitive-behavioral therapy: Does it really make a difference? In P. M. Salkovskis (Ed.), *Frontiers of cognitive therapy* (pp. 135–164). New York: Guilford Press.

Burns, D. D., & Spangler, D. L. (2000). Does psychotherapy homework lead to improvements in depression in cognitive-behavioral therapy or does improvement lead to increased homework compliance? *Journal of Consulting and Clinical Psychology, 68,* 46–56.

Castonguay, L. G., Goldfried, M. R., Wiser, S., Raue, P. J., Hayes, A. M. (1996). Predicting the effect of cognitive therapy for depression: A study of unique and common factors. *Journal of Consulting and Clinical Psychology, 64*(3), 497–504.

Collins, K. A., Westra, H. A., Dozois, D. J. A., & Burns, D. D. (2004). Gaps in accessing treatment for anxiety and depression: Challenges for the delivery of care. *Clinical Psychology Review, 24*(5), 583–616.

Constantino, M. J., Greenberg, R. P., & Aptekar, R. (2005, June). *Clinical strategies for enhancing patient expectations: Preliminary development of a supplemental treatment manual.* Paper presented at the annual meeting of the Society for the Exploration of Psychotherapy Integration, Toronto.

Craske, M. G., & Barlow, D. H. (2001). Panic disorder and agoraphobia. In D. H. Barlow (Ed.), *Clinical handbook of psychological disorders* (3rd ed., pp. 1–59). New York: Guilford Press.

Dozois, D. J. A., & Westra, H. A. (2004). The nature of anxiety and depression: Implications for prevention. In D. J. A. Dozois & K. S. Dobson (Eds.), *The prevention of anxiety and depression: Theory, research and practice* (pp. 9–41). Washington: American Psychological Association.

Dozois, D. J. A., Westra, H. A., Collins, K. A., Fung, T. S., & Garry, J. K. F. (2004). Stages of change in anxiety: Psychometric properties of the University of Rhode Island Change Assessment Scale. *Behavior Research and Therapy, 42,* 711–729

Dugas, M. J., Ladouceur, R., Léger, E., Freeston, M., Langlois, F., Provencher, M. D., et al. (2003). Group cognitive-behavioral therapy for generalized anxiety disorder: Treatment outcome and long-term follow-up. *Journal of Consulting and Clinical Psychology, 71,* 821–825.

Engle, D. E., & Arkowitz, H. (2006). *Ambivalence in psychotherapy: Facilitating readiness to change.* New York: Guilford Press.

Fisher, P. L., & Durham, R. C. (1999). Recovery rates in generalized anxiety disorder following psychological therapy: An analysis of clinically significant change in the STAI-T across outcome studies since 1990. *Psychological Medicine, 29,* 1425–1434.

Franklin, M. E., & Foa, E. B. (2002). Cognitive behavioral treatments for obsessive-compulsive disorder. In P. E. Nathan & J. M. Gorman (Eds.), *A guide to treatments that work* (2nd ed., pp. 367–386). London: Oxford University Press.

Garfield, S. L. (1994). Handbook of psychotherapy and behavior change. In A. E. Bergin & S. L. Garfield (Eds.), *Research on client variables in psychotherapy* (pp. 190–228). New York: Wiley.

Geller, S., & Greenberg, L. (2002). Therapeutic presence: Therapists' experience of presence in the psychotherapy encounter in psychotherapy. *Person-Centered and Experiential Psychotherapies, 1,* 71–86.

Gould, R. A., Otto, M. W., & Pollack, M. H. (1995). A meta-analysis of treatment outcome for panic disorder. *Clinical Psychology Review, 15*(8), 819–844.

Greenberg, L. S., & Elliott, R. (1997). Varieties of empathic responding. In L. S. Greenberg & A. C. Bohart (Eds.), *Empathy reconsidered: New directions in psychotherapy* (pp. 167–186). Washington, DC: American Psychological Association.

Greenberg, P. E., Sisitsky, T., Kessler, R. C., Finkelstein, S. N., Berndt, E. R., Davidson, J. R., et al. (1999). The economic burden of anxiety disorders in the 1990s. *Journal of Clinical Psychiatry, 60,* 427–435.

Haley, J., & Richeport-Haley, M. (2003). *The art of strategic therapy.* London: Taylor & Francis.

Henry, W. P., & Strupp, H. H. (1994). The therapeutic alliance as interpersonal process. In A. O. Horvath & L. S. Greenberg (Eds.), *The working alliance: Theory, research and practice* (pp. 51–84). New York: Wiley.

Hofmann, S. G., & Barlow, D. H. (2002). Social phobia (social anxiety disorder). In D. H. Barlow, *Anxiety and its disorders* (2nd ed., pp. 454–476). New York: Guilford Press.

Huppert, J. D., & Baker-Morissette, S. L. (2003). Beyond the manual: The insider's guide to panic control treatment. *Cognitive and Behavioral Practice, 10,* 2–13.

Huppert, J. D., Barlow, D. H., Gorman, J. M., Shear, M. K., & Woods, S. W. (2006). The interaction of motivation and therapist adherence predicts outcome in cognitive behavioral therapy for panic disorder: Preliminary findings. *Cognitive and Behavioural Practice, 13,* 198–204.

Kessler, R. C., McGonagle, K. A., Zhao, S., Nelson, C. B., Hughes, M., Eshleman, S., et al. (1994). Lifetime and 12-month prevalence of DSM-III-R psychiatric disorders in the United States: Results from the National Comorbidity Survey. *Archival of General Psychiatry, 51,* 8–19.

Linehan, M. M. (1997). Validation and psychotherapy. In L. S. Greenberg & A. C. Bohart (Eds.), *Empathy reconsidered: New directions in psychotherapy* (pp. 353–392). Washington, DC: American Psychological Association.

Mahoney, M. J. (2003). *Constructive psychotherapy: Theory and practice.* New York: Guilford Press.

Miller, W. R., Benefield, R. G., & Tonigan, J. S. (1993). Enhancing motivation for change in problem drinking: A controlled comparison of two therapist styles. *Journal of Consulting and Clinical Psychology, 61,* 455–461.

Miller, W. R., & Mount, K. A. (2001). A small study of training in motivational interviewing: Does one workshop change clinician and client behavior? *Behavioral and Cognitive Psychotherapy, 29,* 457–471.

Miller, W. R., & Rollnick, S. (1991). *Motivational interviewing: Preparing people to change addictive behavior.* New York: Guilford Press.

Miller, W. R., & Rollnick, S. (2002). *Motivational interviewing: Preparing people for change* (2nd ed.). New York: Guilford Press.

Miller, W. R., Yahne, C. E., Moyers, T. B., Martinez, J., & Pirritano, M. (2004). A randomized trial of methods to help clinicians learn motivational interviewing. *Journal of Consulting and Clinical Psychology, 72,* 1050–1062.

Moyers, T. B., & Rollnick, S. (2002). A motivational interviewing perspective on resistance in psychotherapy. *Journal of Clinical Psychology, 58,* 185–194.

National Institute for Health and Clinical Excellence. (2004). *Anxiety: Management of anxiety (panic disorder, with or without agoraphobia, and generalized anxiety disorder) in adults in primary, secondary and community care.* London: Author. Retrieved July 13, 2005, from *www.nice.org.uk/CG022quickrefguide*

Newman, C. F. (2001). A cognitive perspective on resistance in psychotherapy. *Journal of Clinical Psychology, 58,* 165–174.

Prochaska, J. O. (2000). Change at differing stages. In R. E. Ingram & C. R. Snyder (Eds.) *Handbook of psychological change: Psychotherapy processes and practices for the 21st century* (pp. 109–127). New York: Wiley.

Rodebaugh, T. L., Holaway, R. M., & Heimberg, R. G. (2004). The treatment of social anxiety disorder. *Clinical Psychology Review, 24*(7), 883–908.

Rogers, C. R. (1959). A theory of therapy, personality, and interpersonal relationships as developed in the client-centered framework. In S. Koch (Ed.), *Psychology: The study of a science.* New York: McGraw-Hill.

Rollnick, S., Mason, P., & Butler, C. (1999). *Health behaviour change: A guide for practitioners.* Edinburgh, UK: Churchill Livingstone.

Rosenthal, R. (1994). Interpersonal expectancy effects: A 30-year perspective. *Current Directions in Psychological Science. 3*, 176–179.

Rubin, H. C., Rapaport, M. H., Levine, B., Gladsjo, J. K., Rabin, A., Auerbach, M., et al. (2000). Quality of well-being in panic disorder: The assessment of psychiatric and general disability. *Journal of Affective Disorders, 57*, 217–221.

Westen, D., & Morrison, K. (2001). A multidimensional meta-analysis of treatments for depression, panic, and generalized anxiety disorder: An empirical examination of the status of empirically supported therapies. *Journal of Consulting and Clinical Psychology, 69*, 875–899.

Westra, H. A. (2004). Applications of motivational interviewing to mixed anxiety and depression. *Cognitive Behavior Therapy, 33*, 161–175.

Westra, H. A., & Dozois, D. J. A. (2003). *Motivational interviewing adapted for anxiety/depression.* Unpublished treatment manual. Available at *hwestra@yorku.ca*

Westra, H. A., & Dozois, D. J. A. (2006). Preparing clients for cognitive behavioural therapy: A randomized pilot study of motivational interviewing for anxiety. *Cognitive Therapy and Research, 30*, 481–498.

Westra, H. A., & Phoenix, E. (2003). Motivational enhancement therapy in two cases of anxiety disorder: New responses to treatment refractoriness. *Clinical Case Studies, 2*, 306–322.

재향군인들의 외상 후 스트레스 장애 증상과 기타 문제 행동의 변화를 위해 동기증진하기

Ronald T. Murphy

임상 대상군의 일반적인 치료

군인들은 전쟁사를 거쳐 그들이 경험했던 것과 관련하여 정서와 행동 문제를 나타내곤 한다. 월남전 재향군인이 귀향했을 때 경험했던 문제들이 DSM(Diagnostic and Statistical Manual of Mental Disorders; American Psychiatrica Association, 2000)의 3판, 4판, 그리고 최근 수정판에서 제1축 진단의 PTSD(posttraumatic stress disorder)를 포함하도록 재촉하였다. PTSD는 재경험, 지속적 회피와 지속적인 각성 세 가지 영역을 포함한다. 재경험 증상으로는 전형적으로 반복적인 영상, 플래시백, 악몽 등이며, 지속적인 회피에 해당하는 것으로는 외상의 경험과 관련된 혐오적 단서를 피하려는 노력을 말한다. 지속적인 각성으로는 지나친 경계, 자극에 과민한 상태, 약화된 놀람 반응, 위험에 대해 일반적으로 과민적 조심의 모든 증상들이다. 일상생활에서 이러한 증상들은 분노 조절 문제, 사회적 소외감, 불신,

정서적 무감동과 관련된다. 흔한 공존 병리로는 약물남용과 우울증이 있다.

재향군인회(VA) 병원 시스템에서 오랫동안 만성적인 PTSD 증상을 보여 주는 월남전 재향군인들을 치료해 왔으며 많은 사람들이 거의 40년 전에 일어났던 외상 사건에 의해 초래된 전쟁관련 PTSD 증상 때문에 여전히 치료를 받고 있다. 전쟁에 참여했던 재향군인 중에 만성적 PTSD를 치료할 때 일반적으로, 재향군인 치료 프로그램 중에 인지행동적 접근과 정신과 약물치료가 포함된다. 이 프로그램에서는 종종 광범위한 치료적 개입을 제공하는데 그중에는 불안을 감소시키도록 노출/소거 접근 방법과 함께, 분노, 우울증, 사회적 소외를 줄이도록 대처와 사회기술 훈련이 포함된다. 예를 들어, 뉴올리언스 재향군인 PTSD 병원에서는 매달 다른 중점을 둔 치료 프로그램에 환자들이 참여한다(예 : 분노조절, 대인관계기술, 스트레스 관리). 또한 전쟁경험을 포함한 인생의 사건을 검토해 보는 집단 모듈이 있다.

치료자와 연구자들은 보다 효과적인 치료를 개발하기 위해 열심히 노력하고 있으며 전문가 학회에서는 새로운 인지행동치료적 개입, 약물치료, 대체 개입 방법들에 대한 발표들이 상당히 많다. 그러나 전쟁관련 PTSD를 위한 치료의 효과성은 여전히 의문시되고 있으며, 두 가지 주요 연구에서는 빈약한 치료 효과의 연구 결과를 보고한다(Fontana & Rosenheck, 1997; Schnurr et al., 2003). 이러한 이슈와 관련해 연관성이 있는 것으로 간주되지는 않지만, PTSD 재향군인 환자들은 치료를 마지못해 하는 어려운 대상군으로 널리 알려져 있다. 이 장에서는 만성적인 전쟁관련 PTSD를 위한 치료의 한 가지 중요한 측면을 다루고자 하는데, 치료자가 간과했던 것이나 직면적 기법을 사용하여 다루려고 했던 측면으로 이 대상군들과 작업하였던 치료자라면 누구나 알 수 있는 측면이기도 하다. 즉, PTSD 환자들이 자신의 PTSD 증상과 기타 관련된 부정적 대처 양식을 바꿀 필요성을 인정하기를 꺼린다는 것이다.

전쟁관련 PTSD를 위한 동기면담의 적용에 관한 이론적 근거

PTSD 재향군인은 도움을 청하고 받아들이는 것이 문제가 되고 있다. 한 연구에서는 재향군인의 38%가 재향군인을 위한 서비스를 받지 않고 있다고 보고하였다(Rosenheck & Dibella, 1998). Hoge와 동료들(2004)은 최근 이라크와 아프가니스탄 전쟁에서 돌아온 군인들의 연구에서 정신장애 선별 기준에 맞는 재향군인 중 38~45%만이 도움을 받는 데 관심을 보였다. 이와 더불어 정신장애 선별 기준에 맞는 재향군인들은 기준에 맞지 않는 사람들보다 두 배 정도가 낙인찍히는 것에 대한 염려를 보고하였고, 기타 서비스의 장애가 되는 것에 대한 염려를 보고하였다. 마지막으로 그 전에 치료를 받지 않았던 PTSD 재향군인들은 정신건강 관리에 대해 비호감적인 견해를 가지고 치료를 받으러 가는 데 장애를 경험하였다고 보고하였다(McFall, Malte, Fontana, & Rosenheck, 2000).

이러한 군인들은 치료를 원할 때 치료에 온전히 몰입하지 않는 것이 빈번하며, 삶에 대한 자신의 방어적 태도를 변화할 필요가 있는지 종종 의문을 나타낸다. 방어적인 태도라는 것은 위험에 대한 과민성, 사회적 고립, 빈번한 분노, 타인에 대한 불신을 포함한다. 불행한 것은 저자를 포함한 모든 치료자가 환자들이 자신의 가족, 친구, 낯선 사람(예 : 운전 중에 다른 사람에게 짜증내기)과의 사교적인 상호관계를 포함한 상황을 가장 잘 다룰 수 있는 방법에 대해서 치료자 자신들이 논쟁을 한다는 사실이다. 사실상, 많은 PTSD 치료 프로그램이 알코올 문제를 부인하는 것에 대해 접근하는 시나논(Synanon) 스타일의 접근 방법에서 유래한 직면적 요소들을 포함한다. 논쟁하기와 기타 직면하기 접근 방법들은 동기면담과 같이 지지적인 접근 방법에 비해서 저항 증가와 낮은 효과성을 가져온다(MI; Miller, Benefield, & Tonigan, 1993). 이러한 접근 방법의 비효과성은 동기면담(Miller & Rollnck, 2002)을 PTSD에 적용하려는 원동력을 제공하였다.

최근의 연구에서 PTSD 치료 프로그램을 받고 있는 재향군인들이 그들의 중요한 증상과 관련 문제 행동들을 바꿀 필요성에 대해 양가적이라는 주장을 입증한 바 있다. Murphy, Cameron과 동료들(2004)은 입원치료 프로그램에 참여하고 있는 전쟁 관련 PTSD 재향군인들에게 그들이 가질 수 있을 법한 문제들이 무엇이든지 보고하도록 하였다. 환자들이 이런 문제를 가지고 있을까 의심하는 문제이거나 타자들이 환자들에게 그런 문제가 있다고 말했으나 환자들은 동의하지 않는 문제로 정의하였다. 이렇게 가지고 있을지도 모르는 문제를 환자들이 가지고 있다고 확신하는 문제들(확실히 가지고 있다.), 또는 가지고 있지 않다고 확신하는(가지고 있지 않다.) 문제와 별개로 목록을 작성하였다. 그 결과 환자들은 PTSD 증상과 관련 행동들의 광범위한 유형을 '가질 수 있는 문제'로 보고하였고, 가장 많은 환자들(48%)이 분노 관련 행동들을 '가질 수 있는 문제'로 분류하였다. 적어도 1/3에 해당되는 환자들이 소외감, 우울증상, 신뢰, 건강을 '가질 수 있는 문제'로 명명하였고, 거의 1/4에 해당되는 환자들이 갈등해소, 알코올 문제, 의사소통, 대인관계/친밀감, 제한된 정동, 약물 문제를 '있을 수 있는 문제'로 보고하였다. 기타 PTSD 관련 문제 유형들(과민한 경계)이 환자의 15~21%에서 가질 수 있는 문제로 보고되었다.

재향군인들 사이의 변화 준비도 연구에서 Rosen과 동료들(2001)은 고수준의 문제 심각성에도 불구하고 PTSD 환자들이 알코올과 분노 문제를 다룰 준비도가 다양하게 다르다는 사실과 변화단계와 일치되는 네 가지 동기 하위 유형으로 나누어질 수 있다는 것을 알아냈다. 알코올 문제를 변화시키려는 동기는 분노를 변화시키려는 동기와 독립적이었다.

이런 결과를 가장 잘 설명하는 것은 재향군인들이 과민적 경계, 타자에 대한 불신, 분노, 사회적 소외와 같은 문제 행동과 대처 스타일을 외상기반 증상으로 보지 않고, 자신들이 보기에 상처를 주거나 살해할 수 있는 신뢰할 만한 가치가 없고, 주의 없는 위험 세상 속에서 살면서 그 삶에 적합한 대처 전략으로서 본다는 것이다. 신뢰라는 것은 이 환자들에게는 흔히 있는 만연된 문제이기 때문에 동기면담이 공감과 긍정적 치료적 관계에 역점을 두고 이 대상과 작업할 때 훌륭한 치료 기법이 된다. 문제 인식과 변화에 대한 양가감정으로 힘들어하는 다른 환자 대상군에서처럼 동기면담은 재향군인 환자들이 이전에 인식하지 못했던 외상기반 PTSD 증상들을 변화시킬 필요가 있음을 인정하도록 도와주는 데 적합하다.

전쟁관련 PTSD에 대한 동기면담의 임상적 적용

PTSD 증상과 관련 문제들을 변화시키고자 하는 동기를 증진시키기 위해 유용한 동기면담 기반 접근법을 개발할 때 여러 가지 언급해야 할 이슈들이 있다. 한 가지 중요하게 고려해야 하는 것은 재향군인들을 위한 가장 흔한 PTSD 프로그램의 구성과 관련된 것이다. 이 프로그램은 전형적으로 PTSD 교육, 분노와 정서 관리, 대인관계 기술, 일종의 '인생 브리핑(*인생의 중요한 사건들을 짚어 보는 것)' 유형, 인생 전반에 걸친 사건들의 검토와 같이 초점의 강도를 다양하게 한 연속적인 집단 개입을 포함한 장기적 외래 치료 서비스들이다. 이러한 유형의 프로그램 스케줄에 맞추기 위해서 동기증진 개입은 단기적(4~8회기이며)이고 집단 치료 형태라야 한다. 또한, 처음부터 다음과 같은 사실을 다루려는 의도를 해야 하는데 치료에 참가하는 재향군인들은 광범위한 문제 영역을 가지고 있으며, 개별적으로 볼 때 특정한 문제를 변화시키려는 준비도 면에서 다를 수 있다는 사실이다. 따라서 개입은 변화 동기와 관련하여 목표가 될 수 있는 특정 문제 안에서 융통성 있게 고안되어야 했다.

결과, 만들어진 개입 프로그램은 소위 PTSD 동기증진(PME: PTSD Motivation Enhancement) 집단으로 일컬어지며, 현재 4회기로 구조화된 집단 프로그램이다. 이 개입의 한 가지 토대는 다이론적 모델, 특히 변화단계 모델이다(Prochaska & DiClemente, 1983; Prochaska, DiClemente, & Norcross, 1992). 임상적 방법으로는 동기면담의 직접적인 적용 또는 보완된 형태들이다. 일반적인 접근 스타일은 동기면담과 일치하는데 집단 리더는 직면보다는 공감을 가지고 환자의 저항에 반응한다. 4회기에는 인식되지 않은 잠재적인 문제들을 알아내는 것, 적응적인 대처에 대해서 책임을 가지도록 격려하는 인지적 스타일의 개발과 관련된 심리교육, 결정 저울의 사용과 문제인식 및 변화 동기를 높이는 규준비교 활동의 사용, 그리고 문제 를 인식하고 부적응적인 대처를 변화시키는 데 인지적, 정서적 걸림돌을 알아내기 등이 포함된다.

PME 집단 개입에 사용되는 변형된 동기면담

PME 치료자들은 동기면담 치료자 스타일과 함께 동기면담 특유의 몇 가지 접근법 을 활용한다. 이와 더불어 문제와 대상에 맞도록 동기면담이 어느 정도 변형되었다. 첫째, 규준비교는 Miller가 문제 음주자를 위한 동기면담에서 피드백 접근으로 구체 적인 예를 보여준 바와 같이 영향력이 있다(Miller, Sovereign, & Krege, 1988). 그 러나 PTSD 전쟁 재향군인들에게 고통을 주는 광범위하고 다양한 문제들의 경우에 는 규준이 되는 자료가 부족하다. 따라서 규준비교 모듈은 집단 토론을 이용하여 '보통', '중등도 문제', '극심한 문제' 의 범위로 나누어 행동, 인지, 정서적 반응도 의 빈번도와 결과, 목적을 만들어 내도록 하였다. 그리고 나서 환자들은 방금 기술 한 차원에 따라서 자기 자신의 문제 행동에 대한 설명을 준비하는데 이렇게 하면 자 기 자신의 행동이 그러한 행동을 변화시키도록 결정한 도구에서 어디에 해당하는지 결정하는 데 도움이 된다.

전형적인 동기면담 개입과 다른 PME 집단의 또 다른 측면은 변화의 필요성을 고 려해 볼 전반적인 의지를 촉진하도록 심리교육적 구성요소를 포함한다는 것이다. 이 구성요소는 환자로 하여금 그들의 상황적 반응이 과거 경험을 토대로 한 과잉반 응일 수 있다는 가능성과, 현재 상황에 적절하게 대처하는 데 부적응적일 수 있는 가능성에 대해서 자기 진술을 하도록 격려하는 것이다. 구체적인 자기 진술은 반복 연습되고, 환자는 이러한 유형의 사고 내용을 대처 및 문제 해결의 수단으로 사용할 때 가져오는 잠재적 가치를 생각하도록 한다. 이 구성요소는 다소 지시적으로 보일 수 있으나 변화에 도움이 되는 진술을 유발시키는 동기면담 접근과 일치한다는 의미를 가진다. 그리고 환자들에게 이러한 식의 사고를 채택해야만 한다고는 절대 말하지 않는다. 이 구성요소를 추가할 만큼 중요한 것으로 보였던 이유는 전형적인 VA 프로그램에 참가한 환자들이 문제를 해결하는 그들의 능력과 일상생활에서 경험하는 어려운 상황 속에서 자신의 역할을 검토할 수 있는 능력에 방해가 되는 일반적이고 외현화된 대처 스타일을 종종 갖고 있기 때문이다.

표준적인 동기면담 적용과는 또 다른 것으로 과제가 매 집단 회기 종료 시 주어지는데, 여기에는 환자 워크북 읽어 오기, 결정 저울 과제 완료하기(아래 사항 참조) 등이 있다. 환자들이 집단으로부터 최대 이득을 얻을 수 있는 방법으로 이러한 과제를 완성하도록 격려된다. 바라기는 PME 집단의 이 구성요소에서 상당히 지시적이 될 수 있다는 단점이 상쇄될 수 있는 것은 여분의 준비 시간, 반복 연습, 그리고 적극적인 정보처리가 환자에게 제시된 인지 지향적 과제들의 포괄성과 효과성을 증가시키는 데 가치가 있다는 점에서다.

마지막으로, PME 집단은 인지적, 정서적 '걸림돌'을 알아내는 것을 회기에서 다룬다. 사람들은 어떤 유형의 공포를 회피하기 때문에 문제를 인식하지 못하는 것이 종종 있다(Newman, 1994). DiClement와 Vasquez(2002)는 각 변화단계에서 사람들을 특징짓는 요인들(예 : 인식전단계에 있는 사람의 경우 정보의 부족, 인식단계에 있는 사람들의 경우 긍정적 결과를 능가하는 변화의 부정적 결과)에 더불어서, 인식전단계에 있는 사람들이 변화하지 않는 이유를 망설임, 반항, 포기, 그리고 합리화라고 이야기한 바 있다. 설명적인 구조 틀을 이용하여 동기면담 치료 준수를 언급하면서 Zweben과 Zuckoff(2002)는 문제 수용의 부족이 문제의 심각성에 대해 잘못 이해하거나 확실하지 않기 때문이며 변화에 의도하지 않았던 결과에 대한 두려움과 변화가 가능한지의 여부 또는 현실적인지의 여부에 대한 의심 때문이라고 보았다. 변화할 필요성을 인정하는 또 다른 장애물은 다음에서 설명할 것이다. 보다 많은 토론과 연구를 할 때 동기면담에 이득이 되는 분야이다. 여기서의 목표는 변화의 장애물을 평가하는 방법을 개발하는 것과 동기면담 모델의 내외적 또는 기타 치료(예 : 인지치료)에서 구체적인 기법들을 고안하는 것이다.

PME 집단과 기타 치료와의 통합

PME 집단의 목표는 다루어야 할 필요가 있는 문제에 대한 인식을 높임으로써 환자들이 참여하는 PTSD 치료 프로그램이 어떤 것이든 간에 그 효과성을 증진시키는 것이다. PME 집단 참여 시 얻고자 하는 결과는 치료과제와 기술 연습에 환자 참여의 증가이며, 이것은 결국 증상 완화와 적응적 기능을 증진한다. 따라서 치료 프로그램 초기에 수행하는 것이 가장 좋은데, 왜냐하면 환자들이 차후에 있을 기술 지향적 집단에서 초점을 두어야 할 문제가 무엇인지에 대해 명확히 알게 되기 때문이다.

PME 집단을 사용하는 또 다른 방법은 전쟁 재향군인들이 PTSD 프로그램에 등록할 필요가 있는지 없는지에 대해 결정하는 데 도움을 줄 때이다. PME 집단은 일상생활 대처의 어려움을 경험하고 있으나 치료의 필요성에 대해서, 어려움의 원천에 대해서, 또는 치료 참여가 가져오는 가능한 부정적 측면에 대해서 확신하지 않는 재향군인들에게 제공된다. 이 맥락에서 보면 PME 집단은 보다 단기적 워크숍 형태로 제공되든지 또는 지속적인 치료를 받으라고 요구하지 않는 정규 4회기 집단으로 제공될 수 있다.

PME 집단의 개요 : 이론적 근거, 구조와 기법

PME 집단 프로토콜은 현재 4회기의 90분짜리 모듈(module)로 구성되는데(회기당, 각각 1 모듈), 환자들이 인정하지 않은 PTSD 관련 문제들을 변화시킬 필요성을 알아내도록 도와주는 결정 내리기 기술을 사용하는 데 역점을 둔다. PME 집단은 8명의 환자와 1~2명의 집단 리더들이 수행하는 것이 가장 좋다. 집단 리더는 매뉴얼을 가지고 진행하며 환자는 워크북을 사용하는데, 워크북에는 개관적 설명, 각 집단 모듈/회기 구성(각 리더의 매뉴얼과 연관됨), 치료 활동의 예시와 적용 난으로 되어 있다.

첫 번째 회기와 이후 회기의 초입에서는 집단의 구체적 목표, 이론적 근거, 목적을 리뷰하는 것으로 구성되어(아래 모듈 1 참조), 집단 리더가 질문을 하고 참가자들이 반응하도록 질의 문답식으로 제시된다. 이 형식은 인지적 연습 기법으로 사용될 수 있으며, 환자들은 4회기가 끝날 때쯤 정답을 보다 신속하게 할 수 있어야만 집단의 참여 취지를 보다 쉽게 회상하고 이해하게 된다. 또한 환자들의 인지와 기억 결함의 빈도와 범위 때문에 반복이 필요한데 이러한 결함에 대한 원인은 여러 가지이며 그중 장기적 약물남용력, 수면 문제, 두뇌 손상, 우울증, PTSD의 과잉 각성 증상, 즉 주의집중과 주의력 문제 때문이다.

PME 집단의 이론적 근거는 구체적인 PTSD 증상과 기타 문제를 변화시킬 필요성을 높일 때 치료 준수와 효과가 더 좋아진다는 것이다. 왜냐하면 환자들은 치료에서 학습한 대처 기술을 개인적으로 보다 적절하게 지각하기 때문이다. 한편으로, 목표는 PTSD 증상과 관련 문제들의 재발 예방에 있다. 환자들에게 설명하는 바와 같이 집단의 목표는 치료 후에 있을 수 있는 인식되지 못한 문제들을 간과하지 않도록 도와주는 데 있다. 집단의 은어를 사용하자면 알아차리지 못한 문제들을 일컬어 "블라인드 사이드(blind side)"라고 불린다.

덧붙여, 첫 번째 회기에서 개입의 주요 부분인 알아차리지 못할 수 있는 가능한 문제의 평가가 이루어진다. 환자들은 소위, '있을 수 있는 문제'라고 불리는 문제가 될 만한 행동이나 신념을 목록으로 만드는 데 양식 1번 워크시트를 사용한다(부록 3.1 참조). 그리고 나서 참가자들은 '있을 수 있는 문제'가 그들이 확실히 가진 문제인지 아닌지를 결정하는 데 도움이 되는 결정 저울 도구를 PME 집단의 차기 회기에서 배워 사용한다.

모듈 2, 3, 4는 인식되지 않은 가능할 수 있는 문제('있을 수 있는 문제')가 정말 문제인지 아닌지 결정하는 구제적인 도구와 활동을 제공한다. 모듈 2에서는 기본적인 결정 저울 기법을 사용하며, 모듈 3에서는 규준비교 연습을 한다. 모듈 4는 인식되지 않는 문제들을 알아내는데 인지적, 정서적 걸림돌이 되는 것을 밝히는 데 목적을 둔다. 과제 또한 처음 3회기에서 매 회기 종료 시 주어지는데 다음 회기 준비를 위해 읽기 과제와 각 회기 특유의 부가적인 결정 저울 활동 완성을 포함한다.

모듈 1 : 집단 리뷰와 있을 수 있는 문제 파악

첫 번째 모듈에서 집단의 목적과 잠재적 가치를 검토하며 목표 문제를 파악한다. 여기서 제기되는 이론적 근거는 치료 후 재발이 부적합한 치료나 '치료될 수 없는' 환자 때문이라기보다는 이전의 대처 스타일로 점차적 또는 급작스럽게 돌아가게 만드는 인식되지 않은 문제 때문이다. 주제로는 집단이란 무엇인가? 집단의 목적, 그리고 집단이 환자에게 어떻게 유용한가 등(예 : 파악되지 않는 문제가 치료 후에 발생하지 않도록 재발 방지)이 포함된다.

집단원에게 제시된 바와 같이 집단의 목표란 환자가 변화해야 할 문제를 확실히 가지고 있든, 아니든 간에 환자들이 '가질 수 있는 문제'를 결정하도록 돕는 데 있다. '있을 수 있는 문제'로 열거된 문제와 환자가 변화의 필요성을 확신하는 행동과 인지 사이에 명확한 구분이 지어진다. 환자가 가질 수 있거나 가질 수 없는 문제를 결정하는 것이 왜 유용한지 그 이유가 집단으로부터 이끌어지며 집단 리더에 의해 확장된다. 이론적 근거에 대한 리뷰의 종료 시 치료자는 집단의 궁극적 목표가 환자의 파악되지 않은 문제를 간과하지 않도록 도와주는 데 있음을 지적한다.

이전에 언급한 바와 같이 최근에 보완된 PME 집단에서 만성 PTSD 치료를 받는 재향군인들이 빈번하게 직면하는 외현화된 인지적 스타일을 적용한다. 이 스타일은 종종 분노와 같이 강한 반응을 유발하거나 소외, 과민 경계, 불신을 필요한 것으로 만드는 것에 대해 타자 또는 사회를 비난하는 형태를 띤다. 빈번한 일로 정부가 그들의 증상과 어려움에 대한 비난을 받는다. 이런 경우는 모두 어려운 상황에 대처하거나 자신의 증상과 반응을 대처해야 하는 책임감을 일반적으로 철회하는 것이다. PME 집단에서 이런 이슈를 다루면서 증상(종종 증상으로 간주되지 않는, 예를 들어, 불신, 소외, '통제하려 하거나' 또는 완벽하려고 하는 것) 통제에 대한 책임감에 대해 매우 지시적이면서도 격려적인 사이의 균형을 잡도록 노력한다. 구체적으로 말하면 PME 집단의 한 가지 목표는 파악되지 않은 문제가 환자에게 어려움을 가져올 수 있다는 것과, 그들의 과거 외상 경험이 상황에 대한 반응에 영향을 주어 증상을 유발하거나 악화시키거나 어려움을 초래할 수 있다는 것, 그리고 어려운 상황을 다루는 데 그들 자신이 더 많은 책임을 져야 할 필요가 있다는 사실을 고려하도록 돕는 데 있다. 이러한 새로운 태도에 일치하는 일련의 자기-진술 목록을 환자들에게 준다. 아랫부분에 매뉴얼에서 발췌한 자기-진술의 예가 있다. 집단 리더는 집단의 이론적 근거와 목표를 재검토하는 모든 부분에서처럼 질문에 대해 환자가 반응하고 피드백을 하도록 하며, 바람직한 반응을 큰소리로 읽게 한다.

새롭게 일반적인 태도는 여러분이 문제를 경험할 때마다 그 문제를 초래하지 않았더라도 여러분의 반응 및 생각하는 바가 여러분의 문제에 다소 기여할 수 있음을 반영하는 것입니다. 이러한 태도의 일부분은 여러분을 변화시킨 전투 상황에 있었다는 사실에 대해 책임이 없다고 믿습니다만, 여러분의 PTSD 증상과 상황을 다루는 데 있어서 현실상황에 기반을 둔 그리고 여러분의 과거 경험에 기반을 두지 않는 방식으로 해야 할 필요가 있다고 믿습니다. 여러분이 다음과 같이 열린 마음으로 말할 수 있기를 바랍니다. "나에게 어려움을 초래한 것은 그 상황 자체라기보다는 내가 그 상황을 어떻게 보고 있으며, 어떻게 반응하며, 어떻게 다루는지와 관련된 것입니다." 다른 말로 하면, 여러분이 어려움을 겪고 있을 때는 항상 '블라인드 사이드'를 찾고 있다는 말입니다. 이것은 받아들이기 어려운 태도이며 여러분이 경험했던 것 때문에 공정하지 않게 보일 수 있습니다. 그러나 이 태도는 여러분의 인생, 여러분의

건강, 대인관계를 개선해 주고, 스트레스를 감소시켜 주며, 여러분의 다른 삶

의 영역에서 더 많은 만족을 줄 수 있는 기회를 제공할 것입니다.

각 집단원은 '치료 후 지속적인 호전을 위한 자기-진술 목록'에서 그 표현을 큰

소리로 읽는다. 그 목록은 부록 3.2에 수록되어 있다.

'있을 수 있는' 핵심문제를 파악하기

첫 번째 회기의 나머지 부분에서는 환자에게 문제가 될 수 있는 행동이나 신념의 목

록을 만드는 것인데, 환자는 이 문제를 변화하는 데 대해서 필요성을 인식하지 못하

거나 양가적일 수 있다. 환자는 양식 1번 워크시트(부록 3.1 참조)를 적어 넣는다.

이 워크시트는 '확실히 갖고 있는 문제', '있을 수 있는 문제', '있을 수 없는 문제'

세 칸으로 나누어져 있다. 그리고 '있을 수 있는 문제'는 다시 '과연 가지고 있을지

의아한 문제'와 '타자들이 내가 가지고 있다고 말하는데, 내가 동의하지 않는 문제'

둘로 나누어진다. '있을 수 있는 문제'는 이 두 가지 방식으로 정의되어서 환자들이

변해야 할 필요가 있는 문제를 인식할 뿐 아니라 변화하는 것에 대해 필요성을 인식

하지 않거나 마지못해 하는 문제(인식전단계) 역시 이끌어 낸다. 환자들은 PTSD 증

상이 다른 문제의 예시 목록과 환자 워크북 속에 완성된 워크시트의 예를 참고하도

록 한다. 여기서 목표는 환자로 하여금 '있을 수 있는 문제'를 '확실히 있는 문제'

또는 '확실히 없는 문제'로 나누는 데 있다.

환자가 자신의 말을 이용하여 '가질 수 있는 문제'를 설명하게 하는 빈칸 채우기

형식을 사용할 때 확실하게 장점이 드러난다. 우리의 목표 대상군들은 체크리스트

에 제시된 많은 문제를 표시하는 경향이 있다. 그 이유는 그들도 서비스 관련 보상

금을 받고 있거나 신청하는 경우가 종종 있어서 가능한 한 많이 그들의 어려움을 기

록할 필요를 느끼기 때문이다. 어떤 환자들은 종종 평가 체크리스트에 제시된 것과

같이 어떤 행동이나 태도를 그 칸에 넣지 않는 경우도 있다. 이것이 의미하는 바는

증상이라고 명명되지 않은 어떤 외상기반 행동이나 태도를 적응적인 것으로 고려하기 때문이다. 예를 들어, 우리는 환자들이 분노를 설문지에 문제로 써 넣는 것을 보곤 한다. 그런데 나중에 이 환자들이 보고하기로는 자기가 성질이 급하거나 짜증을 잘 내거나, 다른 사람의 불만에 대해서 동의하지 않는다고 말한다. 그들은 그러한 자신의 행동을 "사람들에게 엄격해야 해, 그렇게 하지 않으면 일을 잘해 내지 못하기 때문이야."라고 합리화한다.

워크시트를 완성하도록 시간을 준 후에 참가자로 하여금 4개의 칸에 적은 것을 큰소리로 읽게 한다. 이렇게 하면 집단원이 고려하지 않을 수 있는 문제를 들을 수 있는 기회가 되어 그들로 하여금 가능한 문제라고 노출하는 것에 대해 당황하거나 불안해할 수 있는 이슈를 언급한 것에 대해 보다 편안하게 느낀다. 이러한 환자들은 늘 그렇듯이 자기들이 다른 사람과 한 번도 이야기를 하지 않았던 이슈나 아니면 자신이 문제가 된다고 인정하지 않았을 문제를 다른 환자들이 이야기하는 것을 들으면서 혼자만 '덜 미칠 것 같다.'라고 느낀다.

마지막으로 집단에 성공적으로 참여하는 몇 가지 일반적인 사항을 제시한다. 다음은 워크북에서 발췌한 몇 가지 예이다.

집단의 목표는 무엇인가?
- '있을 수 있는 문제'를 확실하게 가지고 있는 문제 또는 확실히 가지고 있지 않는 문제로 옮기기
- '있을 수 있는 문제'가 정말 내가 변화해야 할 필요가 있는 문제인지 결정하기

다음 3주 동안 무엇을 배울 것인가(PME 집단 2, 3, 4 회기)?
- '있을 수 있는 문제'가 확실히 있는 문제 또는 확실히 없는 문제인지 결정하는 데 도움을 주는 결정 저울 도구

'있을 수 있는 문제'가 확실히 있는 문제인지 아닌지 누가 결정하는가?
- 이것은 온전히 환자에게 달려 있고, 프로그램 스태프가 결정하는 것이 아니고

환자의 책임이다.

이 집단이 성공하기 위해 필요한 것이 무엇인가?

　– 정직성, 참여, 그리고… 가능한 문제에 대한 열린 마음

이 집단에서 성공이란 '있을 수 있는 문제'를 모든 중간 칸에서 옮겨야 하는 것을 의미하는가?

　– 성공은 옮겨진 문항의 수와 일치하지 않는다. 여러분이 이전에 인식하지 않았던 문제들이 있음을 생각하는 한 집단은 성공이다. 여러분이 혹시 오랫동안 지속적으로 인식하지 못했던 문제들이 있는지 결정하기

확실하게 있는 문제로 밝혀진 문제에 대해서 여러분은 어떻게 할 것인가? 확실하게 가지고 있지 않다고 보는 문제에 대해서 어떻게 할 것인가?

　– 내가 확실하게 가지고 있는 문제를 외상회복 프로그램과 PTSD 치료의 다른 집단에 가져간다. 그곳에서 나는 그 문제에 대해 작업할 수 있다. 내가 확실하게 가지고 있지 않은 문제에 대해 또는 그것을 어떻게 할 것인가에 대해 염려할 필요가 없다.

집단이 끝나기 전에 과제를 준다. 구체적으로 말하면 환자는 환자 워크북에 있는 부분을 읽고 첫 회기에 대해 재검토하거나 결정 저울에 관한 다음 회기 부분을 읽도록 제안한다.

모듈 2 : '찬반'

두 번째 PME 집단에서는 결정 저울 기법을 검토하고 연습하여 환자로 하여금 그들이 동의하지만 과연 문제라고 확신하지 않는 '있을 수 있는 문제'에 대해 변화할 필요가 있는지 결정하도록 돕는다. 이 기법을 통해서 환자들은 총기소유, 알코올 지속적 사용, 과민한 경계와 같이 '있을 수 있는 문제'로 열거된 다양한 PTSD 증상과 기타 행동의 장단점의 무게를 잰다. 예를 들어, 소외를 '다른 사람들이 문제라고 말

하지만 나는 동의하지 않는 문제'로 적을 수 있다. '찬성' 쪽으로 '더욱 안전하게 느낀다', '내가 무언가 하기를 원할 때 즉시 할 수 있다', '다른 사람들에 관여할 필요가 없다', '다른 사람들로 골치를 앓을 필요가 없다.' '반대' 쪽으로는 '자녀로부터 거리감을 가진다', '우울해진다', '전쟁에서 있었던 나쁜 일에 대해 더 많이 생각한다', '약물사용에 대해 더 많이 생각한다.' 등이다. 일반적 사례를 보여 준 후에 전체 집단으로부터 의견을 모으고 나서 환자들은 각자 결정 저울 워크시트를 사용해서 자기만의 '있을 수 있는 문제'의 각각에 찬반을 적어 넣도록 한다. 환자들은 또한 각 찬반마다 가중치를 주도록 지시하여 개별적 중요성에 따라서 1~10까지의 점수를 준다. 환자의 개별적 본보기를 전체 집단과 함께 검토하면서 각자의 개인적 분석에 해당되는 부가적인 찬반에 대해 어떠한 제안이라도 할 수 있도록 모든 집단원들을 지지한다. 개별적 찬반 분석이 검토된 후에 환자들의 '있을 수 있는 문제'를 변화할 필요성이 있는 것인지를 묻는다.

과제로는 집단 회기에서 진행 중이던 찬반 분석을 마저 끝내도록 하고 다른 '있을 수 있는 문제'에 해당되는 새로운 찬반 분석을 완성하도록 격려한다. 다음 주 과제처럼 이 과제는 다음 회기 시작 때에 검토한다.

모듈 3 : 일반인과 비교하기

세 번째 모듈은 '일반인'과 비교하기인데, 이 모듈의 목표는 환자들이 자신의 행동이 얼마나 문제가 되는지 판단하는 데 도움이 되도록 연령에 맞는 비PTSD 추정 규준과 자신의 행동을 비교하도록 한다. 이 이론적 근거에 대한 자세한 리뷰를 환자에게 제시한다. 구체적인 결정 저울 도구로는 '평균', '중등도 문제', '극심한 문제'를 포함한 문제의 심각성 범주에 따라서 가능할 수 있는 문제 행동을 분류하는 것이다. 각 수준마다 행동의 세 가지—빈도, 결과의 심각성, 목적—차원에서 검토한다. 집단 리더는 집단원이 각각 이 세 가지 차원에서 세 가지 수준의 특정 행동이 어떻게 보이는지 분석하는 데 안내를 한다. 예를 들어, 만약 과민한 경계가 선정된 행동이라고 한다면(부록 3.3 참조), 집단 리더는 안전성 인식의 표준적인 수준에 대한 설명을 이끌어 낼 수 있는데, 설명으로는 밤에 문이 잘 잠겨져 있는지 확인하는 것과 집 밖에 부착된 움직임 센서를 다는 것을 포함한다. 부가적 전기비용과 같이 이 수준에서 결과의 차원은 경미한 정도이다. 안정성 인식의 평균 수준의 목적은 어느 정도 안정감을 느끼는 것이라고 볼 수 있다. 중등도 문제 수준에서 밤에 문과 창문을 빈번하게 재확인하거나 보다 섬세한 경고 장치를 다는 것이 될 수 있다. 그 결과는 더 많은 시간이 소요되고 비용이 든다는 것이다. 여기에서 행동목적은 불안 경감 역할을 더 많이 띠기 시작한다. 민감한 경계의 극심한 수준에서 밤에 집 주위를 확인하기, 침대 밑에 총기를 놓아두기, 위장 함정 만들기가 있을 수 있다. 결과로는 상당히 많은 양의 시간과 에너지를 소모하며 총기로 인해 어린이와 타자에게 위험을 준다. 이러한 행동의 목적은 생존과 '생사'와 더 많이 관련된다. 여기에서의 주안점은 환자들이 이전에 인식하지 못했던 어떤 문제를 가질 수 있다는 생각을 하게끔 도와주는 것으로 환자 자신의 행동이 어느 범위에 해당되는지 결정한다. 하나의 예를 검토한 후에 전체 집단으로부터 의견을 모으고 나서(위에서 기술한 바 있는 '과민한 경계'의 예), 환자들에게 자신의 '있을 수 있는' 문제의 목록에서 행동 한 가지를 가지고 '일반인과 비교 분석'을 적용하도록 한다. 이 활동에서 환자들이 흔히 사용하는 예로는 소외, 신뢰, 정서 표현의 결핍, 알코올 사용이 포함된다. 그다음 환자의 개별 사례를 전체 집단과 함께 검토하고 나서 그들이 분석한 특정 문제에 대해 심각도 범위에서 어디에 해당되는지 생각하도록 한다.

과제는 집단 회기에서 진행했던 '일반인과 비교 분석'을 완성하는 것이고, '있을 수 있는' 문제를 가지고 비교 적용할 수 있도록 준비하는 것이다.

모듈 4 : 걸림돌

마지막 모듈에서 리더는 '걸림돌'이라는 개념을 설명하는데, 문제 행동을 변화할 필요가 있는지의 여부조차 생각하기 어렵게 만드는 신념, 두려움 또는 상황이라고 설명한다. 사람들은 흔히 어떤 유형의 두려움을 피하기 때문에 문제를 인식하지 못한다(Newman, 1994). 흔히 있는 장애물로는 죄책감, 수치심, 공포, 인지적 왜곡, 그리고 문제가 의미하는 바에 대한 부정확한 공정성 등이다. 이 맥락에서 볼 때 재향군인들은 종종 자신이 취약하게 지각될 수 있다는 두려움을 보고하며, 사랑하는 사람들에게 자신이 가져다 준 스트레스에 대해 수치심을 가지고 있다고 보고한다. 조사된 걸림돌 중 몇 가지는 문제로 인해 압도될까 하는 두려움, 문제가 드러났을 때 거부당할까 하는 두려움이 포함된다. 인지적 왜곡으로는 '흑백 논리'가 포함되는데, 예를 들어, '문제 한 가지가 더 있다고 인정하면 나는 완전히 실패자임을 인정하는 거야.' 라는 생각이다. 문제가 있다고 생각하는 것은 '내적 고정관념'이나 특정 장애가 있다는 것에 대해 부정확한 지각을 이끌어 낼 수 있다. 알코올중독자의 경우 음주 문제를 인정하거나 또는 치료를 원하지 않을 수 있다. 왜냐하면, 알코올중독자라고 명명된 사람들에 대한 그의 고정 관념에는 술 취한 도시의 이미지, 노숙자, 기타 극단적이거나 부정확한 묘사가 포함되기 때문이다(Cunningham, Sobell, & Chow, 1993; Cunningham, Sobell, Sobell, & Gaskin, 1994). 한 재향군인의 경우 '미쳐버린 월남 참전 군인'으로 지각되는 것을 피하고 싶어 한다. 환자들은 종종 보고하기를 과거의 어떤 사람과 동일한 문제가 있다는 생각을 피하고 싶다고 한다. 예를 들어, 알코올 문제나 난폭한 성격을 가진 아버지나 신경쇠약으로 정신병원에 입원했던 가족 등이다. 집단에서 다양한 걸림돌을 떠올려 보게 한 다음 참가자들은 워크시트에 자기에게 해당된다고 느끼는 걸림돌만 적도록 한다. 더불어 '있을 수 있는' 문제로 파악된 바 있는 각 문제마다 그 문제를 변화할 필요가 있는 문제로 인정하는 데 방해가 될 수 있는 어떤 장애물이라도 적도록 한다. 환자들은 가능한 걸림돌의 목록을 활용하도록 권장된다(부록 3.4 참조).

임상 사례

환자들은 PME 집단 프로그램이 가진 집단의 가치와 유익성에 대해 매우 긍정적인 반응을 한다(Franklin et al., 1999). 집단 과정에서 환자 개인마다 목표와 방법에 대해 반응하는 것이 다양하다. 어떤 특정한 문제를 변화시킬 필요성을 인식하는 것은 환자가 결정 저울 도구를 사용한 후에 늘 명료하고 즉시적으로 명백하다는 사실을 보고하는 것이 바람직하다. 결정 저울 도구(찬반, 일반인과 비교하기, 걸림돌 분석)로 이러한 바람직한 일이 종종 일어나긴 하지만 어떤 환자들은 집단이 종료할 때쯤에야 특정 문제를 변화할 필요성에 대해 결정하는 경향이 있다(집단을 종료할 때까지 결정하지 않는 경향도 있다). 마치 변화 필요성에 대해 검토하는 것은 태도 면에서 '부드러워 진' 것인 양 생각하는 것처럼 보인다. 다음 두 가지 사례는 환자들이 집단에 반응하면서 양가감정을 감소시키기 위한 구체적인 기법으로부터 혜택을 받는 다양한 방법을 보여 준다.

앨버트는 월남전에서 1년간 근무하는 동안 힘든 전투를 목격했던 52세 해병 재향 군인으로 VA 외래 PTSD 치료 프로그램에 참여하고 있다. 처음에 그는 조용하면서 엄격한 표정을 보였으며, 집단 토론과 활동에서 짜증스럽고 방어적이었다. 양식 1번 워크시트 작업에서 그 환자는 분노, 우울, 소외, 신뢰 그리고 수면 곤란 등과 같이 확실히 가지고 있는 많은 문제들을 적어 놓았다. '가지고 있을까 의심하는 문제'로는 사회화, 외로움, 조급함을 넣었다. '남들이 내가 가지고 있을 수 있다고 하는 문제'로는 대인관계 문제, 통제, 과민한 경계, 도움 요청을 적었다. '가지고 있지 않는 문제'로는 음주와 약물사용을 적었다. 앨버트는 집단 활동 초기에 다소 퉁명스러운 태도로 참여하였고, 설문지 완성 일정표, 집단 규칙 그리고 과제에 대해서 집단 리더가 명료성이 부족하다며 쉽게 분노하였다. 각 집단 회기에서 구체적인 결정 도구를 사용한 후에 '있을 수 있는 문제' 중에 즉시 변화할 필요가 있는 어느 것에도 적극적으로 인정하지 않았다.

집단이 진행되는 동안 환자는 집단에 대한 짜증스러움, 우려, 혼란스러움을 표현하는 등 반영적 경청에 반응하기 시작하였다. 또, 이런 유형의 환자에게서 흔히 있을 수 있는 군대, 정부, VA가 자신을 어떻게 처우했는지에 대해 분노를 표현하였다. 이러한 이슈가 떠오르면 공감과 제한 두기 간의 정교한 균형을 맞추어야 한다. 왜냐하면 집단 활동을 배제할 정도까지 환자들이 매우 빠르게 화를 내는 경향이 있으며, 오랫동안 자신들의 고통과 원망에 대해 이야기하고 싶어 하기 때문이다. 앨버트의 집단에서처럼 이것이 적절히 다루어지면 환자들은 집단 리더가 이해력이 많고, 기꺼이 경청하고 있다고 느끼며 동시에 중요한 집단 활동이 계속적으로 성취될 수도 있다. 시간이 지나면서 앨버트는 집단 리더에 대한 그의 태도가 약간 누그러지기 시작했다. 변화의 필요성을 인정하는 데 걸림돌이 되는 것에 대한 작업에서, 앨버트는 집단 토론을 통해 남성들이 군대훈련과 사회 기대로 인해서 자신의 문제를 해결할 수 없다거나 도움을 청할 필요성을 인정하는 것이 얼마나 수치스러운 것인가에 대해 놀란 듯 보였다. 이러한 사실은 특히 해병들에게 분명한 사실인데, 이들은 문제 인식을 포함한 도움 요청과 관련된 어떤 활동에 참여한 것도 허약함의 징표로 보았으며, 자기신뢰는 해병대의 미덕으로 매우 중요하게 강조되었다. 집단 과정에서 구체적으로 자기 동료들이 자기평가 활동에 참여하는 것을 보는 것은 앨버트로 하여금 변화 필요성에 대해 확실하게 격려된 것 같았다. 집단이 종료될 때쯤 앨버트는 양식 1번에 '있을 수 있는 문제'를 '확실히 있는 문제' 칸으로 옮겼다. 그리고 1년간 치료 프로그램을 완료하였다.

어떤 환자들은 집단 회기 중에 문제 인식 작업에서 '아하' 경험을 많이 한다. 다음 사례가 이러한 예이다. 제크는 50대 초반의 육군 재향군인으로 월남전에서 헬리콥터 포병이었다. 그 환자는 PTSD 치료에 처음 왔는데 진통제와 알코올중독을 위해 도움을 청했던 약물치료 프로그램에서 의뢰된 바 있었다. 그의 주요 문제는 대인관계를 회피하고 관계의 어려움과 관련된 것으로 수년간 사람들에 대해 매우 불신하면서 고립되어 있었다. 그는 '있을 수 있는 문제(타인들이 말하기를 내가 가지고 있는 문제이기는 하나 동의하지 않는)' 로서 사이좋게 지내기 힘들다고 처음으로 드러내었다. 두 번째 회기에서 그는 양식 1번 어디에도 적어 놓지 않았지만, 타인들을 신뢰하지 못하는 것에 대해 찬반 분석에서 거론하기를 원한다고 말했다. 그는 사람들에게 이렇게 접근하는 것을 변화시킬 필요성의 가능성에 대해 다루고자 모듈 2에서 찬반 결정 저울 양식을 사용하였다. 장점으로 그는 안전하게 느끼는 것, 상처받지 않는 것, 이용당하지 않는 것을 적었다. 단점으로는 자신의 삶에서 사람들을 들이는 것이 쉽지 않은 것, 소외, 타자들을 화나게 만드는 것, 일상생활이 어렵게 되는 것, 혼자 있게 되므로 의심이 많아지는 것을 꼽았다. 그가 적은 장·단점 목록을 집단 형식의 한 부분으로 칠판에 붙였다. 이것은 또한 환자가 고려할 수 있는 부가적인 사항들에 대해 타 집단원으로부터 피드백을 받는 것이다. 많은 PME 집단 참가자들이 제시한 그들의 결정 저울 양식을 보면서 제크는 조용히 생각이 많아 보였다. 그러고 나서 말하기를 불신하는 것의 단점이 매우 명료하게 열거되어 있는 것을 보고, 즉 장점의 수를 능가하는 것을 보니 처음으로 자신이 사람들과의 관계를 이런 방식으로 접근하는 것을 바꾸어야겠다는 생각이 들었다고 말했다. 4회기에서 그 환자는 자기 자신에게 솔직해지는 것에 대한 장애물 중의 하나가 진실을 대면하는 것의 두려움이라고 말했다. 집단이 끝날 때 그는 사이좋게 지내는 것에 대한 어려움을 '타자들이 말하기를 내가 가지고 있으나 내가 동의하지 않는 칸'에서 '내가 확실히 가지고 있는' 칸으로 옮겼다.

문제와 제안된 해결책

동기면담 원리를 적용할 때 재향군인과의 PME 집단에서 드러나는 몇 가지 문제점이 있다. 한 가지 다소 놀라운 문제는 어떤 VA 프로그램에서는 치료자들이 동기면담 기본 접근을 사용하는 데 주저한다는 사실인데, 왜냐하면 환자들에게 치료 프로그램의 가치나 신용도에 대해 진실로 느끼는 감정을 표현하는 기회를 주는 것에 대한 염려이기 때문이었다. 치료자들은 또한 치료자 자신이 치료 목표로 밝힌 행동과 신념에 대해서 환자들이 의구심을 일으키는 것을 허락하지 않을 수 있다. 일반적으로 볼 때 재향군인들은 종종 전형적으로 고도로 구조화된 VA 프로그램이 가진 통제 및 지시적 수준에 대해 불편하게 느끼곤 한다. 위에서 설명한 바와 같이 PTSD 환자들은 종종 자신의 일상생활을 대하는 불신적이고, 고립적이고, 과민하게 경계적이고 분노를 쉽게 터뜨리는 스타일에 대해 방어적이다. 어떤 치료 제공자들은 환자로 하여금 이러한 사항에 대해 그들의 느낌을 뱉어 내는 것을 허락하는 것은 임상적 이점이 거의 없다고 느끼며 치료 시간을 환자들이 자신의 문제 성격에 대해서 알고, 새로운 대처 스타일을 배우는 것이 더 낫다고 느낀다. 이것이 의미하는 바는 동기면담을 전파하는 노력이 동기면담 접근의 장점에 대해 치료자에게 데이터를 제공해 주는 것에 특히 역점을 두어야 하는 것을 말한다. 전파 그 자체에서도 동기면담 접근을 사용함으로써 치료자로 하여금 이러한 새로운 접근을 적용하는 데 그들이 가질 수 있는 의구심과 염려를 표현하고 처리하는 충분한 기회를 제공하는 데 역점을 두어야 한다.

이와 유사하게 많은 환자들은 PME 집단에 참여하는 것을 주저할 수 있다. 왜냐하면 어떤 PTSD 환자들이 말했던 것처럼 더 많은 문제를 발견하는 노력의 가치를 보지 못했기 때문이다. 이 환자들은 흔히, 이미 가지고 있는 문제에 대해 압도감을 느끼며, 더 많은 문제가 드러나면 직면하기가 너무 힘들어지는 것처럼 보일 수 있다. 이와 관련하여 환자의 다양한 특성이 PME 집단 참여를 어렵게 만들 수 있으며, 특히 흑백 논리의 사고 스타일을 가진 환자들이 그러하다. 그래서 문제의 존재에 대해 모호함을 다루는 것이 불안 유발적이다. 또한 매우 자기애적이거나 자만심이 많거나 고도로 자기 신뢰적인 많은 환자는 종종 어떤 문제를 알아내지 못했다는 사실을 받아들인다는 것은 허약함과 어리석음의 증표라고 느낀다. 이런 경우 환자들은 '있을 수 있는 문제'의 두 개의 칸에다 그 어떤 '블라인드 사이드'도 적어 놓지 않을 것이다. 환자들이 '있을 수 있는 문제'를 파악할 수 있는 무능함에 대해 그들의 생각을 반영적 경청하는 것과 더불어 집단을 위한 이론적 근거를 좀 더 토론하고, 특히 블라인드 사이드(blind side)를 알아내는 것이 치료 후에 있을 어려움을 피할 수 있다는 것을 분명하게 함으로써 환자가 가능한 문제를 고려하는 데 기꺼이 할 수 있도록 어느 정도 영향을 줄 수 있다. 또한, 대부분의 환자들은 타자들이 말하기를 그들이 가지고 있다고 하나 자신은 동의하지 않는 있을 수 있는 문제'를 최소한 한 가지라도 알아내는 것을 피하는 것이 어렵다.

   치료자 역시 PME 집단을 수행하는 데 맹점을 가질 수 있는데, 조력자는 환자의 질문이나 불만에 대해 충고해 주어야 하는 사람이라는 오래된 개념에 굴복하여 '전문가 함정'에 때로는 빠지곤 한다(Miller & Rollnick, 2002). 조력자(더 안 좋게는 '전문가'라는 개념) 집단 리더를 감독하고, 훈련에 반영적 진술을 통하거나 또는 환자들이 거론한 우려에 타 집단원이 반응하도록 하게 함으로써 치료적 신뢰를 형성하는 것을 강조하며, 아무리 유혹적이라도 직접적인 정보제공 접근보다는 반영적 경청의 장점이 이것을 얼마나 능가하는지 강조해야 한다. 치료자를 훈련했던 저자들의 경험으로 인지행동 치료자, 특히 매우 숙련되고 경험 많은 치료자라 할지라도 종종 저항과 함께 구르기의 어려움을 경험하거나 환자의 불만족이나 겉으로 드러내는 반항적이고 비협조적인 행동에 직면했을 때 기법이나 목표 지향적 접근을 버리는 것의 어려움을 경험한다. 이 치료자들은 이런 환자의 반응을 여전히 치료에 대한 장애물 — 환자의 중요한 염려, 두려움, 기대, 의구심, 오해를 다루어야 할 기회로 보기보다는 그런 기회의 정반대인 것으로 — 로 보는 경향이 있다. 치료 효과를 최대화하는 것에 치료적 관계와 환자 중심 시각의 중요한 성질은 아직까지 인지행동 치료의 이론 및 실제에 편안해할 정도로 통합된 것 같지는 않다(Newman, 1994 참조; 인지행동치료의 장에서 저항의 동기면담과 일치된 접근을 적용하는 우수한 지침). 또한 환자들은 때로 PME 집단의 개념과 치료 과제를 이해하는 데 어려운 시간을 가진다. PME 집단을 진행하였던 저자와 기타 동료들은 종종 기본적인 결정 저울 과제가 처음 소개되었을 때 이해하는 것처럼 보였던 환자들이 무엇을 해야 하는지 몰랐던 것을 종국에 보여서 놀라곤 한다. 종종 환자가 이것과 기타 과제를 이해하는 데 도움이 되며, 환자로 하여금 과제 완성에 타자들의 진행하는 바를 목격하고 좀 더 자기주장적인 환자들이 질문하는 것을 모델로 할 수 있도록 도와준다. 또한 PME 집단에서 각 회기의 절반은 집단의 목적과 방법을 검토하는 데 쓰이지만 치료자는 환자가 집단 활동에 대한 이해 부족임을 꼭 드러내지 않는다는 사실을 잘 눈여겨보아야 한다.

연구

PME 집단의 첫 번째 치료 효과 연구는 그 절차에 참여된 단일 집단을 포함한다(Murphy, et al., 2004). 대상은 243 재향군인으로 PTSD 입원 치료에 참여한다. 치료를 종료할 때쯤 상당히 많은 재향군인들이 '있을 수 있는 문제'를 '가지고 있지 않은 문제'보다도 확실히 '가지고 있는 문제'로 재분류하였는데, 그것은 분노, 고립감, 불안, 권위, 죄책감, 가장된 정서, 대인관계/친밀, 흡연, 신뢰 등이다. 실행 가능성 연구에서 통제 집단의 부재 때문에 이 결과들을 구체적으로 PME 절차로 귀인하기는 어렵다.

초기의 미발표 결과들 역시 PME 집단의 무선별 연구에서 얻어진다. 이 연구의 목표는 1년간의 PTSD 외래 프로그램에서 재향군인들의 치료 준수(모든 치료 관련 집단들의 증가된 참석률과 저하된 탈락률)를 PME 집단이 호전시키는지의 여부를 결정하고자 한 것이다. 이론적 근거는 문제 인식이 증가하면 PTSD 프로그램 치료 준수를 높일 것이라는 것이다. 왜냐하면, 환자들은 치료를 자기 자신에게 보다 적합한 것으로 지각하기 때문이다. 더 나아가 치료 적합성에 대한 증가된 지각은 보다 나은 기술 학습으로 이어져야 할 것이며 따라서 보다 나은 PTSD 치료 효과가 있을 것이라는 것이다.

참가자들은 전쟁 관련 PTSD의 재향군인으로 대부분 남성 월남전 군인이었으며,

뉴올리언스 VA PTSD 병원의 외상 회복 프로그램(TRP)에 의뢰되었다. 1년 동안의 TRP는 12회기에 걸쳐 1달간(4회기) 지속되는 다양한 역점을 둔 집단 개인으로 구성된다(예 : PTSD 교육, 분노 조절, 인생사건 검토). 연구의 참가자들은 무선별로 PME 집단의 4회기 또는 TRP에 참여하면서 두 번째 달에 있는 일반적인 PTSD 심리교육 집단에 무선별로 할당되었다. PTSD 문제를 변화시킬 준비도 측정과 지각된 치료 적합성과 만족도, PTSD 관련 기능이 개입단계 사전과 사후에 평가되었고 (PME 혹은 심리교육 집단), 이후 매월, 1년간 PTSD 프로그램 참여를 통해 평가되었다. 현시점에서 만 10개월 후의 추후 조사를 위한 참여율 데이터가 71명의 대상자로부터 수집 가능하며, 이 수는 연구에서 집단 차이를 알아볼 수 있는 데 적합한 인원의 절반에 해당된다. PME 집단 참가자들과 통제 대상들은 이 연구의 개입단계 (PME 집단 또는 PTSD 심리교육 집단) 이후에 그들의 PTSD 프로그램 참여 10개월 동안 매월 PTSD 회기 일정 중 참석한 %로 비교되었다. 여기서 보고된 분석 결과에서 PME 집단(n=32) 또는 통제 개입 집단(n=28)의 75% 이상을 참석한 환자들만 포함된다. 연구 개입의 참여 변동으로 인해서 이것은 필요한 것이며 PME 집단의 효과성을 '최고치'로 조사하기 위해서 필수적인 것으로 간주되었다. 반복측정에 대한 2(치료 조건 : PME 집단과 통제 집단)×10(시간 : 추후 10개월) ANOVA에서 치료 조건과 시간 간의 상호작용이 유의미하게 나타났으며(p<.01) 이 결과는 치료 초기와 말기는 아니지만 PTSD 프로그램의 중간 부분에서 PME 집단 참가자들이 더 높은 치료 참여율을 보였다.

　과정 측면에서는 또 다른 데이터가 얻어졌는데, 이 연구를 위해 변화해야 할 필요성과 치료 만족과 적합성에 대한 태도를 평가하는 설문지 문항을 개발하였고 54명의 참가자들이 분석되었다(Murphy, Thompson, Rainey, & Marray, 2004). 이 시점에서 분석한 측정치는 개입단계 전후에 얻어진 것이다. 간단히 말해, 분석에서는 통제 집단과는 대조적으로 PME 집단 참가자들이 타자들의 피드백, 행동에 대한 장·단점을 고려하는 것의 중요성, 규준과 자신의 행동을 비교하는 것의 유익성, 힘

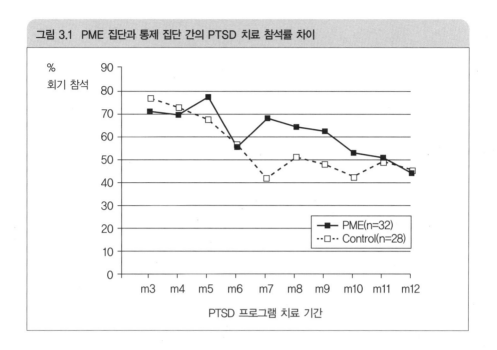

그림 3.1 PME 집단과 통제 집단 간의 PTSD 치료 참석률 차이

들거나 분노 유발적인 상황들을 다루는 것에 책임을 지는 것과 관련된 문항에서 유의미하게 증가된 동의를 보였다. 환자들은 잘 운영된 TRP 프로그램에 매우 만족한다는 것을 일반적으로 보고하였기 때문에 천정 효과로 기인된 개입단계 이후의 치료 만족도와 적합성에서는 차이가 없었다.

이러한 결과들이 제안하는 것은 PME 집단이 변화 준비도와 치료 준수의 의도된 효과가 있다는 것뿐이긴 하지만 이러한 결과는 고무적이다. PME 집단의 효과성에 대한 보다 단정적인 결론들이 치료 준수, 변화 준비성, PTSD 관련 기능의 모든 측정치를 검토하는 통계 검증력을 가지고 장차 있을 분석 결과를 기대한다.

결론

PTSD의 동기면담 기법의 적용은 아직까지 개발 분야여서 이 장에서 기술된 바와 같이 이론적 근거와 임상 기법을 지지하기 위해서 보다 많은 연구가 요구된다. 따라서 이러한 시점에서 앞서의 작업을 지속적으로 할 것을 지지한다. 위에서 기술한 바와 같이, 한 사례는 만성 전쟁 관련 PTSD에 동기면담 원리를 적용시키는 것에 대해서 연구할 수 있다. 이러한 적용성의 한 가지 간접적인 지표는 치료자들이 PME 집단에 대해 보이는 반응이다. 우리는 이 효과성에 대한 분명한 증거가 부족하기 때문에 이 개입의 사용을 도모하는 것이 조심스럽다. 그러나 PTSD의 치료자들은 PME 집단의 지속적인 작업에 대한 학회 발표를 하거나 이에 대한 논문을 읽은 후 많은 열정을 가지고 자신들의 임상 장면에서 활용하고 있다. PTSD를 가진 재향군인 환자들이 중요한 PTSD 증상과 관련 문제를 변화할 필요성에 대해 가지고 있는 공통적 양가감정에 대해 치료자들이 익숙하기 때문에(대부분 문서화되어 있지 않은 양가감정이기는 하나 외상분야의 임상 연구자들이 다루고 있는 문제인데) 이 개입에 대한 열정이 존재하는 것이다. 환자들의 반응은 또한 긍정적이었으며, 흔히 보고하기를 자기들에게 어려움이 될 수 있는 것에 대해 좀 더 가까이 들여다보는 것이 대단하다고 말한다. 또한 동기면담에서 하고 있는 지지적이고 공감적인 태도가 환자로 하여금 그들이 상상했던 것보다 훨씬 덜 고통스럽고 불안을 덜 유발하는 방식으로 자기 자신을 솔직하게 들여다볼 수 있게 해 준다는 것이다.

동기면담 토대 기법을 PTSD 치료에 소개하려는 환자와 치료자의 열정에도 불구하고 PME 집단의 지속적인 무선별 할당 연구에서 나온 결과들은 PTSD 치료의 동기증진 접근을 통합시킬 만한 가치에 대해 결정을 내리는 데 결정적이다. 이런 기법의 경험적 인증이 있으려면 더 많은 연구가 필요하다. 이 연구에서 환자의 일반적이고, 외현화되는 인지적 스타일을 표적할 만한 가치를 탐색할 것을 포함하고, 변화단계 내에서 PTSD 관련 문제들을 수집하는 것, 그리고 문제 인식의 장애물을 구체화하고, 이해하기 위해 세련된 인지행동 모델을 개발하는 것이 포함된다.

더 나아가 이라크와 아프가니스탄 부대에서 돌아온 군인들이 자신의 전쟁 경험 이후 스트레스에 적응할 때 동기면담 접근법이 어떻게 도움이 되는지 알려진 바가 없다. 스트레스 장애 치료를 원하는 월남전 재향군인들과는 대조적으로 이들은 비록 짧은 기간이었으나 복무와 관련된 어려움을 경험했다. 저자의 경험에서 보면 월남전 재향군인과 새로운 전쟁 재향군인 간의 변화 준비도 면에서 유사점과 차이점이 모두 있다고 본다. 한 가지 다른 점은 그들의 증상이 비교적 짧은 기간이지만 변화의 필요 성에 대해 증가된 양가감정을 가져올 수 있다는 것인데, 왜냐하면 그들의 증상이나 외상기반 대처 스타일로 초래된 보다 적은 수의 부정적 결과들이 일어났기 때문이 다. 그러나 변화의 필요성에 대한 인식을 도모하는 또 하나의 차이점은 전쟁에 대한 군인들의 스트레스 반응과 귀향 후 적응의 어려움이 현재 대중매체에서 빈번히 묘사 되고 있다는 사실이다. 한 가지 두드러진 유사점은 월남전 군인과 이라크와 아프가 니스탄 군인 모두 여전히 분노, 불신, 소외감과 같은 중요한 PTSD 증상을 적응적인 대처 전략으로 간주한다는 사실이다. 두 집단 군인들 모두 자신들의 문제의 원인을 유발적이거나 힘든 상황 사람들로 외현화함으로써 구조된 그들의 행동과 외상 경험 간의 관계성을 인식하지 못한다는 것이다. 그들은 적어도 변화해야 할 필요성을 인 정하는 데 몇 가지의 동일한 인지적 정서적 장애물을 가지고 있으며, 도움을 요청함 으로써 '허약하게' 보이길 원하지 않거나 자기 스스로 문제를 해결할 수 없다고 인 정하지 않으려는 것인데 이것은 특히 주목할 만한 실례이다. 마지막 논지로서 PME 집단에 참여한 이라크와 아프가니스탄 재향군인들은 그 개입이 자신들에게 매우 유 익하였다고 보고하였으며 집단 회기에서 문제 인식이 증가되었다(한 이라크 재향군 인은 분노가 자신의 삶에 있어서 바뀔 필요가 있는 문제임을 마침내 인정했다). 따라 서 동기면담은 최근에 귀향한 재향군인으로 하여금 인식되지 않았던 문제를 파악하 고 인정하는 데 도움을 주는 가치 있는 것으로 보이며, 그들의 PTSD 치료 효과가 증 진된다는 바람은 있으나 아직 보이지 않는 결과를 가지고 있다.

만성적 PTSD를 가진 전쟁 재향군인 사이의 치료 효과를 개선시키고자 하는 이러 한 노력의 잠재적 가치는 엄청나지만 입증된 것은 없다. 확실한 것은 이러한 방향으 로의 노력이 동기면담을 지지해 줄 많은 이론적, 임상적, 연구 과제의 창조성과 분 량 없이는 시도조차 될 수 없다는 것이다. PTSD 치료의 동기면담 원리와 방법을 통합하는 것은 이 접근의 가치 있는 확장이라고 하는 목록에 또 한 가지 부가적인 항목이다.

참고문헌

American Psychiatric Association. (2000). *Diagnostic and statistical manual of mental disorders* (4th ed., text rev.). Washington, DC: Author.

Cunningham, J. A., Sobell, L. C., & Chow, V. M. (1993). What's in a label?: The effects of substance types and labels on treatment considerations and stigma. *Journal of Studies on Alcohol, 54*, 693–699.

Cunningham, J. A., Sobell, L. C., Sobell, M. B., & Gaskin, J. (1994). Alcohol and drug abusers' reasons for seeking treatment. *Addictive Behavior, 19*, 691–696.

DiClemente, C. C., & Vasquez, M. M. (2002). Motivational interviewing and the Stages of Change. In W. R. Miller & S. Rollnick, *Motivational interviewing: Preparing people for change* (2nd ed., pp. 201–216). New York: Guilford Press.

Fontana, A., & Rosenheck, R. (1997). Effectiveness and cost of the inpatient treatment of posttraumatic stress disorder: Comparison of three models of treatment. *American Journal of Psychiatry, 154*, 758–765.

Franklin, C. L., Murphy, R. T., Cameron, R. P., Ramirez, G., Sharp, L. D., & Drescher, K. D. (1999, November). *Perceived helpfulness of a group targeting motivation to change PTSD symptoms.* Poster presented at the annual meeting of the International Society for Traumatic Stress Studies, Miami, FL.

Hoge, C. W., Castro, C. A., Messner, S. C., McGurk, D., Cotting, D. I., & Koffman, R. L. (2004). Combat duty in Iraq and Afghanistan, mental health problems, and barriers to care. *The New England Journal of Medicine, 351*(1), 13–22.

McFall, M., Malte, C., Fontana, A., & Rosenheck, R. A. (2000). Effects of an outreach intervention on use of mental health services by veterans with posttraumatic stress disorder. *Psychiatric Services, 51*, 369–374.

Miller, W. R., Benefield, R. G., & Tonigan, J. S. (1993). Enhancing motivation for change in problem drinking: A controlled comparison of two therapist styles. *Journal of Consulting and Clinical Psychology, 61*, 455–461.

Miller, W. R., & Rollnick, S. (2002). *Motivational interviewing: Preparing people for change* (2nd ed.). New York: Guilford Press.

Miller, W. R., Sovereign, R. G., & Krege, B. (1988). Motivational interviewing with problem drinkers: II. The Drinker's Check-Up as a preventive intervention. *Behavioural Psychotherapy, 16*, 251–268.

Murphy, R. T., Cameron, R. P., Sharp, L., Ramirez, G., Rosen, C., Drescher, K., et al. (2004). Readiness to change PTSD symptoms and related behaviors among veterans participating in a Motivation Enhancement Group. *The Behavior Therapist, 27*(4), 33–36.

Murphy, R. T., Thompson, K. E., Rainey, Q., & Murray, M. (2004). *Early results from an ongoing randomized trial of the PTSD ME Group.* Poster presented at the annual meeting of the International Society for Traumatic Stress Studies, New Orleans, LA.

Newman, C. F. (1994). Understanding client resistance: Methods for enhancing motivation to change. *Cognitive and Behavioral Practice, 1,* 47–69.

Prochaska, J. O., & DiClemente, C. C. (1983). Stages and processes of self-change in smoking: Toward an integrative model of change. *Journal of Consulting and Clinical Psychology, 40,* 432–440.

Prochaska, J. O., DiClemente, C. C., & Norcross, J. C. (1992). In search of how people change: Applications to addictive behaviors. *American Psychologist, 47,* 1102–1114.

Rosen, C. S., Murphy, R. T., Chow, H. C., Drescher, K. D., Ramirez, G., Ruddy, R., et al. (2001). Posttraumatic stress disorder patients' readiness to change alcohol and anger problems. *Psychotherapy, 38,* 233–244.

Rosenheck, R. A., & DiLella, D. (1998). *Department of Veterans Affairs National Mental Health Program Performance Monitoring System: Fiscal year 1997 report.* Veterans Affairs Connecticut Healthcare System, Northeast Program Evaluation Center.

Schnurr, P. P., Friedman, M. J., Foy, D. W., Shea, M. T., Hsieh, F. Y., Lavori, P. W., et al. (2003). Randomized trial of trauma-focused group therapy for posttraumatic stress disorder. *Archives of General Psychiatry, 60,* 481–489.

Zweben, A., & Zuckoff, A. (2002). Motivational interviewing and treatment adherence. In W. R. Miller & S. Rollnick, *Motivational interviewing: Preparing people for change* (2nd ed., pp. 299–319). New York: Guilford Press.

부록 3.1 문제 파악하기 워크시트 예(양식 1)

내가 확실히 가지고 있는 문제	있을 수 있는 문제		내가 확실히 가지고 있지 않는 문제
	내가 가지고 있을 수 있는 문제 : 가지고 있는 것에 대해 의심하는 문제	남들이 내가 가지고 있다고 말하나, 나는 동의하지 않는 문제	
PTSD	판단	일중독	정신병적 문제
분노	인내심	흡연	약물
우울	권위	정서적 무감동	암
알코올	무기	완벽주의	법적 문제
친밀 관계	과민한 경계	불신	
소외감	자존감		

부록 3.2 지속적 호전을 위한 자기-진술 체크리스트

치료 후에 문제가 있다면, 나는 다음 사항을 고려하거나 행동할 것이다.

_____ 어려움을 초래하는 것은 상황 그 자체라기보다 상황을 바라보는(나의 과거 경험 때문에) 나의 태도에 문제가 있을 수 있다.

_____ 내가 가진 어려움은 적어도 부분적으로는 내가 인식하지 못한 문제 때문에 있지 않을까 생각할 수 있다.

_____ '블라인드 사이드(blind side)'를 찾는다. 진짜 문제인데, 내가 문제라고 생각하지 않는 식으로 행동하거나 생각하는 방식을 찾는다.

_____ 치료 후 치료 동안 나의 호전에 위협이 되는 것들은 내가 이미 알고 있는 문제들만은 아니다.

_____ 타인들이 내 행동이나 나의 사고방식에 대해 피드백을 줄 때 어떠한 말을 하는지 참고해야 한다.

_____ 내 행동이나 내 사고방식에 대해 긍정적인 면과 부정적인 면 모두를 참고하는 것이 중요하다.

_____ PTSD가 없는 내 또래의 사람들과 비교하는 것은 내 행동이나 사고방식을 바꿀 필요가 있는지 결정하는 데 도움이 된다.

_____ 내 문제를 해결하기 위하여 더 많은 도움을 얻고자 계획한다.

_____ 내가 생각하는 것만큼 내 자신과 내 문제에 대해 잘 이해하지 못할 수 있다.

_____ 비록 타인, 과거의 외상적 상황, 또는 불운이 부분적으로 문제이지만 어렵고, 화나고 분노하게 하는 상황을 다루어야 할 책임이 나에게 있다.

부록 3.3 '일반인과 비교하기'

	평균	중등도 문제	극심한 문제
빈도	잠자러 가기 전 문이 잠겨 있는지 확인한다. 집 밖에 움직임 탐지기를 설치한다. 개를 키운다. 총기 구입에 대해 생각을 하지만 너무 위험하다고 결정한다.	적어도 하룻밤에 두 번씩 문이 잠겨 있는지 확인한다. 움직임 탐지기와 침입자 경보 시스템을 설치할 가능성이 있다. 적어도 총기 하나는 지닐 수 있다.	하룻밤에 서너 번씩 집 주위를 체크한다. 다중 잠금 장치가 잠겨져 있는지 종종 확인한다. 불도그 한 마리를 기른다. 베개 밑에 총기를 둔다. 고기능 총기를 소지한다.
결과의 심각성 수준	총기를 가지면 가족이 불안해할 것이다. 전기 사용료가 많이 들 것이다.	이웃과 타자와의 관계에 제약을 준다. 개로 인해 타자들을 위협할 수 있다. 수면과 직장 일에 방해가 될 수 있다. 안정에 많은 시간과 비용을 낭비한다.	이웃과의 관계가 나빠진다. 어느 곳이든 위험하다고 본다. 돈을 계속 지출한다. 건강문제가 있다. 불면.
목적	안전하게 느낀다.	후회하기보다는 안전한 것이 더 낫다고 스스로 말한다. 안전을 느끼려고 노력한다.	생존, 생사의 문제로 느낀다.

부록 3.4 걸림돌

이 목록은 자기 자신을 솔직하게 바라보는 데 방해가 될 수 있는 생각, 느낌, 감정, 신념으로 여러분에게 해당될 수도 있고 아닐 수도 있다.

두려움
거절에 대한 두려움
변화에 대한 두려움
당황하는 것에 대한 두려움
나약하게 보일 것에 대한 두려움
압도감을 느낄 것에 대한 두려움
감정이 오는 것에 대한 두려움
진실에 직면할 것에 대한 두려움
울음을 터뜨릴 것에 대한 두려움
울음을 그치지 않을까 하는 두려움
내가 네게 말해줬잖아 할까 봐 두려움
내가 미친 것같이 느껴지는 두려움
남들이 내가 미쳤다고 볼까 봐 두려움
감금당할 것에 대한 두려움
판단될 것에 대한 두려움
상처받은 것으로 보일 것에 대한 두려움
남들이 내가 어리석다고 볼까 봐 두려움
통제 상실의 두려움

느낌
죄책감
수치심

신념
문제를 인정하는 것은 나약하다는 것과 동일하다.
타인에게 내 문제를 이야기하는 것은 수치스러운 일이다.
도움을 받을 만한 가치가 없다.
과거 사건에 대해 수치심이 있다.
과거 사건에 대해 생각하고 싶지 않다.
실패감을 느끼고 싶지 않다.
실패하고 싶지 않다.
내 스스로 문제를 해결해야 한다.

내적 고정관념
알코올 문제＝알코올중독자나 노숙자가 가지는 하류 유형이라고 믿는 것
약물 문제＝더러운 중독자라는 믿는 것
심리적 문제에 대해 도움을 청하는 것＝정신과적 문제가 있는 환자라고 믿는 것

제**04**장

동기 치료 : 거부적인 강박증 환자

David F. Tolin, Nicholas Maltby

임상적 대상군과 일반적인 치료

강박증(Obsessive Compulsive Disorder : OCD)은 만성적인 불안장애로서 반복적이고 방해적이며 스트레스를 주는 사고(강박 사고)와 반복적 행동들(강박 행동)로 특징지어진다(American Psychia-tric Association, 2000). 요인 및 군집분석 연구에서 반복적으로 OCD의 차원 또는 사고 유형을 밝힌 바 있는데, 여기에는 오염에 대한 두려움과 강박적으로 닦기, 피해와 관련된 사고 내용과 확인을 반복으로 하는 강박성, 강박적으로 물건 수집하기, 균형을 맞추려는 강박적 사고, 정리/정돈하는 강박행동들이 포함된다(Mataix-Cols, Rosario-Campos, & Leckman, 2005; McKay et al., 2004).

최근의 역학 조사에 의하면 인구의 1%가 12개월 동안의 유병률을 지니고 (Kessler, Chiu, Demler, & Walters, 2005), 2%가 전 생애에 걸쳐 유병률을 보였다(Kessler, Berglund, Demler, Jin, & Walters, 2005). OCD 환자 조사에 의하면 그중 20%의 환자들이 의식, 의례로 5~8시간을 소비하였고, 13%의 환자들이 가장 심한 증상으로 매일 17시간 이상을 소비하였다고 한다(Gallup Organization Inc., 1990). 이런 사실은 놀랍지 않은데, OCD 증상은 종종 사회적, 직업적 기능(Leon, Portera, & Weissman, 1995)을 심각하게 방해하며, 또한 40%의 실직률 (Steketee, Grayson, & Foa, 1987)과 관련이 있다고 한다. OCD 환자 중에서 삶의 질에 대해 자기 보고한 바에 의하면 정신분열병, 우울증, 약물 의존 환자들의 삶의 질에 비해서 이와 비슷하거나 더 낮은 수준이었다(Bobes et al., 2001; Bystritsky et al., 2001; Koran, Thienemann, & Davenport, 1996).

OCD를 위해 흔히 선택되는 심리사회적 치료 방법은 노출 치료와 재발방지(ERP)를 통합한 인지행동치료(CBT)로 수많은 통제 연구가 ERP의 효과성에 대해서 검증하였다(Cottraux, Mollard, Bouvard, & Marks, 1993; Fals-Stewart, Marks, & Schafer, 1993; Foa et al., 2005; Lindsay, Crino, & Andrews, 1997; van Balkom et al., 1998). 이와 더불어 ERP는 또한 임상 장면에서도 효과적이고(Franklin, Abramowitz, Kozak, Levitt, & Foa, 2000; Warren & Thomas, 2001) 약물치료 저항을 보이는 환자들에게도 효과적인 것으로 확증된 바 있다(Kampman, Keijsers, Hoogduin, & Verbraak, 2002; Simpson, Gorfinkle, & Lieboweitz, 1999; Tolin, Maltby, Diefenback, Hannan, & Worhunsky, 2004). 최근의 대규모 통제 연구 (Foa et al., 2005)에서는 ERP만을 완료한 환자들이 삼환계 항우울제 클로미프라민을 복용한 환자들보다도 OCD 심각성에 더 많은 감소를 보였다. 그러나 ERP와 클로미프라민 치료를 병행했을 때에는 ERP만을 받은 환자의 치료 효과에 비해서 더 큰 치료 효과를 나타내지는 않았다. 치료 종료 후 치료에 참가했던 환자들을 12주 후에 추후 조사하였다(Simpson et al., 2004). 클로미프라민의 처방이 있든 없든 간에 ERP를 받았던 환자들은 클로미프라민만을 처방받은 환자에 비해 치료 종료 후 훨씬 더 적은 재발률을 보였다. 다시 말해 ERP와 클로미프라민의 병행에는 두드러진 이득을 보이지 않았다. 따라서 전문가 협회 패널(March, Frances, Carpenter, & Kahn, 1997)에서는 가능하다면 참가하기를 저항하는 환자들은 제외하고 OCD 환자들은 누구나 CBT를 활용하도록 권고하였다(p. 12).

OCD를 위한 동기면담 적용의 이론적 근거

ERP의 효과성에 대한 명백한 증거에도 불구하고 엄청난 수의 환자들이 이 치료를 거부하고 있다(Franklin & Foa, 1998). Foa와 동료들(2005)의 연구에서 전화로 선별된 521명의 참가 후보자 중에서 10%가 ERP 받기를 거부하여 첫 번째 약속 일정 잡기를 거절하였다(반면에 11%가 클로미프라민 처방을 거부하기 때문에 약속 일정을 잡지 않았다). 치료 조건에 대해 알게 된 후 22% 환자들이 ERP 처치 조건에서 탈퇴하였고, 또 다른 22%에서는 약물 처방 조건에서 22%가 탈퇴한 것에 비해 ERP와 조합조건에서는 6%가 탈퇴하였다. 따라서 이런 비율이 의미하는 바는 약물 처방이나 ERP만을 치료로 했을 때 비해서 이 둘을 조합한 치료를 더 많이 수용한다는 것이다. 그러나 약물 처방과 비교했을 때 ERP에 대한 거부율이 더 높지는 않았다. 치료를 시작한 환자 중에 28%가 ERP에서 탈락하였고, 클로미프라민에서 25%, 플라세보에서 23%, ERP와 조합조건에서는 39%가 탈락하였다. ERP가 약물 처방에 비해서 더 높은 거부율이나 탈락률과 연관되는 것 같아 보이진 않으나 ERP 단일 치료에 할당된 환자 중에 임상적으로는 수용될 수 없는 43%가 이 치료를 거부하거나 치료에서 탈락하였다.

OCD 환자 중에 ERP를 거부한 이유에 대한 문서화는 없으나 몇 가지 잠재적인 이유가 OCD와 기타 불안장애에서 검토된 바 있다. 오스트레일리아에서 불안장애에 대한 치료 적용을 연구하면서 Issakidis와 Andrews(2002)는 대부분 치료 거부 환자들이 자신의 장애를 아무 도움 없이 관리하기(58%)를 선호한다고 보고하였다. OCD의 경우 어떤 사례에서는 자기지시적 치료가 도움되었던 것으로 보인 바 있다.

그러나 현존하는 증거에 의하면 숙련된 치료자가 진행한 치료에 비해 자기지시적 치료가 훨씬 효과적이지 못함을 보인다(Tolin & Hannan, 2005 참조).

저자들의 임상경험에서는 많은 OCD 환자들이 ERP의 어려움과 강도에 대해 두려워하거나 염려하기 때문에 ERP를 거부하는 것처럼 보인다(Maltby & Tolin, 2005). ERP는 OCD 환자에게 있어서 상당한 노력을 요한다. 환자들은 길고도 빈번한 치료 회기에 참석하도록 요구되며 의례적인 행동이 저항하는 것과 동시에 불안 유발 상황에 직면하도록 지시된다. 노출 회기 동안의 증가된 두려움은 그 과정의 불가피한 부분이 될 뿐만 아니라 성공적인 공포 감소를 위해 필수적 요소인 것으로 많은 연구자가 간주하고 있다(Foa & Kozak, 1986). 어떤 환자들은 이러한 치료 측면에서 어려움을 갖기 때문에 덜 위협적인 치료를 찾기 원한다.

치료 거부율에 영향을 주는 또 다른 요인은 동기 변화 준비도이다. 다이론적 모델은(Prochaska, DiClemente, & Norcross, 1992) 중독장애에 있어서 변화 준비도를 올리기 위해 처음에 개발된 것인데 최근에는 불안장애 치료에도 적용된다(Westra, 2003, 2004; Westra & Phoenix, 2003). 다이론적 모델이 가정하는 것은 임상적 변화가 다섯 가지 변화단계를 통해 진전된다. 즉, 인식전단계, 인식단계, 준비단계, 행동실천단계, 유지단계이다. 인식전단계, 인식단계, 그리고 행동실천단계에 있는 환자들의 경우 아직까지 변화하려는 적극적 시도를 시작할 준비가 되어 있지 않다. 따라서 이 세 가지 변화단계의 OCD 환자들은 행동실천단계에 있는 환자에 비해 더 ERP를 거부할 가능성이 높다.

DSM-Ⅳ 영역 연구에서(Foa et al., 1995) OCD 환자의 극소수만이 훌륭한 통찰을 가지고 있는 것으로 기술되었는데, 빈약한 통찰력을 가지고 있으면 치료 거부율에 영향을 준다. 즉, 자신이 강박적 행동을 하지 않는다면 두려워하는 결과가 일어나지 않을 것이라고 단호히 믿는 것이다. 종교적 또는 피해적 강박 사고를 가진 환자들에게 있어서 빈약한 통찰력이 특히 흔하다(Tolin, Abramowitz, Kozak, & Foa, 2001). 강박적인 두려움이 갖는 비합리성에 대한 통찰력의 부족은 약물치료와

CBT 연구에서 볼 때 더 저조한 치료 효과와 관련되었다(Catapano, Sperandeo, Perris, Lanzaro, & Maj, 2001; Erzegovesi et al., 2001; Foa, 1979; Neziroglu, Stevens, & Yaryura-Tobias, 1999). 그러나 또 다른 연구에서는 그렇지 않은 것으로 나타났다(Eisen et al., 2001; Foa et al., 1983; Hoogduin & Duivenvoorden, 1988).

마지막으로, 어떤 환자들은 호전과 ERP에 대한 낮은 기대감 때문에 ERP를 거부할 수 있다. 기대감 효과는 특정 개입의 수용뿐 아니라(Elkin et al., 1999) 치료 효과에 대한 강력한 예측 인자이다(Kirsch, 1990; Lambert, 1992). 불안장애의 모든 치료 적용 연구에서(Issakidis & Andrews, 2002) 치료 거부 환자의 14%가 낮은 기대감을 가졌던 것으로 인정하였다. 저자들은 OCD 환자들이 호전에 대한 기대감이 상당히 높은 것으로 나타났으나(Tolin, Diefenbach, Maltby, & Hannan, 2005; Tolin et al., 2004), 변화에 대한 낮은 기대감 때문에 치료를 거부하는 환자들이 있음을 발견하였다.

따라서 ERP가 다른 치료에 비해서 더 높은 거부율이나 탈락률과 관련된 것으로 보이지는 않으나 이런 비율들이 여전히 높은 상태이다. ERP에서 궁극적으로 혜택받을 수 있는 많은 환자들이 개인적 선택 요인에 의해서 이 치료를 완료하지 못하고 있다. 거부율과 탈락률에 영향을 주는 요인으로는 전문적 치료가 필요하지 않다는 신념, ERP 절차에 대한 두려움, 초기 변화단계, 빈약한 통찰력 또는 치료를 통한 호전에 대한 낮은 기대감 등이 포함된다. 동기면담 원리는(Miller & Rollnick, 2002) OCD 치료에 있어서 잠재적 장애물이 되는 이런 것을 다루는 데 전망이 밝다. 동기면담은 중독장애의 경우 변화 동기를 증진시키고 치료에 대한 양가감정을 해결하기 위해 처음 개발되었으나 최근에는 변화에 대한 양가감정으로 유사하게 특징지어지는 불안장애에도 적용된다. 동기면담은 내적 동기를 높이기 위한 일련의 원리들을 사용하는데, 이 원리에는 비판단적일 것, 공감 표현하기, 논쟁 피하기, 반영적 경청하기, 양가감정 탐색하기, 불일치감 만들기, 직면 피하기, 자기효능감 지지하기가 포함된다. PTSD를 가진 재향군인들의 경우 동기면담을 통합시킨 개입들이 이전에는 거론되지 않았던 문제에 대해 증가된 행동 실천을 하도록 이끈다(제3장 Murphy 참조). 동기면담은 또한 CBT의 초기반응을 보이지 않았던 환자들이 호전된 치료 효과를 보이도록 이끌기 때문에 불안장애를 위한 부속치료로 유용하다(Westra & Dozois, 제2장 참조). 치료 거부자가 아닌 비OCD 불안장애 환자들의 혼합 대상군의 최근 연구에서 CBT 처치 전에 동기면담을 단기적 사전치료로 사용했을 때 변화에 대한 기대감이 증가되었고 CBT 효과를 높였다. 또한 감소된 탈락률에 대해 유의미하지 않은 경향이 있었다(Westra & Dozois, 제2장 참조). 이 장에서 저자들은 치료를 거부하는 OCD 환자들을 위해 개발된 단기적 준비 프로그램에 대해 기술하며, 이 프로그램은 양가감정을 해결하여 환자들이 ERP 치료를 시작하도록 준비시키고자 동기면담을 통합한다.

강박증/강박 문제에 대한 동기면담의 임상적 적용

저자들은(Maltby & Tolin, 2005) 초기 평가 후 치료에 대한 현실적 장애(예 : 교통편의 부족, 병원에서 너무 멀리 살고 있는 등) 이후로 ERP 접근을 거절했던 OCD 환자들을 대상으로 단기(4회기) 준비도 개입(RI)을 개발하였다. 위에서 기술한 바와 같이 저자들은 환자들이 치료를 거절하는 데 여러 이유가 있을 것이라고 가정하였으며 그 이유 중 초기 변화단계, 낮은 기대감, 그리고 저자들이 환자들과 함께 나눈 비공식적인 대화가 있었음에도 불구하고 ERP에 대한 두려움이 가장 그럴듯한 이유로 보였다. 따라서 저자들은 4회기에 이러한 이슈들을 다루고자 구체적인 개입을 포함시켰으며 개입은 다음과 같다.

심리교육
이 구성요소는 OCD에 대한 간단한 개관을 포함하는데 OCD의 역학, 증상, 그리고 생물학적, 행동적 모델을 포함한다. OCD는 약물 처방이나 ERP로 치료될 수 있는 신경생물학적 그리고 행동적 조건으로 제시되었다. 이 구성요소가 가지는 한 가지 목적은 변화에 대한 낮은 기대감에 대해서 수정해 줄 정보를 제공해 주는 것이므로 저자들은 ERP의 긍정적 효과를 입증해 주는 경험적 자료들을 알려주었다. 동기면담 정신을 가지고 ERP의 잠재적인 '불리한 부분'(예 : 시간 약속하기, 노출로 유발된 불안감)뿐만 아니라 이것의 잠재적인 제약점에 대해서도 이야기하였다. 심리교육에서는 또한 ERP의 구성요소와 사용의 이론적 근거에 대해서 환자들을 교육시킴으로써 두려움을 감소시키는 과정을 시작하길 희망하였다.

동기면담

동기면담은 치료에 대한 두려움에 영향을 주는 변화에 대한 환자들의 양가감정과 ERP가 매우 어려운 작업이라고 하는 믿음에 중점을 둔다. 동기면담은 또한 통찰력에 영향을 주는데 이는 OCD 장애가 기능 면의 긍정적, 부정적 영향을 주는 것에 대해 무비판적으로 검토하는 것을 동기면담이 강조하기 때문이다. 동기면담은 이 4회기 중에서 2회기를 명확하게 사용하였으나 동기면담 원리는 RI 조건을 통해서 치료자와 환자의 상호작용에 안내 역할을 하였다. 따라서 치료자는 무비판적이고, 공감적이었으며, RI 프로그램을 통해서 불일치감을 만들고 자기효능감을 고무시켰다. 예를 들어, 심리교육이 ERP에 대해 가지고 있는 두려움, 호전에 대한 낮은 기대감, 그리고 있을 수 있는 치료 대안에 대한 정보 부족을 상쇄시키고자 의도된 반면, ERP를 처음부터 수용했던 OCD 환자들에게처럼 동일한 방법으로 제시되지는 않았다. 이것에 대한 토론은 변화하도록 만드는 외적 압력을 최소화시키려는 노력과 함께 가능한 한 변화에 대해 중립적인 입장을 취하였으며, 아무것도 하지 않은 것을 포함한 모든 대안에 대한 장단점을 검토하도록 격려하였다. 이 과정 전반에 걸쳐 환자들은 구체적으로 ERP의 등록뿐만 아니라 전반적인 변화에 대한 결정 저울을 해 보도록 고무되었다. 참가자들이 염려를 나타내거나 양가감정을 표현할 때 치료자들은 반대 논의를 제공하기보다는 공감적 경청 기술(예 : 반영)을 사용하였다.

ERP에 대한 비디오테이프 시청하기

ERP 회기의 시뮬레이션을 비디오테이프로 만들어(환자의 역할을 하는 배우, 환자들도 그 사실을 알고 있었다) ERP의 구체적인 사례를 제공하고 두려움을 감소시키고 기대감을 조정하면서 두려움의 단서에 대해 회기 간에 익숙해지도록 하며 환자와 치료자 간의 상호작용을 제공해 주었다. 저자들의 경험에 의하면 ERP를 시작하기 전에 치료자들은 흔히 노출이 어떻게 수행되는가에 대한 잘못된 견해를 가지고 있으면서 매우 어려운 노출에 강제적으로 참여해야 한다는 생각을 한다는 것을 알게 되었다. 비디오테이프에서는 ERP에서 노출에 대해 협조적인 면의 한 예를 제공해 주었다. 다시 말하면 동기면담 원리가 이 작업을 하는 동안에 활용되었다. 따라서 ERP 요소에 대한 장단점에 대해 비판적으로 생각하고 검토하는 것이 고무되었으며 환자들은 비디오테이프에 대해 인지적, 정서적 반응을 이야기하도록 요청되었다.

노출 위계 순서 만들기

환자들은 치료자의 도움을 받아서 ERP를 시작할 경우 사용되는 노출 위계 순서를 만들었다. 동기면담 정신과 일치하여 참가자들에게 말하기를 이 노출 연습 중 어느 것도 실제로 해 보도록 압력을 받지 않을 것이며, 이는 교육의 목적만을 위해 만들어진 것임을 알려 주었다. 이러한 단계는 두 가지 이유가 있다. 첫째, ERP가 어떤 것인지에 대해 구체적인 예를 제공함으로써 공포 감소를 증진하여 노출의 점진적인 성질을 보여 주고자 한다. 두 번째 이유로는 환자가 치료와 관련된 단계에 참여하기 시작할 때 노출 위계 순서를 만듦으로써 ERP에 대해 연속적인 근접을 만들어 나가는 수단이 되었다.

ERP를 완료한 환자와 전화 대화하기

ERP에 참여한 환자들은 이전에 우리 병원에서 ERP를 받은 적이 있는 환자들과 전화를 통해 익명으로 대화를 나누었다. 나타나는 OCD 증상에 따라서 환자들을 짝을 지어주려고 노력하였다(예 : 강박적인 세정을 하는 환자는 그런 증상을 과거에 가진 환자들과 이야기 나누기로 했다). 성공적이었던 ERP 환자와 대화를 하는 것은 비디오 시청의 보완적이면서도 몇 가지 구체적인 요소를 부가해 주었고, 이 대화 내용은 비밀이 보장되었다. 치료자는 동의하지 않았고 어떤 내용의 대화가 될지 말하지 않았다. 따라서 환자는 치료자와의 관계에 영향을 주지 않을까 걱정하지 않고 자유롭게 ERP(또는 치료자)에 대해서 어떤 질문이라도 할 수 있었고 비평적이 될 수 있었다. 두 사람은 원하는 만큼 원하는 어떤 주제에 대해서도 이야기할 수 있었다. 이 활동이 가진 목표는 ERP 효과에 대해 실제 상황의 예를 제공해 주는 것이었다. 또한 이 활동은 사전에 만들어지는 것이 아니고 환자가 적극적인 역할을 해야 했기 때문에 OCD 치료를 이해하였다. 또한 초기 변화 과정에 참여하기 위해서는 적극적인 단계를 가지도록 격려하였고, 치료에 대한 두려움과 변화의 기대에 대해 고도로 사적인 대화를 하도록 고무하였다. 그래서 ERP는 치료 결정에 사적인 통제를 포함한다는 신념이 증진되었으며, 치료에 참여하고자 하는 연속적인 근사치로 다가가게 하는 내적 과정이 증진되었다.

앞서 말한 것에서 명백한 것같이 저자들의 동기면담 사용은 Miller와 Rollnick (2002)의 동기면담과 몇 가지 측면에서 달랐다. 비록 ERP 시작에 대한 치료자의 기대를 최소화하고자 노력했으나 환자들은 궁극적으로 그 목적이 ERP를 수용하도록 증진시키는 것이라는 것을 인식하고 있었다. RI 프로그램은 전통적인 동기면담과 비교하여 더욱 행동지향적이었으며 치료자는 매 회기마다 구체적인 계획표를 설정하였다. 전반적인 변화에 대한 신념보다는 ERP에 대한 치료 목표적 신념을 더 많이 강조하였고, 과제 할당은 동기면담에 있어서 전통적인 요소가 아니지만 사용되었다. 마지막으로 4회기 준비개입 프로그램은 표준 동기면담에 비해 훨씬 더 엄격했다. 치료 회기의 맥락에 적합하도록 구체적인 동기면담 원리를 활용하는 것과는 반대로 환자들은 각 회기마다 구체적인 치료 요소에 참가하였다.

임상 사례

린다는 청소년 후반기부터 OCD 내력을 가지고 있는 35세 여성이다. 린다는 일본에서 왔거나 일본에 갔다 온 적 있는 사물이나 사람으로부터 오염될 수 있지 않을까 하는 보기 드문 두려움을 불안장애 센터에서 보인 환자였다. 린다는 우연히 '오염'(자신이 만진 물건이 알고 보니 일본에서 온 것이었다)되자 긴 시간 동안 세정 의식을 거쳐야 했는데, 이 의식에서 그 물건을 버리고 그 물건과 접촉했거나 접촉 가능성이 있는 물건들은 반복적으로 씻었다. 린다는 새 물건을 보면 원산지에 대한 정보를 찾느라 꼼꼼하게 확인했다. 일본에서 온 물건에 대한 린다의 두려움이 그녀로 하여금 집 밖에서 보내는 시간을 제한하는 시점까지 올 정도로 고도로 회피적이었다. 린다는 또한 몇 가지 염려를 보고했는데 일반적인 오염과 정리정돈에 관한 것이었다. 그러나 이 상황은 일본에 대한 그녀의 주요 강박에 비해 명백히 부차적인 것이었다. Yale-Brown 강박장애 척도에서(Y-BOCS; Goodman et al., 1989) 린다는 총점 27을 받았고 이 점수는 심각한 OCD 유형에 속하는 것이었다. 임상가의 전반적 소견 척도(CGI; Guy, 1976)에서 린다는 두드러지게 심한 수준으로 평가되었다. DSM-4를 위한 구조화된 임상 면담(SCID; First, Spitzer, Gibbon, & Williams, 1995)을 사용하였을 때 린다는 OCD와 주요 우울장애로 진단되었다.

OCD와 ERP의 이론적 검토를 한 후 OCD를 치료하고자 린다에게 제공했는데 린다는 ERP를 거절하였다. 거절 이유는 다음과 같다.

1. ERP를 너무 어려워하며 좀 더 쉬운 치료를 원했다.
2. 어떤 치료도 자신을 도울 수 있다고 믿지 않았다.

3. 치료받으러 가는 것은 창피한 것이라고 믿었다.

4. 자신의 에너지를 쏟고 싶은 삶의 다른 사건들이 있었다.

린다에게 치료 시작이 얼마나 두려운 것인지 묻자 린다는 ERP에 대한 두려움을 100점에서 95점으로 표시하였는데 100점은 '나는 치료 시작이 너무 어려워서 감당할 수가 없다.' 0은 '치료 시작이 전혀 두렵지 않다.'를 의미한다. URICA(University of Rhode Island Change Assessment Questionnaire; Greenstein, Franklin, & McGuffin, 1999)에서 린다의 점수는 변화의 인식단계에 속한다.

이후 린다에게 ERP를 시작하려는 준비도를 증진하기 위해 저자들이 고안한 4회기 준비 프로그램을 제안하였다. 이 프로그램의 다섯 가지 구성요소는 다음과 같다.

1. OCD와 그 치료에 대한 교육

2. 노출 위계 순서 모델 만들기

3. ERP 비디오테이프 시청하기

4. ERP를 완수한 이전의 OCD 환자와 전화로 대화하기

5. 양가감정을 이야기하도록 고무하는 동기면담 유래 절차와 치료 시작의 이득과 손실에 대해 검토하기

린다는 준비개입이 치료를 시작하는 압박감으로부터 자유롭다는 것과 실제적인 노출 활동에 참여하는 것이 아니라는 확신을 가지고 난 후에 준비계획에 참석하겠다고 동의하였다.

모든 RI 전략은 동기면담 정신 내에서 수행되었다. 첫 번째 회기에서 준비개입이 협동적인 것임을 강조하였고 린다에게 불확실한 영역에 질문을 하면서 다가가도록 격려하였다. 린다는 치료자와 함께 OCD의 인지치료 모델에 대해 이야기를 나누었으며 이 장애를 유지하는 데 회피가 역할을 하고 있음을 특히 강조하였다. 린다는

또한 OCD의 역학에 대해 그리고 OCD를 위한 다양한 치료 대안과 기대되는 치료 효과에 대해 이야기를 나누었다. 린다는 이 과정에서 적극적으로 참여하였으며 추후 질문을 하곤 하였다. 이 회기가 끝날 무렵, 접수 시와 비교하여 ERP 시작에 대한 린다의 두려움은 다소 감소되었고 0~100 척도에서 85점으로 나타났다. 기대 평정 양식지(ERF; Borkovec & Nau, 1972)에서 린다의 점수는 ERP가 적당히 효과 있을 것이라고 기대하였다. 과제로 린다는 OCD와 CBT 유인물을 읽도록 하였다.

두 번째 회기에서 린다와 치료자는 읽기 과제에 대해 질문하였다. OCD의 인지 행동 모델에 대한 린다의 이해를 알기 위해서 그리고 정교한 처리 과정을 고무시킨 린다에게 어떻게 OCD가 유지되고 치료되는지에 대해 이해한 바를 말로 표현하도록 격려하였다. 린다는 유인물 모두를 읽고 이 요인에 대한 실제적 지식을 가지게 되었음을 알게 되었다. 치료자의 도움으로 린다는 노출 위계 순서를 만들었는데, 이는 ERP가 린다에게 무엇을 의미하는지 배우고, 공포 감소를 격려하고 ERP를 향해 점진적으로 접근하도록 틀을 만들어 주기 위함이었다. 린다의 위계 순서(그림 4.1)는 일본의 물건으로부터 오염될 것이라는 두려움과 직, 간접적으로 관련된 수많은 물건이 포함되었다. 예를 들어, 남편이 샤워할 때까지는 남편이 일본에서부터 온 물

그림 4.1 린다의 노출 위계

불안 점수	노 출
100	일본에서 온 물건 만지기
90	남편이 퇴근했을 때 포옹하기
85	침대 위에 누군가가 앉기
75	공공장소에서 의자 만지기
70	침대 위에 입었던 옷 놓아두기
65	더러운 물에 빗 넣었다 빼기
55	방문 손잡이 만지기
40	퇴근한 남편 손잡기

건과 잠시 또는 직접적인 접촉을 하여 감염되었다는 두려움을 가지고 있었다. 이와 유사하게 린다는 공용 책상, 의자 등을 피했는데, 이 물건들도 일본으로부터 온 것에서 자유롭다고 확신할 수 없기 때문이었다.

그리고 나서 린다와 치료자는 노출에 대해 린다와 어떻게 접근할 것인지 이야기하였다. 이 대화의 시작은 치료자가 노출을 실제적으로 하는 것이 아닌 가정해 보는 것으로 소개하였다. 이러한 식으로 린다는 두려워하는 자극에 대해 자신을 노출시키는 것을 상상할 수 있었고, 노출해야 한다는 압박감 없이 노출 치료에 대해 공개적으로 이야기하는 데 참여할 수 있었다. 린다가 말하기를 일본에서 온 물건을 만질 수 없다고 느꼈지만, 남편이 퇴근했을 때 남편을 손으로 만지는 것과 같은 보다 낮은 수준의 노출은 시작할 수 있을 것 같다고 하였다. 린다가 제안하기를 남편의 어깨에 가볍게 손을 댈 수 있을 거라고 했는데 어깨 부위는 오염될 가능성이 가장 낮은 부위이기 때문이다. 이렇게 하여 린다가 문제를 가지지 않는 단순 공포증, 예를 들어, 개에 대한 공포증의 사례를 들면서 공포가 경감될 수 있는지 이야기하였다. 린다는 공포 감소가 여러 차례 반복 연습이 필요하다는 것을 인지할 수 있었고, 낮은 수준의 물건들로 시작하더라도 중요한 증상 감소를 가져오기 위해서는 가장 높은 수위의 물건까지 직면할 필요가 있음을 인정하였다. 예를 들어, 개에 대한 공포증을 비유로 설명하면서 치료자는 린다에게 독일종 셰퍼드에 대해 두려움을 가지고 있다면 어떻게 극복할 수 있을지 물었다. 린다는 작고 귀여운 개들과의 접촉을 증가시킴으로써 할 수 있다고 하였으며, 독일종 셰퍼드와 같은 큰 개들은 직접적으로 접촉하지 않는 한 두려움을 극복시킬 수 없을 거라고 하였다. 린다는 이러한 과정을 자신의 일본에 대한 주요 공포와 관련시킬 수 있었으나 일본에서 온 물건을 직접 손에 대는 것이 가능할 것이라고 생각하지 않았다. 이 회기 종료 시 ERP 시작에 대한 린다의 두려움은 0~100 척도에서 85점이었는데 이전의 회기와 차이점은 없었다. ERF 점수 차이도 없었는데 이 점은 ERP가 어느 정도 효과적일 수 있음을 기대하고 있다는 사실을 말해 주었다.

3회기 과정에서 린다는 ERP 회기 비디오테이프를 시청하였다. 치료자가 같은 방에 앉아서 질문에 대해 답을 하고, 린다에게 비디오를 비평적으로 시청하고 떠오르는 이슈에 대해서 이야기하도록 격려하였다. 이 비디오테이프는 오염에 대해 염려하는 것에 초점을 두는 것으로서 린다의 OCD 주 증상과 훌륭하게 맞았다. 그러나 린다는 비디오 환자처럼 자신에게도 역시 쉬울 것인지에 대해 의심하였다. 예를 들어, 비디오에서 환자는 손잡이를 만지는데 비교적 빠른 속도로 적응했다. 4번의 반복 연습을 통해 린다는 이러한 속도가 자신에게는 비현실적일 수 있다고 생각했으며 OCD 공포를 변화시키는 데 개인적 차이가 있을 수 있음에 대해 이야기했다. 린다는 습관화가 실패할 가능성이 있는지 궁금해하였다. 이것은 또한 습관화를 방해할 수 있는 회피 안전 단서, 반복의 실패, 불안 수준이 낮아지는 상황에 그대로 있지 않는 것의 대화로 이어졌다. 이 회기를 거치는 동안 린다는 보다 더 통제력을 갖게 되었고, 위에서 보였던 그녀의 질문은 노출 연습에 대해 증가된 호기심과 함께 노출 치료를 시작하려는 의지를 보여 주었다.

이 회기 과정에서 치료자는 동기면담을 사용하여 린다의 현재 행동에 대한 장단점 분석을 시초로 치료 시작에 대한 린다의 양가감정을 탐색하였다. 치료자는 잠재적으로 직면적인 주제로부터 시작하는 것을 피해서 OCD 행동을 할 때 어떠한 이득이 있는지부터 물었다. 장점으로 린다는 회피가 불안을 감소시키며 일본에 대한 두려움을 보다 견딜 수 있게 해 준다고 말했다. 집에 있으면서 타자와 접촉을 제한할 때 그녀의 불안감은 상당히 감소되었으나 불일치감 만들기라고 하는 동기면담 원리와 일관성이 있도록 OCD 단점을 자발적으로 언급하도록 이끌었다. 예를 들어, 린다는 자신이 거의 불안으로부터 자유로운 적이 없었음을 느꼈는데 남편이 외출해 있을 때 오염될 수 있음을 염려했다. 이에 부가하여 우편물도 린다를 공포스럽게 하였는데, 우편물이나 소포가 일본에서 온 물건들과 부딪혔을 것에 대해 걱정했기 때문이다. 그 결과 린다는 우편물 다루는 것을 피했고 고지서를 납부하지 않아 재정적 어려움을 겪은 바 있다. 지금은 남편이 고지서 납부의 책임을 지고 있긴 하지만, 남편에게 집에 우편물을 가지고 오지 말아야 한다고 주장함으로써 이 상황이 더 어려워졌다. 린다는 또한 자신이 사회적으로 고립되어 있음을 알았다. 왜냐하면 타자들이 자신의 집을 방문하길 원하지 않았으며 감염에 대한 공포 때문에 타자의 방문에 불편함을 느꼈다. 이 점은 특히 린다에게 부담스러웠는데, 왜냐하면 자기 자신이 외향적 사람으로 늘 생각해 왔기 때문이다. 이런 대화를 하는 동안 치료자는 논쟁적이거나 교육적인 스타일을 피하면서 자발적인 변화대화를 이끌어 내고 지지해 주었다. 이 회기 종료 시 ERP 시작에 대한 공포는 0~100 척도에서 70점이었으며 이전 회기에 비해 감소된 점수였다. ERF는 변화가 없었으며 린다가 ERP가 어느 정도 효과가 있음을 기대하고 있다는 사실을 지속적으로 보여 주었다.

4회기 과정에서 린다는 ERP를 완료했던 OCD 회복 환자와 전화로 대화를 하였다. OCD 증상들이 서로 맞춰지도록 노력했으나, 국가나 장소에 의한 오염에 대한 공포는 비교적 희귀하였기 때문에 회복 환자의 경우 보다 전형적인 오염 공포를 가졌던 사람이 선택되었다. 이 전화 대화를 하는 동안 치료자는 동석하지 않는데, ERP에 대한 생각을 자유롭게 교환하고 비평적으로 검토할 수 있게 하기 위함이었다. 치료자는 전화 대화 내용에 대해 질문을 하지 않는 것이 전형적이다. 린다는 전화 대화가 매우 가치 있었다고 스스로 보고하였다. 자신과 유사한 염려를 가지고 있고, 자기처럼 노출에 대해 두려워하는 또 다른 사람과 이야기할 수 있었다는 것이다. 그 퇴원 환자가 린다의 OCD를 극복할 노력이 주는 이득을 볼 수 있도록 도와주었으며 변화할 수 있다고 믿게끔 도와주었다.

전화 대화 이후 치료자는 동기면담 원리를 지속적으로 사용하였다. 이 시점에서 린다는 노출 치료를 시작하는 것을 기꺼이 고려하였으며 치료에 대한 두려움과 OCD 증상을 호전시키고자 하는 바람 사이에 불일치감을 만들 수가 있었다. 린다는 OCD를 변화시키려는 보다 적극적인 노력을 기울였고 이런 변화는 다음과 같은 변화대화의 증가로 입증되었다. 예를 들어, "선생님도 아시다시피, 이 작업을 피하는 것이 얼마나 어리석을까요? 지금 하지 않으면 언제 하느냐 하는 거죠." 이 회기 종료 시 치료자는 린다에게 ERP 시작을 원하는지 물었고 린다는 그렇다고 말했다. 그러나 그것을 시도하는 것이 아직까지는 두려웠다. 그림 4.2에서 준비개입 과정 중에 ERP의 두려움과 기대감 정도에 대한 린다의 변화 과정을 제시한다. 준비개입이 종료되었을 때 ERP 시작에 대한 린다의 두려움은 100점 척도에서 50점이었으며(ERP 시작에 대한 중간 정도의 두려움), 그것은 사전치료 시 95점에서 상당히 감소된 점수이다. ERF 점수는 사전치료 점수에 비해 다소 호전되었으나, URICA 척도에서는 여전히 인식단계에 있었다. 따라서 린다가 현재 ERP를 기꺼이 시작하고자 하고 이 결정은 ERP에 대한 두려움 면에서 중간 정도이긴 하지만, 불완전한 감소이며 ERP에 대한 기대 수준 면에서 최소 정도의 증가였다. 그러나 린다는 아직 행동실천단계

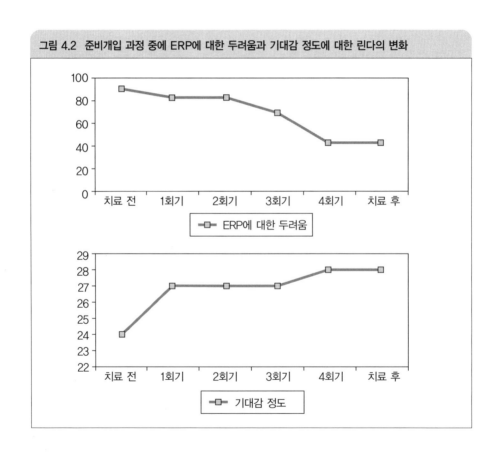

그림 4.2 준비개입 과정 중에 ERP에 대한 두려움과 기대감 정도에 대한 린다의 변화

로 나아가지 않았다.

　린다가 ERP를 시작했던 초기에 노출에 완전히 몰입하는 것에 대해 강하게 거부하는 편이어서 진전에 어려움을 보였고, 이로 인한 습관화 과정이 줄어들면서 ERP가 자신에게 효과적일 수 있다는 생각도 줄어들었다. 그러나 5회기 과정에서 치료자는 일본에서 온 물건을 다룬다는 위계 순서에 가장 상위에 있는 사항으로 끌어올렸다. 린다는 이 물건에 습관화할 수 있었으며 기타 두려운 물건에 대해서도 역시 할 수 있다는 자신감을 가지게 되었다. 린다는 노출 치료에 적극적으로 참여하기 시작하였으며 일본에서 온 물건을 집으로 가져갔고 오염되지 않은 물건에 오염시킬 정도까지 호전되었다. 15회기가 끝날 때쯤 린다는 CGI 심각도 및 호전 척도에서 '경계선 정도의 수준'과 '매우 호전됨'으로 평가되었다. 부가적으로 3점이었는데 이것은 OCD의 하위 임상 유형과 일치되는 것이었다. 따라서 린다의 사례에서 ERP 시작에 대한 초기의 주저함은 이후 치료 과정에서 치료적 효과에 부정적 영향을 주지 않았다는 것을 입증하였다.

연구

저자들은 12명의 치료 거부 환자들을 대상으로 RI의 소규모 예비 연구를 실행한 바 있다(Maltby & Tolin, 2005 참조). 초기 진단 평가가 끝난 후 모든 환자들은 논리적인 아닌 다른 이유를 들어 ERP를 거부했다. 이들 중 7명은 RI(4주에 걸쳐 4회기)에 참여하도록 무선별 할당되었고, 다른 5명은 4주간 대기자 명단(WL) 조건에 할당되었다.

　RI에 무선별에 할당된 치료자와 개별적인 접촉으로 구성된 4회기 개입을 완료하였다. 위의 사례에서 기술된 바와 같이 회기는 심리교육 동기면담 ERP 비디오 시청, 노출 위계 순서 만들기, ERP를 완료하였던 회복 환자와 전화 대화하기를 포함하였다. WL 조건에 할당된 참가자들은 아무런 개입도 받지 않고 한 달 후에 병원에 와서 평가를 받았다. RI/WL 기간이 완료되었을 때 환자들은 치료 조건에 대해 모르는 평가자에 의해 재평가되었고, ERP를 시작할 기회가 제공되었다. ERP를 받기로 한 환자들은 집중적인 ERP 15회기를 완료했다. ERP가 종료되었을 때 초기에 치료를 거부했던 환자들에게 ERP의 효과가 어떠한지 다시 한 번 평가하였다.

ERP를 거부했던 참가자들의 이유는 사전치료 평가 데이터에서 알아낼 수 있었다. 예상과는 달리, URICA에서 참가자들의 최고 점수는 인식전단계, 행동실천단계였다. 이와 유사하게 ERP가 자신들의 OCD 증상을 성공적으로 감소시킬 수 있다는 것에 대해 중간 정도의 확신이 있는 것으로 ERF에서 평가되었는데, 이것이 의미하는 바는 치료 거부가 치료에 대한 신뢰성 부족과의 상관관계는 아니었음을 의미한다. 그러나 ERP를 시작하는 것에 대한 두려움은 높았으며, RM 수치를 ERF에 더하여 계산된 것으로 평균치가 0~100 척도의 75점에 해당되었다. 따라서 URICA와 ERF가 변화에 대한 양가감정의 구성개념과 긍정적 치료 결과에 대한 기대감을 정확하게 포착하는 한, 사전치료 데이터가 의미하는 것은 치료 거부에 대한 주요 요인이 문제에 대한 인식 부족이나 치료 효과에 대한 낮은 기대감과 같은 요인이라기보다는 치료 절차에 대한 두려움이었음을 의미한다.

저자들은 Y-BOCS를 사용하여 OCD 증상 심각도가 RI와 WL 조건을 완료한 환자들에게 있어 변화가 없음을 결론지었는데, 이것이 제안하는 바는 개입이 OCD 증상을 서로 다르게 영향을 주지 않았다는 것이다. 그러나 RI 조건은 WL 조건에 비해서 유의미하게 높은 비율의 참가자들이 ERP를 시작하겠다고 동의하게끔 이끌어 갔다. 그림 4.3이 제시하는 바는 이 두 집단에 있어서 ERP를 수용하고 시작하고 완료한 비율을 나타낸다. 7명의 RI 참가자 중 6명(86%), 5명의 WL 참가자 중 1명(20%)은 4주간의 개입 이후 ERP를 시작하겠다고 선택했는데 이것은 유의미한 차이였다. 따라서 RI는 이전의 치료를 거부했던 환자 중에 치료 수용이 유의미하게 더 높은 비율로 이끌어 주는 것으로 보인다.

치료 시작과 관련 있는 요인을 결정하기 위해서 저자들은 URICA의 변화 점수

(RI/WL 전후), ERF, 그리고 ERF의 ERP 문항에 대한 공포 수준을 분석한 결과 단 하나의 유의미한 차이가 밝혀졌다. RI 조건이 WL 조건에 비해서 유의하게 훨씬 더 ERP 공포의 감소를 보였다. RI가 가지는 중요한 기제는 공포 감소인 것으로 보였으나 공포 감소 근저에 있는 정확한 기제들은 확실하지 않다(예 : 습관화, 모델링, 자기효능감, 정보 등).

두 번째 연구 주제는 환자들이 ERP를 시작하겠다고 결정했을 때 이전의 치료를 거부했던 환자들이 치료를 즉시 수용한 환자들만큼이나 잘할 것인가의 여부였다. ERP를 처음에 수행했던 6명의 RI 참가자 중 3명은(50%) 치료를 조기 탈락하였다. 이들 중 2명은 치료 회기 참석 이전에 탈락하였는데, 일정이 지연되는 것에 대해 언급하였다. 이 문제는 차후에 심도 있게 기술하고자 한다. 세 번째 환자는 ERP 15회기 중 6회기를 끝내고 중단하였다. ERP를 수용했던 WL 참가자 중 1명만이 ERP를 완료하였고, ERP를 완료한 3명의 참가자들은 모두 OCD 증상에 상당한 호전을 보였다. ERP 완료자들의 표본 크기가 작았기 때문에 통계분석을 배제하였다.

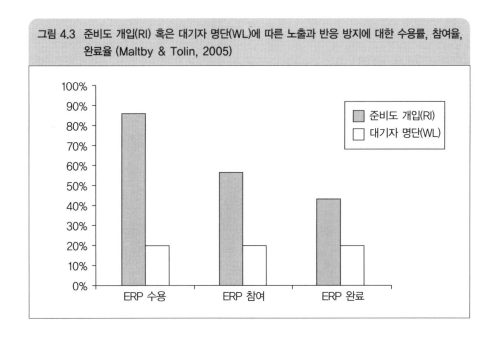

그림 4.3 준비도 개입(RI) 혹은 대기자 명단(WL)에 따른 노출과 반응 방지에 대한 수용률, 참여율, 완료율 (Maltby & Tolin, 2005)

Y-BOCS 평균 점수는 초기에 심한 정도였으나, 사후–RI에서는 경미한 정도로 떨어졌다. RI 조건에 있었던 참가자들이 Y-BOCS 총점에서 평균 59% 감소를 보였는데, 이 감소는 ERP를 처음에 거절하지 않았던 OCD 환자들의 경우와 일치된 호전율이었다(Foa et al., 2005; Franklin et al., 2000). Y-BOCS의 호전 정도는 CGI 심각도의 호전에서도 동일하게 나타났다. 이 참가자들은 초기에 두드러지게 심각한 수준으로 평가되었다가 사후 RI에서 '경미한 수준' 그리고 매우 호전됨으로 독립 평가자들에 의해 평가되었다. ERP를 완료한 유일한 WL 참가자는 Y-BOCS에서 25% 호전이라고 하는 매우 허용적인 기준을 했을 때에도 치료에 반응을 보이지 않았다. 사후 WL에서 이 참가자는 CGI 심각도와 호전 정도를 평가받았는데, 여기에서 그는 극도로 심각한 그리고 초기와 비교하여 변화하지 않은 것으로 각각 나타났다. 따라서 초기의 치료 거부는 차후 ERP 시도에서 더 빈약한 치료 결과와 관련되지는 않는다. 이 결과는 다중 약물 시도에 반응을 보이지 않았던 OCD 환자의 어떤 집단과는 대조된 것으로서 이 환자들은 약물치료를 받았던 적이 없었던 환자들보다도 ERP에서 더 낫지는 않았다.

문제와 해결 방법

저자들의 개입은 ERP를 시작하는 것에 대한 양가감정을 감소시키는 데 목표를 둔 다양한 절차로 구성되었다. 예비 연구 데이터가 고무적이긴 하지만 치료를 시작할 때 어떤 치료 구성요소가 합당한지를 결정하는 것이 명확하지 않다. 동기면담을 사용한 사전치료가 이후에 이어지는 개입의 치료 효과를 증진시키는 것으로 입증되고 있다. 이러한 치료에 포함되는 것으로 12단계 프로그램이 있는데 이 프로그램은 ERP와 다르기는 하지만 그럼에도 불구하고 힘들고, 지시적이고, 거부와 탈락의 위험과 연관이 있는 프로그램이다(Burke, Arkowitz, & Menchola, 2003). 더 나아가 RI 프로그램은 약물사용 장애를 위한 동기면담에 비해서 덜 효과적이었던 역할 유도 전략과 어느 정도 유사성을 가지고 있다(Connor, Walitzer, & Dermen, 2002). 데이터에 의하면 ERP 치료를 시작하려는 결정은 치료에 대한 두려움을 감소시키는 것과 가장 관련성이 있는 것으로 보인다. 저자들은 ERP를 시작하려는 결정이 하나의 변화단계에서 다른 변화단계로 옮겨가는 것과 관련되었다는 증거를 찾지 못했으며 또한 그러한 결정이 변화에 대한 기대감을 증가시키는 것과 관련 있다는 것도 발견하지 못하였다. RI 프로그램과 이보다 좀 더 순수한('pure') 동기면담을 비교했을 때처럼 매 회기마다 주요 치료 변인을 평가하는 것이 이 문제를 해결하는 데 유용할 것이다.

그러나 동기면담의 영향력을 명확하게 이해하는 것은 몇 가지 점에서 장애가 있다. 특별히 주시해야 할 것은 현재 연구에 참여한 환자들의 경우 인식단계나 행동실천단계로 특징지어지며 ERP가 자신의 OCD 증상을 성공적으로 감소시킬 것이라는 데에 어느 정도 자신감을 가지고 있었다. 이런 자료가 의미하는 것은 적어도 이 환자들에게 치료 거부는 변화를 꺼리거나 치료에 대한 신뢰성이 부족한 것과 상관관계는 없었다. 따라서 RI가 이러한 변인들의 상당한 호전을 이끌어 올 것이라는 기대가 거의 없었다. 이 대상군은 초기 평가에 참석하고 나서 치료를 거부한 OCD 환자들의 포괄적인 대상군을 대표한다고 볼 수 있다. 이러한 장면에서 치료 거부는 처음에 치료를 구하는 행동을 포함하는 것이 당연하다(즉, 평가 일정잡기와 평가에 참여하기). 그렇다면 RI가 인식전단계나 인식단계에 있는 환자들에게도 효과가 있을 것인가? 또는 초기 증상 호전에 낮은 기대감을 가진 환자들에게도 효과가 있을 것인가? 이러한 환자들은 평가를 위해 전문 병원을 찾을 가능성이 적기는 하지만 많은 환자들이 비치료 장면에 있을 수 있을 것으로 보이는데, 그 이유는 불안장애를 가진 환자들의 경우 치료를 구하는 빈도가 다소 낮기 때문이다(Collins, Westra, Dozois, & Burns, 2004). RI 전반에 걸쳐 이 대상군에게도 효과가 있을 것인지의 여부는 여전히 검토되어야 하며, 만약 효과가 있다면 행동의 기제들이 현재 대상군에게서 보이는 기제와 동일한 것인지 알아볼 필요가 있다.

저자들은 RI를 종료한 후에 ERP를 시작하기로 결정했던 치료 거부 OCD 환자들의 33%가 마침내 ERP 회기에 전혀 참석하지 않았던 것을 알고 실망하였다. 양쪽 사례 모두에서 이 결과는 ERP를 시작하겠다고 동의한 시점과 ERP 첫 회기 사이의 상당한 시간의 지연이 있었던 것과 관련 있는 것으로 보인다. 저자들은 가정적으로 서술하지 않도록 유의하려고 한다. 이 환자들의 치료가 즉시 시작되었을 경우 이 환자들이 ERP에서 얼마나 효과를 잘 볼 것인지, 또는 조급히 탈락했을지의 여부에 대해 저자들은 알지 못한다. 그럼에도 불구하고 이 환자들은 RI를 끝내자마자 ERP를 바로 시작할 것처럼 보였다. 따라서 RI를 종료하자마자 ERP를 받기로 한 초기 결정들이 희석되어 버린 것처럼 보인다. 동기면담과 같이 RI도 신속하게 이용되어야 하는 기회의 창을 제시해 주는 것 같다(Miller & Rollnick, 2002). 전반적으로 보면 치료를 받기로 결정한 사람들을 유지시킬 노력을 증가시키지 않고서는 RI 이후 ERP가 ERP 연구에서 전형적으로 보이는 20~30%보다도 더 높은 거부/탈락률(50%)과 상관이 있었다(Foa et al, 2005; Tolin et al, 2004). Miller와 Rollnick(2002)은 제안하기를 동기면담을 결코 끝나지 않는 것이라고 하였다 ―오히려 환자가 변하기로 결정한 동기면담 원리는 치료 과정을 통해서 유지되어야 한다는 것이다. 이것은 우리의 OCD 환자의 경우에 마찬가지로 보인다.

결론

ERP는 OCD를 위한 최우선의 심리사회적 치료이다. 그러나 ERP는 또한 몇몇 사람에게는 시간 소모적이며 힘들고 두려울 수조차 있다. 따라서 ERP에 적절해 보이는 환자나 ERP가 즉시적으로 가능할 수 있는 환자조차도 이 치료를 거절하곤 한다. 이 장에서는 저자들이 ERP 치료를 처음부터 거절했었던 OCD 환자들이 가지고 있는 잠재적인 염려를 다루고자 고안된 4회기(RI) 프로그램 개발에 대해 기술하였다. 동기면담 원리를(Miller & Rollnick, 2002) 많이 원용하여 저자들은 RI가 비직면적이고 공감적이 되도록 고안하였다. 즉 환자들의 선택의 자유를 강조하는 방식으로 치료 결정의 관련된 정보를 제시해 주었다. 이 프로그램이 대부분 동기면담 토대이긴 하였으나 공포 감소의 도움이 되는 것으로 알려져 있는 몇 가지 요소들이 부가적으로 포함되었다.

전반적으로 RI는 환자가 초기에 거절한 다음에라도 ERP를 시작하는 가능성을 증가시키는 측면에서 유익했던 것으로 보였다. 저자들의 예비 작업을 통해 보면 RI가 환자들의 변화단계나 증상 호전에 대한 기대감에 영향을 주었다기보다는 더 많이 치료에 대한 두려움이나 공포에 영향을 주었을 가능성이 높다. 하지만 이러한 결과는 프로그램 자체라기보다는 대상군의 성격과 더 많은 관계가 있어 보인다. RI 이후의 결과가 제안하는 바는 이전의 치료를 거부했던 환자들이 처음에 거절하지 않았던 환자들과 같은 방식으로 ERP로부터 도움을 받을 수 있다는 점이다. 그러나 이러한 결과는 또한 기회가 될 때 잡아라 하는 Miller와 Rollnick(2002)의 경고의 중요성을 보인다. 초기 거절 이후에 ERP를 수용할 가능성은 매우 희박할 수 있다고 일단 환자가 치료를 받기로 동의하자마자 즉시 치료자가 치료를 제공할 수 있는 것이 중요하다. 저자들이 작업을 계속하면서 강조하는 바는 MI/RI 방법을 사전치료 방법뿐만 아니라 통합적 치료의 부분으로 사용되어야 한다는 점이다. 동기란 치료 과정에 걸쳐서 변동적일 수 있다는 사실로 볼 때 동기면담 원리를 지속적으로 적용하는 것은 사전치료 과정에서만 원리를 사용하는 것에 비해 훨씬 더 효과적이다. 게다가 ERP를 단정적으로 거절하였던 환자들을 특별히 목표로 두고 있었으나, RI의 사용에 대해 불확실해하거나 치료 중 다소 두려움을 지속하고 있는 환자들에게도 사용할 수 있도록 부가적으로 고려해야 한다.

저자들이 이 장을 준비하면서 약간 다른 점에서 연구 과정 자체에 대해 토론한 바가 있다. 과정상 초기의 저자들이 염려한 바는 이 연구에 충분히 많은 대상군을 찾는 것이었다. 솔직히 말하면 저자들은 ERP를 거절했던 환자들을 찾는 데 어려움을 경험했다. 대부분의 통제된 연구 시도에서의 참가자(Foa et al., 2005)와는 달리,

저자들의 병원에 오는 대부분의 환자들은 적어도 한 가지 정신과 약물치료를 받아 왔으며 많은 환자들이 과거에 어떤 종류의 상담이라도 받았던 사실이 부분적으로 그 이유가 될 수 있다. 따라서 환자들이 저자들의 병원에 올 때는(다른 병원도 마찬가지일 것이다), 자신들에게 남아 있는 치료 대안이 거의 없음을 알기 때문에 사전에 동기화되는 것으로 보인다. 한 환자가 저자들에게 말한 바와 같이 "저는 거의 모든 치료를 다 받아 봤습니다. 그래서 이 노출 치료를 해보는 것 외의 선택은 없는 것 같군요." 이러한 말은 우리로 하여금 약간 당황하게 했다. 우리들이 접수 과정에서 치료 방법에 대해 이야기했을 때 우리 모두가 인지한 바로는 의도적인 것은 아닐지라도 ERP에 대해서 향후 환자들에게 설명했던 방법이 시간에 따라 변했다는 사실이다. 처음에는 저자들이 점진적인 노출이라는 성격, 대부분의 환자들이 이 방법이 나쁘지 않다는 것을 어떻게 아는지 등등을 강조했다. 이 정보를 유지하긴 했으나 우리는 또한 ERP의 보다 더 어렵거나 혐오적인 측면을 강조하고 있다는 사실을 알게 되었다. 약물치료와 ERP의 기본을 검토한 후에 전형적으로 도전적 소개를 하게 되는데 다음과 같다.

"약물치료와 비교하면 ERP는 도전적인 치료입니다. 이 치료에서 여러분이 두려움을 느끼는 물건과 점차적으로 접촉할 것입니다. 따라서 여러분의 경우 이 건물 내에 있는 손잡이를 만진다거나 또는 여러분이 오염되었다고 느낄 수 있는 옷, 머리, 얼굴을 손으로 만지게 하는 활동으로부터 시작할 수도 있습니다. 이러한 노출은 점점 더 어려워질 수 있는데 6회기가 끝날 때쯤 공중화장실에 있는 변기를 만질 정도로 발전될 것이며 더 나아가 옷, 머리, 얼굴을 손으로 문지르는 것도 가능하게 될 것입니다. 이것을 하는 동안에 여러분은 오염에 완전히 휩싸이는 기회를 정말로 가질 수 있게 될 정도가 되기 위해서 3일간 목욕하기 전에는 손이나 몸을 씻지 못하도록 할 것입니다. 이러한 연습과 함께 여러분은 적어도 하루에 1시간, 매일, 회기와 회기 사이에 스스로 이러한 노출을 하게 됩니다. 보시는 것처럼 이 치료는 모든 사람들을 위한 것은 아닙니다. 많은 사람들이 이런 종류의 프로그램을 하느니 약물치료를 하는 것이 더 낫다고 생각합니다. 이 프로그램은 OCD로 인해 정말 꽉 차 있고 이 치료 과정에 시간과 에너지를 투자할 마음이 있고 증상의 호전을 위해서 늘 열정적인 사람들만을 위한 것입니다. 자, 이 프로그램이 여러분이 하고자 하는 것인지요?

위에서 명백히 본 바와 같이 저자들은 마치 우리가 환자들로 하여금 치료를 거부하길 원하는 것처럼 ERP에 대해 무심코 설명하기 시작했다. 그러나 우리가 놀란 것은 이러한 변화가 더 많은 수의 치료 거부를 이끌어 내지 않았다는 것이다(RI 연구에서 참석률이 증가되었다). 사실상 이러한 변화야말로 정반대의 효과를 가져오는 것처럼 보였다. 환자들은 ERP에 대한 이런 설명을 들은 후에 한 사람씩 잠시 동안 생각을 하다가 대답하기를 "이 치료는 정말 어려운 것 같은데, 내게 필요한 것으로 생각됩니다. 제 이름을 적어 주세요." 치료에 대한 설명이 가지는 위협적인 가치를 증가시킨 것이 치료 거절을 이끌어 내지 않았을 뿐 아니라 오히려 거부율을 감소시킨 것은 무슨 이유인가? 저자들이 환자들로 하여금 반응을 해야 한다고 느낄 정도로 도전을 준 것인가? 아니면, 이 치료가 OCD를 정말 없애고자 원하는 사람들만을 위한 것이라고 저자들이 의미하는 것이 어떤 면에서 환자들로 하여금 이렇게 이끈 것인가? 또는 저자들이 인지적 부조화를 이끌어 내어 주관적인 동기감을 증가시키게 만든 것인가(Draycott & Dabbs, 1998 참조)? 아니면 이 치료는 모든 사람을 위한 것이 아니라는 합리적 논리가 환자들의 자율성과 선택권을 부추긴 것인가? 저자들은 그 답을 알 수는 없지만 비공식적 관찰에 의하면 OCD 환자 중에서는 치료 거부를 줄이는 다양한 방법이 있으며, 환자들마다 전략에 다르게 반응할 수 있음을 시사한다.

참고문헌

American Psychiatric Association. (2000). Diagnostic and statistical manual of mental disorders (4th ed., text rev.). Washington, DC: Author.

Bobes, J., Gonzalez, M. P., Bascaran, M. T., Arango, C., Saiz, P. A., & Bousono, M. (2001). Quality of life and disability in patients with obsessive–compulsive disorder. *European Psychiatry, 16,* 239–245.

Borkovec, T. D., & Nau, S. D. (1972). Credibility of analogue therapy rationales. *Journal of Behavior Therapy and Experimental Psychiatry, 3,* 257–260.

Burke, B. L., Arkowitz, H., & Menchola, M. (2003). The efficacy of motivational interviewing: A meta-analysis of controlled clinical trials. *Journal of Consulting and Clinical Psychology, 71,* 843–861.

Bystritsky, A., Liberman, R. P., Hwang, S., Wallace, C. J., Vapnik, T., Maindment, K., et al. (2001). Social functioning and quality of life comparisons between obsessive–compulsive and schizophrenic disorders. *Depression and Anxiety, 14,* 214–218.

Catapano, F., Sperandeo, R., Perris, F., Lanzaro, M., & Maj, M. (2001). Insight and resistance in patients with obsessive–compulsive disorder. *Psychopathology, 34,* 62–68.

Collins, K. A., Westra, H. A., Dozois, D. J., & Burns, D. D. (2004). Gaps in accessing treatment for anxiety and depression: Challenges for the delivery of care. *Clinical Psychology Review, 24,* 583–616.

Connors, G. J., Walitzer, K. S., & Dermen, K. H. (2002). Preparing clients for alcoholism treatment: Effects on treatment participation and outcomes. *Journal of Consulting and Clinical Psychology, 70,* 1161–1169.

Cottraux, J., Mollard, E., Bouvard, M., & Marks, I. (1993). Exposure therapy, fluvoxamine, or combination treatment in obsessive–compulsive disorder: One-year followup. *Psychiatry Research, 49,* 63–75.

Draycott, S., & Dabbs, A. (1998). Cognitive dissonance. 2: A theoretical grounding of motivational interviewing. *British Journal of Clinical Psychology, 37*(Pt. 3), 355–364.

Eisen, J. L., Rasmussen, S. A., Phillips, K. A., Price, L. H., Davidson, J., Lydiard, R. B., et al. (2001). Insight and treatment outcome in obsessive–compulsive disorder. *Comprehensive Psychiatry, 42,* 494–497.

Elkin, I., Yamaguchi, J. I., Arnkoff, D. B., Glass, C. R., Sotsky, S. M., & Krupnick, J. L. (1999). "Patient–treatment fit" and early engagement in therapy. *Psychotherapy Research, 9,* 437–451.

Erzegovesi, S., Cavallini, M. C., Cavedini, P., Diaferia, G., Locatelli, M., & Bellodi, L. (2001). Clinical predictors of drug response in obsessive–compulsive disorder. *Journal of Clinical Psychopharmacology, 21,* 488–492.

Fals-Stewart, W., Marks, A. P., & Schafer, J. (1993). A comparison of behavioral group therapy and individual behavior therapy in treating obsessive–compulsive disorder. *Journal of Nervous and Mental Disease, 181,* 189–193.

First, M. B., Spitzer, R. L., Gibbon, M., & Williams, J. B. W. (1995). *Structured Clinical Interview for DSM-IV Axis I Disorders—Patient Edition* (SCID I/P, version 2.0). New York: Biometrics Research Department.

Foa, E. B. (1979). Failure in treating obsessive–compulsives. *Behaviour Research and Therapy, 17,* 169–176.

Foa, E. B., Grayson, J. B., Steketee, G. S., Doppelt, H. G., Turner, R. M., & Latimer, P. R. (1983). Success and failure in the behavioral treatment of obsessive–compulsives. *Journal of Consulting and Clinical Psychology, 51,* 287–297.

Foa, E. B., & Kozak, M. J. (1986). Emotional processing of fear: Exposure to corrective information. *Psychological Bulletin, 99,* 20–35.

Foa, E. B., Kozak, M. J., Goodman, W. K., Hollander, E., Jenike, M. A., & Rasmussen, S. A. (1995). DSM-IV field trial: obsessive–compulsive disorder. *American Journal of Psychiatry, 152,* 90–96.

Foa, E. B., Liebowitz, M. R., Kozak, M. J., Davies, S., Campeas, R., Franklin, M. E., et al. (2005). Randomized, placebo-controlled trial of exposure and ritual prevention, clomipramine, and their combination in the treatment of obsessive–compulsive disorder. *American Journal of Psychiatry, 162,* 151–161.

Franklin, M. E., Abramowitz, J. S., Kozak, M. J., Levitt, J. T., & Foa, E. B. (2000). Effectiveness of exposure and ritual prevention for obsessive–compulsive disorder: Randomized compared with nonrandomized samples. *Journal of Consulting and Clinical Psychology, 68,* 594–602.

Franklin, M. E., & Foa, E. B. (1998). Cognitive-behavioral treatments for obsessive–compulsive disorder. In P. E. Nathan & J. M. Gorman (Eds.), *A guide to treatments that work.* New York: Oxford University Press.

Gallup Organization Inc. (1990). *A Gallup study of obsessive–compulsive sufferers.* Princeton, NJ: Author.

Goodman, W. K., Price, L. H., Rasmussen, S. A., Mazure, C., Fleischmann, R. L., Hill, C. L., et al. (1989). The Yale–Brown Obsessive Compulsive Scale: I. Development, use, and reliability. *Archives of General Psychiatry, 46,* 1006–1011.

Greenstein, D. K., Franklin, M. E., & McGuffin, P. (1999). Measuring motivation to change: An examination of the University of Rhode Island Change Assessment Questionnaire (URICA) in an adolescent sample. *Psychotherapy and Psychosomatics, 36,* 47–55.

Guy, W. (1976). *Assessment manual for psychopharmacology.* Washington, DC: U.S. Government Printing Office.

Hoogduin, C. A., & Duivenvoorden, H. J. (1988). A decision model in the treatment of obsessive–compulsive neuroses. *British Journal of Psychiatry, 152,* 516–521.

Issakidis, C., & Andrews, G. (2002). Service utilisation for anxiety in an Australian community sample. *Social Psychiatry and Psychiatric Epidemiology, 37,* 153–163.

Kampman, M., Keijsers, G. P., Hoogduin, C. A., & Verbraak, M. J. (2002). Addition of cognitive-behaviour therapy for obsessive–compulsive disorder patients nonresponding to fluoxetine. *Acta Psychiatrica Scandinavica, 106*, 314–319.

Kessler, R. C., Berglund, P., Demler, O., Jin, R., & Walters, E. E. (2005). Lifetime prevalence and age-of-onset distributions of DSM-IV disorders in the National Comorbidity Survey Replication. *Archives of General Psychiatry, 62*, 593–602.

Kessler, R. C., Chiu, W. T., Demler, O., & Walters, E. E. (2005). Prevalence, severity, and comorbidity of 12-month DSM-IV disorders in the National Comorbidity Survey Replication. *Archives of General Psychiatry, 62*, 617–627.

Kirsch, I. (1990). *Changing expectations: A key to effective psychotherapy.* Pacific Grove, CA: Brooks/Cole.

Koran, L. M., Thienemann, M. L., & Davenport, R. (1996). Quality of life for patients with obsessive–compulsive disorder. *American Journal of Psychiatry, 153*, 783–788.

Lambert, M. J. (1992). Psychotherapy outcome research: Implications for integrative and eclectic therapists. In J. C. Norcross & M. R. Goldfried (Eds.), *Handbook of psychotherapy integration* (pp. 94–129). New York: Basic Books.

Leon, A. C., Portera, L., & Weissman, M. M. (1995). The social costs of anxiety disorders. *British Journal of Psychiatry, 166*(Suppl. 27), 19–22.

Lindsay, M., Crino, R., & Andrews, G. (1997). Controlled trial of exposure and response prevention in obsessive–compulsive disorder. *British Journal of Psychiatry, 171*, 135–139.

Maltby, N., & Tolin, D. F. (2005). A brief motivational intervention for treatment-refusing OCD patients. *Cognitive Behaviour Therapy, 34*, 176–184.

March, J. S., Frances, A., Carpenter, D., & Kahn, D. A. (1997). The expert consensus guideline series: Treatment of obsessive–compulsive disorder. *Journal of Clinical Psychiatry, 58*(Suppl. 4).

Mataix-Cols, D., Rosario-Campos, M. C., & Leckman, J. F. (2005). A multidimensional model of obsessive–compulsive disorder. *American Journal of Psychiatry, 162*, 228–238.

McKay, D., Abramowitz, J. S., Calamari, J. E., Kyrios, M., Radomsky, A., Sookman, D., et al. (2004). A critical evaluation of obsessive–compulsive disorder subtypes: symptoms versus mechanisms. *Clinical Psychology Review, 24*, 283–313.

Miller, W. B., & Rollnick, S. (2002). *Motivational interviewing: Preparing people for change* (2nd ed.). New York: Guilford Press.

Neziroglu, F., Stevens, K., & Yaryura-Tobias, J. A. (1999). Overvalued ideas and their impact on treatment outcome. *Revista Brasileira de Psiquiatria, 21*, 209–214.

Prochaska, J. O., DiClemente, C. C., & Norcross, J. C. (1992). In search of how people change. Applications to addictive behaviors. *American Psychologist, 47*, 1102–1114.

Simpson, H. B., Gorfinkle, K. S., & Liebowitz, M. R. (1999). Cognitive-behavioral therapy as an adjunct to serotonin reuptake inhibitors in obsessive–compulsive disorder: An open trial. *Journal of Clinical Psychiatry, 60*, 584–590.

Simpson, H. B., Liebowitz, M. R., Foa, E. B., Kozak, M. J., Schmidt, A. B., Rowan, V., et al. (2004). Post-treatment effects of exposure therapy and clomipramine in obsessive–compulsive disorder. *Depression and Anxiety, 19*, 225–233.

Steketee, G., Grayson, J. B., & Foa, E. B. (1987). A comparison of characteristics of obsessive–compulsive disorder and other anxiety disorders. *Journal of Anxiety Disorders, 1*, 325–335.

Tolin, D. F., Abramowitz, J. S., Kozak, M. J., & Foa, E. B. (2001). Fixity of belief, perceptual aberration, and magical ideation in obsessive–compulsive disorder patients. *Journal of Anxiety Disorders, 15*, 501–510.

Tolin, D. F., Diefenbach, G. J., Maltby, N., & Hannan, S. E. (2005). Stepped care for obsessive–compulsive disorder: A pilot study. *Cognitive and Behavioral Practice, 12*, 403–414.

Tolin, D. F., & Hannan, S. E. (2005). The role of the therapist in behavior therapy. In J. S. Abramowitz & A. C. Houts (Eds.), *Handbook of obsessive–compulsive spectrum disorders* (pp. 317–332). New York: Springer.

Tolin, D. F., Maltby, N., Diefenbach, G. J., Hannan, S. E., & Worhunsky, P. (2004). Cognitive-behavioral therapy for medication nonresponders with obsessive–compulsive disorder: A wait-list-controlled open trial. *Journal of Clinical Psychiatry, 65*, 922–931.

van Balkom, A. J., de Haan, E., van Oppen, P., Spinhoven, P., Hoogduin, K. A., & van Dyck, R. (1998). Cognitive and behavioral therapies alone versus in combination with fluvoxamine in the treatment of obsessive compulsive disorder. *Journal of Nervous and Mental Disease, 186*, 492–499.

Warren, R., & Thomas, J. C. (2001). Cognitive-behavior therapy of obsessive–compulsive disorder in private practice: An effectiveness study. *Journal of Anxiety Disorders, 15*, 277–285.

Westra, H. A. (2003). Motivational enhancement therapy in two cases of anxiety disorder: New responses to treatment refractoriness. *Clinical Case Studies, 2*, 306–322.

Westra, H. A. (2004). Managing resistance in cognitive behavioural therapy: The application of motivational interviewing in mixed anxiety and depression. *Cognitive Behaviour Therapy, 33*, 161–175.

Westra, H. A., & Phoenix, E. (2003). Motivational enhancement therapy in two cases of anxiety disorder. *Clinical Case Studies, 2*, 306–322.

제 **05** 장

우울증 심리치료 도입으로서의 동기면담

Allan Zuckoff, Holly A. Swartz, Nancy K. Grote

임상 대상과 일반적인 개입

효과적인 치료가 있는데도 불구하고 우울증 환자들의 대부분이 적절한 치료를 받지 않는다. 예를 들어, Young, Klap, sherbourne과 Wells(2001)의 연구에서 우울증 환자의 25%만이 1년 동안 정신과 약물치료 또는 심리치료를 받았으며 심리치료를 시작한 사람 중에서 절반이 4회기에 참석하였다고 한다.

저자들은 주목할 만큼 높은 우울증의 비율과 낮은 치료의 비율을 보인 성인 두 집단과 작업을 해 오고 있는데, 이들은 정신과 질환을 가진 자녀를 둔 어머니 집단과 경제적으로 열악한 임상군 집단이다. Swarz와 동료(2005)는 자녀들을 소아 정신병원에 데리고 간 어머니 중의 61%가 DSM-4(American Psychiatric Associa-tion, 1994) 기준의 축 1에 해당하는 가장 흔한 장애인 우울증(35%)이었다. 정신과 진단을 받은 어머니 중의 2/3는 치료를 받지 않고 있었다. 가난한 여성들의 경우 남성보다도 두 배의 기분과 불안장애의 위험을 가지고 있으나, 그들은 정신건강 장면에서 치료를 거의 받지 않는다(Miranda, Azocar, Komaromy, & Golding, 1998).

정신건강 치료에 참여도를 증진시키는 다양한 개입들이 기술된 바 있다. 심리치료 준비 전략에는 역할 유도, 대리치료 사전 훈련, 경험적 사전 훈련이 포함된다(Walitzer, Dermen, & Connors, 1999). 치료의 장애물을 다루는 사전치료 전화 면담과 전화 및 1회기 개입 프로그램이 도시 중심에 거주하는 젊은이로 하여금 정신건강 접수 참석률을 높였다고 한다(McKay, McCadam, & Gonzales, 1996). 그리고 사례 관리가 우울증 치료의 일차적 치료에 우울증 여성들이 참여하는 데 적용되고 있다(Miranda, Azocar, Komaromy, & Golding, 2003). 이러한 개입의 전망에도 불구하고 이러한 접근의 어느 것도 널리 사용되지 않고 있다.

우울증 치료의 참여도를 증진시키기 위해 동기면담을 적용하는 데 대한 이론적 근거

우울증을 경험하는 여성들이 치료에 참여하는 데에는 제약 요인이 많다. 현실적인 장애로는 비용, 병원의 부재, 자녀 양육 문제들이다. 정의에 따르면 우울증 환자는 낮은 에너지 수준, 무망감, 정신 운동 속도의 저하로 고통을 받는데 이러한 증상은 치료와 관련된 '시간과 문제' 요인을 취약하게 만든다.

한편 심리적, 문화적 요인들도 중요한 요인이 된다. 이전의 정신건강 서비스에 대한 부정적 경험뿐만 아니라(McKay & Bannon, 2004) 자신의 우울증에 대한 염려 또는 당혹스러움, 그리고 치료가 될 수 있을지에 대해 의심하는 것(Scholle, Hasket, Hanusa, Pincus, & Kupfer, 2003) 등이 참여에 방해가 되며, 이해받지 못한다고 느끼거나 도움이 되지 않는다고 느끼는 것이 조급한 치료 중단을 예측한다(Garcia & Weisz, 2002). 제공되는 치료 유형과 환자가 원하는 치료 유형 간의 불일치(McCarthy et al., 2005), 문제의 성격에 대한 모순되는 견해, 도움을 받아야 할 이유에 대한 부정적인 태도, 사적인 경험을 노출하는 것 또는 자기 자신을 돌봐야 하는 것(Mackenzie, Knox, Gekoski, & Macaulay, 2004). 그리고 대인관계에 대한 부정적 기대 등이 또한 방해가 될 수 있다. 치료자 측면에서 문화적으로 둔감하거나 무지할 때 역시 중요한 장애가 될 수 있다(Miranda, Azocar, Organista, Munoz, & Lieberman, 1996).

치료 준비개입이 환자들에게 치료 또는 해결된 실용적인 장애에 대해 교육을 시키고 있으나 이러한 개입은 환자들의 의제, 환자 자신의 이야기를 하고 싶어 하는 바람, 자신의 문제 성격을 이해하고자 하는 바람, 그리고 자신이 제공받기 원하는 도움의 유형에 대해 구체적으로 말하고자 하는 바람, 나 또는 환자들이 직면할 수 있는 심리적, 문화적 장애물에 대해 거의 관심을 두지 않고 있다. 동기면담은 내담자 중심 관계 속에서 환자와 치료자의 치료 열망이 서로 화합되는 것을 강조한다. 더 나아가 치료의 방해가 되는 많은 것들을 양가감정 측면에서 이해하는데, 특히 치료에서 거론되어야 할 문제를 인정하고 변화시키는 것에 대한 양가감정으로 이해한다. 환자 개인의 견해, 희망, 염려를 공감적으로 이해하는 맥락에서 양가감정을 해결하는 방법으로의 동기면담은 치료 준수의 전망 있는 틀이 되어 준다.

약물남용과 건강 행동 변화 영역에서 연구들이 이 관점을 지지하고 있다. Zweben과 Zuckoff(2002)는 동기면담이 치료 시작, 참석, 유지, 치료 절차 준수, 그리고 처방약 복용의 긍정적인 효과가 있음을 보고한 연구를 고찰하였다. 메타 분석에서 동기면담 사전치료가 환자 치료 결과에 중간 정도의 효과가 있음을 밝혔고(Burke, Arkowitz, & Menchola, 2003), 치료 결과뿐만 아니라 치료 준수에 지속적으로 중간 내지 높은 효과가 있음을 밝혔다(Hettema, Steele, & Miller, 2005).

최근에는 정신건강 치료의 참석률을 높이는 데 동기면담을 적용하는 것이 더 많이 알려졌다. Arkowitz와 Westra(2006)는 우울증과 불안장애를 위한 인지행동치료(CBT)에 MI를 통합시켰고, Westra와 Dozois(2006)는 공황장애, 범불안장애 또는 사회공포증 환자들을 위한 집단 인지행동치료 이전에 동기면담 3회기를 제공하였을 때 집단 인지행동치료를 제공하였을 때와 비교하여 불안증 변화에 대한 기대, 과제 준수, 치료 반응률이 유의미하게 더 높은 결과를 가져왔다. Simon, Ludman, Tutty, Operskalski와 Von Korff(2004)는 전화 인지행동치료에 우울증 1차 진료 환자들의 참여율을 높이기 위해서 구조화된 동기면담 훈련을 사용하였다. 그리고 Nock와 Kazdin(2005)은 자녀 행동 문제를 위해 치료에 참여한 부모들의 치료 동기, 회기 참석, 치료 절차를 준수하는 데 세 번의 회기 내에서 5~15분 간의 동기면담 및 장애 극복에 대한 대화를 가진 것이 유의미한 효과가 있음을 보고하였다.

우울증 여성의 심리치료 측면의 동기면담의 임상적 적용

치료 참여의 어려움을 보이는 대상들에게 다가가는 효과적인 방법을 연구한 Swartz 와 그 동료들은 정신과 질병 자녀를 둔 우울증 어머니들을 위한 대인관계 심리치료 를 위해 간단한 형식을 개발한 바 있다(IPT-B; Swartz et al., 2004). 그리고 Grote 는 우울증 임산부들을 위해 IPT-B를 적용했는데(Grote, Bledsoe, Swartz, & Frank, 2004), 그는 Zuckoff와 공동연구를 시작하였으며(Daley & Zuckoof, 1999; Zuckoff & Daley, 2001; Zweben & Zuckoff, 2002), 이 두 사람은 동료들 과 함께 변화 동기뿐만 아니라 치료 동기의 목표를 둔 치료 준수의 동기면담 기본 접근 방법을 기술하고 예비 조사를 하였다(Daley, Salloum, Zuckoff, Kirisci, & Thase, 1998; Daley & Zuckoff, 1998). 민족학적 면담에서(Schensul, Schensul, & LeCompte, 1999), 동기면담의 내담자 중심으로 보완하면서 저자들은 환자를 이 해하고 지지하는 능력의 방해가 될 수 있는 행동들이 어떤 것인가에 대한 면담자의 판단과, 면담자의 문화적으로 특정한 가치관과 타인을 이해하는 방법의 잠재력에 대해 증진된 인식을 통합해 보았다. IPT에서 저자들은 동기면담과 일치된 스타일로 우울증에 대한 심리교육을 통합하였다. '진단 붙이기 함정'이 될 수 있는 가능성에 민감하며, 주요 우울장애라는 진단명을 인식하면서 행동 변화가 개인의 취약점이나 도덕적 결함 때문이 아니라 환자가 비난받을 수 없는 그리고 효과적으로 치료될 수 있는 질병 때문이라는 메시지를 통해 안도감을 제공할 수 있었다.

'참여 회기' 란 치료자가 환자의 개별적, 문화적 토대의 견해를 이해할 수 있음을 전달하는 데 초점을 맞춘 1회기의 사전치료 개입방법이다. 이것은 환자들로 하여금 치료가 주는 잠재적인 이득이 환자 자신의 우선순위와 염려가 어떻게 맞추어지는지 도와주면서 양가감정을 인식하고 해결하도록 촉진시켜 주며 치료 참여의 장애물을 극복하도록 한다. 이 회기는 반구조화된 것으로 다음의 다섯 가지 단계를 포함한다. 이야기 이끌어 내기, 피드백과 심리교육 제공하기, 스트레스, 대처, 치료, 치료에 대한 희망 탐색하기, 치료에 방해가 되는 실제적, 심리적, 문화적 장애물 해결하기, 결심 이끌어 내기 또는 결단의 여지 남겨 두기 등이다. 저자들은 각 단계를 기술할 것이며 전형적인 환자와의 주석 달린 대화를 제공한다.

이야기 이끌어 내기

첫 번째 단계의 목표는 환자로 하여금 이해되었다고 느끼도록 확신을 주면서 환자의 상태와 상황에 변화의 중요성에 대해 이야기하도록 이끌어 내는 것이다. 환자가 그동안 어떻게 지냈는지, 그리고 최근에 상황이 어땠는지를 질문함으로써 회기를 시작한다. 환자가 자신의 느낌에 대해서만 이야기하면 치료자는 또한 환자의 상황에 대해서 질문을 한다. "요즘 매우 희망이 없다고 느끼셨군요.… 삶 속에서 어떤 일들이 당신에게 영향을 주었을까요?" 이와 유사하게 환자가 삶의 상황에 대해서만 이야기한다면 치료자는 환자가 어떻게 느끼고 있는지에 대해 묻는다. "늘 이런 고지서 때문에 꼼짝하지 못했고 또 바쁘셨군요. 이러한 혐오스러운 상황 때문에 어떠한 영향을 받으셨는지 말씀해 주십시오." 환자가 자신이 어떻게 고통을 당하고 있는지에 대해 가지고 있는 견해, 고통의 원인이 되고 있다고 믿는 것에 대한 견해, 환자의 일상생활에서 그 고통이 어떻게 방해가 되는지에 대한 환자의 견해를 쫓아 경청하면서 구체적으로 환자의 사회적, 대인 관계적 맥락에 귀를 기울인다.

대부분 환자들의 이야기는 딜레마의 형식으로 짜여져 있다. 원칙적으로는 해결될 수 없는 문제인데, 왜냐하면 모든 가능한 해결책들이 과도한 손실을 강요하기 때문이다. 이것은 우울증에 내재하는 무망감을 반영하면서 무망감의 근원이기도 하다. 이 단계를 성공적으로 마무리하는 것에는 환자의 딜레마를 결정체화하면서 딜레마로부터 빠져나오는 데 도움을 원하고 있음을 강조해 주는 요약해 주기이다.

치료자 : 설문지를 작성해 주셔서 감사합니다. 우리는 다음 45분 정도 이 설문지를 잘 활용하게 될 것입니다. 그것을 하기 전에 요즘 어떻게 지내셨는지, 최근에 어떤 느낌을 가지고 있었는지 궁금합니다.	인정해 주기로 시작하기, 그 다음 이야기를 이끌어 낼 열린질문하기
환 자 : 우리 아들 조니가 정말 골칫덩어리입니다. 정말 너무 많이 신경에 거슬립니다. 어떻게 해야 할지 모르겠어요. 정말 때려 주고 싶을 정도예요. 학교에서도 그 애가 문제를 일으키고 있어요. 집에서도 저를 가만히 두지 않고요. 어떻게 해야 할지 정말 모르겠어요.	문제를 일으키는 아이가 자신에게 어떠한 영향을 주고 있는지 초점을 맞추며 무기력감을 표현하고 있다.
치료자 : 조니가 계속해서 제일 문제이군요. 아이가 옆에 있을 때 걱정이 시작되셨고요. 화를 내서 나중에 정말 후회할 일을 하지 않을까… 걱정하는군요.	치료자는 의미와 느낌을 반영하고 있다.
환 자 : 네, 정말 제 삶 전체에 영향을 주고 있어요. 직장에 와서 짜증을 내고, 동료 직원들에게 버럭 화를 내지요.	
치료자 : 아이가 옆에 없을 때에도 당신에게 영향을 주	반영, 그리고 나서 문제 인식

는 군요. 평소에 느끼거나 행동했던 방식과 다른 점이 또 있나요?

환 자 : 제 자유 시간을 즐길 수가 없어요. 전 늘 화가 나 있고 조니로부터 떨어져 있고 싶어요. 방문을 잠그고 있죠. 아무하고도 이야기하고 싶지 않아요. 전 더 이상 행복하지 않습니다.

을 이끌어 내기 위해 상세하게 말하기를 요청하고 있다.

환자는 우울증상을 표현한다.

치료자 : 어디에 있든지, 누구랑 있든지, 무엇을 하든지 관계없이 늘 같은 느낌이군요. 이렇게 화가 나고 불행한 느낌, 조니를 다루어야 하는 것 때문에 정말 힘드시군요. 무엇을 하든 간에 더 나아지는 거 같지 않고요.

환자의 호소에 대해 반영적 요약해 준다.

환 자 : 예, 그래요 제가 노력하는 모든 것이 조니에게는 효과가 없어요. 더 나빠지기만 합니다.

환자는 자신이 이해받고 있다는 느낌을 확인한다.

치료자 : 굉장히 좌절되겠군요.

느낌에 대한 반영

환 자 : 모든 것에 좌절감을 느낍니다.

치료자 : 예전과는 다른 큰 변화이군요.

과거를 돌아보기

환 자 : 작년에 아이가 더 나빠졌어요. 아이 아빠가 집을 나간 후에 지금 여자 친구랑 같이 우리 집 건너편에서 살고 있어요.

자녀의 문제 맥락에 초점을 맞추면서 현재의 스트레스 원인을 설명하고 있다.

치료자 : 정말 힘든 상황처럼 들리는군요.

환 자 : 아이 아빠와 저는 그 전에도 관계가 썩 좋지 않았어요. 아이가 그런 걸 많이 봐 왔지요. 그런데 아이 아빠가 떠난 다음에 더 나

환자는 치료자 역시 자신을 비난할 거라고 두려워하는가?

빠졌어요. 아이가 점점 통제 불가능해지는
것 같아요. 학교에서 정학 당하기 직전이
고 교사들과 학교 상담 선생님과 만난 적
이 있어요. 모든 게 제 잘못인 것처럼 말하
더군요.

치료자 : 당신은 조니가 잘 될 수 있도록 할 수 있는   인정해 주기와 확대반영(그리
모든 것을 해 왔습니다. 그것이 효과가 없   고 참여에 장애가 될 수 있는
고 당신에겐 정말 힘들 뿐만 아니라, 도움   것에 대해 파악하기)
을 구하고자 청하는 다른 사람들로부터 비
난을 받는 느낌도 갖게 되었고요(환자가 고
개를 끄덕인다). 그리고 당신은 정말 화가
나 있군요.

환　자 : 네, 화가 나요. 아무도 이런 일을 이해하는   느낌과 의미 반영
것 같지 않아요. 환자는 이해받고 있다고
느낀다.

치료자 : 이 모든 와중에 홀로라는 느낌을 가지고 있
어요. 아무도 당신을 도울 수 있을 것 같지
않고 아무도 이해하는 것 같지 않고요.

환　자 : 맞아요. 우리 어머니조차도 제가 헤어진
것에 대해 비난을 해요. 제가 끝까지 참아
야 했다고 생각해요.

치료자 : 그럼 어떻게 그런 결정을 하게 되었나요?   딜레마 이끌어 내기
두 사람 사이에 어떤 일이 있었나요?

환　자 : 그 남자는 학대적이었습니다. 저는 더 이상   딜레마를 자신의 상황의 관점
참을 수 없었어요. 그는 절 죽이려 했어요.   에서 자신의 행동에 대한 이

조니가 이 모든 걸 봤기 때문에 저는 정말 기분이 안 좋았어요. 조니가 보지 않도록 이층에 올라가게 했는데, 조니가 살짝 내려와서 때로는 그가 저를 때리는 것을 보곤 했어요.

치료자 : 더 이상 선택의 여지가 없을 때까지 갔었군요. 당신이 떠나든지 죽든지의 상황이었군요(환자가 크게 고개를 끄덕인다). 제가 그 상황을 이해하고 있는지 봅시다. 당신은 작년 이전부터 이 문제를 해결하려고 했습니다만 문제가 점점 악화되었습니다. 그래서 이 남자로부터 멀어져야 한다고 결정을 내렸고, 그렇지 않으면 무서운 일이 일어날 수 있다고 보았습니다. 그래서 본인뿐만 아니라 조니를 위해서도 그 결정을 했던 것입니다. 왜냐하면, 아이가 목격하는 것이 아이에게 어떤 영향을 주었을지 걱정스러웠기 때문입니다. 당신은 할 수 있는 최선의 일을 하고자 했으며 최선의 결정을 내리고자 했는데, 결과는 문제가 악화된 것처럼 보인다는 것입니다.

환　자 : 맞아요.

치료자 : 조니는 좋아지는 대신 더 나빠지는 것 같고요. 아이에게 어떻게 다가가야 할지, 어떻게 도와줘야 할지, 무엇을 해야 할지 모르

유로 설명한다.

딜레마에 직면하여 그녀가 선택하였음을 강조한다.

환자의 현재 문제 상황이 어떻게 오게 되었는지에 대한 환자의 관점을 포함한 전환적 요약해 주기, 환자의 선한 의도와 노력에 대해 인정한다.

환자의 느낌을 인정해 주기, 그리고 해결할 수 없는 것처럼 보이는 딜레마에 빠져 있다는 느낌을 인정해 준다.

고 있습니다. 굉장히 어려운 발걸음을 하셨는
데, 해결이 아니라 상황이 정반대로 가는군요.

환　자 : 네, 그렇게 느껴요. 제가 무엇을 하든 간에 되
는 게 없어요.

치료자 : 이 시점에서 당신은 어디로 몸을 돌려야 할 　　환자가 도움을 얻지 못하는
지, 무엇을 해야 할지 모르며 상황이 더 좋아 　　경우 일어날 일에 대해 가지
지지 않는다면 무엇을 할 수 있을지에 대해 　　는 두려움
정말 걱정하고 있습니다.

환　자 : 네, 다 잃어버릴 것 같아 두렵습니다. 통제력 　　변화의 필요성에 대한 내적
을 잃을 것 같고, 직장에서는 일자리를 잃게 　　인식
될 것 같아 두려워요.

치료자 : 정말 두렵고 끝이 안 보이겠어요.

환　자 : 네, 제 스스로 어떻게 빠져나올 수 있을지 모 　　대화 지속하기
르겠어요.

피드백과 심리교육 제공하기

이 단계의 목표는 환자에게 자신의 현재 어려움에 대해 다른 견해를 갖도록 제공하
는 데 있다. 환자의 문제는 희망이 없는 상황이나 의지 또는 능력의 결여라기보다는
효과적인 치료가 주어질 수 있는 의료적으로 인식될 수 있는 상태를 의미하는 것으
로 재구조화해 준다. 이렇게 하는 것은 맥락상의 요인들이 갖는 중요성을 최소화하
려는 것이 아니라 기분장애를 경감함으로써 이러한 요인에 대해 보다 효과적으로
대처할 수 있도록 해 준다.

환자는 우선 현재 상태에 대해 개별화된 피드백을 받는데, 이때 치료자가 가지고
있는 평가도구들이 무엇이든지 사용한다. 그리고 나서 우울증에 대한 기본 심리교
육을 제공한다. 이때 포함해야 할 것은 우울증은 '아무 잘못 없는' 질병이라는 개념

과 우울증 환자는 자신의 어려움에 대해 비난받을 필요가 없다는 것, 우울증이란 대인관계 문제를 해결하거나 힘든 상황을 관리하는 사람들의 능력에 부정적으로 영향을 준다는 점과 효과적으로 치료 가능하다는 점. 그리고 우울증이 성공적으로 치료되었을 때 사람들은 해결될 수 없는 삶의 문제처럼 보였던 것에 대해 대안책을 흔히 보기 시작한다는 것이다.

치료자는 정보를 제공하기 전에 환자로부터 허락을 받아야 한다. 이렇게 할 때 환자는 치료자가 이야기하려고 하는 것에 개방적이 됨을 확실하게 도와주며 저항적인 반응의 가능성을 줄여 주는 데 도움이 된다. 환자가 우울증에 대해 이미 알고 있는 바를 이끌어 내고, 정보에 대해 객관적으로 제공하여 환자의 반응을 이끌어 냄으로써 치료자는 환자의 견해에 대해 존중하고 있음을 전달한다. 환자가 그 정보를 가지고 무엇을 할 것인가를 결정하는 것은 환자 자신의 해석임을 인증해 주어야 한다.

따라서 치료자는 환자의 개별적인 염려와 현재의 지식에 맞는 피드백과 심리교육을 전달해야 한다. 만약에 환자가 진단명에 반대하거나 자신이 정말 '우울한지'에 대해 불확실하거나(예 : "스트레스가 많아요", "압도당한 느낌이에요.") 또는 자신이 치료의 필요에 대해 인정하기를 꺼리는 것으로 느껴진다면, 치료자는 환자가 가지고 있는 현재의 양가감정을 알아차리고 공감적이면서 비방어적으로 반응해 주어야 한다. 또한 치료자는 환자의 견해에 대해서 질문을 하고 그 견해의 적합성을 강조하는 동시에 환자가 기술하고 있는 어려움, 고통스러운 느낌, 문제가 되는 사고 패턴, 기능의 어려움을 치료자의 조력 능력과 연결짓는 기회를 찾아야 한다.

"아시다시피 스트레스는 우울증과 매우 다릅니다. 우울하다기보다는 스트레스가 많다고 확신하는군요. 저에게 또한 말씀하시기를 현재 새로운 상황이 큰 스트레스 원인이라고 하셨는데, 이런 상황을 다룰 수 있는 좀 더 나은 방법을 알아내고 사용하도록 도와줄 치료가 가치가 있는 것일까요?"

치료자 : 저희가 드린 설문지는 당신이 우울해 보이는지 아닌지에 대한 첫인상을 얻고자 하는 것입니다. 이 설문지를 짚어 가면서 당신이 한 반응의 의미를 알려드리고 당신의 생각이 어떤 것인지를 보고자 합니다. 괜찮겠지요?

간략하게 구조화된 진술, 피드백에 대한 소개

허락 구하기

환 자 : 네, 좋습니다.

치료자 : 좋아요. 제가 드리는 말씀이 그런 거 같지 않다면 언제든지 알려 주세요. 왜냐하면 제가 드리는 말씀이 맞지 않거나 또는 이해가 되는 것이 있다면 제게 알려 주세요. 저도 정말 알고 싶으니까요. 이 설문지는 환자건강 설문지입니다. 피검자가 우울한지 아닌지에 대해 알고자 질문을 하는데, 일곱 개의 지표 중에서 당신은 다섯 개가 그렇다고 하셨습니다. 예를 들어, 수면 패턴의 변화가 있다고 하셨어요. 어떤 변화가 있었는지 말씀해 주세요.

환자로 하여금 대화에 적극적이 되도록 초대한다.

피드백 자료의 특징을 이야기하고, 어떻게 평가하는지 설명하며, 피드백 제공 및 상세하게 설명하도록 질문한다.

환 자 : 한밤중에 자주 잠을 깨요. 제가 걱정하는 것에 대해 악몽을 꾸는 것 같아요. 그래서 잠에서 깨어 있지요.

치료자 : 그렇다면, 계속 잠을 자는 것이 어렵고 다시 잠드는 것이 더 어렵다는 거군요. 그리고 식욕이 예전만큼 좋지 않다고 하셨어요.

증상을 명확히 하기

환 자 : 요즘은 거의 군것질하며 살아요. 먹기는

하지만 평소와 같이 규칙적인 식사는 아닙니다. 왜 그런지 모르겠어요.

치료자 : 사람들이 우울할 때 흔히 보이는 두 가지 신체적 변화는 수면과 식욕의 변화입니다. 우울증은 사람들의 생각과 느낌뿐 아니라 신체에도 영향을 주지요. 또 여기서 매사에 관심이 훨씬 적어졌다고 하셨습니다. 평소에 에너지가 없고요. 죽고 싶은 생각도 있었던 것으로 보입니다. 이것에 대해서 말씀해 주실 수 있나요?

우울증 모델의 측면에서 환자가 가지고 있을 수 있는 질문에 대해 정보를 제공하기

환　자 : 글쎄요, 아들 조니가 말썽을 일으켜요. 저는 이야기할 대상이 없어요. 지금 살고 있는 이유는 아이를 돌보는 것뿐이라고 느끼는데, 아이가 말썽을 부리면 정말 살 만한 가치가 없는 것같이 느껴져요.

치료자 : 이 일을 다루느라고 늘 소진되는군요. 잠도 잘 못자고 제대로 먹지도 못하고요. 희생을 하게 만드는군요. 그래서 그냥 포기하고 싶은 이 시점까지 올 때도 있고요. 계속할 만한 이유가 없는 것같이 느껴지는군요.

수집해서 요약해 주기

환　자 : 네, 아이가 저에게 그렇게 한다면 제가 왜 아이를 위해서 살아야 할까요?

치료자 : 그래서 화가 난 부분도 있군요. 예를 들면, 젠장… 애가 이런 식으로 말썽부린다면 나도 여기 있고 싶지 않아…

느낌에 대한 반영

환　자 : 바로 그래요. 자기 아들에 대해 그렇게 느끼는 것이 끔찍하지 않습니까?

치료자 : 사람들이 수면이나 식욕, 에너지, 관심에 문제가 있고 또 포기하고 싶은 느낌을 가지게 되면 우울증이라고 말합니다. 그래서 저희들이 볼 때 당신은 현재 우울증을 경험하고 있다고 보여지고요. 예전처럼 정상적이지 않은 방식으로 느끼고 행동하는 이유가 그것입니다. 이것에 대해 어떻게 생각하세요?

> 환자의 기분과 행동 변화, 자기 비하를 우울증의 의학적 모델을 사용하여 재구조화하기, 그리고 나서 환자의 반응을 이끌어 낸다.

환　자 : 글쎄요, 현재 제 삶의 모든 것이 그렇지는 않기에 제가 우울하다고는 생각이 들지 않는군요.

> 약간의 저항이 일어난다(방어).

치료자 : 현재 일어나고 있는 모든 것들이 어떻게 느끼고 어떻게 행동하는지에 큰 영향을 주고 있습니다.

> 반영을 통해 저항과 함께 구른다.

환　자 : 그래요, 만약 조니가 말썽을 부리지 않는다면, 아이 아빠가 여자 친구랑 길 건너편에 살지 않는다면, 살기 위해서 버둥거리지 않는다면 제가 이렇게 느낄 거라고 생각지는 않아요.

치료자 : 그 말이 맞습니다. 정말 스트레스가 많은 상황을 경험하는 사람들은 우울증이 될 수 있는 취약성이 많고 당신과 같이 느끼는 방식으로 느낄 가능성이 많습니다. 저희가 보는 측면과 매우 일치한다고 생각합니다. 거

> 우울증 모델과 관련하여 환자의 저항을 재구조화한다. 그러고 나서 환자의 반응을 이끌어 낸다.
>
> 표현되지 않는 저항을 이끌어 낸다.

기에 대해 또 다른 생각이 있나요?(환자가 고개를 저으면서 확신이 서지 않는 것처럼 보인다.) 확실하세요?

환　자 : 그렇다면 우울증이 제 안에 있는 건가요? 우울증이 질병과 같은 것인가요?

치료자 : 제가 우울증이라는 말을 했을 때 무엇을 의미하는지 궁금하시군요. 우울증이라는 말을 들을 때 어떤 이해를 하십니까?

표현되지 않는 저항을 이끌어 낸다.

환 자 : 글쎄요, 슬픈 느낌을 가지는 것 같겠지요. 제 친구가 남자 친구랑 헤어졌을 때 매우 침울해져서 우울하다고 말했어요.

치료자 : 사람들이 침울해지거나 슬퍼질 때 그리고 스스로 사라져 버릴 것에 대해 우울증이라는 단어를 사용합니다. 당신이 우울증에서 생각했던 것과 같은 말이라고 할 수 있지요. 우울증에 대한 저희의 이해는 사람들이 고통받는 의학적 병이라는 것입니다만 치료 가능한 것이며, 저희들이 어떻게 도와드릴 수 있는지에 대해 알고 있는 것이 우울증입니다(환자가 깊은 생각을 하는 것처럼 보인다). 저희는 일단 우울해지면 스트레스 상황이 더 다루기 어려워진다고 생각합니다. 두 가지가 서로에게 영향을 줍니다. 스트레스와 어려움 모두가 우울증을 유발하지요. 그리고 우울해진 다음에는 어려

심리교육(그리고 희망)을 제공한다.

심리교육에 대한 환자의 반응을 이끌어 낸다.

운 문제들이 더 다루기 어려워집니다. 예전과 같은 에너지가 없어지고, 삶 속의 스트레스 상황을 해결하는 데 초점을 맞출 수가 없습니다. 현재 일어나고 있는 것이 이것과 같이 들리시나요?

환　자 : 그렇다면 선생님이 이야기하는 것은 제가 지금 느끼고 있는 것이 현재 일어나고 있는 모든 것 때문이며 제가 이렇게 느끼기 시작하면 실제보다도 모든 것을 더 나쁘게 보게 만든다는 거군요.

더 많은 저항인가?

치료자 : 실제보다 더 악화된다기보다는 실제보다 희망이 더 없어 보일 수 있다는 거지요. 제가 보기에 지금의 상황이 매우 어렵고 정말 나쁘게 느껴질 수 있다고 봅니다. 저희가 아는 바로는 우울해지면 힘든 상황을 위한 어떤 해결책도 객관적으로 보는 것이 매우 어려워진다는 거죠. 모든 것이 삭막하게 보이지요. 덜 우울해진다고 해서 상황이 바로 더 나아지지는 않습니다만 상황을 개선할 수 있는 방법을 더 잘 볼 수 있게 되고 어려운 상황을 다루었던 방법을 사용하는 능력이 더 많아집니다. 고개를 끄덕이시는데요, 이해가 되나요?

환자의 상황이 가지고 있는 어려움을 최소화하지 않도록 유의한다.

…그리고 우울증 모델을 사용하여 재구조화하며 희망을 제공한다.

환　자 : 현재 상황을 다루는 데 제가 확실히 어떤 도움이 필요하다고 봅니다. 왜냐하면 제

대화 지속, 저항이 희석되는 것처럼 보인다.

스스로 다룰 수 없으니까요.	
치료자 : 좋은 소식은 저희가 당신을 위해 그런 도움을	희망을 제공한다.
제공하면 당신은 상황을 다룰 수 있다고 더	
많이 느낄 것이며, 사실 그것이 또한 우울증	
에서 벗어나도록 돕습니다. 어떠세요?	
환　자 : 좋습니다. 좋을 거 같아요.	

이 단계에서 치료자는 환자의 시각에서 전문적인 시각으로 초점을 옮겨간다. 이는 인종적, 문화적 혹은 성별 관련 장벽들이 드러날 수 있는 단계로 환자의 문화적 배경을 이해하고 환자의 배경과 정체성의 독특한 요소에 대해 환자로 하여금 치료자에게 교육하도록 허락하는 것이 중요하다. 그러나 종종 여러 가지 배경을 가진 환자들이 백인과 유색인들에게 더욱 특별히 불신과 오해의 이슈에 대해 솔직하게 대화하는 것이 매우 어려울 수 있다. 따라서 치료자는 우울증에 대한 정신과적 견해와 관련된 염려와 문화적으로 수용하기 어려운 것으로 고려될 수 있는 우울증 치료와 관련된 염려를 환자들이 말로 표현할 수 있도록 초대하고 격려해야 한다. 이러한 염려는 환자와 다른 인종 또는 성별을 가진 치료자를 신뢰하는 데 주저하게 할 수 있고, 전문적인 치료 측면에 대한 민감한 정보를 드러내는 것에 주저할 수 있다. 예를 들어, 흑인 환자와의 대화를 살펴보자.

치료자 : 제가 이 설문지에서 당신이 우울하다는 것을	표현되지 않는 저항을 이끌어 낸다.
이야기했을 때 말수가 없어지는 것을 보았습	
니다. 그때 어떤 생각을 하셨는지 물어도 될	
까요?	
환　자 : 중요한 것은 아닙니다(옆으로 시선을 돌린다).	개인이 가지는 선택과 통제권 을 강조하고 허락을 청한다.
치료자 : 말하고 싶지 않은 것을 말하도록 압력을 주고	

싶지는 않아요. 한 가지 더 질문을 해도 될까요?(환자가 고개를 끄덕인다) 제가 흑인 환자들과 대화를 할 때 때때로 이러한 설문지 유형에 대해 회의적임을 말하곤 합니다. 당신도 그렇게 느끼는지 궁금했습니다.

부정적인 의견들을 이끌어 낸다.

환　자 : 그런 설문지는 백인들에게 질문해서 만든 것이라 생각되어서 저희들에게 반드시 같은 의미인 것 같지는 않아요.

문화적 저항

치료자 : 저희가 한 질문이 당신에게 정말 적용되지 않을 수도 있지요.

확대 반영

환　자 : 몇 가지 질문은 저에게 맞지만 제가 어떤 질병을 가지고 있는 것 같진 않아요. 기분 나빠하지는 마세요. 하지만 백인들이 늘 흑인들에게 했던 식이지요. 생활이 힘들다는 이유 때문에 아프다고 말했지요.

환자의 염려를 말로 표현한다.

치료자 : 말씀해 주셔서 정말 감사합니다. 제가 제일 원하지 않는 사항이 당신에게 맞지 않는 어떤 진단명을 붙인다고 느끼게 하는 것이지요. 설문지는 차치하고 요즘 기분이 어떠신지 말씀해 주시겠습니까?

인정해 주기, 저항과 함께 구르기, 환자의 견해 이끌어 내기

환　자 : 우울하다는 말에 대해 꺼리지는 않아요. 이런 설문지가 제가 느끼는 것에 대해 모두 말해 준다고 생각하지 않는 것뿐이지요.

저항이 사라지고 있다.

치료자 : 저도 동의합니다. 이제까지 겪어 온 것에 대한 당신의 견해가 가장 중요한 것입니다.

환자의 말에 함께하기

스트레스, 대처, 치료력 및 치료에 대한 희망 탐색하기

이 단계에서 치료자가 가지는 목표는 환자 관련 내력에서 현재 어려움들을 이해하는 것, 치료의 부정적 경험과 부정적 생각들과 관련되어 치료 참여에 방해가 되는 것을 드러내는 것, 환자의 과거와 현재 대처 노력을 이해하고 대처하는 데 환자가 활용하고 있는 장점들을 인정해 주는 것, 긍정적인 변화 가능성에 대해 이야기하도록 이끌어 내기(즉, 바람) 등이다.

치료자는 환자가 이전에도 현재와 같은 기분을 가진 적이 있었는지 질문함으로써 시작한다. 환자의 우울증 경험에 대해 이야기한 후에 환자가 기분이 나아지고자 상황을 관리하기 위해서 최근에 어떤 노력을 하고, 어떻게 대처해 왔는지(예전에 우울한 경험이 있었는지)에 대해 질문을 한다. 환자가 선호하는 개입 유형들을 이해할 뿐 아니라 환자의 노력을 인정하고, 자기효능감을 지지해 줄 기회를 치료자가 찾아야 한다.

만약 이 주제가 전에 나온 적이 없다면 치료자는 환자가 치료에 대해서 어떤 지각을 하는지 묻는 것으로 방향을 돌려야 한다. 이러한 지각은 환자의 개인적 또는 대리적 경험으로부터 올 수도 있고(예: 자녀, 또는 다른 가족원) 또는 매체를 통해서 묘사로 나올 수 있다. 치료에 대한 긍정적, 부정적 지각들을 모두 이야기하도록 이끌어 내는 것이 중요하다. 긍정적인 것은 '대화 지속'과 관련되며, 부정적인 것은 치료 참여에 대한 양가감정이나 장애물에 가장 유력한 원천과 관련된 가능성이 있기 때문이다. 치료자는 환자가 가지고 있는 치료에 대한 부정적인 느낌과 생각을 무비판적으로 이해하고 있음을 전달하고자 공감적 반영을 활용하며, 현재의 치료자나 치료에 대해 그러한 부정적 측면이 일반화되고 있다면 초점의 방향을 바꾸어서 환자 개인의 선택과 통제력을 강조하는 전략을 활용해야 한다. 그리고 환자에게 제안한 치료가 보다 유익할 수 있다는 가능성을 강조하고자 재구조화하기를 활용해야 한다.

마지막으로 치료자는 환자가 치료에 대해 가지는 바람과 두려움에 대해 물어본다. 치료나 치료자로부터 환자가 원하는 것과 원하지 않는 것을 설명하도록 격려하는 것을 일반화하지는 않지만, 우리가 믿기로는 치료 효과가 가지는 가장 영향력 있는 회기의 요소 중에 포함된다고 본다(미래 예상하기). "치료가 끝날 때 당신은 어떻게 달라지길 원하십니까? 또는 이 치료가 당신이 원하는 방향으로 똑같이 효과가 있다면 지금부터 2개월 후에 당신의 삶이 어떻게 변화할까요?" 나는 상황이 더 나아질 수 있다는 희망을 유발시키며 치료가 환자의 호전에 중요한 역할을 할 수 있다는 바람을 유발시킨다.

이런 대화 과정에서 환자에게 제공될 치료가 환자가 바라고 있는 것을 어떻게 제공해 주는지 환자가 볼 수 있도록 도와줄 기회를 치료자가 찾아야 한다. 이것은 전형적으로 치료의 기본적인 윤곽과 원리를 간략하게 특정지어 주며 치료적 접근과 환자의 소망 간의 일치감을 지적해 주는 것을 포함한다. 저자들은 IPT가 저자들이 함께 작업했던 여성 집단에 훌륭하게 들어맞는다는 것을 알게 되었다. 우울증이 우리들의 대인관계 삶 속에서 논쟁 또는 상실과 관련 있다고 하는 생각이 환자들에게 직관적으로 이해가 되는 것으로 보이며 거의 언제나 대화의 초점과 맞아 떨어졌다. 이와 유사하게 IPT 치료자의 태도가 온정 있고, 적극적이며, 고무적이고, 다소 지시적인 개입 간의 오고가는 융통성과 대단한 호소력을 가진다. 참여 회기의 효과성은 환자가 참여하도록 요청되는 치료에 대한 수용성도 부분적으로 관련 있다.

치료자 : 그렇다면, 이러한 느낌은 상당히 심한 거였군요. 조니와의 이런 상황에서 화가 나고 희망이 없고 꼼짝 못하는 느낌이군요. 과거에도 지금과 같은 기분을 가졌던 적이 있었는지요?	우울증 내력에 대해 질문하기
환 자 : 저희 아버지가 2년 전에 돌아가셨을 때요. 한 달 정도 우울증이 있었어요. 잠시 동안 상황	변화대화 : 현재 문제는 다르다는 것을 인정한다.

이 나빴고 그 이후에는 조금씩 좋아졌어
요. 이번에는 상황이 점점 나빠지는 것 같
아요. 끝이 보이지 않아요.

치료자 : 살아가는 동안에 어려운 시기가 있을 거고   반영을 통해서 변화대화 강조
상황은 다시 정상으로 돌아올 거라고 예상   하기
하는군요. 그런데 이번엔 정상으로 돌아오
고 있지 않고요.

환 자 : 네, 보통 제 위치를 찾아가는 편입니다.

치료자 : 어떻게 그렇게 하셨나요?   과거에 했던 대처 방법 알아보기

환 자 : 글쎄요, 조니의 아빠가 저와 함께 있었고   현재 우울증 삽화에 대인관계
요. 그때는 지금처럼 나쁘진 않았어요. 그   적 기여 요소들을 알아내기
리고 저희 아버지가 살아계셨을 때 제가
이런 식의 기분을 가지면 아버지와 이야기
를 할 수 있었습니다. 아버지가 돌아가신
다음, 어머니와 조니의 아버지에게 이야기
할 수 있었지요. 지금은 온전히 나 혼자 조
니를 돌보고 있는 것 같아요. 정말 아무도
관심이 없고 이해를 못해요. 무슨 일이 일
어나는지 이해를 못해요.

치료자 : 지금처럼 기분이 가라앉고 당신을 이해해   도와줄 수 있는 사람이 없다
줄 사람이 필요하고 적어도 약간의 지지를   는 것. 의미의 반영
해 줄 사람이 필요할 때 더 이상 곁에는 아   그리고 섬세한 재구조화
무도 없는 것처럼 느끼는군요. 그것이 지금
과 이전과의 큰 차이군요.

환 자 : 그런 식으론 생각해 보진 않았네요. 네, 제

가 정말 이야기를 나눌 수 있는 사람은 이젠 없습니다.

치료자 : 당신은 그것이 그립고, 지금 그것이 필요하다고 정말 느끼고 있군요.

<!-- right margin -->
OK-그러나 이 말을 환자로부터 이끌어 내는 것이 더 좋다.

환 자 : 뭔가를 해야겠어요. 더 이상 느낄 수만은 없어요.

<!-- right margin -->
변화대화: 아직 자발적 대화는 아니다.

치료자 : 가족이나 친구 말고 다른 사람과 대화를 해볼 수 있던 적이 있나요?

<!-- right margin -->
과거의 치료 경험에 대해 알아보기

환 자 : 제 아들의 소아과 의사와 이야기하곤 했어요. 조니가 가지고 있는 문제들을 그분이 이해하셨어요. 그리고 저에 대해서도 이해하는 것 같았어요. 조니를 다루는 것이 제게 얼마나 어려운지 서로 이야기했어요. 이야기하고 나면 전 언제나 기분이 나아졌어요.

<!-- right margin -->
조력자로부터 환자가 무엇을 원하는지 기술하고, 자발적 대화를 시작한다.

치료자 : 그 의사가 당신을 이해한 것 같다고 하셨고요. 그분의 어떤 점이 당신이 이해받고 있다고 느끼게 했는지요?

<!-- right margin -->
반영, 상세히 이야기하기를 요청한다.

환 자 : 글쎄요, 대부분의 대화의 초점이 조니에게 있었지만 그분은 시간을 내어서 제가 어떻게 상황을 다루었는지 물으셨고 제 말을 경청했습니다. 저는 늘 제가 모든 사람들을 돌보고 있다고 느끼는데 그분은 제가 어떻게 느끼는지에 대해서 관심을 가지셨어요.

<!-- right margin -->
보다 많은 자발적인 대화 나누기

치료자 : 적어도 한 번은 누군가를 돌봐야 한다는 것   의미의 반영
에 대해 걱정할 필요가 없었군요. 그분이 당
신을 조금 돌볼 수 있도록 했고, 당신에 대
해 관심을 가질 수 있게 되었군요.

환　자 : 네 그런 것 같아요. 그분은 가족은 아니었
지만… 그분은 자신의 문제에 대해 결코
정말 말해 본 적이 없습니다.

치료자 : 그분은 경청했고 이해하는 것 같았고 도움   중간에 그동안의 자료를 모아
주기를 원했군요. 당신에 대해서 관심을 보   서 요약해 주기
였고 기분이 나아지도록 돕고자 했고 조니
를 더 잘 다룰 수 있도록 돕기를 원했군요.

환　자 : 그분은 제가 조니를 다룰 수 있도록 도우   환자가 원하는 것과 원하지
면서, 조니가 가지고 있는 문제들을 어떻   않는 것에 대한 주요점
게 해야 할지 말해 주었는데, 제가 나쁜 어
머니라고 말하기보다는 단지 제안을 하셨
어요.

치료자 : 정말 긍정적인 경험이었군요. 혹시 의사나   구체적인 반영이 주요점을 강
치료와 이보다 덜 긍정적인 경험을 가진 적   조했을 수 있을 것이다. 비난
이 있으셨는지요?   받는 느낌이 아닌…

환　자 : 그때가 친구나 가족 이외의 사람에게 이야   장애물 드러내기 : 치료에 대
기했었던 유일한 때였어요. 전 늘 제 스스   한 부정적인 기대
로 해결할 수 있다고 느껴 왔지요. 제 친구
하나는 상담하러 갔다가 약을 먹게 되어
더 이상 예전의 친구가 아니었죠. 저는 그
친구처럼 약물치료를 해서 변하느니, 저

자신 그대로 느끼는 게 더 낫습니다. 한 번
은 의사에게 이야기를 하러 갔는데 약을
복용하라고 하더군요.

치료자 : 그것은 당신이 전혀 편안하게 느끼는 것이
아니었군요.

느낌에 대해 반영하기

환　자 : 네, 처방전을 주셨는데 약을 사지 않았어
요. 제 친구의 경우 예전과 같지 않더군요.

치료자 : 친구가 변한 것을 보는 것이 다소 두려우셨
군요(환자가 고개를 끄덕인다). 당신이 본
것처럼 두 가지 종류의 도움이 있어요. 하
나는 약물 처방인데, 당신은 전혀 편안해하
지 않으시고요. 의사가 약을 주었을 때 도
움이 되지 않았지요. 왜냐하면 그것이 당신
에게 맞는다고 느끼지 않았으니까요. 또 하
나는 당신을 이해하고 돌보며 돕고자 원하
는 사람과 대화를 하는 것입니다. 그 사람
을 돌봐야 한다는 걱정을 할 필요가 없는
사람이지요. 이것은 도움이 될 수 있는 것
처럼 느끼시고요. 적어도 전에는 이것이 도
움이 되었던 것이었고요.

느낌에 대해 반영하기

요약하기와 재구조화하기를
이어준다.

환　자 : 네, 매우 도움이 되는 것 같아요.

자발적 대화

치료자 : 저희가 제공하는 도움은 '대인관계 치료'
라고 하는 것입니다. 우울증을 경감시키도
록 돕기 위해서 대인관계 문제를 다루는 것
에 초점을 두어 대화를 하는 치료이지요.

치료에 대한 소개

치료자는 당신 편에 있을 것이고 당신의 이야기를 경청하면서 상황이 더 나아지기 위해 당신이 할 수 있는 것이 무엇인지 알아내도록 도와줄 것입니다.

환　자 : 좋습니다. 그것이 제 문제입니다.　　자발적 대화

치료자 : 지금부터 몇 개월 후에, 만약 치료가 효과　미래 예상해 보기
가 있고 당신에게 정말 도움이 된다면 상황
은 어떻게 달라질 것 같습니까?

환　자 : 제가 정말 달라지기를 원하는 것은 조니와　자신의 바람과 비관적 태도를
의 상황입니다. 하지만 현재로는 그것이　표현함 – 즉 양가감정
어떻게 달라질 수 있을지 보이지 않아요.
왜냐하면, 직장에서 제 기분을 억제해야
하고 하루를 견디고 와서 아이를 돌봐야
하니까요. 종일 소진하니까요.

치료자 : 조니와의 변화가 당신이 정말 원하는 것이　양면 반영
지만, 그것이 어떻게 일어날 수 있을지는
볼 수 없다는 거군요.

환　자 : 글쎄요, 휴가를 가지거나 저 자신을 위해　변화대화 : 가능한 해결책을
시간을 조금 낸다면, 아이에게 그렇게 참　생각해 보기
지 못하지는 않을 것이고 치료자가 제안하
는 몇 가지를 해 볼 수 있을지도 모르겠어
요. 그런데 지금은 종일 일을 하고 저녁에
집에 와서 집안의 모든 것을 건사해야 하
고 또 조니와 싸워야 하니까, 저는 휴식시
간이 없습니다.

치료자 : 그렇다면 마술 지팡이를 가지고 조니와의 모든 상황을 좋게 하려는 것이 당신이 원하는 거군요. 그것은 가능하지 않지요. 하지만, 치료를 받으며 정말 상황이 잘 진행되어서 한 가지 변화가 생긴다면 당신이 자신을 위해 좀 더 휴식을 가지고 다른 사람을 돌보는 대신 당신 스스로를 돌볼 수 있도록 조니에 대해 어떤 도움을 얻는 방법을 알아내려고 하는 것 같은데요.	완전한 해결책에 대한 환자의 비관적 태도를 인정해 주기 …반영을 통해서 바라는 것의 원천을 강조하기
환　자 : 그럴 수 있는 에너지가 있었으면 좋겠어요. 저는 겨우 침대에서 일어나서 일하러 가고 조니를 돌볼 정도일 뿐이에요.	더 많은 변화대화
치료자 : 지금 기분으로는 그것을 해낼 수 있는 방법이 있는 것 같지 않아 보이는군요. 만약 상황이 좋아지고 에너지를 다시 얻게 된다면, 어떤 추가적인 도움을 어떻게 얻을 수 있으며, 조니와의 상황을 보다 건설적으로 다룰 수 있는지 또는 자기 자신을 돌볼 휴식을 가질 수 있는지 그 방법을 알아내실 수 있겠지요. 이러한 것들이 진정 긍정적인 변화가 될 수 있겠군요.	우울증 모델을 근거로 재구조화하기, 비관에서 희망으로 재구조화하기
환　자 : 네, 그걸 도울 수 있는 치료라면 정말 좋겠어요.	도움에 대해 상상하기

치료에 방해가 되는 실제적, 심리적, 문화적 장애물 해결하기

이 단계에서 목표는 환자가 치료 참여를 하지 못하게 하는 언급되지 않는 장애물을 이끌어 내고 탐색하고 해결하는 데 있다. 환자가 치료에 오는 것을 어렵게 만드는 것이 무엇인지 이야기하도록 치료자가 격려하면 주로 현실적인 장애물들이 먼저 언급된다. 즉, 환자는 안전하다. 사회적으로 적절하고 눈에 띨 정도는 아니라고 말한다. 치료자는 이러한 장애물을 액면 그대로 받아들이고 그것을 해결하기 위해 작업해야 한다. 만약 간단한 장애물이라면 바로 드러날 것이며, 염려와 걱정이 있다면 일단 현실적인 장애물이 다루어진 후에 이 염려가 드러날 것이다.

어떤 경우에는 환자가 자발적으로 장애물을 이야기하지 않고, 오히려 장애물이 존재하는 것 자체를 처음부터 부인한다. 중요한 장애물이 언급되지 않고 지나갈 수 있음을 확인하기 위해 다음과 같이 제안한다.

"어떤 환자들은 치료에 오고자 하지만 시간이나 비용을 마련하는 것이 어렵다고 하는군요. 어떤 분들은 치료가 어떤 것인지에 대해 걱정하기도 하고, 자기 가족들을 돌보는 데 노력을 기울이는 대신 자기 스스로를 위해서 시간을 내는 것에 대해 죄책감을 느낀다고 말하며, 기타 염려들이 있다고 합니다. 이처럼 의욕적인 환자분이라도 예외가 아닐 수 있습니다.…"

회기의 이 부분에서 인종적 또는 문화적으로 관련된 관심사들이 자발적 혹은 치료자에 의해 이끌어질 수 있다. 환자들은 자기와 다른 인종, 성별, 민족, 종교, 사회적 신분을 가진 사람이 진정 자신의 삶을 이해할 수 있을지 의심할 수 있으며, 또는 다른 점 때문에 자신들이 부정적으로 판단될 수 있을 거라고 예측한다. 또 한편에서는 소수민족의 작은 지역사회에서 온 환자의 경우에 같은 지역 사회의 일원에 의해서 재인 또는 낙인되는 것이 두려워, 오히려 다른 인종, 다른 종교 배경을 가진 치료자를 선호할 수 있다. 이처럼 잠재적이고 언급되지 않은 장애물을 직접적으로 표현하도록 이끌어 내고, 비방어적이고 개방적으로 환자의 염려를 탐색하여 환자로 하여금 스스로를 가르치는 교사가 되도록 할 때 그러한 염려가 희석된다.

치료자 : 만약 치료를 받기로 결정한다면 그렇게 하는 데 어떤 어려움이 있을까요?	장애물을 이끌어 내기 위해 열린질문하기
환 자 : 모르겠어요. 저는 에너지가 많지 않아요. 그 래서 무엇을 한다는 것이 어려워요. 내가 확 언할 수 없는 것을 한다는 것 말이에요.	심리적인 걸림돌
치료자 : 여기에 오는 에너지가 없다는 것… 어떻게 하 면 스스로 좀 더 강해질 수 있다고 보는지 말 해 주세요.	반영하기와 상세히 이야기하 도록 요청하기
환 자 : 조니를 돌보아야 하는 것과 매일 일하러 가는 것에 에너지를 모두 씁니다. 오늘 여기에 오 는 것도 어려웠어요. 하지만 조니가 치료자와 의 약속이 있었기 때문에 와야 했습니다. 정 말 그럴 필요가 있어서 여기에 온 것이지요.	
치료자 : 그렇다면, 좀 더 많은 에너지를 가지기 위해 서 필요한 도움을 얻는다는 것이 에너지가 필 요한 것이군요.	명백한 딜레마에 대해 인정해 주기
환 자 : 게다가 조니가 있고 직장 일이 있어요. 월요 일에 치료자를 보러 올 수 있다면 아마 가능 할 거예요. 이른 오후부터 오프이고 조니가 그날 치료자와 약속이 있으니까요. 그 외에는 주중엔 일을 해야 하고 조니를 돌봐야 하거든 요.	잠재적인 현실적 장애물
치료자 : 저희가 제일 원하지 않는 것이 당신의 삶을 더 복잡하고 어렵게 만드는 것입니다. 저희는 스케줄을 확실히 조정할 수 있고 오후에 실	의미에 대한 반영 실제적 장애물을 먼저 문제 해결하기

때 오시게 해 드릴 겁니다. 만약에 우리가 그렇게 할 수 있다면, 하나의 장애물은 확실히 없어지는 것 같군요. 그렇다고 에너지 문제를 반드시 해결한 것은 아니고요. 다음 회기에 참석하는 것을 상상해 본다면 어떤 생각들이 스쳐 지나가세요?

…구체적인 문제를 질문함으로써 심리적 장애물을 언급하기

환　자 : 여기에 오는 것이 어려울 수 있다는 걸 알아요. 그냥 집에 가서 방에 처박혀 있는 걸 원하거든요. 여기 온다면 누군가 제게 어떻게 하면 기분이 좋아질지 말해 줄 수 있겠지요. 그런데 그것이 효과가 있을진 모르겠어요. 이것, 저것을 하면 기분이 좋아질 거라고 말할지도 모르는데, 지금 저는 어떤 것도 한다는 것이 어렵습니다.

낮은 에너지라고 하는 장애물을 구체화하고 비난받는 것에 대한 염려에 다시 한 번 힌트를 주고 있다.

치료자 : 이곳에 올 준비가 되어 있는 자기 자신을 상상하면서 한편으로는 이것이 어떻게 되어 갈까에 대해 의아해하시는 거 같아요.

다소 일반화한 경향이 있다.

환　자 : 네, 제게 하라고 하는 것을 제가 하지 못할 수도 있고요. 그런 것들을 할 에너지가 없는데 그걸 이해하지 못한다면 저는 어쨌든 도움이 되지 않을 거라고 염려할 거 같아요.

환자는 치료자로 하여금 비난 또는 실패에 대한 자신의 걱정을 이해해 주기를 시도한다.

치료자 : 그런 경우에 도움이 안 될 거라 확신합니다. 정말 중요한 것은 해야 할 필요가 있는 것을 당신 스스로 하는 것이 얼마나 어려운 것인지 치료자가 이해해야 하는 것이지요.

공감하면서 섬세하게 재구조화하기

반대되는 사실들을 암시해 주기, 즉 그런 것이 만약 일어난

비현실적인 기대를 하지 않는 거고요. 할 수 없는 것을 하도록 하면서 치료자가 비판적으로 느낀다면 그것은 정말 당신에게 용기를 잃게 하는 것입니다.

환　자 : 네, 또는 제가 하고 싶지 않은 것. 예를 들면 이 약을 먹어라 하는 것.

치료자 : 그러니까⋯ 당신에게 맞지 않다고 느끼는 것을 하라고 치료자가 하지 않을까⋯ 생각하는군요.

깔려 있는 염려

다면(하지만 그런 일을 여기에서 일어나지 않을 것이다)

환　자 : 네, 그분들이 제 삶에 대한 것을 이해해 주고 있는 것을 확신하고 싶을 뿐이에요. 제가 할 수 없는 일, 조니 또는 조니 아빠에 대해 제가 할 수 없는 것을 하라고 하지 말아야 합니다.

환자는 치료자가 이해하기를 진정으로 원하고 있다.

치료자 : 도움이 되지 않는 것은 누군가 와서 "그냥 쉬겠다고 상사에게 말하세요," "아이의 아빠에게 가서 당신을 도와줘야 한다고 말하세요." 라고 말하는 것이군요.

치료자가 구체적으로 그 의미를 표현하고 있다.

환　자 : 그렇게 하는 것이 상황을 악화만 시킬 뿐이죠. 직장에서 문제가 더 늘어나게 되고 조니가 아빠와 더 말다툼하게 되고요.

치료자 : 맞아요. 당신은 이런 민감한 상황에 있고요. 치료자는 그것을 이해하고 존중할 필요가 있지요. 치료자가 이해할 수 있도록 당신이 확실한 어떤 생각이 있는지 궁금합니다.

문제 해결에 대한 환자의 아이디어를 이끌어 낸다.

환　자 : 제 이야기를 경청할 사람이 필요하다고 봐요. 제 상황을 이해해 주는 사람으로 제가 대화를 할 수 있는 사람이요. 제 어머니는 이해조차 하지 못해요. 제 옆에서 제 이야기를 들어줄 사람이 없다는 게 어떤 건지 어머니는 몰라요.

문제 해결에 대한 환자의 아이디어를 이끌어 낸다.

치료자 : 그렇다면, 한 치료자를 상상해 봅시다. 그 치료자는 우선 앉아서 당신의 이야기를 경청하고, 당신의 상황을 이해하려고 진정 노력하며 바로 충고나 제안을 주지 않고 우선 당신에게 상황이 얼마나 어려운지 당신이 처해 있는 민감한 상황을 이해하고자 정말 시간을 가지는 치료자입니다. 이러한 치료자를 만나기 위해 온다고 생각한다면 여기에 오는 것이 좀 더 쉬워질 수 있을까요?

환자가 요구하는 것에 대해 치료자가 함축적으로 말해 준다.

그러고 나서 이것이 장애물을 해결할지 물어본다.

환　자 : 네, 도움이 되지 않는다면 어떻게 누군가를 만나러 올 에너지를 모르기 때문입니다. 제 상황이 힘들어요. 저는 상황을 부풀려서 이야기하는 것이 아닙니다.

비난이나 비판에 대한 자신의 걱정을 함축적으로 표현하고 있다.

치료자 : 바로 맞습니다. 이 상황은 매우 나쁘고 정말 민감한 것이지요. 당신은 벼랑 끝에 있는 것처럼 느끼고 조심하지 않으면 벼랑 밑으로 떨어질 것 같지요.

환자의 견해를 타당화해 준다. 그러나 비난받을 것에 대한 두려움을 정확하게 표현해 줄 수도 있다.

환　자 : 조니를 돌봐야 하니까. 그런 일이 일어나지 않도록 뭔가를 해야 합니다.

좀 더 힘이 있는 자발적 대화

치료자 : 두 가지 이야기를 제가 듣고 있습니다. 이 상황에 도움을 받는 것이 정말 중요하다고 보고 기분이 나아지기 위해서 어떤 도움을 찾는 것이 중요하다고 느끼지요. 그리고 당신이 기분이 나아지는 데 정말 도움이 된다면, 그것을 얻기 위해 필요한 에너지를 발견할 수 있다는 거지요.	요약을 재구조화하기, 환자가 무엇을 하기를 원하느냐, 원치 않는가에 대한 여부는 '에너지'에 달려 있음을 의미하기
환　자 : 그래야 합니다. 왜냐하면 제가 기분이 나아질 때는 조니를 다룰 만하기 때문입니다. 그렇지 않으면, 제가 무슨 짓을 할지 두려워요.	자발적 대화
치료자 : 당신의 상황에 대해서 이해하지 못하고 그것이 얼마나 어려울지 이해하지 못하는 사람에게 찾아왔다고 느낀다면 그것이야말로 당신의 에너지를 빼앗는 거겠지요.	환자의 언어를 사용한다.
환　자 : 네, 제게 약을 먹으라고 했던 의사처럼 말이죠.	치료 준수에 강력하게 장애물이 될 수 있는 것
치료자 : 그분을 다시 보러가고 싶지 않겠군요.	
환　자 : 맞아요, 그분을 다시 보러가지 않았어요.	강력하게 가능한 치료 준수의 장애물 장애물을 더 알아보기
치료자 : 그 밖에 여기 오는 데에 어렵게 할 수 있는 것이 어떤 게 있을까요?	
환　자 : 없습니다.	
치료자 : 저희가 만났던 어떤 어머니들은 이곳에 와서 대화를 하는 데 어렵게 만드는 몇 가지 요인을 밝힌 적이 있습니다. 이 요인이 당	기타 가능한 장애물을 탐색하기 위해서 허락을 구하기 문화적 장애물을 탐색하기(환

신에게도 적용이 되는지 이야기해도 될까요?(환자가 고개를 끄덕인다) 때로 언급되는 요인으로는 치료자가 자신을 이해할 수 있는지에 대한 염려인데, 자신과 치료자 사이의 차이 또는 치료자와 자신 간의 삶의 차이 때문이지요. 이러한 생각이 혹시 스쳐 지나간 적이 있으세요?

자가 자발적으로 언급한 것은 아님)

환　자 : 아니요. 제 이야기를 경청해 줄 사람이 필요할 뿐이에요. 기꺼이 경청해 주는 한 저를 이해할 수 있다고 생각해요.

치료자 : 치료자의 배경, 남자 여자, 백인과 흑인, 빈부 등이 중요하진 않군요. 중요한 것은 얼마나 관심과 의지를 가지고 당신의 이야기를 들어줄 수 있는가, 당신의 상황을 이해하고 자기의 생각을 당신에게 부가하지 않는 거군요.

의미 반영

비난받는 것에 대한 환자의 염려에 대해서는 구체적이진 않다.

환　자 : 네, 조니의 소아과 의사처럼요. 그분은 저와 같은 삶을 살지는 않았어요. 그분의 삶에 대해서 이야기해 보지 않았어요. 그분은 제 이야기를 잘 경청했어요.

이것이 환자에게 얼마나 중요한지 명료히 하고 있다.

치료자 : 두 분이 유사한 삶을 살았던 것 같지는 않지만, 그 의사가 관심을 가지고 기꺼이 경청했기 때문에 그 차이가 문제가 되진 않았군요.

환　자 : 그렇습니다. 그 이외에는 생각해 보지 않았어요.

결단(혹은 전념) 이끌어 내기 또는 결단(혹은 전념)의 여지 남겨 두기

치료자의 마지막 목표는 환자의 치료 결심을 이끌어 내는 것으로 요점을 되풀이하며 시작하는데, 환자가 지각한 딜레마와 변화대화, 환자가 이것과 기타 도전들을 대처하는 데 보여 준 장점, 우울증은 '결점'이 아니라는 객관적인 증거와 환자가 스스로 우울해지거나 치료를 받으러 오는 것에 대한 양가감정, 환자가 치료와 치료자에게 가장 원하는 것이 무엇인지 그리고 환자가 원하지 않는 것이 무엇인지, 치료 참여와 잠재적 해결책의 장애물이 되는 것으로 밝혀진 것의 재설명 등이다. 치료 과정에서 그다음 단계에 대한 정보를 제공한 후에 치료자는 다음과 같은 주요 질문을 한다. "이것이 당신에게 어떨 것 같습니까? 이것이 당신이 하고자 원하는 것일까요?" 그리고 거기서 유발되어야 하는 결심 대화를 강조할 기회를 찾고자 경청해야 한다.

만약 환자가 치료 결심을 표현한다면 치료자는 의뢰를 해 준다. 환자가 여전히 양가감정을 보인다면 치료자는 양가감정의 양편을 모두 반영해 주고, 환자가 저항을 보인다면 비방어적으로 저항과 함께 구른다. 모든 경우에서 치료자는 이 회기를 긍정적인 것으로 끝마치도록 노력해야 한다. 즉 불완전한 치료 참여에 대해 가혹하지 않은 메시지를 전달하는 것이다. 환자가 참여하기를 선택한다면 치료에 참여하여 이득을 얻을 수 있는 능력에 대해 긍정적이고 마음을 이끄는 자세를 취하는 것, 환자의 참여에 대해 인정해 주어 희망을 제공하면서, 우울증은 치료될 수 있는 상태라는 것을 반복해서 말해 주고 환자가 이미 기분이 나아지고 더 잘 기능하고자 첫 발걸음을 디뎠다고 믿고 있음을 표현하는 것이다.

> 치료자 : (환자의 이야기, 딜레마, 장점, 변화에 대해   요약해서 반복해 주기
> 표현한 필요성, 우울증에 대한 피드백, 치
> 료에 대해 지각하고 있는 단점과 장애물,
> 치료에 대해 지각하고 있는 긍정적인 면,
> 치료 참여에 대한 양가감정의 해결 등을 요

약하면서…) 이것이 잘 요약된 걸까요?

환　자 : 네, 그런 것 같아요. (잠시 후) 기회를 가 져볼까 해요.

> 아직까지 결심은 아니다.

치료자 : 지금 그 기회를 갖는 것은 어떠세요?

> 주요한 질문임

환　자 : 글쎄요, 저의 문제를 대처할 방법을 알 아야 할 필요가 있다고 봐요. 상태가 더 나빠진다면 전 아마도 후회할지도 모르 니까요. 치료가 도움되는지 적어도 시도 해 볼 만한 가치가 있겠지요.

> 결단(혹은 전념)대화

치료자 : 한편으로 '여기에서 기회를 가져보겠 어.'라고 느끼고 동시에 '그 기회를 가 지지 않는다면 더 위험해질 수도 있을 거야.'라고 느끼는군요.

> 양면 반영, 정중한 재구조화 로 마무리 짓기

환　자 : 맞아요, 하지 않을 수는 없겠어요. 그래 서 기회를 가져볼 가치가 있어요.

치료자 : 매우 좋습니다. 그러면 준비가 되셨으니 까 치료를 시작할 약속 일정을 정하지 요. 원하시는 거 맞지요?

> 결단(혹은 전념)에 대해 확인 하기

환　자 : 네, 맞아요. 좋을 것 같아요.

> 자신의 결단(혹은 전념)을 인 정하기

치료자 : 좋습니다. 다음번에 조니를 데리고 올 때 로 시간 약속을 정해 두겠어요. 이 시간을 마치기 전에 두어 가지 말씀드리고 싶은 것이 있어요. 약속을 지키실 수가 없으면 다시 약속시간을 잡을 수 있으니까 전화 를 주세요. 물론 약속 바로 전에 무슨 일

> 장애물과 그 해결책을 회상해 주기
>
> 징벌적이지 않은 태도임을 강 조하기

이 생기면 전화를 못하실 걸 알고 있어요. 당신의 생활처럼 스트레스가 많을 경우에 이런 일들이 불가피할 수 있다고 이해해요. 그런 경우 차후에도 일정을 다시 잡을 수 있다는 걸 아시길 바랍니다.

환　자 : 좋아요, 제가 매우 바쁘고 정신없는 생활을 하고 있고, 마지막에 가서 상황이 바뀌기도 하거든요.

환자는 이런 자세에 대해 감사를 표현한다.

치료자 : 이것이 정말 중요하다고 생각합니다. 저희가 당신을 도울 수 있을 거라고 생각할 이유들이 많이 있으니까요. 저희는 과거에도 당신과 같은 어머니를 돕는 데 성공을 많이 했습니다. 당신이 말한 것처럼 저희 치료는 당신의 문제들을 바로 해결하려 합니다. 당신은 이미 상황을 나아지게 하려고 열심히 노력해 왔고요. 그래서 이 기회를 놓치지 않길 바랍니다(환자가 고개를 끄덕이며 미소를 짓는다). 끝내기 전에 물어볼 것이 또 있으세요?

치료 성공에 대한 낙관적 태도 표현하기

환자의 노력 인정하기

질문/반응 이끌어 내기

환　자 : 아니요. 다 된 거 같아요.

치료자 : 오늘 이렇게 와 주셔서 감사합니다. 개인적인 것에 대해 처음 보는 사람과 이야기를 나눈다는 게 반드시 쉽진 않거든요. 오늘은 모든 게 잘된 것 같아요. 장차 있게 될 것에 대한 좋은 징조가 될 거예요.

인정해 주기와 낙관적 태도로 끝맺음하기

문제와 가능한 해결책

반구조화된 개입

반구조화된 개입(semistructured intervention)을 수행하는 데 있어서 한 가지 도전은 그 구조를 너무 엄격하게 준수하거나 너무 느슨하게 준수하는 것 사이에서 균형을 찾는 것이다. 저자들이 제공하는 것은 참여 회기의 바람직한 구조일 뿐이다. 그 구조는 환자가 치료의 결심을 가지도록 증진시키기 위해 고안된 일련의 과제를 치료자가 달성하도록 확신하고자 의도된 것이다. 동시에 그 회기는 각 환자의 구체적인 요구에 따라서 충족시키도록 융통성 있게 전달되어야 한다. 만약에 어떤 특정한 영역이 해당 환자에게 적합해 보이지 않는다면 그 영역은 간략하게 언급하며 지나간다. 여기에서 구체화한 것과 다른 순서로 환자가 주제를 언급한다면 치료자는 그 환자를 따라가야지 개요를 따라가서는 안 된다. 융통성 있게 하라는 것은 또한 흔히 있는 견해는 아니지만 해당 환자가 자신의 이야기를 하고 경청되었으면 하는 욕구가 너무 커서 그 회기의 대부분이 환자의 말을 공감적으로 경청하는 것에 쓰여야 한다고 치료자가 결정하게 된 경우를 의미한다. 참여 회기를 경직되거나 '조리법' 식으로 전달하는 것은 환자로 하여금 면담에 의미롭게 참여시키려는 회기의 목적을 훼손시킨다.

개입 시간

참여 회기는 45~60분 정도로 종료한다. 면담의 시간을 좌우하는 요인으로는 환자 스타일(다변적 대 과묵함), 기분장애 증상(정신운동 과다 대 지체), 치료 장애물의 수, 치료에 대한 환자가 가지고 있는 양가감정의 정도가 포함된다. 시간이 촉박하다면 치료자는 우선 해당 환자에게 가장 관련 있는 측면에 대해서만 초점을 맞춘다. 예를 들어, 어떤 환자는 이미 우울증의 성격에 대해 교육을 잘 받고 치료에 오는 경우가 있는데 이때 연장된 심리교육은 반복적이 될 것이다. 어떤 환자는 우울증이 아닌 다른 상태로 받은 긍정적 치료 경험을 가질 수 있으나 이전엔 한 번도 우울한 적이 없을 수 있으므로 치료의 양가감정에 초점을 두기보다는 우울증의 이해에 더욱 초점을 둘 수 있다. 또한 중요한 것은 환자에게 치료 시간을 설명하는 것은 이 회기 면담을 위해 일정표에 충분히 시간을 잡도록 해 주어야 한다.

참여 회기 대 심리치료

참여 회기란 '사전치료'로 계획되고 의도된 것이다. 이런 방법으로 치료를 시작하는 것에 익숙하지 않은 경우, 더 익숙해 있는 방식으로 되돌아가고 싶은 유혹을 느낄 수 있다. 예를 들어, 철저한 개인력 조사, 최종 진단하기, 그리고 치료 계획 수립하기 등을 하고 싶은 것이다. 참여 회기를 수행하는 이론적 근거는 간단하다. 즉 치료에 대해 양가감정을 가진 환자들이 탈락 가능성이 더 많다. 이런 경우, 개인력 하기, 진단 내리기, 치료 계획하기는 시기상조이다. 공식적인 치료 과정을 가지기에 앞서 환자가 치료에 참여하도록 한 회기 정도 투자하는 것은 치료자가 보다 더 굳건한 기반 위에 시작하도록 해 주는 잠재력을 가진다.

자살, 정신병적 또는 불안정한 환자

훌륭한 임상적 판단은 모든 매뉴얼을 능가한다. 치료자가 환자에게서 자살 사고, 정신병적 증상, 통제 불가능한 흥분감 또는 기타 위험한 위기적 상태에 있는 것으로 관찰되면, 치료자는 개입을 중단하고 환자가 즉각적인 안정감과 적절한 치료를 받을 수 있도록 조치를 취한다.

참여 회기 치료자가 심리치료사가 아닌 경우

어떤 장면에서는 참여 회기(engagement session)를 진행하는 사람이 해당 환자의 치료자가 아닐 수 있다. 지속적인 치료가 최적이기는 하나 늘 가능한 것은 아니다. 이런 경우에 면담을 진행하는 치료자가 차후에 있을 치료자와 조정해야 한다(예 :

"마지막 치료자로 인해서 당신이 위협을 느꼈다는 것을 저희들이 기억하는 것이 매우 중요합니다."). 그리고 회기에서 일어난 중요한 점을 전달할 것임을 강조해야 한다. 이러한 의사소통이 일어난다는 것을 확신시켜 주는 것이 필요적임을 말할 나위가 없다.

참여 회기가 해당 환자와의 첫 만남이 아닌 경우

어떤 장면에서는 환자와의 첫 만남에서 시설이나 규제기관에 의해서 제정된 지침을 따라야 한다. 이런 경우에 참여를 증진시키고자 하는 치료자들은 두 가지 선택이 있다. 표준화된 면담의 치료자가 참여 회기의 요소를 삽입시킬 수 있는 기회를 찾아보도록 선택하는데 예를 들어, 이전 환자의 치료 삽화에 대해 질문하는 동안 이런 경험 중에 환자가 도움이 되었는지 아닌지를 치료자가 물을 수 있다. 또 하나는 치료자가 표준화된 방법으로 초기 방문을 수행한 다음 추후 두 번째 만남에서 참여 회기를 진행하는 것이다. 이러한 경우에 환자는 이미 자신의 개인력의 주요한 요소를 말로 표현했거나 접수 시 이미 이야기했을 수도 있다. 이런 점을 반복하기보다는 이미 이야기가 되었던 것을 요약하여 시작하며 그다음에 상세하게 이야기하도록 묻거나 (상세하게 물으면 만남이 심도 있게 된다고 볼 경우) 또는 다음 회기단계로 옮겨 갈 수 있다.

다른 유형의 치료를 하기 전에 참여 회기 활용하기

참여 회기가 IPT-B 전에 사용하도록 개발된 것이긴 하지만, 다른 치료 맥락에서도 용이하게 전이하여 사용할 수 있다. 그 회기에서 언급하고자 하는 이슈들은 많은 것들이 불안, 약물사용 그리고 기타 장애를 가진 환자를 치료할 때 자주 등장한다. 이와 유사하게 저자들은 CBT 또는 기타 치료 유형을 사용하기 전에 이 개입을 활용하도록 치료자가 보안할 수 있는 가능성이 있다고 본다. 환자로 하여금 그들이 원하는 도움이 치료에 의해서 주어질 수 있음을 보도록 도우려는 목표가 다양한 치료적 접근으로 확장될 수 있다.

연구와 결론

한 예비조사에서(Swartz et al., 2006) 정신건강 치료를 받고 있는 우울하지만 자살 시도는 하지 않은 청소년 자녀를 둔 어머니 집단에게 참여 회기와 IPT-B 8회기를 제공하였다. DSM-IV 진단 기준에는 맞지만 치료를 받지 않은 11명의 어머니가 참여 회기를 받았다. 그 회기 이후에 모든 피험자들이 만족 검사지를 작성하는데, 8~32점의 점수로 치료에 대한 주관적 만족도를 평가하는 8문항의 도구이다 (Attkisson & Greenfield, 1994). 참여 회기에 대한 CSQ 평균 점수는 27.2점으로 높은 만족도 수준을 나타냈다. 11명의 참여자 모두가 이 회기 이후에 첫 번째 치료를 받기로 약속 일정을 잡았고, 그중 한 명을 제외한 모든 사람들이 치료를 완료하였다. 제외된 한 명은 8회기 중에 7회기를 참석한 후 중단했음으로 역시 분명히 '참여했던' 것으로 보아야 할 것이다.

큰 도시의 여성 병원 내의 공중보건 산부인과에서 실시한 무선별 예비 연구에서 (Grote, Zuckoff, Swartz, Bledsoe, & Geiber, 출간 중), 경제적으로 열악한 64명의 우울한 임산부(63%가 흑인이었음)들은 우울증 치료를 받고 있지 않았는데 이들에게 임산 분만 클리닉에서 제공하는 참여 회기와 IPT-B 8회기를 제공했거나 또는 임산 분만 클리닉이나 근교에 있는 지역사회 정신건강 요인에 의해서 표준적인 우울증 치료를 의뢰받았다. '참여 회기와 IPT-B'에 할당된 25명이 연구를 시작하였고 참여 회기를 받았다. 24명의 임산부가 첫 번째 치료 회기에 참석하였고, 17명은 IPT-B의 전체 과정을 완료하였다. '표준 의뢰와 치료'에 할당된 33명의 임산부 중에서 28명이 연구를 시작하였고 10명이 첫 번째 치료 회기에 참석하였으며 2명만이 표준화된 우울증 치료 과정을 완료하였다. 참여 회기 및 치료 준수의 정도 면에서 '참여 회기 및 IPT-B' 집단이 '표준 의뢰 및 치료' 집단에 비해 양쪽 모두 유의미하게 우수하였다(Fisher의 Exact Test [FET], $p < .001$).

　참여 회기에 대한 효과와 관련된 연구는 현재 초기 단계에 있다. 이전에 고찰하였던 바와 같이 저자들의 예비연구는 이러한 개입을 제공할 만한 실행 가능성이 있음을 증명한 바 있고, 치료 시작과 참여도가 일반적인 장면에서 보다 더 좋은 것으로 비교되고 있다. 우울증을 가진 어머니와 경제적으로 열악한 우울증 임산부들에게 참여 회기와 표준적 의뢰 간의 무선별적 비교 예비 연구가 진행 중이며 저자들은 일상적 치료 장면에서 지역사회 치료자들이 참여 회기를 수행할 수 있도록 훈련하는 것에 실행 가능성을 평가하기 시작하였다.

　지금까지 저자들의 연구는 참여 회기가 전망이 좋은 것으로 보여 주고 있다. 동기면담, 민족학적 면담과 심리교육적 전략 모두, 치료를 찾는 환자들에게 흔히 있는 장애물을 다루는 데 매우 효과가 좋다. 일화를 통해서 보면 참여 회기를 완수한 여성들이 자신의 치료 욕구를 명료화하는 데 도움이 되었으며 치료에 참여하도록 촉진하였다고 그들의 느낌을 표현한 바 있다. 저자들은 또한 이 개입을 수행하고자 하는 다양한 전문 분야의 수많은 치료자들을 훈련한 바 있으며 결과는 매우 좋았다. 따라서 저자들이 결론을 짓기로는 동기면담에 기반을 둔 통합적 참여 개입을 부과하는 것이 우울증 환자에게 있어서 치료 참여와 치료 준수 제약이라는 부담되는 문제를 다루는 데 도움이 될지 결정하기 위해 참여 회기는 지속적으로 연구될 가치가 있다.

참고문헌

American Psychiatric Association. (1994). *Diagnostic and statistical manual of mental disorders* (4th ed.). Washington, DC: Author.

Arkowitz, H., & Westra, H. A. (2004). Integrating motivational interviewing and cognitive-behavioral therapy in the treatment of depression and anxiety. *Journal of Cognitive Psychotherapy, 18*, 337–350.

Attkisson, C. C., & Greenfield, T. K. (1994). The client satisfaction questionnaire-8 and the service satisfaction questionnaire-30. In M. Maruish (Ed.), *The use of psychological testing for treatment planning and outcome assessment.* Hillsdale, NJ: Earlbaum.

Burke, B. L., Arkowitz, H., & Menchola, M. (2003). The efficacy of motivational interviewing: A meta-analysis of controlled clinical trials. *Journal of Consulting and Clinical Psychology, 71*, 843–861.

Daley, D. C., Salloum, I. M., Zuckoff, A., Kirisci, L., & Thase, M. E. (1998). Increasing treatment compliance among outpatients with comorbid depression and cocaine dependence: Results of a pilot study. *American Journal of Psychiatry, 155*, 1611–1613.

Daley, D. C., & Zuckoff, A. (1998). Improving compliance with the initial outpatient session among discharged inpatient dual diagnosis patients. *Social Work, 43*, 470–473.

Daley, D. C., & Zuckoff, A. (1999). A motivational approach to improving compliance. In D. C. Daley & A. Zuckoff, *Improving treatment compliance: Counseling and systems strategies for substance abuse and dual disorders* (pp. 105–123). Center City, MN: Hazelden.

Garcia, J. A., & Weisz, J. R. (2002). When youth mental health care stops: Therapeutic relationship problems and other reasons for ending youth outpatient treatment. *Journal of Consulting and Clinical Psychology, 70*, 439–443.

Grote, N. K., Bledsoe, S. E., Swartz, H. A., & Frank, E. (2004). Feasibility of providing culturally relevant, brief interpersonal psychotherapy for antenatal depression in an obstetrics clinic: A pilot study. *Research on Social Work Practice, 14*, 397–407.

Grote, N. K., Zuckoff, A., Swartz, H. A., Bledsoe, S. E., & Geibel, S. L. (in press). Engaging women who are depressed and economically disadvantaged in mental health treatment. *Social Work.*

Hettema, J., Steele, J., & Miller, W. R. (2005). Motivational interviewing. *Annual Review of Clinical Psychology, 1*, 91–111.

Mackenzie, C. S., Knox, V. J., Gekoski, W. L., & Macaulay, H. L. (2004). An adaptation and extension of the Attitudes Toward Seeking Professional Psychological Help scale. *Journal of Applied Social Psychology, 34*, 2410–2435.

McCarthy, K. S., Iacoviello, B., Barrett, M., Rynn, M., Gallop, R., & Barber J. P. (2005, June). *Treatment preferences impact the development of the therapeutic alliance.* Paper presented at the annual meeting of the Society for Psychotherapy Research, Montreal, Canada.

McKay, M. M., & Bannon, W. M. (2004). Engaging families in child mental health services. *Child and Adolescent Psychiatric Clinics of North America, 13*, 905–921.

McKay, M. M., McCadam, K., & Gonzales, J. J. (1996). Addressing the barriers to mental health services for inner city children and their caretakers. *Community Mental Health Journal, 32*, 353–361.

Miller, W. R., & Rollnick, S. (2002). *Motivational interviewing: Preparing people for change* (2nd ed.). New York: Guilford Press.

Miranda, J., Azocar, F., Komaromy, M., & Golding, J. M. (1998). Unmet mental health needs of women in public-sector gynecologic clinics. *American Journal of Obstetrics and Gynecology, 17*, 212–217.

Miranda, J., Azocar, F., Organista, K. C., Dwyer, E., & Areane, P. (2003). Treatment of depression among impoverished primary care patients from ethnic minority groups. *Psychiatric Services, 54*, 219–225.

Miranda, J., Azocar, F., Organista, K., Munoz, R., & Lieberman, A. (1996). Recruiting and retaining low-income Latinos in psychotherapy research. *Journal of Consulting and Clinical Psychology, 64*, 868–874.

Nock, M. K., & Kazdin, A. E. (2005). Randomized controlled trial of a brief intervention for increasing participation in parent management training. *Journal of Consulting and Clinical Psychology, 73*, 872–879.

Schensul, S. L., Schensul, J. J., & LeCompte, M. D. (1999). *Essential ethnographic methods: Observations, interviews, and questionnaires.* Walnut Creek, CA: AltaMira Press.

Scholle, S. H., Hasket, R. F., Hanusa, B. H., Pincus, H. A., & Kupfer, D. J. (2003). Addressing depression in obstetrics/gynecology practice. *General Hospital Psychiatry, 25*, 83–90.

Simon, G. E., Ludman, E. J., Tutty, S., Operskalski, B., & Von Korff, M. (2004). Telephone psychotherapy and telephone care management for primary care patients starting antidepressant treatment: A randomized controlled trial. *Journal of the American Medical Association, 292*, 935–942.

Swartz, H. A., Frank, E., Shear, M. K., Thase, M. E., Fleming, M. A. D., & Scott, J. (2004). A pilot study of brief interpersonal psychotherapy for depression in women. *Psychiatric Services, 55*, 448–450.

Swartz, H. A., Shear, M. K., Wren, F. J., Greeno, C., Sales, E., Sullivan, B. K., et al. (2005). Depression and anxiety among mothers who bring their children to a pediatric mental health clinic. *Psychiatric Services, 56*, 1077–1083.

Swartz, H. A., Zuckoff, A., Frank, E., Spielvogle, H. N., Shear, M. K., Fleming, M. A. D., et al. (2006). An open-label trial of enhanced brief interpersonal psychotherapy in depressed mothers whose children are receiving psychiatric treatment. *Depression and Anxiety, 23*, 398–404.

Walitzer, K. S., Derman, K. H., & Connors, G. J. (1999). Strategies for preparing clients for treatment—a review. *Behavior Modification, 23*, 129–151.

Westra, H. A., & Dozois, D. J. A. (2006). Preparing clients for cognitive behavioural therapy: A randomized pilot study of motivational interviewing for anxiety. *Cognitive Therapy and Research, 30*, 481–498.

Young, A. S., Klap, R., Sherbourne, C. D., & Wells, K. B. (2001). The quality of care for depressive and anxiety disorders in the United States. *Archives of General Psychiatry, 58*, 55–61.

Zuckoff, A., & Daley, D. C. (2001). Engagement and adherence issues in treating persons with non-psychosis dual disorders. *Psychiatric Rehabilitation Skills, 5*, 131–162.

Zweben, A., & Zuckoff, A. (2002). Motivational interviewing and treatment adherence. In W. R. Miller & S. Rollnick, *Motivational interviewing: Preparing people for change* (2nd ed., pp. 299–319). New York: Guilford Press.

제 06 장

우울증 치료를 위한
통합적 구조 틀로서의 동기면담

Hal Arkowitz, Brian L. Burke

이 장의 제목을 보면서 어떤 독자들은 '우울증을 위한 또 다른 치료 기법' 이라고 생각할 수 있다. 인지행동치료(Westen & Morrison, 2001), 정신분석(Leichsenring, Rabung, & Leibling, 2004), 인본주의(Elliott, Greenberg, & Lietaer, 2004), 약물치료(Nemeroff & Schatzberg, 2002)를 포함하여 수많은 우울증 치료 기법들이 어느 정도 효과가 있는 것으로 판명된 바 있다. 그러나 이러한 치료를 받은 환자 중 상당히 많은 퍼센트가 높은 재발률뿐만 아니라 지속되지 않은 호전율을 보여 준 바 있고 많은 환자들은 도움을 전혀 받지 못했다. 동기면담은 우울증을 위한 심리치료와 약물치료의 효과를 증진시키는 하나의 방법인데 우울증과 관련된 두 가지 이슈를 강조하기 때문이다―내적 동기의 증가와 변화에 대한 양가감정―해결과 더불어 메타 분석(Burke, Arkowitz, & Menchola, 2003; Hettema, Steele, & Miller, 2005)에서 동기면담은 타 치료와 어우러져서 사용할 수 있고 기타 치료 효과 유지를 하고 치료 준수를 증가시킬 수 있음을 밝혔다. 이러한 기타 치료들은 성격 면에서 많은 것이 인지행동치료였다. 최근엔 동기면담과 인지행동치료를 조합 내지 통합하는 데 많은 관심을 가지고 있는 것으로 보인 장에서는 이 두 가지 치료를 통합하는 것에 대해 언급한다. 그러나 저자들은 동기면담을 또 하나의 치료학파가 아닌 우울증 치료의 결과를 증진시키기 위해 융통성 있게 사용하는 기법으로 보다 광범위하게 이야기한다. 저자들은 동기면담이 타 치료와 병합할 수 있는 통합적인 구조틀로서 적용될 수 있다는 점과, 우울증 치료의 결과를 증진하는 데도 융통성 있게 사용될 수 있음을 제안한다.

임상 대상과 일반적인 치료

우울증은 현대에 있어서 유병률이 가장 높은 장애 중의 하나이다. 주요 우울증의 기준으로는 다음 9가지 증상 중 5가지가 해당된다. 우울한 기분, 일상생활에서의 흥미나 즐거움의 상실, 체중 감소 또는 증가, 불면 또는 과다 수면, 정신운동 불안 또는 지연, 피로감 또는 에너지 상실, 과도한 무가치감이나 죄책감, 사고, 집중력, 의견 결정의 어려움, 자살 사고나 시도. 만약 적어도 2년 동안 보다 경미한 우울증적 증상을 보여 주는 경우 기분부전장애로 진단될 수 있으며(American Psychiatric Association, 2000) 이 장애는 주요 우울장애보다는 더 만성적이지만 덜 심하다.

주요 우울장애 또는 기분부전장애와 더불어 기분장애의 또 다른 보다 흔하지 않은 유형이 있는데 그중에는 계절성 정동장애, 일반적 의학적 상태에 의한 기분장애, 약물로 인한 기분장애가 있다.

양극성 장애는 우울증이 있든 없든 간에 조증 또는 경조증 삽화가 존재하는 것으로 정의되며 기분장애 유형에 포함된다. 이 장에서는 그러한 삽화가 없는 단극성 우울증에 초점을 둔다.

미국인 중 16% 정도가 그들의 인생에 있어 어느 시점에 주요 우울장애 기준에 해당하며, 이와 더불어 10%는 덜 심각하거나 유사하게 심각한 증상을 포함한 경미한 우울증 기준에 해당된다(Kessler, 2002). 그 밖의 많은 사람들이 삶의 질에 피해를 줄 수 있는 보다 덜 심각한 우울증을 경험하고 있다. 비극적인 사실은 우울증 진단을 받은 사람의 10~15%가 결국에는 자살을 한다는 것이다(Clark & Fawcett, 1992). 명확한 사실은 우울증이 심각한 문제이므로 우리가 알고 있는 가장 효과적인 치료들을 필요로 한다는 것이다.

최근 몇 년간 우울증의 심리적(Craighead, Hart, Craighead, & Ilard, 2002), 생물학적 치료(Nemeroff & Schatzberg, 2002) 모두 중요한 발전을 했다. 무선별 통제연구에서 연구의 관심을 가장 많이 받아 온 두 가지 심리치료는 인지행동치료(CBT)와 대인관계 심리치료(IPT; Weissman, Markowitz, & Klerman, 2000)이다. 이에 비해 정신분석, 인본주의 치료에 대해서는 이보다 연구가 적은 편이며, 다양한 항우울제 약물치료의 효과성 역시 많은 연구에서 평가되었다.

심리치료 결과의 효과에 대해 1998년까지의 연구를 메타 분석한 Westen과 Morrison의 연구(2001)에서 밝힌 사실은 치료를 완료한 우울증 연구 대상자 중의 54%가 유의미하게 호전되었다는 사실이다. 치료가 종료되었어도 참가자들의 많은 퍼센트가 여전히 우울증상을 가지고 있다. 잔류하는 우울증상은 재발에 있어 중요한 위험 요인이 되기 때문에 이런 사실은 문제가 있다(Lewinsohn, Hoberman, & Rosenbaum, 1988). 더불어 공존 약물남용, 정신병, 자살위험을 포함한 다양한 근거로 인해 연구에서 배제되었던 많은 수의 우울증 환자들이 있기 때문에 이러한 결과를 일반화시킬 수 있는 우울증 환자들의 범위가 제약을 받게 되었다. 분석에서는 치료 완료자뿐만 아니라 치료를 시작하였으나 완료하지 못했던 사람들도 포함하였으므로 호전율이 37%로 떨어졌다. 더 나아가 후속 조사를 한 연구에서는 재발률이 동요될 정도로 높았다.

항우울제 약물치료가 많은 우울증 환자에게 유용하였으나(Nemeroff & Schatzberg, 2002), 이 치료 역시 많은 결점을 가지고 있다. 이 약물치료는 성기능 문제와 체중 증가와 같은 곤란한 부작용을 가질 수 있고, 심리치료보다는 덜 비용 효과적이었다(Barrett, Byford, & Knapp, 2005). 그리고 치료가 종료된 후에는 재발률이 더 높았다(Hollon et al., 2006). 초기 약물이 잘 맞지 않거나 충분한 치료적 효과를 가지지 않는다면 다른 항우울제를 쓰거나 또는 그 약물과는 다른 약물을 함께 사용함으로써 치료 효과를 개선할 수도 있다(McGrath et al., 2006). 그러나 Olfson, Marcus, Tedeschi와 Wan(2006)은 30일 후에 42%의 환자가 항우울증제 치료를 중단하였으며 90일째는 72%가 중단했음을 밝혔다. 이런 중단의 이유가 많을 수 있겠으나—예를 들어, 치료적 효과의 부족 또는 어려운 부작용—많은 사람들은 견딜 수 있고 도움이 될 수 있는 약을 중단해 버리는 것이었다. 잠재적으로 볼 때 동기면담이 적절하게 사용된다면 항우울제 약물 복용을 높이는 데 도움이 될 수 있다.

심리치료와 항우울제 약물치료의 효과는 치료가 종료되었을 때는 동일하지만 치료가 중단되었을 때는 심리치료의 경우 재발률이 더 낮았다(Hollon et al., 2005). 약물치료와 심리치료 모두에서 얼마나 많은 사람들이 얼마만큼의 도움을 받을 것이며, 치료 준수와 재발률 면에서 개선의 여지가 매우 많이 있다. 저자들이 바라기는 동기면담이 우울증을 위한 심리치료와 약물치료 모두에서 치료 효과를 개선하는 데 전망이 좋음을 보여 주고자 한다.

우울증 치료에서 동기면담 사용의 이론적 근거

모든 정신장애 그리고 특히 우울증을 위한 심리치료에서 동기면담을 사용하는 데 잠재적 유용성을 가리키는 몇 가지 이유가 있다. 우선, 동기면담은 타 치료들과 통합 또는 조합될 수 있어서 타 치료의 효과 유지와 준수를 증진함으로써 치료 효과를 개선해 준다. 더불어 아래와 같이 보다 구체적인 이유 몇 가지가 있다.

동기면담은 우울증 증상에 적합하다

대부분의 평상시 활동에서 흥미와 즐거움을 상실하는 것이 우울증의 주요 증상인데, 이것은 낮은 동기로 명명하는 것이 쉬울 것이다. Burns와 Nolen-Hoeksma (1991)는 동기, 즉 CBT에 적극적으로 참여하려는 것, 호전하기 위하여 자신의 문제를 탐색하고 변화와 희생하고자 하는 것으로 측정될 수 있는 데 동기를 우울증 호전의 중요한 예측요인으로 보았다. 동기를 증진하는 데 동기면담에 특별히 초점을 맞추고 있다는 사실이 우울증 환자가 보여 주는 동기 결핍에 적합하다.

우울증 환자는 종종 저항하는 것으로 치료자들에게 보인다. Miller와 Rollnick (2002), 그리고 Engle과 Arkowitz(2006)는 모두 저항을 양가감정으로 재개념한 바 있다. 우울증 환자와 작업을 하는 대부분의 임상가들은 이러한 양가감정이 얼마나 자주 일어나는지를 알고 있는데 이러한 양가감정은 종종 '예… 그렇지만…'의 표현으로 나타난다. 동기면담은 대부분의 타 치료에서 특별히 우울증에 만연해 있는 양가감정에 대해 더 많이 다루고 있다.

마지막으로, 짜증과 분노는 우울증 환자의 25%에서 보이며(Pasquini, Picardi, Biondi, Gaetano, & Morisini, 2004) 프로젝트 MATCH 연구 집단(1997, 1998)에서는 분노의 여부가 알코올중독을 위한 동기면담의 긍정적 치료 효과에 대한 중요한 예측 변인이라고 밝혔다. 이러한 연구 결과는 동기면담이 분노와 관련된 우울증을 가진 사람들에게 특히 효과적일 수 있다는 가능성을 제기한다.

동기면담은 우울증 환자들의 활동 수준을 증가시키는 데 도움이 된다

신체적, 사회적 활동을 증가함으로써 우울증상을 경감시킬 수 있다(Burns & Spangler, 2000; Lewinsohn, 1974). 어떤 학파의 치료자들이라도 우울증 환자에게 그들의 활동 수준을 증가시킬 것을 자주 제언한다. 그러나 이러한 제언이 어떻게 전달되느냐에 따라 환자로 하여금 그것을 행동화할 것이냐 아니냐에 중요한 영향을 줄 수 있다. 동기면담의 특징이기도 한 지지적 스타일은 보다 지시적인 치료자 스타일에 비해 더 적은 저항을 가져오는 것으로 보인 바 있다(Miller, Benefield, & Tonigan, 1993; Patterson & Chamberlain, 1994). 결과, 치료적 제언들이 동기면담 스타일로 전달된다면 그 제언들이 수행될 가능성은 더 높아진다.

공감적인 치료 관계는 우울증을 줄인다

공감으로 성격 지워지는 치료적 관계가 치료에서 영향력 있는 변화 매개체임을 보여 주는 자료들이 많이 있다(Bohart, Elliot, Greenberg, & Watson, 2002). Lambert와 Barley(2002)는 공감을 포함한 치료적 관계 변인들이 타 치료가 가지고 있는 특수한 기법보다 치료 효과와 더 높은 상관관계를 가지고 있다고 결론을 내렸다. 연구자들은 또한 치료자가 보다 더 따뜻하고 공감적이며 이해적이고 지지적일수록 이러한 변인에서 낮게 평가되었던 치료자에 비해 더욱 효과적이라고 결론을 내렸다. Burns와 Nolen-Hoeksma(1992)는 치료적 공감이 CBT를 받은 환자의 경우 우울증 회복에 상당한 인과적 효과가 있음을 밝혔다. 이런 연구가 제안하는 바는 동기면담이 공감적 치료 관계를 강력하게 강조하기 때문에 우울증의 치료적 효과를 증진시키는 잠재성이 있다는 것이다.

우울증 치료에서의 동기면담 적용

약물사용 장애 분야에서의 연구는 동기면담을 사전치료로 몇 회기 동안 적용함으로써 보다 지시적인 치료를 포함하여 후속으로 이어지는 치료 효과의 증진을 보여 준다(Connor, Walitzer, & Dermen, 2002; 참조 메타 분석 Burke et al., 2003; Hettema et al., 2005). 사전치료로서의 동기면담 사용은 Arkowitz와 Westra (2004), Westra와 Dozois(제2장), Zuckoff, Swartz와 Grote(제5장)에서 자세하게 다루어진다. 사전치료로서의 동기면담은 우울증 및 기타 장애의 치료에 상당히 좋은 전망을 가지고 있으며 정밀한 연구 조사의 가치를 가진다. 하지만 저자는 치료의 전 과정을 위한 치료적 구조 틀로서 동기면담을 맞추어 본다.

Miller(1983)가 진술한 바와 같이 동기면담은 원래 단독치료로 의도된 것이 아니라 타 치료와 연합하여 사용하도록 의도되었다. 이러한 입장과 일치하고자 저자들은 동기면담을 모든 치료 기법이나 이론이 병합될 수 있는 통합적 구조 틀로서 고려하고자 한다. 그러나 이러한 통합적 방식으로 동기면담을 우울증에 적용하고자 할 때 다음에 기술되는 몇 가지 문제를 논의할 필요가 있다.

치유적 관계

저자들이 관찰하기로는 Carl Rogers(1951)가 기술하고 동기면담에 의해서 촉진된 치료적 관계가 우울증의 성공적인 치료를 위해 충분히 효과가 있다. Carl Rogers에 의하면 치료적 관계는 변화를 가져오는 데 필요충분하다. Rogers가 주장한 바와 같이 특정한 조건을 가진 치료 관계의 독특한 유형이 변화를 달성하는 데 필요하다. 이러한 조건 중에서 가장 중요한 세 가지는 치료자의 진실성, 공감, 그리고 무조건적 긍정적 존중 또는 수용이다.

이러한 태도는 동기면담에서 핵심이 되며 동기면담 정신 또는 스타일의 부분이기도 하다. 변화를 위한 Rogers의 조건과 동기면담 정신 간의 가장 가까운 관계성이 몇 가지 방식으로 보인다. Miller와 Rollnick(2002)은 다음과 같이 진술한다.

우선, 동기면담은 개인의 염려와 관점에 초점을 둔 내담자 중심 또는 인간 중심의 Carl Rogers와 그 동료들의 연구에 많은 신뢰와 은혜를 지고 있다. 이러한 면에서 동기면담은 Rogers가 개발한 내담자 중심적 접근의 진화이다.

그러나 동기면담은 Rogers의 접근과는 다른데, 변화를 위한 내적 동기를 증진시키고 변화에 대한 양가감정을 해결하며 선별적 반응을 통해 변화대화를 증가시키는 것에 초점을 두기 때문이다. Miller와 Rollnick(2002)은 동기면담 정신 또는 스타일을 변화를 가져오는 필수적인 것으로 보았으며 이러한 목표를 달성하고자 사용되는 동기면담 기법은 동기면담 정신이 생략된다면 거의 또는 모든 효과를 상실하게 된다고 말한다.

저자들의 견해에 대한 보다 많은 지지는 동기면담 연구에서 사용된 바 있는 주요 코딩 시스템의 내용에서 유래하는데(Moyers, Miller, & Hendrickson, 2005), 이 시스템은 동기면담을 수행하는 데 필요한 구체적이고 중요한 전문가 기술을 평가한다. 이러한 기술로는 수용, 공감, 진실함, 온정, 동등성 등이다. Miller와 Rollnick의 견해와 Rogers 견해 간의 이러한 조건들이 가지는 의미에 대해 다소 차이가 있을 수 있으나 틀림없이 중첩되고 있다.

Rogers의 내담자 중심 치료는 동기면담에 내재하는 동일한 또는 유사한 조건을 제공해 주는 토대가 되는데, 수많은 연구에서 효과가 있는 것으로 보인다(Elliot et al., 2004; Goldman, Greenberg, & Angus, 2006. 참조). 이러한 연구 및 타 연구에 대해 이 장의 마지막 부분에서 자세히 이야기한다.

한편에는 Rogers의 내담자 중심 치료가 말하는 변화의 조건과 효과성 그리고 또한 다른 한편에는 동기면담에 중심이 되는 동기면담 정신 간의 많은 유사점이 있다는 사실로 볼 때, 환자의 변화 동기와 대화를 증진시키고 변화 과정에서 거의 또는 전혀 역할을 하지 못하는 양가감정을 해결하는 방향으로 구체적인 동기면담 기법을 사용할 때 동기면담 정신이 적어도 몇몇 환자들에게 변화를 설명할 수 있음이 가능하다.

많은 환자들이 낮은 자존감과 낮은 자기 수용을 가지고 치료에 오는데 이것이 그들 문제의 주요한 부분이 되고 있다. 이러한 사실은 특히 우울증 환자에게 있어서 그러하다. 치료자가 우울증 환자에게 무조건적인 긍정적 존중, 진실성, 공감을 제공해 줄 때 환자는 이러한 태도를 내면화하기 시작하면서 조건적인 긍정적 존중과 공감의 부족이라고 하는 일반적인 우울증적 태도에 반할 수 있다.

그러나 아직 연구에서는 변화 과정에서 각각 양가감정을 해결하고 내적 동기를 증진시키는데 동기면담이 가지는 상대적인 기여도에 대해 명료화하지는 못했다. 이러한 연구야말로 동기면담이 어떻게 효과가 있는지 그리고 이 장에서 제안하는 고찰들을 조명해 줄 것이다. Miller, Yahne, Palmer와 Fulcher(2003)에 의한 연구에서 보여 주는 바와 같이 변화 결단(혹은 전념)대화가 치료 결과를 예측하였으나 동기면담의 어떠한 부분 또는 부분들이 그러한 증가를 가져오는 데 필수적인지에 대해서는 여전히 의문이 남아 있다.

치료적 단계의 초점

우울증 작업을 하는 치료자는 우울증과 기타 관계 스트레스와 나타나는 증상뿐만 아니라 그것의 원인적 이슈와 대처방법에 대해서도 다루어야 할 필요가 있다. 우울증 치료의 초점을 맞추는 데 치료자에게 안내가 되는 방법이 있지 않는 한, 치료는 특히 단기 치료에서는 어떤 초점 목표에 충분히 진전을 보이지 않은 채 너무나 다른 방향으로 나아가게 된다. 저자들의 접근에서는 타 장애에도 역시 잠재적으로 응용 가능한 우울증 치료의 초점 맞추기에 대해 생각해 볼 수 있는 간단하면서도 유용한 방법을 개발한 바 있다.

저자들은 초점의 세 가지 단계를 정의하였다. 우울증과 기타 스트레스의 전반적인 증상, 우울증과 스트레스에 기여하는 문제점, 이런 문제점의 변화를 환자가 해야 할 필요가 있다. 변화의 동기를 증가시키고 변화의 양가감정을 해결하려고 작업하는 것이 각 단계마다 있어야 한다.

단계 1 : 우울증과 스트레스의 주요 증상을 경감시키기

치료의 초기 초점은 우울증과 기타 관련 스트레스가 보여 주는 전반적인 증상을 경감시키는 데 있어야 한다. 변화 결단(혹은 전념)대화를 증가시키고 가치-행동 불일치감에 대해 작업하는 것과 같은 빈번하게 사용되는 동기면담 기법에 덧붙여, 우울 증상에 대한 양가감정을 해결하는 결정 저울 전략이 우울증 환자에게 매우 유용하다는 것을 저자들은 알게 되었다.

변화 결단(혹은 전념)대화를 차별적으로 이끌어 내고 보상하는 것이 동기면담의 중심이다. 현재 상태 유지 또는 변화하지 않으려는 이유를 반영하는 환자의 대화는 상대적으로 강조하지 말아야 한다. 예를 들어, Miller와 Rollnick(2002)은 그러한 '무변화' 대화가 떠오르면 대화의 초점을 다른 쪽으로 바꾸어야 할 것을 제안했다. 이와는 대조적으로 저자들은 변화하지 않으려는 이유를 이끌어 내고 반영하는 데 상당히 많은 시간과 주장을 하고 있는데 특히 변화 동기를 세우는 데 목표를 둔 치료의 초기 단계에서 그러하다. 저자들의 임상적 관찰에서 볼 때 치료 초기에 변화해야 할 이유만큼이나 변화하지 않으려는 이유에 초점을 맞추는 것이 그러한 이유와 관련된 환자들의 감정을 이끌어 낼 뿐만 아니라 그들의 양가감정의 편에 대한 이해와 온전한 인식을 깊게 하도록 도울 수 있다. 사실 변화하지 않는 것과 관련된 고통스러운 정서를 유발하고 인식하는 것이 변화해야 할 이유의 힘을 부여해 줄 수 있는데, 왜냐하면 변화가 일어난다면 이러한 스트레스는 경감할 수 있음을 환자가 깨닫게 되기 때문이다. 더불어 저자들이 감지하는 것은 내적 갈등으로 간주되는데 양가감정을 해결하기 위해서는(Engle & Arkowitz, 2006), '책상에 모든 카드를 올려놓는 것'이 중요하다. 그렇지 않다면 충분하게 이야기되지 못했거나 충분히 인식되지 못한 변화하지 말아야 할 이유를 환자가 가지고 있다. 만약 이런 경우라면 그러한 이유가 변화의 장애물로 지속될 수 있다. 결정 저울 작업에서 이러한 이유를 이끌어 내어 검토하고 변화해야 할 이유에 초점을 맞춤으로써 저자들은 양가감정을 해결할 가능성을 증가시킬 수 있고, 변화-결단(혹은 전념)대화를 증가시킬 수 있다.

환자로 하여금 변화의 장애물 또는 단점을 이야기하도록 격려하는 것은 긍정적인 치료 관계를 증진시키는 독특한 경험이 된다. 왜냐하면 중요한 타자들에게는 이해하기 어렵거나 수용하기 어려울 수 있는 환자의 생각과 감정을 이야기할 때 치료자가 무비판적으로 경청하면서 공감적으로 반응하기 때문이다. 자신들의 변화하지 말아야 하는 이유에 대해 치료자가 무비판적으로 경청하고 있음을 경험한 후에야 환자는 사회적으로 바람직한 반응을 하거나, 타인들이 변화의 필요성으로 환자에게 이야기해 온 것을 반복하는 대신에 자기 스스로 변화의 이유를 보다 공개적이고 진솔하게 말할 수 있기 때문이다. 저자들이 믿기로는 변화해야 할 이유만큼이나 변화하지 말아야 하는 이유에 초점을 맞추는 것이 중요하며, 이 장에서 다루는 세 가지 단계의 치료적 초점 모두에 적용된다고 본다.

한 예로서, 우울증 남성이 있다고 하자. 변화하지 말아야 하는 한 가지 중요한 이유는 만약 자기가 더 이상 우울하지 않다면 처음에 자신의 우울감에 기여했던 가족 문제에 직면해야 하는 두려움일 수 있다. 이럴 때 이러한 문제들을 다루는 자신의 능력에 대해 환자가 가지고 있는 생각과 두려움을 좀 더 깊이 있게 이끌어 낼 수 있다. 그렇게 한 다음에 이 문제를 다루는 것의 장점을 탐색할 수 있으며, 열린질문하기와 기타 동기면담 기법을 가지고 그 이유가 얼마만큼 현실적인지 함께 검토한다. 예를 들어, 환자가 가족의 다른 문제를 성공적으로 다룰 수 있었던 과거의 시점을 이끌어 내도록 탐색한다. 궁극적인 목표는 환자가 여전히 우울한 상태로 있는 것에 대한 자신의 양가감정을 해결하도록 도움으로써 자신의 우울증을 감소하기 위해 변화 결단(혹은 전념)대화를 증가시키는 것이다. 저자들이 믿기로는 변화하지 말아야 하는 이유를 심도 있게 탐색하는 것이 이러한 목표에 도달하는 길이라고 본다. 이러한 고찰은 저자들의 임상 경험을 토대로 한 것으로 경험적 연구에서 검토되어야 한다.

브래드 사례를 보면 이러한 증상의 전반적인 단계에서의 양가감정 작업이 있다. 브래드는 대학 졸업 후 1년간 심각하게 우울하고 불안하였으며, 주요 우울증 진단의 기준에 부합했다. 첫 3회기 과정을 통해서 브래드에게 결정 저울 작업에 대한 이론적 근거와 기술에 대해서 설명해 주었고 자신의 우울증이 변화하지 말아야 하는 이유를 생각하도록 했다. 많은 대화 이후 브래드는 두 가지 서로 관련된 주제에 초점을 맞추었다. 첫 번째, 만약 자신의 우울증과 불안증이 호전된다면 인생을 어떻게 살아가야 할 것인가?라는 질문에 직면해야 하며, 이 질문이 자신의 우울증을 유발시켰을 이슈의 하나라고 말하였다. 더 나아가 자신의 증상이 호전된다면 부모들이 "자신에게 더욱 일자리를 구하라든가, 무엇을 하라든가, 학교로 다시 돌아가라든가

할 것이고, 자신은 무엇을 하길 원하는지 여전히 모르는 상태에 있을 것."이라고 하였다. 그는 또 변화해야 할 몇 가지 이유를 이야기하였는데, 슬픈 감정과 무관심 그리고 매사에 즐거움이 거의 없는 것이 얼마나 고통스러운가 하는 것과 자신의 우울증이 여자 친구와의 관계에 주는 부정적 영향을 포함하였다.

단계 2 : 주요 우울증상과 관련 스트레스에 기여하는 문제 파악하기

이 단계는 종종 어려운 부분이어서 치료자의 상당한 기술을 요구한다. 이 단계에서 각기 다른 배경을 가진 치료자들이 환자의 문제점을 각기 다르게 개념화할 수 있다. 예를 들어, 정신분석적 관점은 우울증이 내면화된 분노를 어떤 특정한 내면화된 정신적 표상으로 간주하며, CBT 접근에서는 우울증이 왜곡되고 부정적인 사고, 신념, 그리고 기저에 깔린 도식과 관련된다고 본다.

저자들의 작업에서는 현재와 과거의 결정 요인들을 모두 주목한다. 동기면담과 일관성 있게 저자들은 환자가 전문가이며 치료자는 변화 과정의 자문가로 간주한다. 자신의 우울증에 기여를 한다고 스스로 믿고 있는 문제점이 무엇인지 환자에게 질문함으로써 시작한다. 때로 환자들은 이런 문제점에 대해 즉각적으로 파악하기도 한다. 그럴 경우에 치료자는 반영과 피드백을 시험적으로 제공하면서 문제점을 보다 더 명료하게 정의하도록 도와준다. 만약 환자가 즉각적으로 파악하지 못하는 경우, 치료자는 그들의 우울증의 원인이 될 수 있는 몇 가지 생각들을 제공해도 좋을지 허락을 묻고 몇 가지 가능성을 기술해 줄 수 있는데, 예를 들어, 억압된 분노, 사회적 소외와 낮은 보상 수준, 미해결된 애도, 부정적 사고 패턴을 언급한다. 환자가 이것 중의 한 가지 또는 그 이상이 해당된다고 말하면 치료자와 환자는 함께 그것이 해당되는 방식에 따라 개념화한다.

Miller(개인 교신, 2006년 12월 7일)는 우울증 환자에게도 매우 유사한 절차를 활용했다고 하는데, 즉 환자의 다양한 요인에 의해서 우울증이 일어날 수 있음을 말해 주고 그들의 상황에 적용 가능한 여러 가지 대안 메뉴를 제공하여 환자가 선택하도록 한다. Miller가 보고한 바로는 환자들이 이러한 대안 메뉴 절차에 매우 잘 반응하며 이러한 절차는 환자 자신의 지혜와 감각을 이용할 뿐 아니라 대안에서부터 자유롭게 선택한 어떤 것을 하고자 내적으로 동기화된다.

리카도는 중년 남성으로서 자신의 우울증의 주요 문제점으로 '유리잔의 채워진 반을 보지 않고, 늘 채워지지 않은 반을 보는 것.' 즉, 환자는 자신의 우울증이 주로 자신의 부정적, 비관적 사고에 귀인했다고 한다. 자신의 사고를 변화시키는 것에 우리가 어떻게 접근할지 다양한 대안을 함께 탐색한 후 그는 인지치료 접근을 선택했다.

단계 2를 탐색하면서 저자들은 우울증의 기여한 요인뿐만 아니라 과거에서 현재까지 이어지는 패턴을 제시하였다. 존의 사례가 후자의 예이다. 존은 직장에서 해고된 후부터 우울해졌다. 자신이 원하는 것은 우울증을 없애 줄 훌륭한 상사가 있는 직장을 갖는 것이라고 말했다. 그런데 탐색을 통해서 드러난 것이 권위적 대상에 대해 심각한 문제를 가지고 있었고, 이것은 폭력적이면서 권위주의적인 아버지와 함께 보낸 초기 유년기 시절로 거슬러 올라갔다. 몇 회기가 지난 후 그는 자신의 문제가 상황적인 것 이상으로 권위적 대상과의 보다 긴 만성적 문제일 수 있음을 고려하기 시작했다. 이 사례에서 치료는 동기면담 정신을 사용한 보다 정신분석적으로 지향된 치료가 진행되었으며 대상관계, 자아 심리학 그리고 관계적 패러다임을 포함한 보다 현대적인 정신분석적 접근 개념을 토대로 한 치료를 진행하였다(Wachtel, 1997, 제5장 참조). 이 치료에서는 초기 애착에 토대를 둔 패턴이 어떻게 현재까지 지속될 수 있는지, 그리고 현재는 그런 패턴들이 더 이상 적합하지 않다는 해석이 포함되었다. 또한 치료에서 준 해석으로는 전이와 관련된 해석이 포함되었는데 전이에서 존은 치료자를 자신이 힘들어하는 또 다른 권위자로 다루고 있다. 과거로부터 지속된 이러한 패턴이 치료 관계에 드러나는 바를 지적해 주는 것이 매우 유용하였다. 그러나 차후 저자들이 이야기하는 것처럼 해석은 자기 이해를 위한 잠정적인 가능성일 뿐이며, 해석에 대한 환자의 생각이 종종 수정 보완, 거절, 수용으로 나타났다. 이러한 치료는 보다 권위적인 치료자 태도에서가 아니라 동기면담 정신을 가지고 진행하는 정신분석적 치료였다.

55세 여성인 사라는 어릴 적에 성적 학대를 받았으며 그것으로 인해 상당히 많은 수치심을 느꼈다. 이러한 경험이 그녀로 하여금 은둔적이고, 외롭고, 우울하게 하였다. 우리는 그녀가 수년간 지녀온 그 수치심을 학대에 의한 다른 잔재된 감정뿐만 아니라 우울증에 기여하는 중요한 문제점으로 정의하였다.

찰스는 중년 남성으로 부부 문제와 관련된 우울증 때문에 저자 중의 한 명으로부터 치료를 받았다. 그의 아내는 남편이 자신의 생각과 감정을 전달하는 무능력으로 인해서 점점 더 화가 나서 별거를 하겠다고 위협을 하였다. 저자는 찰스에게 그가 사랑하는 사람들과 대화하는 것과 관련되어 어릴 적 어려움의 경험이 있었는지 회상하도록 하였다. 이에 환자가 기술하기로는 부모의 결혼생활이 불행했으며 환자가 어릴 때 그의 어머니는 아이가 마치 상담자인 것처럼 많은 것을 이야기하면서 어머니 자신의 사적인 문제를 나누었는데, 아이가 자신의 염려에 대해 이야기하려고 하면 짜증을 냈다고 한다. 그 결과, 환자는 훌륭한 경청자는 되었지만 미숙한 의사 전달자가 되어 버렸다. 과거에는 어머니에게 도움이 되었으나 현재는 아내로부터 자기 자신을 소원하게 만드는 결과를 가져온 것이다. 이러한 통찰이 아내와 좀 더 개방적으로 되도록 탐색하는 동기를 증가시켰다.

단계 2는 본질적으로 개념화 단계이다. 어떠한 종류의 타당한 이론적 배경의 설명도 적합하다. 다양한 이론적 배경이 병합될 수 있는 문제 개념화의 다양한 방법으로 동기면담이 통합적 구조 틀이 될 수 있다.

단계 3 : 주요 스트레스 증상에 기여하는 문제를 변화시키기 : 행동실천단계에서의 동기면담의 적용

우울증에 기여하는 문제가 정의되었다면 그 문제가 치료의 초점이 된다. 단계 2와 같이 변화 전략들은 어떠한 종류의 순수한 심리치료 접근에서도 가능할 수 있다. 저자들이 밝힌 바로는 행동실천단계에서 동기면담을 가지고 작업하는 것이 동기면담 정신의 맥락에서 수행될 수 있으며 기타 치료 접근의 기법, 동기면담 기법을 적용할 수 있다는 사실이다. COMBINE 연구에서 적용한 절차 또한 이러한 사실을 명료하게 보여 주고 있다(Miller, 2004).

치료의 단계 3에서는 행동 변화를 목표로 한다. 이것이 바로 동기면담의 주요 목표가 된다. 때로 이러한 변화는 CBT와 같이 보다 행동지향적 치료를 통해서 달성되며 어떤 경우에는 인본주의 치료, 통찰 또는 정신분석적 치료에서처럼 보다 인식을 지향하는 치료를 통해 달성되기도 한다. 그러나 통찰과 인식은 자기 이해의 가치는 있는 반면에 치료의 마지막 지점은 아니다. 통찰과 인식은 환자와 관련한 문제에서 행동 변화를 달성하기 위한 수단이다.

동기면담과 일관성 있게 진행하는 치료자는 환자에게 단계 2의 문제를 변화하기 위해 무엇을 할 수 있는지 질문함으로써 시작한다. 환자의 반응으로는 '운동 다시 시작하기', '자기 학대하지 않기', '사건의 부정적 측면만을 보는 것을 중단하기', '아내에게 개방적으로 되기' 또는 '모르겠어요'가 포함된다. 만약 환자가 변화 계획을 위해 구체적인 제안을 한다면 치료자는 그 계획이 타당한 것처럼 보일 때 계획을 세우도록 조력한다. 저자들이 발견한 사실은 환자들이 종종 무엇을 해야 할 필요가 있는지에 대한 훌륭한 감각을 가지고 있다는 것이다. 그러나 때로는 그 계획이 문제점을 가지고 있거나 문제를 변화시키기 위해서 무엇을 해야 할지 환자가 모를 수도 있다. 그런 경우라면 치료자가 환자에게 제안을 해 줄 수 있을지 허락을 얻어서 환자가 고려해 볼 수 있는 변화 전략 매뉴얼을 제공한다. 우울증 작업을 할 때 치료자가 선호하는 방법이 이러한 제언에 반영될 것이다. 저자들이 믿기로는 적용된 치료 전략이 동기면담 정신의 맥락에서 수행될 때 가장 유용하다는 사실이다. 하지만 위에서 논의된 것처럼 사전치료로서의 동기면담이 보다 지시적인 차후에 이어지는 치료와 함께 있을 때에도 치료 효과를 촉진시킨다. 그럼에도 불구하고 이 단계에서 조차 동기와 양가감정의 감소가 있을 수 있으며 이러한 문제가 제기될 때 동기면담이 유용하다고 본 방법으로 다음을 소개한다.

　저자들이 유용한 것으로 발견한 이러한 치료자 생각을 소개하는 방법은 다음과 같다.

"당신과 유사한 문제를 가진 사람들과 제가 작업을 하면서 도움이 되었던 몇 가지 방법이 있습니다. 그 방법에 관심이 있으신지요?"

　치료자의 관계 태도는 치료 내에 그리고 치료를 통해서 다양할 수 있는데 스펙트럼의 한쪽 끝에는 보다 지시적이고 권위적인 치료에서부터, 보다 공감적이고 내담자 중심적인 치료까지 펼쳐져 있다. 예를 들어, 인지치료자가 심리교육 진행에서 보다 권위적인 교사가 될 수도 있거나 또는 보다 내담자 중심적이고 지지적일 수 있다. 정신분석 치료자인 경우 해석을 권위적으로 제공할 수도 있고 환자가 고려할 수 있도록 잠정적인 추정으로 제공할 수도 있다. 인본주의 치료에서 치료자 스타일은 비지시적 동기면담 스타일과 매우 유사한데 이 둘 모두 Carl Rogers의 연구(1951)로부터 많은 영향을 받았다. 그러나 어떤 인본주의적 치료 기법들은 Perls, Hefferline과 Goodman(1951)에 의해서 시작된 두 개의 빈 의자 접근—공감적이고 지지적으로 진행될 수도 있고 또는 지시적이고 권위적으로 진행될 수도 있다. 예를 들어, 게슈탈트 치료의 창시자 중의 하나인 Perls와 함께 오랫동안 집단을 한 저자의 견해는 이 집단에서 Perls는 전문가의 태도를 취했으며 사람들로 하여금 억제했거나 억압했던 감정을 인식하여 표현하도록 도와주는 방법을 사용하였다. Perls는 두 개의 빈 의자 과정에서 매우 지시적이고 권위적으로 사람들에게 무엇을 해야 하는지 말했으며 사람들이 자신들의 고통스러운 감정을 다루는 동안 그리 지지적이지는 않았다. 이와 대조적으로는 똑같은 빈 의자 기법을 사용했는데 매우 공감적, 지지적, 내담자 중심적으로 진행하였다(Greenberg, Rice, & Elliott, 1993; Greenberg & Watson, 1998). Carl Rogers의 내담자 중심 치료는 항상 공감적이고 지지적인 방식으로 진행되고 있다.

높은 동기 수준과 낮은 저항 수준을 가진 사람들이 보다 지시적인 스타일에 잘 반응할 수 있다 하더라도 저자들이 믿기로는 행동실천단계까지 동기면담 정신을 지니고 가는 것이 여전히 이득이 있다고 본다. 한 가지 이유로는 양가감정과 동기는 정적인 것이 아니기 때문이다. 환자가 어떤 지점에서 낮은 양가감정과 높은 동기 상태에 다다를 수 있으나 그다음에 퇴행할 수도 있다. 동기면담 스타일을 지속하는 것은 이러한 경우가 나타나는 것을 확신시켜 주고, 치료자가 그러한 경우에 작업할 도구를 가지고 있도록 확신시켜 준다. 동기면담 스타일을 지속적으로 하는 또 다른 이득은 치료 후의 변화 유지와 관련이 있다. Davison과 Valins(1969)의 연구에서 보여준 바와 같이, 내적 자원의 기인된 변화는(환자의 자아와 능력) 외적 자원에 기인된 (치료자의 전문성이나 처방약) 변화보다 훨씬 더 지속적이다.

어떻게 CBT가 동기면담 맥락에서 수행될 수 있는지 고려해 보자. 다음은 대부분의 인지치료가 가지는 두 가지 주요 구성요소들이다. (1) 환자의 활동 수준을 증가시키거나 역기능적 사고가 가지는 정확성을 검증하도록 새로운 행동을 시도하는 것과 같은 새로운 경험을 제공하는 것("내가 분노를 표현한다면, 내 아내가 나를 버릴 거야."), (2) 과잉 부정적 사고와 신념을 교정하기 위한 새로운 경험(보다 자기 주장적으로 행동하는 것)이 회기 내에서 이야기되고 역할 놀이까지 할 수 있다. 그다음에 새로운 경험을 시도하는 것이 다음 회기 과제로 주어진다. 이상적으로는 이러한 과제들이 상호협동적으로 개발되는 것이다. 그러나 CBT에서 치료자의 태도는 교훈적이고 권위적이다. '과제'라고 하는 용어조차도 이러한 태도를 전달한다. CBT 치료자들은 또한 과제에 대한 '순응'을 이야기하는데 이러한 과제가 어떻게 사용되는지 지시적이면서 완성지향적 특성을 강조한다. '과제'라고 하는 용어는 교사가 학생들에게 숙제를 내주는 것을 연상하게 한다. 교사는 학생이 숙제를 완성하면 기뻐하고 그렇지 않으면 언짢아한다.

회기와 회기 사이에 새로운 경험을 제공하는 것은 또한 보다 지지적이고 동등한 방식으로 성취될 수 있는데, 이러한 방식에서 환자는 책임을 지게 되며 치료자는 변화 계획에 대한 자문가로서 조력한다. Arkowitz(2002)는 과제라는 용어보다 '실험'이라는 용어 사용을 제안한 바 있다. 흥미로운 사실은 Beck, Rush, Shaw와 Emery(1979)는 초창기의 중요한 연구에서 과제라는 말뿐만 아니라 실험이라는 용어를 사용한 바 있다. 차후 대부분의 인지행동 치료자들은 회기와 회기 사이의 활동을 위한 과제라는 용어를 사용하고 있다. 회기와 회기 사이의 실험을 동기면담 스타일로 사용할 때 치료자는 이러한 경험이 도움이 될 가능성을 제기하며 만약 환자의 문제에 접근하는 방식에 대해 좀 더 이야기를 듣고 싶은지 질문한다. 만약 환자가 관심을 보인다면 치료자는 몇 가지 예를 주고 어떤 구체적인 활동이 도움이 될 것 같은지 노력해야 한다. 치료자가 치료에서 운전자의 좌석에 앉아 있는 사람은 환자이다. 만약 환자가 어떤 특정 활동이 해 볼 만하다고 동의하는 경우(중요한 타자에게 보다 더 자기주장이 되는) 치료자와 환자는 그 주 동안 실험을 하도록 동의한다. 이러한 실험이 완성지향적 또는 타당성 지향적이라기보다는 발견 지향적임을 기술한 바 있다. 실험을 환자에게 제시할 때 치료자는 환자가 치료를 해 보겠다는 동의 자체가 실험임을 이야기하며, 나머지는 그 결과가 모두 어떻게 되든 간에 정보자료가 된다. 만약 환자가 그 활동을 하지 않을 경우에, 환자가 그 활동을 시도하고자 했을 때 떠올랐을 생각과 감정을 알 수 있는 기회가 되며 변화의 장애물을 이해하는 데 가치 있는 정보를 제공한다. 만약 환자가 그 활동을 완성했다면 치료자와 환자는 그것을 하면서 무엇을 얻었는지 이야기한다. 이러한 방식을 완성지향적 과제 방식과 대조해 보자. 후자에서는 미완성이 실패로 간주된다. CBT에서 회기와 회기 사이의 활동이 그 회기에서 떠올랐던 역기능적 신념과 관련된 가설을 검증하는 데 사용할 경우라도 치료자는 그러한 활동을 환자가 수행하는 데 조력할 경우 지시적인 역할을 하기보다는 지지적인 역할을 취할 수 있다.

회기와 회기 사이의 실험 중에서 다음 사례를 보자. 작가 슬럼프에 빠진 한 환자는 다시 작품을 쓰기 위하여 하루에 한 시간씩 책상에 앉아 있는 실험을 하기로 동의하였다. 이렇게 동의한 것 자체가 그 실험을 완성시킨 것이다. 그리고 효과적인 독립변인으로 작용하였다. 그 주 동안 환자는 단 한 번 책상에 앉았고 그때조차도 여전히 글을 쓸 수 없었다. 그러나 시도하겠다는 그의 동의가 불안하게 만들었으며 자신의 작가 슬럼프와 관련된 생각들을 더 많이 인식하게 해 주었는데 이러한 결과가 차후에 치료에서 도움이 되었다. 위에서 이야기된 찰스의 경우 아내에게 자신의 생각과 감정을 표현하기 두려워했던 환자인데, 우리들은 찰스가 아내가 준비한 식단에서 자기가 좋아하는 것과 좋아하지 않는 것에 대해 아내에게 이야기하는 실험을 하기로 동의하였다. 찰스는 이것을 할 만한 능력이 있었고 놀랍게도(어머니와의 과거 경험을 토대로 할 때) 아내는 그의 표현을 매우 잘 받아들였고 남편이 보다 표현적인 것에 대해 사실 즐거워했다. 따라서 '시도하려는 실험'이 완성되든 안 되든 간에 잠재적으로 유용한 자료를 제공해 준다.

우울증을 위한 CBT의 또 다른 구성요인은 우울 기분과 관련한 부정적 사고를 변화시키는 것이다. 이러한 접근을 동기면담 맥락에서 적용할 경우 치료자는 내담자에게 다른 우울증 환자들이 회복에 유용하다고 보았던 전략 한 가지를 듣고 싶은지 묻는다. 만약 환자가 그러겠다고 하면 치료자는 우울증과 가장 관련이 되는 생각을 파악하고, 이러한 부정적 사고가 맞는지 틀린지 증거들을 검토한다. 그런 후에, 증거에 적합하도록 그 사고를 보완하는 절차들을 기술한다. 그리고 나서 이러한 절차가 어떨 것인지 알고자 원하는지 환자에게 묻는다.

Beck의 인지치료는 사실상 동기면담과 매우 일치하는 진행 방법을 활용한다. 즉, 치료자는 환자의 생각과 증거를 검토하도록 촉진한다. 더 나아가 Ellis의 합리적 정서치료(rational emotive therapy, 1994)와 같은 타 인지치료 접근 방법에서의 절차와는 달리 (Beck, et al., 1979) 방법론은 보다 긍정적 사고 접근과 맥을 같이 하지 않고 오히려 보다 소크라테스적 역할을 취하며, 환자의 생각이 과대 부정적인지 아닌지에 대해 환자 스스로 결정 내리도록 증거를 검토하게 허락해 준다. 저자들은 종종 자기효능감을 강조하고자 『기분을 넘어선 마음(Mind over Mood)』

(Greenberger & Padesky, 1995)이란 워크북을 추천하는데 이 워크북은 인지치료를 통해 한 단계 한 단계 환자를 이끌어 가면서 환자 스스로 따라가기 용이한 기본 틀을 제공하여 환자의 자기효능감을 조장한다.

환자가 인지치료에 대해 많은 주저함을 가지고 있다면 그것에 대해 치료자와 이야기하도록 격려하고, 동기면담의 기법을 사용하여 환자의 양가감정을 검토하고 작업한다. 만약 환자가 인지적 접근에 대해 반대를 고집한다면 환자와 치료자는 우울증에 접근할 다른 방법을 찾도록 작업한다.

항우울제 약물치료에 대한 양가감정

다양한 유형의 항우울제 약물치료가 우울증 치료에 유용한 것으로 입증된 바 있으며(Nemeroff & Schatzberg, 2002), 효과와 치료가 마무리될 때 일반적으로 심리치료에서 보이는 효과와 동일한 효과를 가져왔다. 그러나 약물 복용 준수율은 매우 낮았으며 대규모의 연구에서 30일 후에 42%가 약물 복용의 중단을 보였고, 90일 후에는 72%가 중단하였다(Olfson et al., 2006). 더불어 치료가 종료된 후에는 심리치료의 회복이 약물치료보다 더 잘 유지되었다(Hollon et al., 2005).

그럼에도 불구하고 어떤 우울증 환자에게는 약물치료가 될 만한데, 그러한 환자들은 심리치료 받기를 저항하고 약물치료 받기를 기꺼이 고려하는 환자들이거나, 지리적, 경제적 요인으로 인해 심리치료가 가능하지 않은 환자 또는 매우 우울하여 직장, 가족, 사회 환경에서 기능할 수 없을 정도의 환자들인 경우다.

치료자가 보기에 약물치료가 도움이 된다면 그 주제를 동기면담 스타일로 소개하는데, 환자에게 약물치료의 가능성에 대해 듣고 싶은지 묻는다. 환자가 많은 정보를 원한다면 치료자는 항우울제 약물에 대한 자신의 관찰과 지식을 나눌 수 있다. 그러나 더욱 중요한 것은 도서나 인터넷 사이트, 정신과 주치의와의 자문을 통해서 정확한 정보를 얻도록 해야 한다. 약물의 효과에 대한 이러한 정확한 정보 없이 항우울제를 시도할 것이냐 아니냐에 대해서는 훌륭한 결정 저울 작업이 있을 필요가 없다.

치료 기간

동기면담에 대해 출판된 대부분의 연구들이 비교적 단기적인 것이었다. 사실, Burke, Arkowitz와 Menchola(2003)의 메타 분석에서 밝혀진 최장의 치료 기간은 단 4회기였다. Kopta, Howard, Lowry와 Beutler(1994)는 심리치료를 받은 외래 환자들을 다양하게 연구하였는데 5회기에 참여한 환자 중 50%가 급성 스트레스에서 호전을 보였고(반드시 관해된 것은 아니지만) 이보다 더 긴 치료 기간에서는 상당히 좋은 치료 결과를 나타냈다고 밝혔다. 만성 스트레스의 경우에는 14회기 후에 50%의 호전 수준에 도달했으며 104회기 후에야 성격 병리적 증상에서 이와 동일한 수준에 달했다. 우울증은 종종 만성 스트레스와 공존 인격 장애의 높은 유병률을 포함하기 때문에(Shea, Widiger, & Klein, 1992) 보다 긴 동기면담 치료 기간이 더 많은 영향력 있는 효과를 낼 수 있다. 보다 긴 치료 기간의 효과성을 지지하는 이론적 근거로는 우울증이 단일장애가 아니라 단기 치료에서 효과적으로 쉽게 다룰 수 없는 단계 2와 단계 3에서 다루어야 하는 많은 문제가 있기 때문이다.

우울증 환자에게 동기면담 적용 시 문제점과 제안된 해결책

우울증 환자에게 동기면담을 활용할 때 만나게 되는 세 가지 어려움은 다중문제에 초점 맞추기, 초점 바꾸기, 동기면담이 충분히 행동지향적이 아니라고 하는 환자들의 지각이다.

다중문제에 초점 맞추기

단계 1에서 우울증이라고 하는 단일문제보다 더 많은 문제가 있을 수 있다. 우울증 진단을 받은 사람들의 경우 다른 장애 역시 진단될 가능성이 높기 때문이다. 사실 Kessler(1995)는 인생 전반에 걸쳐 주요 우울장애를 가진 환자 중에 약 75%가 적어도 한 가지 이상의 진단장애 기준에 해당된다고 밝혔는데, 특히 불안장애나 약물사용 장애라고 한다. 다행인 것은 연구자들이 한 가지 이상의 진단을 가진 환자의 치료에 대해 접근하기 시작했다는 사실이다(Borkovec, Abel, & Newman, 1995; Daley, Sallhoum, Zuckoff, Kikrisci, & Thase, 1998).

단계 1에서 다중문제라고 하는 이슈는 단계 2(주요 스트레스 증상 밑에 깔린 이슈들), 단계 3(이런 이슈들을 변화시키고자 작업하기)으로 이어진다. 동기면담을 사용할 때 저자들은 환자 자신이 가진 문제 중에서 치료 초기에 초점을 맞추면 가장 이득이 있을 것이라고 생각되는 것이 무엇인지 묻는다. 이러한 이야기를 할 때 저자들은 동기면담 스타일로 접근을 하는 것이 필요하다며 저자들의 의견을 줄 때도 환자의 허락을 구한다. 많은 경우에 초기에 다양한 문제의 집합으로 보였던 것이 단계 2에 가서 몇 가지 핵심문제로 추려질 수 있다. 예를 들어, 단계 1에서 우울증, 범불안증, 약물사용의 문제를 가진 환자의 경우 단계 2에서 한두 가지 핵심 이슈로 인한 것으로 나타날 수 있는데, 이혼이나 별거에 대한 미해결된 감정 또는 높은 가치를 가졌던 일자리와 같이 자존감의 원천이 상실되었을 경우 등이다. 초기의 우울증 환자가 제시한 많은 문제들로부터 핵심문제를 파악하는 데에는 대부분의 무선별 통제 연구에서 적용된 바 있는 일반적으로 12~16회기보다 더 긴 치료 과정을 요구한다.

우울증상에 대해 작업하는 것이 복합적인 문제를 가진 사람들의 경우 최선의 시작점이라는 것이 저자들의 경험이다. 이 장에서 말한 바와 같이 우울한 사람들은 일반적으로 일상생활 활동에서 참여할 동기 수준이 낮은 것으로 보이며 이들은 자신의 양가감정, 피로감, 그리고 비관적 태도로 인해 변화하려는 노력이 단계 3에서 어렵다고 생각한다. 우울증상이 치료나 약물 처방 또는 두 가지 모두를 통해 호전되면, 환자는 그 밑에 깔려 있는 이슈를 향해 도전할 유리한 자세에 있게 된다.

치료 과정을 거쳐 초점 바꾸기

심리치료는 역동적이면서 생동하는 과정이다. 초기 회기에서 초점이 되었던 것이 차후 이어지는 회기 과정을 통해 바뀔 수도 있으며 종종 바뀌기도 한다. 치료자가 환자를 잘 알게 되고, 환자는 자신의 문제를 더 잘 이해한다. 또 환자가 두려워하기를 치료자가 수용할 수 없을 것으로 보인 사실을 치료자에게 보다 편안하게 더 노출한다고 느낀다. 대부분의 사례에서 치료자는 초기의 초점에 과잉 애착되기보다는 초점이 바뀌어 갈 때 유통성 있게 환자를 따라가는 것이 중요하다. 치료자가 생각하기에 초점이 완전히 바뀌거나 옮겨갈 때마다 이 사실을 환자에게 언급하고 그 시점에서 적합한 초점이 무엇인지 서로 이야기하는 것이 중요하다.

레이첼 사례에서 이러한 초점 바꾸기에 대해 보여 준다. 레이첼은 38세의 간호학과 학생으로 우울증과 불안증으로 인해 치료를 받았다. 첫 몇 회기에서 이러한 자신의 문제점으로 인해서 졸업 논문이 지연되고 있으며, 이 과제로 인해서 압도감을 느끼지만 거의 진전이 없다고 하였다. 환자는 자신의 직업 선택에 대해 의구심을 가지고 있으며 간호직에 대해 기대하는 바가 없다고 하였다. 단계 1에서 환자의 우울증과 불안증으로 문제가 나타나는데 단계 2에서는 환자의 논문 작업의 어려움과 직업 선택에 대한 양가감정이 포함되었다. 우리는 간호직에 대한 찬반과 논문 작업에 대한 찬반을 결정 저울 전략을 사용하여 탐색하였다. 이 작업은 가치관-행동 간의 불일치감과 결단 변화대화를 증가시키는 것과 더불어 환자의 우울증과 불안증을 어느 정도 호전으로 이끌었고 논문 작업에도 약간의 진전을 보였다. 환자가 결정한 것은 자신의 학위 과정을 마치지 않는 것은 어리석은 것이고 학위가 끝나는 대로 이 분야에 계속 있기를 원하는지 아닌지를 결정할 수 있을 거라고 말했다. 환자가 깨달은 것은 간호 학위를 가지면 어느 정도 경제적인 안정을 가져다준다는 것이고, 만약 다른 노력들을 찾고자 한다면 간호직을 통해서 언제든지 돈을 벌 수 있을 거라는 것이었다.

초기 몇 회기에서 레이첼은 10대였을 때 자신이 경험했던 성적 학대에 대해 넌지시 비추었는데, 그것에 대해 말해 버리는 것이 도움이 될 거라고 생각하지만 할 수 있을지에 대해서는 확실하지 않다고 말했다. 새로운 초점이 떠오른 것이다. 단계 1에서 그 성적 학대에 대한 기억과 관련 스트레스가 여전히 확실하였다. 단계 2에서 초점은 학대와 관련된 몇 가지 감정을 표현하고 처리할 필요성이었다. 그러나 명료한 것은 환자가 그럴 준비가 되어 있지 않았다. 그다음 4회기 과정을 거쳐서 학대에 대해 환자의 양가감정을 검토하였다. 성적 학대에 대해 말하는 것이 가지는 장점은 '기분이 훨씬 나아질 거야.' 나의 성생활이 개선될 거야. 그것 때문에 너무 많은 부담을 느낄지 않게 될 거야. 그리고 말해야 한다는 것을 난 알고 있어, 단점으로는 '이야기해서 지금보다 문제를 더 크게 만들고 싶지 않아'. 그것에 대해 더 이상 생각하고 싶지 않아. 학대에 대한 내 감정을 떨쳐 버리기 위해 많은 노력을 한 후에도 나의 성생활이 여전히 좋아지지 않을까 봐 두려워. 그리고 '내가 이야기를 한다 해도 달라질 것은 없을 거야.' 등이었다.

이러한 회기의 과정을 거치게 하여 환자가 학대에 대해 이야기하는 쪽으로 기울어졌으며, 한 회기 동안 그 사건에 대해서 불안하게 망설이며 이야기를 시작했다. 이후 몇 회기에 걸쳐서 학대에 대해 계속 이야기를 했는데 매 회기마다 이야기를 하는 동안 더 많은 감정을 보였다. 사건은 환자가 10대 초반이었을 때 상당히 나이 든 남자와 사랑을 했다. 불행히도 그 남자는 환자를 마구 대했고 2년간 성적으로 착취하고 나서 버렸다. 레이첼은 그 경험이 아직도 어떻게 자신에게 영향을 주고 있는지 이야기했다. 아직도 분노하고 있으며 이성관계에서 남성들로 하여금 자신을 사랑하게 하기 위해 그리고 그 남성들에게 영향력을 행사하기 위해 종종 성을 사용하였다고 말했다. 그러나 일단 성공하면 성이나 그 남자에 대한 흥미를 잃었다. 학대에 대해 서너 번의 회기에서 이야기를 하고 난 후 환자는 이전과 같이 그 경험에 대해 감정적이지 않다고 보고했다. 이 회기는 12월 초였고 겨울 방학이 시작되기 직전이었다. 회기가 끝난 후 레이첼은 한 달간 집으로 돌아가 가족과 함께 보냈다. 학교로 돌아온 몇 주 후에 우리가 다시 만났다. 회기에서 환자는 우울증이 호전되었다고 하였으며 그러한 보고는 BDI에서 상당히 호전된 점수로 입증되었다. 또한 환자가 말하기를 남자 친구와의 관계와 성에 대한 느낌이 좋아졌다고 했다. 마지막으로 레이첼은 논문 작업에서 느리기는 하나 꾸준히 진전을 보이고 있다고 말했다.

동기면담이 충분히 행위지향적이지 않다는 내담자의 지각

모든 환자에게 맞는 유일한 치료 스타일이나 유형은 없다. 어떤 환자들은 보다 활동적이고 지시적인 접근을 좋아하며 어떤 환자들은 보다 비지시적이고 내담자 중심 접근으로 호전된다(Shoham-Salomon, Avner, & Neeman, 1989). Beutler와 Harwood(2000)는 만약 치료가 환자와 환자의 문제에 들어맞도록 선택될 때 한 가지 접근법으로 모든 것에 적용될 때에 비해서 치료 결과가 더 좋다고 밝혔다. 따라서 어떤 환자들은 동기면담 접근에 가장 잘 반응하고 어떤 환자들은 보다 지시적인 접근에 잘 반응할 수 있다.

어떤 우울증 환자는 상당히 수동적이어서(Miller & Seligman, 1975) 치료자가 자신에게 지시적이기를 바라는 반면, 동기면담 치료자들은 동기면담 스타일을 가지고 환자들로부터 변화에 대한 생각을 이끌어 내려고 노력한다. 그러한 수동성의 이유를 파악하고자 숙련된 반영적 경청을 통해서 이 이슈를 유익하게 탐색하고, 이 자체가 환자의 호전에 중요한 구성요인이 된다. 더불어, 치료자는 변화 옹호 입장을 취하여 그러한 수동성을 증가시키지 않고 동기면담 스타일로 적극적인 조언과 제안을 제공해야 한다.

임상심리 대학원 동기면담 교육에서의 관찰

저자의 한 사람(Hal Arkowitz)은 애리조나 대학의 임상심리 고급과정 대학원생들[1] 에게 1년간 동기면담 실습을 해오고 있다. 평상적인 대학원 세미나에 더불어 대학

---

1) 지시적인 태도라고 하는 것은 치료자가 전문가로서 간주되는 태도를 말하는 것이며, 치료자는 새로운 정보와 치료 전략을 소개하고 '이 길로 이끌어가는 것'을 말한다. 이러한 태도는 동기 면담의 방향 지시적인 측면과는 다르다. 동기면담의 지시적 측면이란 변화 옹호자나 전문가 역할을 취하지 않으면서 치료자가 환자를 위해 구체적인 목표를 갖는 것을 일컫는다(내적 동기를 증가시키고 양가감정을 감소시키기).

원생들은 모두 CBT 중심의 최소 1년간의 임상 경험 감독을 완료한 바 있다.

첫 학기의 대부분은 훈련과 실험이었고 두 번째 학기에는 슈퍼비전하에 환자를 보는 것이었다. 각 학생마다 최대 10회기 동안 1~2명의 환자를 보았는데, 학기의 기간으로 인해 시간이 제약되곤 하였다. 저자는 3년에 걸쳐 그 실습을 해 왔고, 학생들과 저자는 총 26명의 환자를 보았다. 이 환자들이 제시하는 문제가 다양했는데, 우울증, 불안장애, 지연하는 것(늦장 부리는 것), 대인관계 문제가 포함되었다. 많은 환자들이 우울증이 주요 문제였고, 그 밖의 환자들은 우울증이 이차적 문제였으며 우울증이 아닌 문제를 가진 환자들도 있었다. 환자들에게 치료 사전과 사후에 간단한 자기보고 검사 배터리를 주었고 BDI가 포함되었다. 일차적 또는 이차적 우울증을 가진 모든 환자들에게 있어서 결과는 이 장의 부분에서 설명한다.

첫 시간에 저자는 학생들이 동기면담에 관심을 가지는 이유가 무엇인지를 물어보는 것이 전형적이었다. 비록 학생들이 서로 다른 말을 하였으나 대부분의 학생들이 언급한 하나의 주제는 CBT 훈련이 가치 있다는 것을 알게 된 만큼 동기면담에 내재하는 가치관 또는 동기면담 정신이라고 불리는 것에 끌렸다고 하였다. 첫 학기 동안 학생들은 매우 열정적이고 개방적으로 학습하였다.

첫 회기가 끝날 때쯤 학생들은 동기면담 45시간 동안 광범위하게 훈련받았으며 동기면담과 관련된 책을 읽고 수많은 역할 연기 연습과 Miller와 Rollnick이 만든 훈련 테이프를 통해 동기면담 시연을 보았다. 저자는 환자를 본 이 회기들의 테이프를 보여 주었다. 우리들은 열린질문하기와 반영하기에 토대를 둔 면담에 상당히 많은 시간을 할애하였다. 학생들이 보다 지시적인 스타일에서부터 동기면담으로 치료 스타일을 바꾸는 것을 배울 필요가 있었는데, 학생들은 일반적으로 새로운 스타일을 잘 익혔고 그것이 유용하다는 것을 알았다.

자주 떠오르는 질문으로는 CBT만큼 지시적이거나 기술 중심이 아닌 접근으로 얼마나 많은 환자들이 도움을 받을 수 있는가 하는 것이었다. 저자의 반응은 주로 다음과 같았다. '다음 학기에 환자들과 작업하면서 그것이 얼마나 도움이 되는지 봤다.' 그리고 첫 학기 내내 많은 학생들이 자신의 양가감정에 대해 이야기하였다. 학생들은 동기면담의 효과 검증 문헌을 읽었고 동기면담 정신에 이끌렸다. 또 한편으로는 학생들이 가진 이전의 CBT 훈련이 보다 지시적인 치료 유형의 효과성을 강조했는데 이 두 가지 견해를 조화시키고자 애썼다. 몇몇 학생들이 언급하기로 환자들이 CBT에 협조하지 않을 때 약간 당황했으며 그런 경우 동기면담이 도움이 될 것으로 생각했다. 대부분의 학생들에게 실제 환자들과 동기면담을 사용한 치료에서 첫 몇 회기가 훈련에도 불구하고 힘들었다. 가장 자주 표현된 말로는 학생들이 환자를 돕고자 무엇인가 충분히 하는 것 같지 않다고 느끼는 것이었다. 동기면담에 대한 관심에도 불구하고 보다 지시적인 태도를 취하지 않았을 때 자신이 해야 할 일을 하지 않는 것처럼 느꼈다. 다시 한 번 저자는 인내할 것을 권하면서 '좀 더 봅시다.' 하는 태도를 취하였다.

대부분의 사례들이 적어도 어느 정도 긍정적인 변화를 보였으며, 환자들이 치료자의 지시적 태도 없이도 호전을 보이고 있음에 학생들이 놀라고 기뻐하는 것을 보는 것이 지도 감독자로서 기뻤다. 저자가 믿기로 학생들의 임상적 경험으로부터 학생들이 학습한 것 중의 하나는 심리치료에 있어서 치료적 관계의 힘이었다. 더불어 우리들은 CBT와 같이 적극적인 기술을 사용하는 것을 탐색했고 동기면담 스타일로 전달했으며, 몇몇 학생들은 이 점이 두 가지 접근의 최상의 것을 조합시킨 것으로 보았다.

대부분의 임상심리 대학원 프로그램에서 CBT에 대해 강력하게 강조하는 것을 감안할 때 그러한 프로그램에 동기면담을 가르치는 것이 종종 특유의 관심을 불러일으켰다가 그다음 아무것도 하지 않는다는 느낌을 갖게 한다고 생각한다. 이러한 느낌에 대한 최상의 해결 방법은 많은 학생들이 자신의 사례에서 확인한 긍정적 결과였다. 이 실습은 학생들이 대단히 잘 수용하고 있으며 가장 높은 평가를 받고 있다. 저자가 믿기로 동기면담과 타 치료들은 타협 불가능한 것이 아니며 저자들이 기술한 바와 같이 치료를 병합할 때 매우 효과적인 치료가 될 수 있음을 학생들이 배웠다.

연구

아직까지 우울증에 대한 동기면담의 효과성을 주제로 한 통제 연구는 없다. 이 부분에서 저자들은 이 이슈를 간접적으로 다룬 연구들을 간략하게 검토하고자 한다.

위에서 기술한 동기면담 데이터에서 26개 사례 중 17개의 사례가 BDI 사전 점수에서 12~27점까지의 범위를 보였다. 이 환자 중 어떤 환자들은 우울증이 주요 문제였고, 어떤 사람은 일종의 2차적 문제였다. 5명의 환자가 10회기 이전에 탈락했고 그중 3명이 우울증 환자였다. 어떤 환자의 경우 긴 겨울 방학 바로 전에 치료를 시작했기 때문에 방학 이후에 다시 시작할 만한 충분한 동맹관계를 맺지 못했을 수 있다. BDI에서 우울증 범위를 보인 14명의 환자들은 치료를 완료하였고 이들 중 11명은 사후검사에서 우울증을 더 이상 보이지 않았다. 많은 환자들이 또한 관련영역에서 행동 변화가 있었음을 보고하였다.

이러한 실습 데이터는 단일 집단 설계라기보다는 일련의 사례 연구라고 보는 것이 가장 적합할 것이다. 왜냐하면 우리들이 동기면담을 사용하는 방식이 실습 과정 전체에 걸쳐서 향상되었으며 이 장에서 기술한 바와 같이 나중에는 CBT와 타 치료를 작업에 통합시켜 행동실천단계로 이행하도록 했기 때문이다. 이 사례는 동기면담이 우울증 대상군에게 잠재적인 유용성이 있음을 잠정적으로 가르쳐 준다.

어떤 연구는 초기 회기에서 동기면담 스타일 효과를 검토했는데, 우울증 환자들이 이후 동기면담이 아닌 치료를 받으면서 치료를 찾고 준수하는 데 어떤 효과가 있는지에 관한 것이었다. 예를 들어, Swart와 동료들(2006)은 단일 집단 개입의 효과성을 평가했는데, 여기에서는 동기면담을 통합한 참여 회기와 이후의 대인관계 치료의 8회기가 주어진 것으로 대상은 정신질환자 자녀를 둔 우울증 어머니 집단이었다. 이 어머니들은 치료가 필요한 데도 불구하고 스스로 치료를 찾지 않았다. 주요 우울장애 기준에 해당되지만 치료를 받지 않은 어머니 중 13명이 참여 회기에 참가했고, 이후 우울증을 위한 대인관계 치료를 받았다. 참여 회기에 대해서는 Zuckoff,

Sartz와 Grote(제5장 참조)에 의해서 기술되는데 이 회기에서는 면담자가 편견 없이 다른 문화에서 온 사람들을 이해하도록 돕는 동기면담 기법으로 구성되어 있다. 참여 회기에 참석한 모든 환자들이 적어도 1회기의 심리치료에 참가했으며 대부분이 8회기 치료 과정을 모두 마쳤다.

무선별 예비 연구(Grote et al., 출간 중)에서 대상군은 처음에 치료를 찾지 않았던 우울하고 경제적으로 열악한 임산부였다. 몇 사람들은 참여 회기와 8회기의 IPT를 받는 조건에 할당되었다. 몇몇 사람은 지역사회 치료자에 의해 표준화된 우울증 치료로 의뢰되었다. 참여 회기, IPT 대상 중의 71%가 IPT 모든 과정을 끝낸 반면 일반대상군의 25%만이 초기 치료 회기에 참여하였다. 후자의 경우 아무도 치료 과정을 끝내지 않았다. 이러한 결과는 매우 고무적인 것으로 후속의 통제연구가 필요하다.

동기면담의 사용이 치료 준수에 미치는 영향에 대한 또 다른 변형 연구에서 Daley, Salloum, Zuckoff, Kikrisci와 Thase(1998)는 우울증과 공존 코카인 의존을 가진 입원환자를 연구하였다. 퇴원 시 연구 대상들은 무선별적으로 외래 동기면담 기본 동기 치료나 일반적인 외래 치료 중 하나에 할당되었다. 동기 개입을 받은 환자들은 90일간의 외래 치료를 완료했을 뿐만 아니라 보다 더 많은 치료 회기에 참석하고 지속적인 단약을 보고하였으며, 일반적 치료를 받은 대상군에 비해 재입원 횟수가 훨씬 적었다. 동기집단의 대상은 첫 30일 간의 외래 치료 후 BDI 점수에서 상당한 점수 저하를 보였다.

여기에서 기술한 통합적 치료를 간접적으로 지지하는 한 연구는 COMBINE 연구(Anton et al., 2006)이다. 이 Combined Behavioral Intervention은 이 장에서 저자들이 기술했던 것과 유사성을 가진 통합 치료이다(Miller, 2004 참조). 이 치료는 CBT, 12단계, 동기면담, 지지 체계의 측면을 통합하면서 알코올중독에 긍정적 효과를 보였다.

우울증을 위한 Rogers의 내담자 중심 치료 연구 또한 우울증을 위한 동기면담 연구 효과를 간접적으로 설명해 준다. 많은 측면에서 내담자 중심 치료는 동기면담의 토대이기 때문이다. 동기면담의 정신은 이전에도 지적한 바와 같이 Rogers가 치료의 핵심이라고 기술한 바(Rogers, 1951) 있는 치료 태도와 거의 동일하다.

동기면담이 내담자 중심 치료와 명백하게 다른 점은 내적 동기를 증가시키고 양가감정을 해결하는 데 초점을 맞추는 것에 있다. 그러나 상당한 중복 때문에 우울증을 위한 내담자 중심 치료 연구가, 우울증을 위한 동기면담 효과성에 어느 정도 관련성이 있다. Elliot와 동료들(2004)은 경험적 치료의 효과에 대해 문헌들을 고찰한 바 있다. 그들의 고찰에는 우울증을 위한 내담자 중심 치료를 평가한 5개의 연구가 포함되었는데 여기에서 사전 사후 효과가 0.85~2.26 범위의 평균 1.4 크기였다. 효과 크기가 사전 사후였고 통제 집단의 데이터가 없이 계산되었기 때문에 통제 집단을 사용했던 것보다는 더 높을 수 있다. 그럼에도 불구하고 이런 효과 크기는 상당히 큰 것이고 우울증을 위한 타 치료 연구에서 밝혀진 효과 크기보다 좋은 것으로 비교된다.

그의 동료들은 주요 우울증을 위한 내담자 중심 치료와 EFT를 비교한 두 가지 연구를 수행한 바 있다(Goldman et al., 2006; Greenberg & Watson, 1998). EFT는 정서인지 문제를 해결하고자 내담자 중심 치료의 정서 중심, 경험적 그리고 게슈탈트 기법을 통합시킨 것이다. 두 연구는 모두 우울증에 내담자 중심 치료의 효과가 있음을 지지하였다. 흥미로운 것은 Goldman과 동료들(2006)은 우울증, 일반적 스트레스 대인관계 기능 면에서 EFT가 CCT보다 유의미하게 더 좋은 것으로 밝혔다.

이와 같은 연구의 결과에서 잠정적으로 말하는 것은 동기면담이 우울증에 효과가 있다는 것이다. 한편, 결정을 내리기 전에 우울증에 동기면담이 효과가 있다는 것을 검증하는 잘 통제된 연구가 명백히 필요하다. 이러한 점에서 가치 있을 수 있는 두 가지 유형의 연구는 이 장에서 기술한 바와 같이 동기면담이 치료 전반에 걸쳐 통합적인 구조 틀로서의 동기면담을 평가하는 것뿐만 아니라 CBT나 타 치료를 위한 사전치료로서의 동기면담을 평가하는 것이다. 더불어, 이상에서 고찰한 연구 결과가 말하는 것은 만약 사실 구체적인 동기면담 구성요소들이 동기면담에 토대를 둔 CBT의 효과를 증가시키는지 결정하기 위한 동기면담과 CCT를 비교 연구하는 것이 유용할 것이라는 점이다. 이 결과들은 또한 보다 많은 정서적 초점이 동기면담 효과성을 증진시키는지 어떤지에 대한 질문을 불러일으킨다. 바라기는 가까운 미래에 동기면담과 우울증과 관련된 다양한 질문에 대한 연구가 시작되는 것이다.

결론

저자들의 초점은 우울증 치료를 위해 타 치료가 통합될 수 있는 통합적인 구조 틀로서 동기면담을 사용하는 것이다. 동기면담 사용을 타 치료의 사전치료로서 단지 간략하게 이야기하긴 하였으나, 이것이 연구와 실제 면에서 특히 전망이 있는 방향이라고 저자들은 믿는다. 바라기는 심리치료의 사전치료와 통합적 구조 틀을 포함한 우울증을 위한 다양한 활용으로서 동기면담의 임상적 연구 실험이 미래에 있게 된다.

참고문헌

Amrhein, P. C., Miller, W. R., Yahne, C. E., Palmer, M., & Fulcher, L. (2003). Client commitment language during motivational interviewing predicts drug use outcome. *Journal of Consulting and Clinical Psychology, 71*, 862–878.

American Psychiatric Association. (2000). *Diagnostic and statistical manual of mental disorders* (4th ed., text rev.). Washington, DC: Author.

Anton, R. F., O'Malley, S. S., Ciraulo, D. A., Cisler, R. A., Couper, D., Donovan, D. M., et al. (2006). Combined pharmacotherapies and behavioral interventions for alcohol dependence. The COMBINE study: A randomized controlled trial. *Journal of the American Medical Association, 295*, 2003–2017.

Arkowitz, H. (2002). An integrative approach to psychotherapy based on common processes of change. In F. Kaslow (Ed.) & J. Lebow (Vol. Ed.), *Comprehensive handbook of psychotherapy: Vol. 4, Integrative and eclectic therapies* (pp. 317–337). New York: Wiley.

Arkowitz, H., & Westra, H. (2004). Integrating motivational interviewing and cognitive behavioral therapy in the treatment of depression and anxiety. *Journal of Cognitive Psychotherapy, 18*, 337–350.

Barrett, B., Byford, S., & Knapp, M. (2005). Evidence of cost-effective treatments for depression: A systematic review. *Journal of Affective Disorders, 84*, 1–13.

Beck, A. T., Rush, A. J., Shaw, B. F., & Emery, G. (1979). *Cognitive therapy of depression.* New York: Guilford Press.

Beutler, L. E., & Harwood, M. T. (2000). *Prescriptive psychotherapy: A practical guide to systematic treatment selection.* New York: Oxford University Press.

Beutler, L. E. , Moleiro, C., Malik, M., & Harwood, T. M. (2000, June). *The UC Santa Barbara study of fitting patients to therapists: First results.* Paper presented at the annual meeting of the Society for Psychotherapy Research, Chicago.

Bohart, A. C., Elliot, R., Greenberg, L. S., & Watson, J. C. (2002). Empathy. In J. C. Norcross (Ed.), *Psychotherapy relationships that work* (pp. 89–108). New York: Oxford University Press.

Borkovec, T. D., Abel, J. L., & Newman, H. (1995). Effects of psychotherapy on comorbid conditions in generalized anxiety disorder. *Journal of Consulting and Clinical Psychology, 63*, 479–483.

Burke, B., Arkowitz, H., & Menchola, M. (2003). The efficacy of motivational interviewing: A meta-analysis of controlled clinical trials. *Journal of Consulting and Clinical Psychology, 71*, 843–861.

Burns, D. D., & Nolen-Hoeksema, S. (1991). Coping styles, homework compliance, and the effectiveness of cognitive-behavioral therapy. *Journal of Consulting and Clinical Psychology, 59*, 305–311.

Burns, D., & Nolen-Hoeksma, S. (1992). Therapeutic empathy and recovery from depression: A structural equation model. *Journal of Consulting and Clinical Psychology, 92*, 441–449.

Burns, D. D., & Spangler, D. L. (2002). Does psychotherapy homework lead to improvements in depression in cognitive-behavioral therapy or does improvement lead to increased homework compliance? *Journal of Consulting and Clinical Psychology, 68*, 46–56.

Clark, D. C., & Fawcett, J. (1992). Review of empirical risk factors for evaluation of the suicidal patient. In B. M. Bongar (Ed.), *Suicide: Guidelines for assessment, management, and treatment* (pp. 16–48). London: Oxford University Press.

Connors, G. J., Walitzer, K. S., & Dermen, K. H. (2002). Preparing clients for alcoholism treatment: Effects on treatment participation and outcomes. *Journal of Consulting and Clinical Psychology, 70*, 1161–1169.

Craighead, W. E., Hart, A. S., Craighead, L. W., & Ilardi, S. S. (2002). Psychosocial treatments for major depressive disorder. In P. E. Nathan & J. M. Gorman (Eds.), *A guide to treatments that work* (2nd ed., pp. 245–262). New York: Oxford University Press.

Daley, D. C., Sallhoum, I. M., Zuckoff, A., Kikrisci, L., & Thase, M. E. (1998). Increasing treatment adherence among outpatients with depression and cocaine dependence: A pilot study. *American Journal of Psychiatry, 155*, 1611–1613.

Davison, G. C., & Valins, S. (1969). Maintenance of self-attributed and drug-attributed behavior change. *Journal of Personality and Social Psychology, 11*, 25–33.

Elliott, R., Greenberg, L. S., & Lietaer, G. (2004). Research on experiential psycho-therapies. In C. R. Snyder & R. E. Ingram (Eds.), *Handbook of psychological change: Psychotherapy processes and practices for the 21st century* (pp. 493–539). New York: Wiley.

Ellis, A. (1994). *Reason and emotion in psychotherapy* (2nd ed.). New York: Birch Lane Press.

Engle, D. E., & Arkowitz, H. (2006). *Ambivalence in psychotherapy: Facilitating readiness to change.* New York: Guilford Press.

Goldman, R. N., Greenberg, L. S., & Angus, L. (2006). The effects of adding emotion-focused interventions to the client-centered relationship conditions in the treatment of depression. *Psychotherapy Research, 16*, 536–546.

Greenberg, L. S., Rice, L. N., & Elliott, R. (1993). *Facilitating emotional change: The moment-by-moment process.* New York: Guilford Press.

Greenberg, L. S., & Watson, J. C. (1998). Experiential therapy of depression: Differential effects of client centered relationship conditions and process experiential interventions. *Psychotherapy Research, 8*, 210–214.

Greenberger, D., & Padesky, C. A. (1995). *Mind over mood: Change how you feel by changing the way you think.* New York: Guilford Press.

Grote, N. K., Zuckoff, A., Swartz, H. A., Bledsoe, S. E., & Geibel, S. L. (in press). Engaging women who are depressed and economically disadvantaged in mental health treatment. *Social Work.*

Hettema, J., Steele, J., & Miller, W. R. (2005). Motivational interviewing. *Annual Review of Clinical Psychology, 1*, 91–111.

Hollon, S. D., DeRubeis, R. J., Shelton, R. C., Amsterdam, J. D., Salomon, R. M., O'Reardon, J. P., et al. (2005). Prevention of relapse following cognitive therapy vs. medications in moderate to severe depression. *Archives of General Psychiatry, 62*, 417–422.

Kessler, R. C. (2002). Epidemiology of depression. In I. H. Gotlib & C. L. Hammen (Eds.), *Handbook of depression* (pp. 23–42). New York: Guilford Press.

Kessler, R. C. (1995). The epidemiology of psychiatric comorbidity. In M. T. Tsaung, M. Tohen, & G. E. P. Zahner, (Eds.), *Textbook in psychiatric epidemiology* (pp. 179–197). New York: Wiley.

Kopta, S. M., Howard, K. I., Lowry, J. L., & Beutler, L. E. (1994). Patterns of symptomatic recovery in psychotherapy. *Journal of Consulting and Clinical Psychology, 62*, 1009–1016.

Lambert, M., & Barley, D. E. (2002). Research summary on the therapeutic relationship and psychotherapy. In J. Norcross (Ed.), *Psychotherapy relationships that work* (pp. 17–36). New York: Oxford University Press.

Leichsenring, F., Rabung, S., & Leibling, E. (2004). The efficacy of short-term psychodynamic psychotherapy in specific psychiatric disorders: A meta-analysis. *Archives of General Psychiatry, 61*, 1208–1215.

Lewinsohn, P. M. (1974). A behavioral approach to depression. In R. J. Friedman & M.

Katz (Eds.), *The psychology of depression: Contemporary theory and research* (pp. 157–178). New York: Wiley.

Lewinsohn, P. M., Hoberman, H. M., & Rosenbaum, M. (1988). A prospective study of risk factors for unipolar depression. *Journal of Abnormal Psychology, 97*, 251–264.

McGrath, P. J., Stewart, J. W., Fava, M., Trivedi, M. H., Wisniewski, S. R., Nierenberg, A. A., et al. (2006). Tranylcypromine versus venlafaxine plus pirtazapine following three failed antidepressant medication trials for depression: A STAR*D report. *American Journal of Psychiatry, 163*, 1531–1541.

Miller, W. R. (1983). Motivational interviewing with problem drinkers. *Behavioural Psychotherapy, 11*, 147–172.

Miller, W. R. (Ed.). (2004). *Combined behavioral intervention manual: A clinical research guide for therapists treating people with alcohol abuse and dependence* (COMBINE Monograph Series, Vol. 1; DHHS No. 04-5288). Bethesda, MD: National Institute on Alcohol Abuse and Alcoholism.

Miller, W. R., Benefield, R. G., & Tonigan, J. S. (1993). Enhancing motivation for change in problem drinking: A controlled comparison of two therapist styles. *Journal of Consulting and Clinical Psychology, 61*, 455–461.

Miller, W. R., & Rollnick, S. (2002). *Motivational interviewing: Preparing people to change* (2nd ed.). New York: Guilford Press.

Miller, W. R., & Seligman, M. E. (1995). Depression and learned helplessness in man. *Journal of Abnormal Psychology, 84*, 228–238.

Moyers, T. B., Miller, W. R., & Hendrickson, S. R. (2005). How does motivational interviewing work?: Therapist interpersonal skill predicts client involvement within motivational interviewing sessions. *Journal of Consulting and Clinical Psychology, 73*, 590–598.

Nemeroff, C. B., & Schatzberg, A. R. (2002). Pharmacological treatments for unipolar depression. In P. E. Nathan & J. M. Gorman (Eds.), *A guide to treatments that work* (2nd ed., pp. 229–244). New York: Oxford University Press.

Olfson, M., Marcus, S. C., Tedeschi, M., & Wan, G. J. (2006). Continuity of antidepressant treatment for adults with depression in the United States. *American Journal of Psychiatry, 163*, 101–108.

Pasquini, M., Picardi, A., Biondi, M., Gaetano, P., & Morisini, P. (2004). Relevance of anger and irritability in outpatients with major depressive disorder. *Psychopathology, 3*, 155–160.

Patterson, G., & Chamberlain, P. (1994). A functional analysis of resistance during parent training. *Clinical Psychology: Research and Practice, 1*, 53–70.

Perls, F., Hefferline, R., & Goodman, P. (1951). *Gestalt therapy.* New York: Julian Press.

Project MATCH Research Group. (1997). Matching alcoholism treatments to client heterogeneity: Project MATCH post-treatment drinking outcomes. *Journal of Studies on Alcohol, 58*, 7–29.

Project MATCH Research Group. (1998). Matching alcoholism treatments to client heterogeneity: Project MATCH three-year drinking outcomes. *Alcoholism: Clinical and Experimental Research, 23*, 1300–1311.

Rogers, C. R. (1951). *Client-centered therapy.* Boston: Houghton Mifflin.

Shea, T. M., Widiger, T. A., & Klein, M. H. ((1992). Comorbidity of personality disorders and depression: Implications for treatment. *Journal of Consulting and Clinical Psychology, 60,* 857–868.

Shoham-Salomon, V., Avner, R., & Neeman, R. (1989). You're changed if you do and changed if you don't: Mechanisms underlying paradoxical interventions. *Journal of Consulting and Clinical Psychology, 57,* 590–598.

Swartz, H. A., Zuckoff, A., Frank, E., Spielvogle, H. N., Shear, M. K., Fleming, M. A. D., et al. (2006). An open-label trial of enhanced brief interpersonal psychotherapy in depressed mothers whose children are receiving psychiatric treatment. *Depression and Anxiety, 23,* 398–404.

Wachtel, P. L. (1997). *Psychoanalysis, behavior therapy, and the relational world.* Washington, DC: American Psychological Association.

Weissman, M. M., Markowitz, J. C., & Klerman, G. L. (2000). *Comprehensive guide to interpersonal psychotherapy.* New York: Basic Books.

Westen, D., & Morrison, K. (2001). A multidimensional meta-analysis of treatments for depression, panic, and generalized anxiety disorder: An empirical examination of the status of empirically supported therapies. *Journal of Consulting and Clinical Psychology, 69*(6), 875–899.

자살위험과 동기면담

Harry Zerler

자살위험(suicidality), 즉 의도적인 자해와 관련된 행위 그리고 자살('정의' 참조)은 연구자와 임상가에게 가장 도전적인 과제다. 자해 위험을 가진 사람들의 안전을 보존하려는 치료자의 법적, 윤리적 책임이 일반적으로 고도로 구조화된 평가와 치료와의 연계로 이어진다. 자살위험 환자들의 병식, 판단력과 정서적 안정감이 매우 부적절한 것으로 추정되어 자유 선택에 대한 최소한의 존중뿐만 아니라, 비자발적이고 법적으로 강요된 근거에서 치료적 개입을 부과시키는 것이 정당화되지 못할 수 있다. 그러나 역설적으로는 제한적 환경이 동기면담의 적용에 훌륭한 기회가 될 수 있는데, 동기면담이 가지는 중요한 가치는 자율성을 촉진하고 치료 동맹을 유발시키고 양가감정을 검토하는 것이기 때문이다.

생명관련 이슈(예 : 피임, 임신중절, 유전자 조작)나 사망 이슈(예 : 안락사, 사망을 도와줌, 사형)와 같이 자살은 많은 논란과 논쟁을 유발시키는데, 이러한 것이 중요한 지역사회 가치관을 확인시킬 수도 있고 도움의 필요나 위험 있는 사람들을 조력하고자 간단하고 효과적인 방법을 구하려고 하는 노력을 종종 흐리게 할 수도 있다. 자살위험 내담자들을 치료하는 것에 덜 익숙하거나 경험이 적은 독자들의 경우라면, 다음에 제시하는 참고문헌이나 자료를 주의 깊게 탐색, 인식하기 바라며, 이러한 복합적인 주제에 대한 경험적 연구와 임상 연구에 영향을 주는 많은 중요한 개념적, 방법론적, 윤리적 문제들이 있음을 알게 될 것이다.

자살위험성과 의도적인 자해와 관련된 행위들은 하나의 독립된 사건이나 지나가는 일시적인 행위로 보기보다는 하나의 연속선상에서 혹은 과정 내에서 일어나는 것으로 이해하는 것이 가장 좋다. 치료자라면 환자의 상호관계가 자살위험의 사건이 있기 전에 사건 내에서, 사건 이후 어디든지 그 과정의 한 부분이 된다는 것이다. 많은 만남 속에서 치료자는 자살위험이 있는 내담자를 구체적으로 선별해야 한다. 자살위험 내담자는 종종 해당 정신건강 센터나 위기 상담 서비스에 의뢰되어서 전문화된 평가와 차후에 연결되는 치료에 연계된다. 이러한 의뢰를 관리할 때 치료자의 기술과 민감성은 치료 동맹을 든든하게 하고 환자들이 다음 치료 단계에서 긍정적 대처를 할 수 있도록 지지하는 데 도움이 되는 반면에, 다음 치료 단계에서는 치료 동맹을 파괴하고 문제를 악화시킬 수도 있다. 또한 환자에 대한 치료자의 지식이 전문화된 선별검사 및 위기 상담 서비스를 제공하는 치료자 동료들에게 중요한 자원이 되며, 환자와 지속적 관계를 갖는 것이 위기 평가 이후의 치료에서 적절한 계획을 수립하는 데 중요한 요소가 된다. 치료자는 그 환자를 다시 만날 가능성이 많기 때문이다.

"자살 시도의 충동은 매우 보편적이어서 두 명의 미국인 중 한 명은 언젠가는 자살에 대해 숙고하거나 위협하거나 실제로 행동한다"(Lester, 1997). 급성 또는 만성적 자살위험이나 의도적 자해 관련 행위들은 종종 '레이더를 벗어날' 수 있으며 탐지되지 않고 있다가 '예측하지 못했던' 사건이 그 환자를 위기관리로 노출시킨다. 환자들은 종종 탐지될 수 있는 가능성을 유발하는 정보를 감추거나 왜곡한다. 돌이켜 보면, 적절한 정보 면에서 볼 때 많은 사례가 놀랄 만한 것이 아니고 예측하고 예방할 수 있는 것으로 보인다. 변화대화(chang talk)를 경청하는 것이 위기에 처한 환자들을 만날 때에 도전적일 수 있다. 만성 질병, 가족 갈등, 급작스럽게 안정을 파괴하는 사건의 맥락에서 자살 시도의 잠재성 또는 확실성의 실현이 종종 다양한 층의 정보와 의사소통을 포함하는데, 이것이 자해를 하거나 반대로 안전을 유지하려는 환자의 욕구, 능력, 이유, 필요성을 흐리게 할 수도 있다. 동기면담의 정신으로 양가감정을 탐색하는 것이 환자의 치료에서 앞으로 적당한 단계를 식별할 수 있는 열쇠가 되는 동시에 치료 동맹을 맺으면서 환자의 자율성과 함께 최소한의 제약 내에서 치료를 받을 수 있는 권리를 존중하는 열쇠가 된다. 이 장에서는 자살을 시도했거나 자살을 하려고 위협 또는 숙고하는 것처럼 보이거나, 급성 자살위험성이 보이는 환자에 대해 위기 평가를 할 때 동기면담을 사용하는 것에 대해 기술한다.

정의

의도적 자해(deliberate self-harm)는 개인이 가변적 동기를 가지고 행한, 일종의 급성 행동 삽화의 유형으로 의도적으로 수행된 급성 비치명적 자해 행위를 말한다. 또 다른 용어로는 시도된 자살(attempted suicide) 또는 가자살(parasuicide)로 이 현상을 기술할 수 있다(Gelder, Mayou, & Cowen, 2001). 이 장에서의 목적에 부합하고자 의도적 자해라는 용어를 사용한다.

자살은 한 개인이 치명적 결과에 대한 지식, 기대를 가지고 의도적으로 시도, 실행되어 치명적 결과를 가져온 행위이다(Gelder et al., 2001).

자살위험(suicidality)이란 개인이 살기를 원하거나, 의도하거나 또는 선택하는 것 또는 죽기를 원하거나, 의도하거나 또는 선택하는 것에 대해 두드러지게 숙고하고 있는 급성 또는 만성 상태이다. 자살위험은 많은 역동적 대인관계 및 내면 요인에 의해서 영향을 받을 수 있는 양가감정으로 성격지어진다. 인지적, 정서적 상태로서의 자살위험은 의도적인 자해 또는 그 밖의 자살 행위로 이어질 수도 있고, 이어지지 않을 수도 있다.

임상 대상과 일반적인 치료

미국에서 자살률은 연간 10만 명 중 10.9명이다. 통계적으로 볼 때 자살은 사망 요인 중 11번째이지만 성인기의 사망률에서는 세 번째 요인으로 간주된다. 자살은 미국에서 매년 3만 명 이상의 조기 사망의 원인이 되고 있다. 연령별 사망률은 노년층에 가장 높은 것으로 나타났으나 청소년과 성인기의 자살률은 1955년 이후로 3배 증가하였다(American Association of Suicidology). 자살을 시도하는 사람들 중에 80%가 남성이지만 비치명적 자살을 시도하는 대다수는 25~44세의 여성이다. 추정하기로는 1건의 자살 성공은 평균 50~100건의 자살 시도가 있는 셈이다. 자살한 건수는 공식적으로 보고된 건수에 비해 훨씬 높을 것으로 주장되는데 많은 자살 시도가 전혀 보고되지 않으며, 성공한 많은 자살이 다른 원인에 기인될 수 있는 사망으로 잘못 제시되기 때문이다.

자살위험은 다른 장애의 한 증상이나 복합적 특성일 수는 있으나 그 자체가 장애는 아니다. 철저한 평가와 사례 관리는 포괄적인 정보 수집과 연령에 적합하고 문화적으로 민감한 위기관리 모델과 통합될 것을 요구한다(American Psychiatric Association, 2003; Risk Management Foundation of the Harvard Medical Institutions, 1996, 2000). 이러한 환자들과 작업할 때 동기면담 접근은 미국에서 일반적 치료가 되고 있는 과도하게 강요적인 과정과 대조적이다. 일반적인 치료 과정은 자살 사고나 행동이 발각되고, 발견하고, 의심하는 반응으로 시도된다. 이러한 일반적 치료 개입은 종종 임상기관이 가지는 책임 관련 프로토콜에 협조해야 한다는 요구로 인해 유발되기도 한다. 이러한 개입은 또한 자기 자신이 타자에게 즉각적인 위험이 되는 것으로 보이는 사람들을 정신건강 선별, 평가, 치료해야 하는 법적 책임에 따라야 한다. 이러한 요구 사항은 각 지역마다 상당히 다를 수 있으나 적어도 해당 정신건강 전문가들에 의해서 의무적인 평가(필요하다면 비자발적이란 뜻)를 일반적으로 제공하고 있다. 이러한 평가는 주로 병원 응급실에서 이루어진다. 평가와 치료는 알려진 위험 요인들을 파악할 때 많이 예측될 수 있고—자해의 가능성 증가와 관련된 상황적 요인—또한 알려진 안전 요인—자해의 가능성을 저하시켜 주는 것과 관련된다—을 파악함으로써 예측할 수 있다.

이러한 평가 결과는 적절한 치료로의 의뢰나 연계를 결정짓고, 매우 다양한 반응 결과를 가져오는데 차후의 서비스로의 의뢰를 거절하는 것에서부터 자발적으로 통원 또는 입원되는 의뢰를 수용하기까지 그리고 더 나아가 비자발적 입원 명령에 수긍하는 것에 이른다. 자살위험, 자살 행위 또는 의도적 자해[1]를 위한 차후의 치료는 심리치료의 많은 배경 중의 하나 또는 병합으로 이루어진다. 전형적 개입으로는 약물치료(예 : 항우울제, 항불안제, 기분 안정제), 교육 및 여가 집단 치료 그리고 면밀한 관찰(환자 안전 계획이나 안전의 조합)이 있다. 통제된 환경 내에서 구조화된 활동과 약물치료를 조합하여 환자의 안전을 감독하는 것(즉, 입원)은 흔히 환경 치료라고 불린다. 치료자들이 환자가 자신의 안전을 유지할 어느 정도의 능력이 있다고 설득되지 않는 한 심각한 의도적 자해 행위를 숙고하거나 시도했던 환자의 치료 수준은 주로 입원, '급성 통원 치료'(전형적으로 매일 통원 치료 프로그램에 참여하는 것)이다. 미국에서는 세 가지 선택이 의료 보험의 영향을 받는데 의료 보험에서는 많은 환자들의 의료 치료 혜택을 통제하고 있다.

자살위험 환자들은 종종 고도로 불안한 분위기에서 평가와 관리가 일어날 수 있음을 인식하는 것이 중요하다. 왜냐하면 환자, 그들의 가족, 중요한 타자, 그들을 돕는 사람들, 그리고 기타 관련 사람들. 예를 들어, 교사, 고용주, 경찰들이 있다. 치료자가 처음에는 환자의 주의를 집중하고 나서 체계나 지침 사항, 가족 동료, 유관

---

1) 자살위험 관리에서 구두 또는 서면 '안전계약'의 사용은 심각한 제약점이 있고, 의도적인 자해 행동에 보호적인 효과를 준다는 것에 대한 충분한 입증이 부족으로 판명되었다(American Psychiatric Association, 2003, pp. 5, 41-42).

기관에 반응을 하면 치료자는 적절한 결과의 가능성을 높일 수 있다. 만일 치료자가 자기 자신의 정서적 반응에 꽉 차 있거나 환자의 가족 또는 중요한 타자들의 감정에 매달려 있다면, 이러한 사람들의 불안에 주로 대처하게 되어서 환자의 불안은 치료하지 못하는 경우가 생긴다.

자살위험 환자에게 동기면담 적용 시 이론적 근거

자살위험 환자들을 치료할 때 미래 치료를 선택하는 데 제약적일 수 있다는 점에서 동기면담의 사용은 그들의 자율성을 크게 증진시킨다. 더 나아가, 이 대상에게 동기면담을 사용할 때의 이점은 증진된 치료 동맹의 발전에 있다고 본다. 자율성과 동맹이라고 하는 긍정적인 연계를 가지고 내담자는 보다 적극적으로 대안을 파악하여 적용함으로써 수동적인 수용이나 비협조를 대신할 수 있다. 이 두 가지는 자살위험의 일반적인 임상 관리 및 치료에서 흔히 있는 문제점이다. 마지막으로 이 환자군에서 두드러지고 종종 복잡한 양가감정의 존재가 생명을 존중하는 변화로 준비하도록 불일치감 만들기에 충분한 잠재력이 있다.

동기면담은 환자의 자율성을 지지하고 보전하는 것에 중요성을 두기 때문에 특히 가치가 있다. 이러한 환자들을 어린아이로 취급하여 부과된 정신과적 치료를 자발적으로 수용하거나 비자발적으로 입원시키는 것에 그들의 치료 선택을 제약하는 현재 치료 시스템의 경향에 반하여 위기 평가에서의 동기면담 태도는 자신의 부정적인 감정을 대처하고자 하는 선택을 할 수 있는 환자의 타고난 능력을 인식하고 양육해 주려고 노력한다. 그러한 능력이 얼마나 제한되었든 간에 환자의 질환과 욕구의 도식 안에서 그 능력을 인정해 주는 것은 치료 과정과 치료 효과에 잠재력으로 중요한 긍정적 영향을 줄 것이라고 제안된 바 있다. 궁극적으로 환자는 자기 스스로의 매체를 통해서 생존해야 하기 때문에 환자의 자기효능감을 보존하고 양육하는 태도를 적용하는 것이, 환자가 즉각적인 피해의 면전에 직면해 있으나 무기력하기 때문에 구조자로서의 역할을 취해야 한다는 태도보다도 더 신중할 수 있고, 잠재적으로 더 효과적일 수 있다. 외부로부터 그러한 안전장치가 부과되면 될수록 환자 내면에서는 점적 적어지는 것이다. 나아가 환자 스스로 적절한 선택을 할 수 있다고 격려를 지지하는 것은 긍정적 기대감을 증가시킨다는 관련된 혜택을 가지는데, 이것은 자기가 무망하고 무기력하다고 스스로 인식하는 자살위험 환자와 작업하는 데 특히 중요하다.

임상가들이 그러한 평형의 입장을 취하는 것에 대해 염려하는 것은 이해할 만하다. 환자가 자해 행위를 하거나 또는 정말로 자살을 성공할 경우 임상가는 이것에 대한 책임이 있고 책임을 져야 할 것인가? 단순화된 위험 관리(예 : "환자를 그냥 입원시키고 그다음 일을 마무리 하십시오.")는 가능한 최소 제약 장면에서 환자가 적절한 치료를 받을 수 있는 권리를 침해하는 것인가? 어떤 수준의 위험이라도 완화시킬 반응으로 통제된 환경 속에 비자발적 정신과적 치료를 부과하는 등의 종종 더 용이하고, 확실히 보다 더 안전한 경로를 선택한다면 환자에게 어떠한 결과가 있게 될 것인가? 환자는 자기효능감과 자율성이라고 하는 얼마 되지 않는 것도 상실하게 될 것인가? 앞서 나가려는 환자와 치료적 동맹에 어떤 영향을 줄 것인가? "자살과 자살 행위는 위험 대상군에게조차도 통계적으로는 드물다. 예를 들어, 자살 사고와 시도는 증가된 자살위험과 관련 있긴 하지만 자살 사고나 시도를 하는 대부분의 사람들은 자살로 사망하지는 않는다"(American Psyciatric Association, 2003). 확실히 어떤 사례에서는 위험 요인의 무게와 타당성 있는 환자 안전 계획의 제약점이 입원 이외의 다른 선택을 지지할 수 없는 경우가 있다. 그리고 환자가 자발적 의뢰를 수용하지 않을 경우 비자발적 강제 입원이 필수적일 수 있다. 그러나 입원을 요하는 사례는 저자가 매년 자살위험 평가를 하는 1/3 정도만 해당되며, 그 사례에서 동기면담을 적용했을 때 비자발적 입원율이 최소화되는 것으로 보인다. 자발적 또는 비자발적 입원으로 신속하게 의뢰하는 것이 확실히 위기관리의 부담을 옮겨 놓을 수가 있으며, 환자로 하여금 자원을 인식하고 선택하도록 허락하고 격려하는 자세한 포괄적 평가보다 시간은 덜 걸릴 뿐이다. 그렇지만 이러한 의뢰는 환자가 보일 수 있는 미래의 호전 가능성을 모르는 사이에 훼손할 수 있다. 환자는 제의된 안전 계획에 즉시 동의하여 차후 부과적인 치료를 시작하겠다고 동의할 수 있는데, 이러한 명시적인 선택은 자살위험 환자가 가지는 기저의 내적, 지속적 복합적 양가감정을 다소나마 인식하면서 처리될 수 있다. 흔히 있는 결과로는 환자의 양가감정에 불충분하게 관심을 두었을 때 수동적인 수용을 넘어서 치료 자체에 호전이 제약될 수 있으며, 바로 역전되어서 자해를 새로 시도하여 성공하게끔 하는 정점에 다다르게 한다. 자살에 성공한 많은 사람들이 정신 병동에서 최근에 퇴원한 사람들이다. 적절한 연구가 부재한 상태에서 이러한 현상에 대해 고찰하는 것이 혼란스럽다. 이렇게 외현적으로는 차분하고 협조적으로 보이는 환자들이 환경 치료에 협조하여 통제 치료 환경을 떠날 정도로 보기엔 매우 호전된 것으로 여겨지는데, 병원에 있는 동안 삶과 죽음에 대한 자신의 양가감정을 비호의적으로 해결하였기 때문에 즉각적으로 자신이 새롭게 발견한 정서적 평화와 회복된 에너지를 이용하여 효과적으로 자살을 완성시킨다고 생각한다. 양가감정의 효과적인 탐색을 위기 평가에서뿐만 아니라 입원치료, 퇴원계획, 차후 치료에서도 지속적으로 초점을 맞추는 것이 신중하지 않을까?

동기면담은 임상가에게 공감적이면서 사회적으로 중립적인 관계를 제공함으로써 자살위험이 가지는 주요 실존적 차원을 포함하는 여러 유형의 양가감정을 윤리적으로 접근 가능하게 한다. 환자가 살아야 한다, 죽지 말아야 한다는 의료 법적 그리고 만연해 있는 사회 정치적 가설에만 기반을 둔 임상 태도만을 적용하기보다는 동기면담 태도는 자살위험 환자의 측면에서 이러한 가정이 반드시 주어지는 것은 아니라는 것을 인식하고 있다. 이러한 가설이 타자들에게 얼마나 중요한지 또는 얼마나 많은 강요가 환자에게 지워지든지 간에 동기면담은 자살위험 환자를 치료하는 데 존재하는 많은 딜레마를 화해시키고자 효과적인 기법과 최적의 정신을 제공한다.

자살위험 환자를 위한 임상적 동기면담의 적용

동기면담의 이러한 적용은 기능적으로 위기 평가와 통합될 수 있는데, 효과 면에서 위기 평가가 단기 치료가 될 수 있도록 해 준다. 이러한 통합 접근은 구체적으로 각 위험 환자가 효과적으로 연계될 수 있는 차후의 치료를 예상하게 하거나 사전치료가 되기도 한다. 이러한 맥락에서 볼 때 동기면담 사용의 목표는 강요된 치료의 가능성을 최소화하고 자율성을 증진시키고 자기효능감을 높이는 것이다. 개입이 가지는 측정 가능한 목표란 변화를 도모하는 것으로서 구체적으로 양가감정이나 불확실성의 상태로부터 타당성 있는 준비상태로 변화하여 환자 안전 계획을 유지하는 것이다. 단기적 측정 가능한 치료 효과란 환자가 어떠한 방법으로든 자기 자신이나 타인에게 상해를 하는 행동을 취하지 않는 것이다. 그 밖의 측정 가능하고 즉시적인 효과로는 환자가 면담을 촉진하는 데 협조하는 바를 알아보고 의료적 처리 절차와 처방 준수에 협조를 얻는 것이며, 즉시적이고 장기적인 치료 계획에 환자가 참여하고 동의하는 것을 최적화하는 것이다. 또한 환자를 가능한 최소 제약 장면에서 지속적인 치료를 받도록 연결하는 것을 달성하고, 환자의 안전 계획을 포함하여 환자의 지속적 치료를 위해서 치료 계획에 환자가 동의하고 따르는 것을 확실하게 하는 것이다.

이 적용에는 동기면담과 관련된 두 가지 중요한 변형 방법이 있다. 첫째는 환자의 우선순위와는 관계없이 구조화되고 포괄적인 위험 및 안전 평가에서 모든 주요 영역을 언급하는 것이 필수적이다. 결과적으로 치료자는 보다 지시적인 많은 질문을 하고 대화를 조준하고 동기면담 회기에서 하는 것보다 더 많은 대화시간을 가진다. 두 번째는 회기에서 선별적인 초점과 궁극적인 제안의 강요가 불가피할 수 있는데, 치료자가 가지는 근본적인 윤리적, 법적 책임이 환자와 지역사회 안전을 보장하기 위해서라는 것이다. 동기면담의 다른 적용에서처럼 환경이 덜 강요적일수록 저항이 일어날 가능성은 적어진다. 위기 평가에서 흔히 있는 일은 자신의 치료에 대해 단호하게 비협조적이거나 또는 완전히 수동적 또는 무감동적인 자살위험 환자들을 만난 다는 것이다. 이러한 압박을 가진 채, 동기면담 정신을 최대로 준수하는 것이 이에 부합하는 요구가 된다. 즉, 동기면담 정신이란 진솔한 공감을 표현하고 보여 주는 것으로 환자가 말한 것과 말하지 않는 것을 경청하고 주의 집중하는 것이며, 정중하고 비위협적인 방식으로 진솔하고 정직하며, 긍정적 에너지의 모든 빛을 식별하고, 존중하고, 반영하고, 인정하고, 지지하는 것을 말한다. 환자가 얼마나 협조적인가 하는 것과 관계없이 환자의 일정과 환자의 안전 및 미래의 치료를 유능하게 확인해 줄 필요성 간에 상당한 괴리가 있다. 그래서 동기면담의 적용 가능한 원칙을 실체적으로 적용하는 이유와 기회가 된다. 실제 면에서 자살위험 환자의 위기관리에서 여러 가지 변형을 가지고 동기면담 통합을 하는 데 충분한 여지와 공존 가능성이 충분하다.

이렇게 통합된 과정은 다음과 같이 요약되는데 환자가 밝혀서 제시하는 반응에 따라 강조를 역동적으로 다음과 같은 요소들을 혼합할 정도를 바꾸어 주면 강조할 수 있다.

효과적으로 자율성 증진하기 : 협동성 — 저항과 함께 구르기
효과적으로 동맹 증진하기 : 정직 – 공감 – 진솔함
양가감정 검토하기 : 유발성 – 불일치감 탐색하기
자기효능감 지지하기 : 변화대화 반영하기

저자는 환자의 만남에서 항상 예절 바르고, 민감하며, 늘 허락을 요청해야 함을 강조한다. 경청하기, 반영하기, 진솔한 공감하기에 특별히 노력하는 이유는 이러한 노력이 치료자와의 관계를 촉진하기 때문이며 많은 경우 그러한 것만으로도—누군가 자기 말을 들어주고 경청하고 관심을 준다는 의미 있는 느낌을 만들어 주는 것—환자로 하여금 부정적 감정을 다루기 위하여 좋은 선택을 하도록 능력을 부여하

는 데 충분하다. 저자의 경험으로 볼 때, 비효과적인 치료력이 길거나, 자살을 완료했던 많은 사람들이 대부분 많은 지시와 강요된 치료를 받았으며, 또한 대부분이 충분하게 관계를 가지지 못했던 면이 있었다. 위기 평가라고 하는 구조화된 틀 내에서 환자가 자기 스스로의 속도와 방향에 맞추어 반응하도록 허락해 주는데, 이렇게 할 때 우리는 모두 상호 간의 신뢰를 만들 수 있고 환자는 자기 통제감을 어느 정도 유지한다. 의사소통 시 많은 용의함을 가질 때 환자의 이전 사례 내력 또는 현재의 상황을 토대로 하여 가정하지 않도록 조심하면서 양가감정의 중요 요소들을 이끌어 내고 인식하는 것이 가능하다. 동기면담의 다른 적용에서처럼 양가감정은 행동의 선택으로 조작적으로 표현될 수 있으며 이러한 행동은 치료에서 장차 있게 될 단계를 공동 결정으로 알려 준다.

동기면담의 다른 적용에서처럼 결정 저울은 양가감정의 탐색 또는 해결에서 중요한 부분이다. 삶이 하나의 선택인지를 질문하는 것보다 더 실존적이고 진정한 이슈는 없다. 자살위험 환자와 작업을 하면서 저자는 이 질문이 하나의 선택이 아닌 두 가지 선택으로 결정됨을 본다. 나는 살기를 원하는가? 아니면 나는 죽기를 원하는가? 환원주의자의 견해에서 보면 이러한 질문은 동전의 양면으로 보일 수 있지만 환자들이 가르쳐 준 바는 이 질문이 일반적으로 두 개의 다른 질문이며 평행적인 것인지 반드시 일치하지는 않는다. 마치 절주에 대해 좋은 점과 좋지 않은 점을 탐색하는 것, 그리고 음주 문제자와 알코올 지속에 대해 좋은 점과 좋지 않은 점을 탐색하는 것, 계속 사는 것에 대해 좋은 점과 좋지 않은 점을 탐색하는 것, 그리고 자살위험 환자의 경우 죽기로 선택한 것에 대한 좋은 점과 좋지 않은 점에 대해 탐색할 수 있다. 많은 경우에 있어서 이러한 탐색은 환자가 사실 죽어 있는 상태를 원하는 것이 아니라 그들이 너무 감정적으로 압도되어 자기효능감이 떨어져서 다른 대안이 없는 것처럼 느낀다는 것을 깨닫도록 고무한다. 자살위험 환자들은 다음 단계의 치료에 대해서 어떤 선택을 할 것인지 준비가 되어 있을 수 있고, 한편으론 죽느냐 사느냐에 대한 실존적 선택이 전혀 다른 준비상태에 있을 수 있다. 중요한 것은 환자가 '안전 계획'에 동의하거나 또는 차후 치료에 동의한다 하더라도 그것이 반드시 죽느냐 사느냐에 대한 양가감정을 견고하거나 안전하게 해결하는 것을 가르치는 것이 아님을 이해하는 것이다. 어떤 사례에서는 죽는 것에 대해 환자가 좋은 점을 표현하는 것이 매우 강해서 고수준 치료의 제약 단계를 구하는 것 이외의 더 좋은 대안이 없을 수 있다. 환자가 얼마나 살기 원하는지 얼마나 죽기 원하는지에 관한 보다 깊은 양가감정이 치료와 자기 탐색에서 해결하기까지 더 많은 시간을 요구할 수 있다. 그러나 급성 위기단계에서 단기 동기면담 개입을 사용함으로써 종종 만성 우울증과 심각한 스트레스로 고통을 당하는 환자들로 하여금 자해하지 않고 스스로 눈물을 흘리며 다음 단계를 선택하는 이점을 얻을 수 있도록 도와준다.

임상 사례

다음 사례는 저자가 매우 분주한 도시 근교의 병원 응급실에서 위기 상담자로 근무할 때 보았던 전형적 사례들을 모아 놓은 복합 사례이다. 저자가 몇 가지 동기면담 도구를 사용하여 문제 수용과 치료 수용을 탐색했던 전형적인 한 시간 길이의 만남을 여기서는 공간상 매우 간략하게 제시하였다.

제임스는 29세 남성으로 경찰에 의해 119를 부른 후, 경찰과 구조대에 의해 의뢰된 사람인데 다음과 같이 말했다. "나는 죽을 거예요. 막지 마세요." 제임스는 지난 12개월 동안 두 차례 걸쳐 응급실에 왔는데 두 번 모두 처방약과 약국에서 구매한 약을 의도적으로 과다 복용한 후였다. 두 경우 모두 환자는 알코올과 코카인을 한 상태였다. 학력은 고졸이고, 훈련된 기계공으로 독학했으나 몇 개월간 무직이었다. 가까운 가족 관계가 없다고 보고했으며, 그의 아버지가 알코올중독자이고 유년기 몇 달 동안 그와 여동생이 어머니로부터 성적 학대를 받았다고 한다. 당시 여동생은 8세였고 그는 10세였으며 그런 학대에 대해서는 가족 내에서 결코 주장을 하거나 인정받지 못했다. 제임스는 19세 때 부인과 이혼했다(결혼해서 자녀는 없었고 2년간 결혼생활을 했으며 상호 폭력이 있었다고 한다). 평가 시 제임스는 현재 여자 친구와 별거한 상태였는데 여자 친구가 최근에 제임스에게 자신의 아파트에서 나가라고 하자 제임스가 복수를 하겠다고 위협했기 때문에 접근 금지 명령을 받은 상태였다. 제임스는 여자 친구에게 집과 직장으로 반복해서 전화를 하여 접근 금지 명령을 어겼던 것으로 추정되어 법원 소환을 기다리고 있는 중이었다. 제임스는 1년 전 처음으로 자살 시도를 한 다음 가끔씩 치료를 받았다. 첫 시도 후에 8일간 자발적으로 입원하였고, 2주간은 낮 병동 프로그램에 참여하였다. 이후 개인 심리치료로 의뢰되었으나 두 번 참석하고 중단하였다. 주치의가 2년 전에 약을 처방하였는데 잘 복용하지 않았다고 한다. "저는 알코올을 사용하기 때문에 약을 먹을 필요가 없어요. 몽롱하게 할 뿐 도움이 된다고 생각하지 않아요." 입원해 있는 동안 처방되었던 다른 약에 대해서도 꾸준히 복용하지 않았다. 제임스는 자신의 코카인 사용에 대해 최소화했다. "다른 사람처럼 약이 있으면 조금 할 뿐입니다. 약물 중독이 아니라고요." 제임스가 두 번째 과량 복용하고 난 후 여자 친구와 말다툼 후에 그 앞에서 약을 먹었고 응급실로 실려 왔는데 자발적 입원과 정신과 치료 의뢰를 모두 거절했고 당시 강제적으로 주립 정신병원에 입원되어 1주일 동안 지냈다. 현재의 자살 시도는 이전의 두 번보다 더 심각한 것으로 이번에 그는 다량의 진통제를 먹었고, 혈중 알코올 농도는 0.24를 넘었다. 그리고 이틀간 중환자실에 있었고 차후 치료를 위해 평가될 정도로 안정되어 갔다. 이러한 문제점을 토대로 해서 볼 때 제임스는 틀림없이 고위험-저안전 환자였다. 그는 심각하고 증폭되는 자해, 공존 약물남용, 치료 권고에 대한 비협조, 통찰 및 판단력 부족, 높은 수준의 충동성, 긍정적 사회적 지지의 부족, 눈에 띌 정도로 증가된 경계선 성격 특성의 내력을 가지고 있었다.

제임스는 도피의 위험과 의도적 자해의 위험이 활발한 것으로 간주되었기 때문에 일대일의 간호 관찰자와 보호사가 곁에 있는 채로 중환자실 침대에 앉아 평가를 받았다. 평가되는 동안 그는 협조적이긴 했지만 경계하는 것으로 보였다. 위에서 기술한 것과 같은 그의 내력을 조사하는 것에 덧붙여 평가가 중요했던 것은 그의 두 자루의 총인데, 사냥용 장총, 단총을 가지고 있다고 밝혔으며 그것들을 안전한 곳에 두었다고 말하였다. 그리고 저자에게 자신과 별거한 여자 친구에게 전화를 걸게 해 달라고 반복적으로 요구하였다("그녀에게 이야기를 하고 싶을 뿐입니다. 그녀가 이 것을 해결해 주길 원해요"). 평가에서 초기 정보 수집 단계 이후에 저자는 휴식을 취 하도록 제안하였고, 제임스는 점심식사를 하였으며, 한 시간 반 후에 다시 대화를 하였다.

전문가 : 제임스 씨, 다시 왔습니다. 기분은 어떠세요?

제임스 : 선생님이 아시다시피 정말 전화를 하고 싶어요. 이야기를 해야 한단 말입니다.

제임스는 눈물을 흘리다가 소리 내어 울기 시작했다. 저자는 조용하게 시선을 맞 추고 저자의 표정을 통해서 환자의 슬픔과 환자에 대한 저자 자신의 염려를 반영했 다. 휴지를 몇 장 건네 주고 저자는 말없이 인내심을 가지고 앉아 제임스를 향해 몸 을 기울인 채 집중하면서 단지 그 순간을 함께 할 뿐이었다. 1, 2분이 지나자 제임스 는 눈물을 그치고 나를 바라보며 긴 한숨을 쉬었고, 저자 역시 함께 한숨을 쉬었다.

제임스 : 다 끝이에요. 꽉 찼어요. 죽고 싶어요.

전문가 : 지치고 희망이 없다고 느끼는군요.

제임스 : 그녀가 다시 한 번 기회를 준다면 달라질 것 같아요. 그냥 이야기만 할 수 없나요?

전문가 : 제임스 씨, 당신이 그녀에게 상처를 주겠다고 위협했기 때문에 접근 금지 명령이 떨어진 것 같은데요. 당신은 이전에 몇 번 집에서 싸우셨고요. 자기 스스로를 해하려고 전에도 그런 일을 했었고요.

제임스 : 늘 그런 옛 이야기만 꺼낸다니깐요. 내가 취했을 때 그랬던 것입니다. 그때 저도 상당히 약이 올라 있었어요.

전문가 : 어떻게 해야지 사람들이 당신이 달라져 보인다고 생각할까요?

제임스 : 그야 제가 술을 마시지 않을 때는 괜찮은 남자고 상냥해요. 그런데 전 늘 상처를 받아요. 왜 저에게 상처를 준 사람에게는 접근 금지 명령을 내리지 않는 겁니까? 제가 차 안에서 살게 된 처지에 놓였단 말입니다.

전문가 : 그것은 공평한 것 같지 않군요.

제임스 : 절대 공평하지 않지요(발을 구르며). 그런 명령 따위는 신경도 안 씁니다.

전문가 : 알코올이나 약물을 사용하지 않는다면 좀 더 잘할 수 있을 것같이 들리는 군요.

제임스 : 맞아요. 굉장히 잘하고 있었어요. 그런데 다른 사람들처럼 내가 조금 놀면 그녀는 내게 바가지를 긁기 시작해요. 나는 어린애같이 무엇을 하라고 지시받을 필요가 없단 말입니다.

전문가 : 다른 사람들이 당신에게 이래라저래라 하는 걸 좋아하지 않는군요. 지금 당신이 선택을 하면 어떨까요?

제임스 : 난 그따위 정신병원에는 돌아가지 않을 겁니다. 확실히 알아 두세요. 그러느니 죽는 게 나아요 제가 선택한 거죠?

전문가 : 당신에게 모두 달려 있습니다. 당신 자신의 안전 문제에 대해 어떻게 느끼는지에 달려 있지요. 원하시면 함께 이야기 나눌 수 있어요.

제임스 : 무슨 안전 문제 말입니까?

전문가 : 글쎄요. 한 가지 확실하게 걱정되는 것이 당신이 소지한 총기입니다. 제임스 씨, 사냥하는 것을 좋아한다고 제게 말한 적이 있지요.

제임스 : 총으로 사람에게 피해를 준 적은 절대 없습니다. 제가 그걸 쓰려고 했으면 벌써 사용했을 거예요.

전문가 : 무엇이 그렇게 하지 않도록 했다고 생각하시나요?

제임스 : 모르겠어요. 나 자신이 그런 걸 하고 싶지 않을 뿐입니다. 그 총은 비싼 거예요. 여하튼 안전하게 잘 두었습니다.

전문가 : 사냥 이외에 다른 데 사용하지 않는다니 감사합니다. 그 총기들을 어떻게 간수해야 하는지에 대해 유의하시니 좋습니다만, 총기가 진짜 안전한 곳에 있다고 당신이 우리에게 확신시켜 준다면 당신이 선택할 능력이 있음에 대해 사람들이 보다 더 많이 확신을 가질 겁니다.

제임스 : 경찰들이 제 총기를 가져가길 원하지 않습니다.

전문가 : 그 총기들이 법적으로 등록된 사냥용 총기라면 지금 책임 있는 가족원이나 친구가 그것들을 보관하도록 할 수 있을 겁니다.

제임스 : 이미 그렇게 했습니다. 제 친구의 집에 갖다 두었어요. 알렉스는 직장 동료이고, 우리는 매년 함께 사냥을 갑니다. 그 친구 총기 금고 안에 보관하고 있습니다.

전문가 : 제가 알렉스 씨에게 전화해서 확인을 하고 당신이 지금 어떻게 지내고 있는지 알려 줄 수 있다면 정말 좋을 것 같습니다. 제임스 씨… 제가 알렉스 씨에게 부탁해서 두 분이 함께 사냥을 갈 때는 당신이 술이 취하지 않고 기분이 좋은 상태가 아니면 총기를 가지지 못하게끔 하려고 합니다.

제임스 : 좋아요. 좋습니다.

이 시점에서 저자는 서면 동의서에 제임스가 서명을 하고 저자가 증인을 서서 작성하였고 저자는 그의 협조에 대해 감사를 표명하였으며 인정해 주기를 하였다. "이렇게 하니까 정말로 당신의 치료를 위해 보다 많은 선택에 대한 대화를 할 수 있게 되었다고 봅니다." 저자는 바로 제임스의 친구에게 전화하겠다고 나왔으며 제임스가 직접 접근할 수 없는 총기 금고에 그 무기들이 사실 보관되어 있음을 입증할 수 있었다. 그의 친구 알렉스는 저자에게 말하기를 제임스의 정서적 행동 문제 내력을 그가 알고 있다고 하였고 함께 사냥을 가는 것 이외에는 제임스가 그 무기에 접근하지 못하도록 한 후 제임스가 술을 마시지 않고 안정되어 보인다고 확실할 때에만 접근할 수 있다고 저자에게 확신해 주었다. 저자는 그에게 감사를 표했고 우리의 대화를 기록해 두었으며 제임스와의 만남을 다시 가졌다.

전문가 : 친구 알렉스 씨와 이야기를 나누었습니다. 지금 당신이 잘 지내지 못하고 있어서 안타깝다고 말해 달라고 했습니다. 그리고 그 친구가 당신의 총기를 책임지겠다고 했어요. 그 친구는 당신을 좋아하고 당신에 대해 많이 염려하는 것처럼 보이더군요.

제임스 : 네. 알렉스는 정말 멋진 남자입니다. 저에게 가족과 같아요. 그래서, 이제는 무슨 일이 있게 되나요? 언제 퇴원하게 되나요? 차를 찾아야 하고 차 안에 제 물건이 다 있어요.

전문가 : 제임스 씨, 지금 당신은 건강에 진짜 손상을 입었어요. 이것에 대해 의사와 이야기해 보셨나요?

제임스 : 네, 저의 간 검사결과를 보여 줬어요. 제가 괜찮을 거라고 생각하세요?

전문가 : 전 의사가 아닙니다만, 당신이 어떻게 스스로를 돌보려고 하는지에 따라 대부분 달려 있다고 생각합니다. 의사들은 정신병원 중환자실을 원할 것이고 다시 낮병원 프로그램에 갈 정도로 건강해졌다고 모든 사람들이 수긍할 때까지 거기에 있길 원하죠. 괜찮으시겠습니까?

제임스 : 사실 그 밖의 다른 선택의 여지가 없겠군요.

전문가 : 당신은 자발적 치료나 강제 치료, 둘 중에서 선택할 수 있어요. 이 둘에는 차이가 있습니다. 제가 이런 말씀을 드려도 괜찮으시다면, 저희는 당신이 저희들과 함께 있길 원해요. 예전에 그렇던 것처럼요. 아시다시피 여기에 있는 우리들이 당신에 대해 염려하고 있습니다.

제임스 : 좋아요. 있겠습니다.

위에서 발췌한 제임스 사례의 동기면담 토대 평가에서 전체 면대면 시간은 한 시간이었다. 동기면담은 동기면담 없이 유사한 만남과 비교했을 때 어떤 차이를 가져오는가? 비교를 하고자 제임스를 동기면담 접근이 아닌 것으로서 만났을 때로 다시 가 보자. 이렇게 대조적인 예를 들었을 때 전체 평가 및 제안은 휴식시간 없이 단 40분이 걸렸다. 첫 번째 경우처럼 이 대화는 저자의 실제 장면에서 관찰되었던 유사한 환자를 동기면담 태도를 취하지 않고 면담자들이 수행한 실제 만남의 복합 사례를 토대로 한다. 면담자는 초기 평가 자료가 수집된 후 첫 번째 사례에서처럼 제안을 시작한다.

> **면담자** : 제임스 씨, 이제 우리는 당신이 어떤 치료를 받아야 할 것인지 결정할 필요가 있습니다.
>
> **제임스** : 선생님도 아시다시피 나는 그녀와 이야기를 하고 싶어요. 정말 전화를 걸고 싶단 말입니다.

제임스는 울기 시작했고 마침내는 소리를 내어 울었다. 면담자는 제임스에게 휴지를 건네 주면서 말한다.

> **면담자** : 접근 금지 명령을 따르지 않았기 때문에 지금 이러한 어려움이 있는 이유이지요. 1분 드리겠어요.

방을 나온다. 3분 후에 제임스는 더 눈물을 흘리지 않고 있고 면담자는 돌아온다.

> **면담자** : 이제 이야기할 준비가 되셨나요?
>
> **제임스** : 다 끝났어요. 전 꽉 찼어요. 죽고 싶어요.
>
> **면담자** : 글쎄요. 그런 경우라면 정말 이 병원에 있어야 합니다.
>
> **제임스** : 그녀가 나에게 한 번만 기회를 준다면 달라질 거예요. 왜? 이야길 못 한단 겁니까?

면담자 : 제임스 씨, 그런 이야기는 접근 금지 명령을 발효시킨 판사님과 해야 합니다.

제임스 : 늘 옛날 이야기만 끄집어내는 거예요. 제가 취했을 때 그런 짓을 한 것뿐입니다. 나도 정말 많이 약이 올라 있었어요.

면담자 : 당신은 알코올과 약물 문제로 해독과 치료를 확실히 받아야 합니다.

제임스 : 이것 보세요. 전 알코올중독자가 아니고 약물 중독자도 아닙니다. 나에게 상처 주는 사람에게는 왜 접근 금지 명령을 주지 않나요? 제가 왜 차 안에서 살아야 한다는 겁니까?

면담자 : 아마 그것에 대해서도 좀 알아볼 필요가 있어요.

제임스 : (발을 구르며) 전 그런 거 상관없어요. 정신병원에는 돌아가지 않아요. 다시 한 번 말해요. 그러느니 죽는 게 나아요.

면담자 : 지금 정신병원 밖에서 당신이 안전할 거라고 믿을 수 있다고는 보지 않아요.

제임스 : 왜 아닙니까? 선생님은 저에 대해 아무것도 몰라요.

면담자 : 글쎄요. 제임스 씨, 당신이 소지한 총기에 대해 염려됩니다. 사냥을 좋아한다고 제게 말한 것으로 압니다.

제임스 : 전 총으로 사람을 해친 적이 없어요. 그런 일을 제 스스로에게 하려 했다면 이미 했을 거예요.

면담자 : 그 총기가 어디에 있는지 알고 싶어요.

제임스 : 제가 가지고 있지 않아요. 팔았어요.

면담자 : 누구에게 언제 파셨나요?

제임스 : 아실 필요 없어요. 아실 필요 없어요. 총기 전시회에 팔았어요.

면담자 : 확인해 주실 수 있으세요?

제임스 : 이따위 것에 대해 더 이상 이야기하고 싶지 않아요. 퇴원하고 싶어요. 언제 퇴원하는 겁니까? 제 차를 찾아야 해요. 거기에 제 물건이 있어요.

면담자 : 당신 자신이나 타인에게 위험해요. 계속 입원해 있어야 합니다. 비협조적이신데요. 그렇다면 정신병원으로 보내는 것밖에는 다른 선택이 없네요.

제임스 : 그렇게 생각하신다는 말씀이군요. 전 퇴원합니다.

제임스는 일어서서 주삿바늘을 뽑아 버리고 심장 모니터링 기계를 밀친다. 그러자 면담자는 큰소리로 스테이션에 소리를 질러 신체 억제를 발효했다. 그날 늦게 제임스는 강제적 정신과 입원치료를 받도록 주립 정신병원으로 이송된다.

이러한 가상적인 복합 사례는 실제 환자들과 실제적인 만남에서 나온 것이며 자살위험 환자들과 작업할 때 동기면담 사용이 얼마만큼 유용한지 대표적인 비교를 제공하고자 의도된 것이다. 이런 사례에서 동기면담이 만병통치약임을 말하려고 하는 것은 아니다. 사실상, 성취될 수 있는 것에도 제한점은 있다. 첫 번째 동기면담 토대의 제임스와의 대화에서 경계적인 후기 보고로서, 이 대화 이후 한 시간이 지난 후에 제임스는 점심식사 때 숨겨 놓은 플라스틱 숟가락을 부러뜨리고 간호사와 보호사가 있는 장면에서 자신의 목과 팔목을 살짝 그었다. 그래서 그는 신체적으로 억압되어 비자발적 정신 치료를 받도록 이송되었다. 3주가 지나서 병원에서 퇴원했을 때 그는 지역사회 위기 전화로 전화를 걸어 저자에게 다음과 같이 말했다.

내담자 : 안녕하세요. 해리입니다. 기억하세요?

면담자 : 제임스 씨 어떻게 지내세요? 어떻게 지내시는지 궁금했어요. 어디서 전화 거시는 건가요?

내담자 : 병원에서 나와서 거주시설에 있어요. 아시다시피 지금 정말 정신 차릴 필요가 있지요. 이번에 상황이 달라질 거라고 봅니다. 언제 만나 이야기했으면 하고요. 다시 볼 수 있으면 기쁘지요. 언제가 좋을까요?

문제와 제안된 해결책

위에서 말한 사례들의 측면에서 고려되어야 할 한 가지 문제는 동기면담 개입이 시간 낭비라는 몇몇 학자들의 견해이다. "환자가 한 것을 보십시오. 이러한 환자들은 항상 우리가 보는 환자인데, 그들에게 당신이 해 줄 수 있는 게 없습니다. 당신은 그냥 바로 비자발적 장기치료로 보냈어야 합니다." 동료 가운데 동기면담을 토대로 한 실제적이고 새로운 방법에 대해서 양가감정을 이해하고 수용하는 것이 환자 안에 있는 변화에 대한 그들의 복잡한 심정에 대해 민감해야 하는 것과 다름이 없다. 우리가 환자에게 하는 방식으로 동료에게 동기면담을 적용하는 것은 아니지만, 논쟁, 판단, 설득을 피하면서 변화를 증진시키는 것이 가져오는 가치는 저자의 경험에서 명백하다. 어떤 동료들은 일반적인 치료를 바꾸는 것에 대해 기질적 또는 철학적으로 반대하고 있다. 그러나 우리들의 자살위험 환자의 작업을 증진시키려는 방법의 동기면담에 대해 많은 동료들은 진정한 감사와 관심을 표명한 바 있다.

회의주의자들은 이렇게 묻는다. "제임스 사례에서 동기면담이 가져온 더 좋은 결과가 무엇이었습니까? 두 사례 모두 제임스는 비자발적으로 입원되었습니다." 그러나 저자가 주장할 수 있는 것은 동기면담 토대 개입에서 제임스가 자신이 무기를 안전하게 간수하는 것에 대해 협조한 점과, 자신이 편안하게 느끼게 된 상담자와 다시 연결했었던 그의 차후의 결정, 신뢰감은 그 환자와 지역사회 모두에게 가치로운 이득점이며 시간이 갈수록 긍정적 변화를 도모할 수 있는 지속적인 기회를 의미한다. 이와 반대로 대조한 사례에서 특징지어질 수 있었던 명백한 불신, 분노, 소외감을 생각해 볼 수 있는데 이런 것들은 그 환자와 지역사회 모두 고위험 환경으로 지속될 수 있음을 의미한다.

동기면담 훈련이나 경험이 없는 동료들은 종종 회의적일 수 있는데, 왜냐하면 많은 건강 치료 장면에서 제약적인 시간 틀 내에 요구되는 절차를 달성하기에는 이 개입이 과연 실제적이고 관리 가능할 수 있을지 회의적이다. 그들은 전형적으로 보다 더 거리를 두거나 보다 더 엄격하게 구조화된 일직선상의 기법을 적용하여 평가를 완성하곤 한다. 실험 자료로 입증되지는 않았으나 저자의 관찰과 경험이 제안한 바로는 동기면담 토대 개입에서 드는 시간이 일반적으로 다른 기법보다 단지 조금 길다는 것이다. 더 나아가 질적인 차이가 매우 의미가 있는 것으로 보이는데, 이러한 차이에 포함되는 것으로는 철저한 평가의 필수적인 완전한 정보의 정확성을 지지해 줄 뿐만 아니라 다음의 치료를 지원하는 데 긍정적 치료 관례를 설립해 주고 지속적인 긍정적 참여에 있을 수 있는 장애물을 파악하고 최소화한다는 것이다. 저자는 일단 필요한 자료 수집이 끝나면 있는 그대로 그다음 장면을 위해서 과정을 다시 시작한다. 모든 환자의 평안과 개인적 요구에 따라서 짧게 휴식을 제안하고 제공하는 것, 이후 무엇이 일어날 것인가에 대해 환자들과 이야기해도 되는지 허락을 요청하는 것이다. 이러한 평안과 일상적인 예의에 대한 기본적인 고려가 얼마나 쉽게 자살 위험의 위기관리의 급박성에 의해 가려지는지 놀랄 만하다. 그리고 개인적인 필요에 이렇게 의도적으로 관심을 보이는 것—동기면담의 구체적인 표현—은 불안을 조절하고 갈등을 감소시키면서 이후의 치료에 대해서 중요한 결정을 하는 데 영향을 주는 양가감정을 악화시키지 않도록 돕는다. 그 시점에서 환자, 그 밖의 치료자, 함께 참석한 가족, 중요한 타자와 동료, 촉진자로서의 저자는 우리들이 모두 손을 잡고 협조하면서 문제가 무엇인지 의견을 모으고 무엇이 있어야 하는지 동의를 구하는 위치에 있다. 이러한 많은 관련자 간에 종종 의견의 차이가 있을 수 있음을 이해하면서 저자는 동기면담 태도를 취할 때 환자의 자율성과 개인적 책임감을 가장 중요한 목표로 존중한다. 동시에 차후에 있을 치료에 대한 환자의 성향과 계획에 또한 영향을 줄 것임이 틀림없는 환자의 위험 요소와 안전 요소를 이와 동일하게 존중한다.

이러한 딜레마의 위기 평가를 위해 동기면담 기본 태도를 제공하는 것의 가치는 중요한데, 부분적으로(숙련된 동기면담 전문가의 수가 적음을 고려해 볼 때) 이것이 매우 예외적일 수 있어서, 일반적 치료와 같이 지시적이고 강요적인 접근 방법과는 매우 대조적이다. 이렇게 힘든 환경에 있는 환자들에게 동기면담을 사용한 가장 도전적 측면 중의 하나는 이 환자들이 나중에 보다 지시적이고 확실하게 비동기면담 접근을 사용하는 많은 치료자와 만나야 하는 가능성에 대해 환자들을 준비시키는 방법이다. 정신병동에 자발적 또는 비자발적으로 입원하는 많은 환자들이 상당히 짧은 시간 내에 덜 제약적인 치료 수준의 장면으로 퇴원 되는 것에 대해서 양가감정이라는 딜레마가 그렇게 빠르게 해결되는 것 같지는 않다. 그러나 환자는 자기 자신의 자율성에 곤경을 당하는 것에 대한 반응으로, 변화에 대한 준비를 낮출 가능성이 있다. 저자는 환자가 선택하고 계획했다고 생각한 것과는 매우 다른 상황 속에 말려들었다는 느낌을 가질 때 그것을 표현하도록 격려한다. 저자는 종종 다음과 같이 말한다. "지금 일어나고 있는 것을 어떻게 대처할지에 대해서 그리고 치료에 무엇이 있어야 할지에 대해서 말씀해 주세요." 동기면담이 정규적으로 수행되는 임상 장면은 아직까지 그 수가 상당히 적다. 이 시점에서 저자는 지역사회에서 유일한 동기면담 전문가이다. 저자의 결단은 동기면담의 씨를 뿌리는 일을 하는 것이다. 저자가 할 수 있는 상황에서는 언제든지 환자들에게 동기면담을 많이 사용하며 동료, 가족, 경찰 그 밖의 관련인 사이에 동기면담 기법을 인식하도록 정중하게 도모하며, 동기면담 교육이나 훈련에 관심을 표명하는 사람에게는 누구든지 가능한 자료들을 연계한다.

저자가 이 문제를 접근하는 또 하나의 방법은 환자들에게 소위 '자율성을 탐색하는 것'이다. 직접 가져가세요, 직접 해 보세요. 등으로 환자는 가진 것이 없어 보이는 상황 속에서 필요할 때 사용할 수 있는 동기면담 정신을 습득한다. 동기면담의 만남 과정에서 임상가의 편을 의식적으로 모방할 때 따르는 이런 부산물은 우리가 헤어진다 하더라도 현재 사용할 수 있는 것보다 더 많은 것을 인식할 수 있다는 상호 간의 뚜렷한 약속으로 이어 주곤 한다. "조금 가져가서 나중에 쓰시겠습니까?" 대부분 환자들에 있어서 차후에 받게 되는 치료가 저자와 함께 했던 단기 동기면담 만남과 매우 다를 수 있다. 그렇기 때문에 환자가 나중에 만날 수 있는 그 밖의 비용통적이고 요구적이며 거리를 두는 치료적 접근에 대처할 수 있도록 그들에게 긍정적 기대감과 진정한 인정 그리고 대안에 대한 내적 인식을 제공해 줄 필요가 있다. 단 몇 분이라도 여분의 시간을 가져서 환자의 변화대화에 주의를 기울이고 조심스럽게 반영하고 요약하면서 동기면담과 비교할 때 훨씬 덜 융통적이거나 민감할 수 있는 차후의 치료를 견뎌 낼 수 있는 환자 자신의 자기효능감과 능력을 지지하도록 돕는 가능한 선택을 연습하는 것은 간단한 일이다.

마지막으로 동기면담의 이러한 적용이 가지는 제한점을 알아야 하는 것이 중요하다. 모든 자살위험 환자들이 동기면담에 반응적이거나 다른 기법에 민감한 것이 아님이 명백하다. 임상가는 자살위험 환자가 각각의 만남 속에서 그들이 가지고 있는 맥락과 환경을 관찰해야만 하는데, 자살위험은 단순히 내적 갈등이라고 하는 간단한 기능은 아니기 때문이다. 환자가 가지고 있는 사회적 관계와 갈등, 경제자원과 만성적 지속적 질병, 행동적 역기능, 기타 부정적 환경의 연계망은 종종 어떠한 단기 치료의 영역이나 영향력을 훨씬 넘어설 수 있다. 또한 자살위험 환자를 돌보는 일을 하고 있는 사람에게는 누구나 이러한 작업을 수행할 때 임상가의 복지, 보호를 위한 신중한 제한을 따르는 것이 중요하다.

연구

자살에 대한 경험적 연구는 매우 제한적이며, 어떤 종류라도 무선별 통제 실험 연구가 상당히 드물고, 상관관계 연구의 해석, 설명에 영향을 주는 많은 제약점을 가지고 있다(Gaynes et al., 2004; Soomro, 2005). 연구자에게서 방법론적 문제는 자살의 실제 행동을 어떻게 정의하는가에 대한 논란에서 시작되고, 자살에 성공한 사람들로부터 증거를 수집하는 어려움, 자살 성공자를 대표할 수 있는 대체 연구자 주로 자살 시도자의 활용, 통제 집단을 적절하게 규정하고 구하는 어려움이다(Lester, 1997). 현재로는 자살위험 환자들에게 동기면담 사용에 대한 출간된 연구 논문들이 없다. 자살 예방과 이와 의도적 자해 관리에 대한 연구가 동기면담 적용과 매우 일치하는 것으로 보이는 몇몇 유능한 연구자들로는 Jobes(2006; Jobes & Drozd, 2004), Linehan(1993; Linehan & Bagge, 2000), Shaffer(Shaffer, Garland, Gould,

Fisher, & Trautman, 1988; Mann et al., 2005), 그리고 Gould(Gould Velting, Kleinman, Lucas, Thomas, & Chung, 2004; Gould et al., 2005) 등이 있다.

결론

자살위험 환자와 작업할 경우 동기면담을 적용할 때 도전적 문제가 많이 있다. 치료 동맹을 단단히 하고, 자율성, 책임성, 자기효능감을 지지하고, 이원적 사고를 열어서 양가감정을 탐색하게 해 주는 동기면담의 이점은 저자에게 그랬던 것처럼 독자들의 장면에서도 같을 것으로 보인다. 환자들은 동기면담의 이러한 적용에 대해 감사하며 종종 저자에게 다음과 같이 말한다. "저는 이전에도 상담자들을 많이 만났지만 선생님처럼 저를 대우해 주는 사람은 없었습니다." 또는 이러한 효과에 대한 유사한 말을 한다. 환자들은 표준화된 평가 과정에서 바쁘게 몰아쳐 진다고 느낄 필요 없이 저자가 시간을 들여 경청하는 것에 대해 특별히 기뻐하는 것처럼 보인다. 그리고 면담 중 각 단계마다 환자에게 선택과 대안을 제공하는 것에 대해 감사해 한다. 보다 객관적인 기준이 되는 것으로는 저자의 장면에서 위기 환자 중에 약 33%가 자발적 입원 장면에 의뢰된 것을 받아들였고, 7% 이하가 상당히 낮은 비율로서 비자발적 입원 치료를 보였다. 자살위험의 평가와 치료에서의 동기면담 적용은 연구자와 치료자로부터 더 많은 관심을 이끌고 또한 그럴 만한 가치가 있다.

참고문헌

American Association of Suicidology. (2004). *U.S.A. Suicide: 2002 Official Final Data.* Washington, DC: Author.
American Psychiatric Association. (2003). *Practice guideline for the assessment and treatment of patients with suicidal behaviors.* Arlington, VA: American Psychiatric Publishing.
Gaynes, B. N., West, S. L., Ford, C. A., Frame, P., Klein, J., & Lohr, K. N. (2004). Screening for suicide risk in adults: A summary of the evidence for the U.S. Pre-

ventive Services Task Force. *Annals of Internal Medicine, 140,* 822–835.

Gelder, M., Mayou, R., & Cowen, P. (2001). *Shorter Oxford textbook of psychiatry.* Oxford, UK: Oxford University Press.

Gould, M. S., Velting, D., Kleinman, M., Lucas, C., Thomas, J. G., & Chung, M. (2004). Teenagers' attitudes about coping strategies and help-seeking behavior for suicidality. *Journal of the American Academy of Child and Adolescent Psychiatry, 43,* 1124–1133

Gould, M. S., Marrocco, F. A., Kleinman, M., Thomas, J. G., Mostkoff, K., Cote, J., et al. (2005). Evaluating iatrogenic risk of suicide screening programs: A randomized controlled trial. *Journal of the American Medical Association, 293,* 1635–1643.

Jobes, D. A. (2006). *Managing suicidal risk: A collaborative approach.* New York: Guilford Press.

Jobes, D. A., & Drozd, J. F. (2004). The CAMS approach to working with suicidal patients. *Journal of Contemporary Psychotherapy, 34,* 73–85.

Lester, D. (1997). *Making sense of suicide: An in-depth look at why people kill themselves.* Philadelphia: Charles Press.

Linehan, M. M. (1993). *Cognitive-behavioral treatment of borderline personality disorder.* New York: Guilford Press.

Linehan, M. M. (2000). Behavioral treatments of suicidal behaviors: Definitional obfuscation and treatment outcomes. In R. W. Maris, S. S. Canetto, J. L. McIntosh, & M. M. Silverman (Eds.), *Review of suicidology* (pp. 84–111). New York: Guilford Press.

Linehan, M. M., & Bagge, C. L. (2000). Reasons for living versus reasons for dying, a letter to the Editor. *Suicide and Life-Threatening Behavior, 2,* 180–181.

Mann, J. J., Apter, A., Bertolote, J., Beautrais, A., Currier, D., Haas, A., et al. (2005). Suicide prevention strategies: A systematic review. *Journal of the American Medical Association, 294,* 2064–2074.

Risk Management Foundation of the Harvard Medical Institutions. (1996). *Guidelines for identification, assessment, and treatment planning for suicidality.* Cambridge, MA: Author.

Risk Management Foundation of the Harvard Medical Institutions. (2000). *Decision support outline: Emergency/crisis coverage of a suicidal patient.* Cambridge, MA: Author.

Shaffer, D., Garland, A., Gould, M., Fisher, P., & Trautman, P. (1988). Preventing teenage suicide: A critical review. *Journal of the American Academy of Child and Adolescent Psychiatry, 27,* 675–687.

Soomro, G. M. (2005). Deliberate self harm (and attempted suicide). *Clinical Evidence, 13,* 1–3.

제 **08** 장

섭식장애 관리에서의 동기면담

Janet Treasure, Ulrike Schmidt

섭식장애, 즉 신경성 식욕 부진증 또는 거식증(Anorexia Nervosa : AN), 신경성 폭식증(Bulimia Nervosa : BN) 관련 장애들읜[예: 달리 분류되지 않는 섭식장애 (Eating Disorder Not Otherwise Specified : ENDOS)와 폭식섭식장애(binge eating disorder : BED)] 대부분 젊은 여성들에게 영향을 주는 매우 만연된 장애이다. 최근 지역사회 설문에서 보면, 평생 유병률이 거식증 4.6%, 신경성 폭식증 7.7%(부분적 그리고 하부 역치 사례들)와 젊은 여성들의 폭식섭식장애 유병률은 0.6%이다(Favaro, Ferrara, & Santonastaso, 2003). 이런 장애는 주요 정신과적, 의료적 공존 병리와 아류 유형을 수반하며 만성화된다(Fairburn & Brownell, 2001; Zipfel, Löwe, & Herzog, 2003). 거식증은 장애 중 가장 사망률이 높고, 우울증, 정신분열병, 알코올중독 사망률의 3배가 되는 사망 위험률을 가지고 있다 (Harris & Barraclough, 1998).

섭식장애의 원인은 복합적이다(Jacobi, Hayward, de Zwaan, Kraemer, &

Agras, 2004). 폭식증은 서구 문화와 관련된 증후군으로(Keel & Klump, 2004), 주요 위험 요인은 다이어트다. 한편, 이와는 대조적으로 거식증은 비서구 문화에서 기술되고 중세까지 사례가 기록되어 있다. 이러한 역사적이면서 비서구 사회의 사례에서 보면 정신병리는 체중이나 체형에 대한 염려에 토대를 두지 않는다. 이와는 달리 이 장애의 환자들이 호소하는 것은 식욕 결핍과 미적, 종교적 이상의 측면에서 섭식을 할 수 없는 것 또는 섭식 제한에 대해 합리화하는 것이다. 거식증과 폭식증 모두 현재 진단 기준이 체중과 체형에 대한 염려가 이 장애의 중심이 되는 정신병적 요인이라고 초점을 맞추고 있으나 저자들은—다른 연구자들과 함께(Palmer, 2003)—폭식증의 경우는 체중과 체형에 대한 것이 중심일 수 있으나 거식증은 그렇지 않다고 믿고 있다. 대신, 거식증의 본질은 체중/체형에 대한 염려를 포함한 다양한 요인에 의해서 동기화된 섭식 제한으로 보인다(Palmer, 2003).

몇몇 전문가들이 제안하기로 진단 유형(거식증, 폭식증), 하위 유형(예를 들어, purging 혹은 nonpurging) 등은 생략하고 섭식장애의 모든 형태들을 합하여 고려해야 한다(Fairburn & Bohn, 2005). 하지만 저자들이 주장하는 것은 다른 섭식장애 간에 중복되기는 하지만, 이 장애의 원인론, 임상 특징, 유지 요인의 차이점이 치료 계획과 치료 및 관리 계획에서 그 유용성을 가진다고 본다(Collier & Treasure, 2004; Jacobi et al., 2004; Schmidt & Treasure, 2006).

이 장에서 저자들이 서로 다른 섭식장애 관리에서 동기면담 활용을 고려하고 강조하는 것이 거식증(AN)이다. 저자들이 거식증에 초점을 맞추기로 한 것은 이 장애를 가진 환자들이 다른 섭식장애 환자들에 비해 전형적으로 변화 준비도가 낮기 때문이다(Blake, Turnbull, & Treasure, 1997). BN 또는 BED 환자들은 전형적으로 자신의 증상에서 스트레스를 받고 도움을 찾기 때문에 치료 동맹과 변화 효과를 만들기가 훨씬 쉽다. 이와는 대조적으로 다른 모든 정신장애를 거식증과 분리시키는 한 가지 주요 특징은 환자가 이 장애에 대해 높은 가치를 갖는 것이며 환자들이 사망 예측에 직면하면서까지 높은 가치를 두고 있는 점이다. 이 정의는 Bemis(1986)

에 의해 다음과 같이 요약된 바 있다. "체중 감소에 대한 거식증 환자의 반응을 특징
지어 본다면 환자들은 자기들이 기쁘고 고양되어 있으며, 승리에 차 있고, 자랑스럽
고, 힘이 있다고 느껴진다고 한다. … 다른 사람들로부터의 존경과 존중을 받을 만
하고 특별하고 우월하다고 느낀다." 따라서 경험이 없는 치료자들은 이런 환자들에
게 그들의 '자기파괴적인 길을 중단하라.'고 애원하거나 논쟁하곤 한다. 체중이 계
속 감소되고, 환자의 생명에 위험이 증가하면서 치료자는 더욱 통제하고 강요한다.
그러면 환자들은 자신의 체중을 속이면서(예 : 주머니에 아령을 가지고 다닌다든가,
체중을 재기 전에 아령을 지니고 있다든지, 음료수를 많이 마시는 등) 체제와 싸우
려는 경향을 보이거나 강요된 치료로부터 벗어나기 위해서 또는 퇴원하기 위해 먹
는 경향이 있다.

동기면담(MI)은 섭식장애 치료자에게 있어서 즉각적인 적중이 되었다. 왜냐하면
동기면담은 환자들의 반대편이 아니라 환자와 함께 하는 구조를 치료자에게 주기
때문이다. 다음에서 저자들이 이야기하는 바와 같이 표준적 동기면담 모델을 수정
보완할 필요가 있으며, 거식증 환자들에게 동기면담이 유용하도록 해야 한다. 이 장
에서 저자들은 또한 거식증의 치료 접근법과 기타 섭식장애에 적용하는 치료법을
비교 대조한다.

임상군과 일반적 치료

거식증 치료는 지난 150년 전으로 거슬러 올라간다. 과거에 거식증 환자는 의료적
치료 모델이 적용되어 병원에 입원하여 침대에 눕혀진 채 음식을 받았다. 심리치료
접근은 지난 20년간 개발되어 왔다. 가장 초기의 거식증 심리치료는 행동주의적인
것으로 엄격하게 조작적 조건화 과정을 사용하여 체중 증가를 달성하는 데만 초점
을 맞추었다(Schmidt, 1989). 환자들은 가족과 분리된 채 침대에 눕혀져 요구되는
체중 증가를 달성하는 경우 '혜택 보상'이 주어졌다. 이런 심리치료법은 강요적이

고 도움이 되지 않는다고 환자들로부터 흔히 맹렬한 저항을 불러일으켰다(Touyz, Beumont, Glaun, Phillips, & Cowie, 1984). 최근에 와서는 입증된 결과를 체계적으로 고찰한 치료 지침들이 영국, 오스트레일리아, 뉴질랜드에서 수집, 기록되었다(Beumont et al., 2004; National Collaboraing Centre for Mental Health, 2004). 이러한 치료 지침들이 제안하는 것은 영양 공급의 변화뿐만 아니라 심리적 변화에 강조를 둔 외래 심리치료가 치료의 일선이어야 한다고 본다. 영국 치료 지침(National Collaborating Centre for Mental Health, 2004)에서 분명히 진술한 것은 거식증 치료에서 엄격한 조작적 조건화 체계를 사용해서는 안 된다는 것이다.

거식증은 대개 십대 중반에서 시작된다. 이 장애의 고전적 특징 중의 하나는 환자가 스스로 문제가 있다고 생각하지 않고 치료에 저항한다는 것이다(이러한 저항은 어느 정도 강요된 치료의 산물일 수 있다). 이 점은 환자, 가족, 교사의 염려와는 두드러지게 대조가 되는 것으로, 이들은 '즉각적인 진단'을 할 수 있게 도움을 주고자 하는 사람들이다. 이러한 괴리가 있음을 감안할 때 거식증의 초기 단계에 있는 청소년들에게 가장 효과적인 개입이 가족 치료라는 것은 놀랄 만한 것이 아니다. 초기의 가족 치료에서 치료가 매우 지시적이고 가족 체계를 재구조화하고 환자에 대해 책임을 맡게 하면서 어린 환자들의 염려에 대해서는 고려하지 않았으나(Minuchin, Rosman, & Baker, 1978), 현대 가족 토대 치료들은 동기적인 접근을 가지고 있기 때문에 보다 융통성이 있다. 현재는 모든 가족들의 참여를 강조하며 가족의 독특한 스타일을 존중하고, 부모로 하여금 적절한 경계선을 만들면서 청소년의 자율성을 존중하는 것에 균형을 찾을 수 있도록 도와주며 청소년에게 목소리를 더 낼 수 있도록 강조한다. 부모 상담과 같은 가족 치료의 변형이 부부 가족 치료만큼이나 효과가 있는 것으로(Eisler, Dare, Hodes, Russell, Dodge, & LeGrange, 2000) 알려지고 있다(부모 상담과, 부모와 환자를 따로 만나고 있다).

거식증 환자들은 일반적으로 그 문제력이 길고 예후가 나쁜 것을 예측해 주는 부과적인 특징을 가진다. 일반적으로 이러한 환자 집단들에게 효과가 있는 것보다는 효과가 없는 것에 대해 더 많은 확신을 하고 있다. 식사 요법 또는 영양섭취 상담만을 했을 때는 빈약한 치료 준수와 관련이 있으며(Serfaty, 1999) 심리치료보다 효과가 적다(예 : 인지치료[CBT])(Pike, Walsh, Vitousek, Wilson, & Bauer, 2003). 이와 유사하게 재섭식과 체중 회복을 위하여 입원하는 것은 낮은 준수율에서 입증된 것과 같이(Crisp et al., 1991) 환자들에게 외래 치료만큼이나 수용적이지 못하다. 입원, 재섭식만으로는 회복에 충분치 않다. 입원치료 후에는 재발이 흔하기 때문에 부가적인 심리사회 치료가 필수적이다. 약물치료는 거식증 치료에서 도움이 되는 것으로 증명되지 않는다(Claudino et al., 2006; Treasure & Schmidt, 2005).

　　AN에 비해 BN은 상당히 새로운 장애로서 1979년에 처음 기술되었다(Russell, 1979). 전형적으로 십대에 발생하는 이 장애는 종종 남들에게 드러나지 않고 있다가 폭식증 환자로 치료를 받기까지 여러 해가 지난다. 환자들이 치료를 받을 때쯤 환자와 가까운 사람들이 걱정하여 내린 결정이기보다는 환자 스스로 도움을 받고자 요청하는 것이 일반적이다. 폭식증의 경우 효과적인 치료에 대해 높은 수준의 질적인 증거 자료가 되는 많은 문헌이 있다. 최근에는 폭식증을 위한 최적의 치료로 CBT(CBT-BN)가 꼽힌다(Hay, Bacaltchuk, & Stefano, 2004; National Collaborating Centre for Mental Health, 2004). 그러나 CBT 폭식증으로 치료받은 환자 중 50% 미만이 완전 회복을 하기 때문에 여전히 개선되어야 할 여지가 있다. 따라서 CBT의 새로운 모델들이 현존하는 접근법에 부가적으로 다듬어지면서 개발 중이다(Cooper, Wells, & Todd, 2004; Fairburn, Cooper, & Shafran, 2003). CBT-BN의 빈약한 반응을 보인 환자들은 낮은 동기 때문일 가능성이 있다.

섭식장애를 위한 동기면담 적용의 이론적 근거

거식증 환자가 변화하기를 꺼린다는 주제는 섭식장애 문헌에서 반복되는 주제이다(Vitousek, Watson, & Wilson, 1998). 변화 동기와 변화 준비도를 개념화하고 평가하는 여러 가지 다른 경험적 모델이 있는데 그중 한 가지 탁월한 구조 틀은 다이론적 변화 모델이다(Prochaska, DiClemente, & Norcross, 1992). 이 모델의 주요 가설은 우선 행동을 변화하기 위해 사람들이 인식전단계(precontemplation), 인식단계(contemplation), 준비단계(preparation), 행동실천단계(action), 유지단계(maintenance)라는 일련의 단계를 거쳐 움직인다는 것이다. 거식증 성인 환자들의 연구에서 치료에 참여한 환자 중 절반 정도가 인식전단계에 있거나 인식단계에 있다고 밝혔다. 인식전단계는 변화할 욕구가 없고, 변화에 대해 매우 양가적인 단계이다(Blake et al., 1997; Ward, Troop, Todd, & Treasure, 1996).

거식증 환자와 그 주위 사람들 간의 변화 욕구에 대한 불균형은 환자의 위태로운 의료적 상태에서 기인하는 개입 절박성으로 인해 연결되면서 거식증 환자가 치료에 참여하는 과정이 하나의 도전적 과업이 되게 만든다. 과거에 거식증 치료는 종종 지시적이거나 단호하게 강요적이어서 환자와 치료 제공자 간의 신뢰를 깨지게 하였다. 동기면담은 이러한 맥락에서 쉽게 발생될 수 있는 적대감과 저항을 완화시키는 방법을 제공한다.

폭식증 환자들은 이보다 더 자주 스스로 치료에 나타나는데(Blake et al., 1997) 비록 종종 오래 지연된 시간이기는 하나 그들 또한 변화에 대해 복잡한 감정을 가진다. 한편으로 자신의 폭식을 통제하려고 필사적이면서 또 한편으로는 체중과 체형 통제의 방법을 포기하는 것을 꺼린다. 더불어 이 환자들은 자신의 극단적인 섭식을 제한한 구토와 같은 보상 행동을 없애는 것에 대해 양가적이다. 더 나아가 동기적 접근은 거식증만 아니라 기타 섭식장애에 대해서도 적절하다.

섭식장애를 위한 동기면담의 임상적 적용

거식증의 대부분 사례에서 간단한 동기 피드백 회기나 동기증진치료의 단기 과정만으로는 체중회복과 심리적 회복을 달성하는 데 충분하지 않다. 그보다는 CBT나 대인관계 개입과 같이 부과적인 기법을 혼합할 필요가 있다—중독치료에서 동기면담을 CBT와 조합한 연구인 프로젝트 COMBINE에서 사용했던 것과 같은 기법이다(COMBINE Study Research Group, 2003).

거식증 치료의 Maudsley 모델

저자들은 거식증이 어떻게 유지할 것인지 구체적이면서, 입증된 모델을 개발한 바 있다(Schmidt & Treasure, 2006). 이 모델을 토대로 저자들은 동기면담을 인지적–대인관계 접근법과 조합한 치료를 개발하였다(Maudsley 치료모델)(Schmidt & Treasure, 2006). 이 모델의 전체적인 기술은 이 장의 범위를 넘어선다. 간단하게 말해서 거식증의 중심이 되는 정신병리학이란 환자들이 가지는 강도 높은 부정적 정서를 회피하려는 욕구인데 환자들은 불안/회피와 완전성/경직성이라고 하는 성격 특성을 가지고 있고, 자신의 삶에 거식증이 긍정적 기능을 하고 있다는 신념을 발전시킨 사람들이다(찬성 신념). 거식증의 유용성에 대한 이러한 찬성 신념은 환자들로 하여금 힘든 감정과 그러한 힘든 감정을 유발시킨 인간관계를 관리하는데 도움을 준다(예 : 거식증은 이런 감정을 눌러 없애 준다. 또는 거식증은 스트레스를 표현하게 도와준다). 더 나아가 유지 요인이 되는 것은 타자들의 반응인데, 이 반응은 염려와 걱정 또는 비난과 적대감으로 특징지어진다. 그래서 이러한 반응이 부과적인 거식증 찬성 신념들을 이끌어 내는 것이다(예 : 거식증은 나를 특별한 사람으로 만들어 준다. 거식증은 타인들이 나를 염려하게 해 준다). 만약에 거식증이 가져다주는 혜택이 치료에서 인식되지 못하거나 인정되지 못했을 경우 치료는 거부될 수 있으며, 변화에 대한 저항이 증가될 수 있다. 동기면담 기법이 환자들로 하여금 거식증의 이러한 가치를 지닌 기능에 대해 의문을 하도록 도와주는 데 매우 유용하다.

　모델에 토대를 둔 거식증 치료 단계의 개요는 그림 8.1에 제시되어 있다. 전체 치료는 동기면담 정신으로 수행된다. 즉, Miller와 Rollnick(2002)이 기술한 바와 같

그림 8.1 Maudsley의 거식증 치료

위험 모니터링 지속하기					
참여	영향섭취	협동적인 사례 개념화	연합 치료 계획	변화를 위한 작업	재발 예방 및 마무리
가까운 타자를 참여시켜 지지해 주기					

이 협동적, 공감적, 그리고 존중하는 자세로 일관된다. 그러나 한 가지 중요한 차이점이 있다. 동기면담의 고전적 중독 분야에서는 어떤 단계에서든지 치료를 수용 또는 거절하는 환자의 자율성이 동기면담의 주요한 부분이 된다. 이와는 달리 거식증의 치료에 있어서 많은 사례들이 청소년 초기 또는 사춘기에 시작되는데 환자는 반드시 자율적인 매체가 될 수는 없다.

섭식장애가 성숙을 방해하거나 장애를 주기 때문이며 환자들은 발병 이후에도 계속해서 부모에게 의존적일 수 있다. 기아 그 자체가 인지 기능에 심각한 영향을 주는데 특히 실행기능에 그러하다. 자율적 결정을 할 수 있는 환자 개인의 능력이 심각할 정도로 손상될 수 있다. 사실상 많은 나라에서는 이러한 점을 법규정에 지적하는데, 예를 들어 영국의 정신건강법의 경우 환자의 의지와는 반대로 음식을 투여하는 것, 생명 위협적 거식증 환자를 비자발적으로 입원 치료하도록 허용하고 있다. 보다 기본적인 수준에서 보면 어떤 음식을 섭취할지 안 할지에 대해서 선택의 여지가 없다는 것이다. 모든 살아 있는 존재는 섭취해야 한다. 따라서 임상가와 환자 모두 지켜야 하는 개인의 자유권에 한계를 지어준다.

인간의 생물학적 구조, 법규, 또는 부모의 권위에 의해서 이러한 한계가 지워지고 그런 한계 내에서(아동과 청소년의 경우), 환자 개인에게 선택권을 제공해 주는 동기적 접근을 사용하는 것 또한 가능하다. 그러므로 명백한 기저선을 가진 채 의료적 위험에 대해 피드백을 주는 것이 가능하며 이러한 피드백은 특정한 위험 변인들이 보일 때 음식의 재투여를 위한 의료적 치료를 하도록 권한다(www.eating

research.com 참조). 그러나 생명 위협적 거식증의 시점에서조차도 환자들은 여전히 자기 자신이 외래에 있으면서 위험성을 중재하거나 또는 입원 장면에 구속 내에서 작업을 할 것인가에 대해 어느 쪽을 선호하는지 선택권을 가지고 있다. 만약 환자가 전자를 선택할 경우 그 상황을 보다 안전하게 만들어 줄 수 있는 영양학적 단계를 선택할 수 있다. 예를 들어, 고수준 칼로리 음료수와 같이 보조 식단을 시작할 것인지 또는 식단의 정상적인 음식을 좀 더 많이 부과함으로써 칼로리 섭취를 늘릴 것인지, 타인들을 포함해서 얼마나 많은 어떤 유형의 지지를 얻을 것인지, 의료적 모니터링 중재의 성격과 빈번도에 대한 선택 등이다.

중요한 것은 거식증 치료에서 타협할 수 없는 문제에 대한 정보가 제시될 때 임상가는 그것을 위협적으로 제시하는 것을 피해야 하며, 대신 한 수 낮은 공감적인 태도를 취해야 하는 동시에 환자와 임상가 모두가 법규와 사회 규정을 따라야 함을 지적해 주어야 한다.

평가 및 참여 단계

환자와 첫 번째 만남의 목적은 환자의 섭식장애력과 장애 배경 측면에서 환자가 가지는 염려를 탐색하는 대화를 가지는 것이며, 의료적 심리적 위험성 평가를 하는 것이다. 중요한 타자들이 첫 모임의 후반부에 참석하도록 하며 그들이 가진 견해와 염려를 표현하도록 한다. 거식증 환자는 종종 오로지 가족들의 압박 때문에 참석하곤 한다. 그래서 첫 모임에 굳어진 얼굴로 조용히 침묵하는 환자와 대면하는 것이 흔하며, 전체 태도가 저항을 말하는 것처럼 보인다. 다음은 저자들이 환자와 만난 처음 몇 분 동안의 접촉에서 동기면담 원리와 기법을 어떻게 사용하는지 보여 준다.

임상 사례 1: 첫 수 두기

19세의 대학생 엠마는 주치의에 의해서 섭식장애 병동에 의뢰되었다. 의뢰서에는 엠마가 대학 첫 학기 동안 10kg이 빠졌다고 적혀 있었다. 엠마는 고등학교 때 상위

권 학생이었으나 대학생활에 적응하기가 힘들다는 것을 알았다. 그녀는 더 이상 가장 똑똑하고 최고의 학생이 아니었기 때문이다. 환자의 어머니에 의하면 엠마가 늘 공부를 하는 것처럼 보였고, 긴장을 늦추지 못하며, 거의 먹지 못하고, 이런 것에 직면하면 매우 안절부절하게 반응하는 것 같다고 주치의에게 말한 적이 있다.

치료자 : 오늘 저와의 약속에 나와 주셔서 감사합니다. 여기 어떻게 왔는지 이야기해 줄 수 있는지요?

환　자 : 거의 안 올까 했어요. 오고 싶지 않았거든요.

치료자 : 솔직하게 이야기해 줘서 감사하고요. 당신이 여기 있고 싶지 않았다는 것을 알게 해 주셔서 감사합니다(치료자는 긍정적으로 환자의 솔직한 의사소통에 대해 전달하면서 여기에 오고 싶지 않은 망설임을 과장해서 진술하고 있다).

환　자 : 어머니 때문에 여기에 왔어요. 어머니가 걱정하기 때문에 저를 여기 오게 한 거예요. 제 일로 어머니가 그러신지 오래 되었어요. 제가 제대로 먹지 않는다느니… 또는 너무 말랐다고요. 제가 더 이상 어머니의 잔소리를 견딜 수 없어서 마침내는 어머니와 함께 내과에 갔고, 그곳 의사선생님이 여기로 의뢰했어요. 제가 체중이 빠진 걸로 알고 있지만 그게 문제라고는 정말 생각하지 않아요. 저는 전적으로 괜찮습니다. 선생님 시간을 제가 소비하는 것 같아요.

치료자 : 그렇다면, 지금 말씀하신 것은 어머니와 의사선생님을 기쁘게 하기 위해서 따라오셨다는 거군요. 그리고 왜 이런 법석을 떠는지 전혀 알 수 없다는 거군요.

환　자 : 맞아요.

치료자 : 그렇다면 혼란스러운 게 틀림없겠어요. 주위에 다른 사람들이 걱정하고 있지만 당신에겐 전혀 걱정할 필요는 없는데 말이에요(치료자는 축소화를 사

용하여 반영하고 있는데, 축소화란 환자보다 많이 사소화하는 것이다).

환　자 : 글쎄요. 때로는 저도 조금은 걱정이 돼요. 왜냐하면 체중이 빠지기 시작하면서 현재 매우 쉽게 피곤해져요(환자는 처음으로 자기 자신이 가지고 있는 염려로 돌아온다).

치료자 : 그것에 대해 조금 더 이야기해 주실래요?

환　자 : 글쎄요. 대학에는 시험 준비로 공부를 해야 하는데 사실 공부하는 데 집중을 전혀 할 수 없거든요. 15~20분 정도 앉아 있는 게 다예요. 머리가 멍해져요.

치료자 : 정말 힘들게 들리는군요. 공부를 열심히 하려고 하는데 잘 안 된다는 말이군요. 체중이 빠지면서 또 다른 변화를 알아차린 것이 있나요?

환　자 : 글쎄요. 늘 몸이 정말 차갑게 느껴져요. 집에서는 괜찮은데 히터를 최대한 올릴 수 있으니까요. 그런데 대학 기숙사에 가면 결코 따뜻하지 않아요.

치료자 : 늘 그렇게 춥게 느낀다니 좀 비참하게 들리는군요(환자가 크게 고개를 끄덕인다. 환자는 점차적으로 조금씩 입을 열기 시작했고 이제는 좀 더 말하려는 것처럼 보인다. 치료자의 격려로 자기 자신의 염려를 말하기 시작한다).

치료자 : 다른 사람들의 경우 체중이 빠질 때 종종 인식되는 두어 가지를 당신에게 질문해도 될까요?

환　자 : 좋아요.

치료자 : 신체적인 건강에 어떤 변화가 있었는지 궁금합니다.

환　자 : 예를 들면, 어떤 거요?

치료자 : 저희가 만나는 어떤 사람들은 피부가 건조해지고 늘어지거나, 손톱이 부스러진다고 그래요. 혹시 그런 적이 있나요?

동기면담 치료적 스타일은 치료자로 하여금 환자로부터 단서를 취하도록 요구한다. 열린질문하기를 하고 질문에 답을 반영하는 것이다. 거식증 환자들은 종종 다소 수줍어하고 억압적인 젊은 환자들의 경우가 많은데, 이런 접근법이 다소 어색하다고 볼 수 있으며 대화가 빠르게 막혀 버릴 수도 있다. 그러므로 저자들은 초기에 좀 더 구조화를 제공하여서 열린질문하기에만 의존하진 않는다. 그 대신 저자들은 여러 가지 다른 인생의 영역에 걸쳐 검토하면서 환자들에게 이 영역에서 어떤 변화가 있었는지 질문한다. 예를 들어, 사람들이 체중이 줄어들 때 종종 발견하게 되는 것에 대해서 몇 가지 단서를 제안하는 것이다. 중요한 것은 임상가가 마치 일종의 체크리스트처럼 '거침없이 말하지 않는 것'이며, 그 대신 이러한 단서를 사용해서 환자가 자기 삶에 어떤 일이 일어나는지 반영할 수 있는 시간을 주어야 한다.

이렇게 여러 가지 다른 인생영역을 탐색한 후에 치료자는 이제까지를 요약해 준다.

> 치료자 : 그렇다면 제가 이해하기로는, 오늘 여기에 온 주요 이유가 어머니가 당신의 건강에 대해서 염려하기 때문이지요. 당신 스스로도 쉽게 피곤해지는 것을 느꼈고요. 늘 몸이 차갑고 6개월간 생리를 하지 않았고요. 또한 가족들과 함께 있을 때 더 짜증나는 걸 느꼈지요. 예전처럼 친구들과 외출하는 것이 즐겁지 않고 공부하는 데 집중이 점점 힘들어졌다는 겁니다.
>
> 환　자 : (갑자기 매우 염려스러운 목소리로) 음…. 체중 감소가 이렇게 많이 제게 영향을 준 걸 깨닫지 못했어요. 어떻게 하면 되나요?
>
> 치료자 : 우선 도움이 될 수 있는 것으로는 지금 당장 당신의 체중과 섭식, 여러 다른 것에 대해 어느 시점에 와 있는지 이야기하는 거고요. 이 시점이 이런 모든 변화들이 생기기 전의 상황과 어떻게 들어맞는지 그리고 장차 이런 상황에서 어디로 가길 원하는지 등입니다. 또한 저는 당신이 신체검사를 받고, 몇 가지 혈액 검사를 받았으면 합니다. 그리고 나서 무엇을 할 수 있

첫 단계는 15~20분 정도 걸렸으며 환자의 현재 상황, 환자의 개인 및 가족 배경, 섭식장애력 그리고 미래에 대한 환자의 바람과 계획을 보다 심도 있게 탐색하는 길을 열어 주었다. 자세한 신체 위험 평가 역시 수행이 되는데, 여기에는 BMI, 체중 감소 정도, 신체 검사, 임상병리 검사 등이 포함된다. 그다음 부분에는 저자들이 어떻게 동기면담의 공감적 반영 스타일이 환자의 영양학적 건강과 안전과 관련하여 위험성에 대한 정보에 대해 피드백을 주는지, 어떻게 사용되며 환자가 어떻게 변화해야 하는 것인가에 대해 대화를 나누는 장면을 만드는 데 어떻게 활용되는지 보여 준다.

임상 사례 2 : 의료적 피드백 제공하기

다음 장면은 환자의 영양학적 건강에 대해 피드백을 제공할 때 증가된 위험성을 가진 영역을 설명하고 있는 BMI 피드백 차트를 사용하는 방법을 알려 준다(www.eatingresearch.com 참조). 이 환자는 22세의 대학생으로 심각한 거식증과 고수준의 의료적 위험을 가지고 있고, 처음으로 외래치료 회기에 참여하고 있다. 치료자는

표 8.1 거식증이 삶의 영역에 주는 영향

신체 건강	생리 중단, 모발 손실, 추위 민감성, 경감된 활력, 치아 문제, 소변 기능 저하 수면 곤란
심리 건강	기분 저하, 짜증, 강박적 사고, 강박적 행동, 집중력 저하, 음식에 대한 과잉 집착
사회 생활	관심 결여, 집단 소속의 어려움, 섭식의 대한 공포
이성 관계	관심 결여, 무욕
가족	분노, 불안, 좌절감
직업 또는 학업	집중력 저하, 포부감 결여, 낙인
법적	도벽, 예를 들어, 음식 절도

이 기회를 이용하여 환자가 자신의 질병에 대해 복합적인 느낌을 가지고 있는지 알아본다.

치료자 : 이 BMI 차트에 당신의 신장, 체중을 표로 넣으면, 이 푸른 부분에 속하는 것을 볼 수 있습니다. 이것이 무엇을 의미하고, 어떤 위험성이 있는지 읽으실래요?

환　자 : (큰소리로 읽으며) 위험한 거식증 입원치료 권함, 신체기관 근육, 골수 기능 상실 초기. 그러니까 이런 기관들이 이 부분에 있는 사람들의 경우 기능 상실 초기에 있다는 이야긴가요?

치료자 : 네, 이 푸른색 부분이 일반 위험 영역 부분입니다. 이 부분에 있다는 것이 이해가 되세요?

환　자 : 여기에 있을 거라고 생각하지 않았어요.

치료자 : 어디에 있을 거라고 생각하셨나요?

환　자 : 저는 조금은 체중 미달이라고 생각했어요. 때로 체중 미달인 게 보였어요. 그런데 또 어떤 경우에는 나에게 걱정하고 난리법석하는 다른 사람들 때문이라고 생각하기도 했어요. 거기 그 부분에 있을 거라곤 생각 못했습니다. 사실 조금 충격적이네요. 왜 이전엔 알아차리지 못했는지 모르겠어요.

치료자 : 매우 어리둥절해 보이는군요.

환　자 : 그래요. 왜 사람들이 제게 저체중이라고 말하는지 이해할 수 없습니다. 그런 것 같지 않아요. 저 자신을 보고 저도 절 보고 있어요. 거울을 보거든요. 다른 사람들이 보는 것을 저는 보고 있지 않아요. 그러니까 그걸 믿을 수 없어요.

치료자 : 그렇다면, 거식증이 속이는 것이니까 혼란스러우시겠군요. 마치 때로 당신은 다른 사람들이 보는 것을 힐끗 볼 때가 있는 것 같지만 대부분의 경우 거식증은 당신을 속이고, 당신 마음 뒤편에 그건 것들을 숨겨 놓는군요.

환　자 : 다른 사람들과 있을 때 그 사람들이 걱정하면 저는 제가 저체중이라는 걸 알게 되요. 사람들의 얼굴을 보면 알 수 있으니까요. 사람들이 저에 대해서 코멘트를 할 때는 저도 알 수 있어요.

치료자 : 그렇다면, 한편으로는 다른 사람을 거울로 사용하는 것에 대해 매우 예민하시군요. 다른 사람들의 걱정과 염려를 읽을 수 있으니까요. 또 다른 한편으로는 정말 믿는다는 것이 어렵다는 거군요. 왜냐하면 그게 사실이 아니라고 생각하게 만드는 거식증의 속임수 때문이에요.

환　자 : 네. 저 혼자 있는 시간이 많아서 가족 이외의 많은 사람을 만나지 않습니다. 친구들도 만나지 않고, 많은 경우 저 혼자 지내요. 그래서 저는 제 자신을 믿지요. 내가 보고 느끼는 것을 믿습니다.

치료자 : 그렇다면, 그것 또한 하나의 속임수라고 할 수 있겠네요. 거식증은 당신을 소외시킴으로써 남들의 피드백으로부터 단절시키고 매우 외롭게 느끼게 하니까요.

 거식증의 대인관계적 영향력이 이 사례에서 분명하다. 치료자는 거식증을 구체화하며 '속임수'라고 하는 단어를 사용함으로써 전형적인 정신병리에 대해 명백하게 이야기했다. 치료자는 이후 의료적인 위험에 대해 좀 더 피드백을 주고 있다. 이 피드백에는 심혈관, 신진대사와 근육 기능에 대한 지표가 포함된다. 치료자는 이어서 영양학적 척도를 사용하여 환자의 변화에 대한 생각을 이끌어 낸다.

치료자 : 그렇다면 당신이 영양학적으로 안전한지 0에서 10까지 척도로 생각해 봅시다. 0은 영양학적 안전에 대해 확신할 수 없는 것이고, 10은 영양학적 건강을 당신이 관리할 자신이 있다는 점입니다. 우리가 대화를 시작하기 전이라면 이 척도에서 어디에 있다고 말하였을까요?

환　자 : 아마도 6 또는 6과 1/2이라고 생각했을 거예요. 하지만 선생님과 함께 이야기하고 이것을 보면서 내가 얼마나 타협하고 있는지 생각하면 이것이 무엇을 말하는지 믿어야 할 것 같습니다. 선생님이 제게 주신 이 결과에 대해 믿어야 할 것 같아요. 원하지는 않지만 제 스스로 섭취할 수 없다고 말하고 있으니까요. 제 생각에도 그런 것 같아요. 솔직하게 말하면 아마도 2 정도일 것 같군요.

치료자 : 6점을 주었을 거라는 거군요. 즉, 당신이 건강해 보이지 않는다고 타자들의 눈을 통해서 아마도 조금은 인지했던 부분이 있었음을 의미한다고 봅니다. 당신의 영양학적 건강에 대해 사람들이 두려워하는 것을 보셨고요. 대부분 당신은 그것을 무시였고 그래서 상당히 높은 점수를 주었을 거라는 거군요. 하지만 건강 검진에서 나온 피드백을 들은 후에 훨씬 낮은 점수를 주게 되었군요.

환　자 : 그렇습니다. 제 스스로 이것을 할 수 없다고 생각하는 것이 정말 수치스럽군요. 다른 사람들은 자연스럽게 할 수 있는 것을 저는 할 수 없으니까요.

치료자 : 거식증이 당신의 삶에 위험을 빠뜨리면서 어떻게 속이는지, 주위를 돌아보기 시작하는 것이 도전이 되는군요.

환　자 : 이러한 결과를 보는 것이 저는 여전히 충격적입니다.

치료자 : 어떻게 하면 당신이 스스로의 영양학적 안전을 위해 자신을 돌볼 수 있다고 생각하십니까?

환　자 : 병원에는 가고 싶지 않아요.

치료자 : 그런 결단의 힘이 당신에게 거식증과 싸울 수 있게끔 도와주는 도구가 됩니다. 하지만, 이것은 간단한 문제가 아닙니다. 우리 모두는 법적 그리고 안전 치료라는 맥락에서 지금 여기에서 작업하고 있습니다. 저희들의 정신건강 법적 체제 내에서는 거식증이 사람들을 속이고 그들의 건강을 위험에 빠지게 한다는 것을 인정합니다. 따라서 만약 어떤 사람이 영양학적 안전 척도

에서 매우 낮은 점수를 보인다면 우리들은 그 절차를 따라야 합니다. 저 반대편 쪽에는 당신이 완전히 타인으로부터 독립하는 지점이 됩니다. 당신은 병원에 가고 싶지 않다고 말씀하셨어요. 여기서 필요한 것은 당신 스스로 영양학적 건강을 돌볼 수 있다는 징표입니다. 무엇을 하실 수 있다고 생각하시나요?

좀 더 이야기를 나눈 후에 환자가 선호하는 대안으로 외래로 작업을 시작하기로 결정했다. 그러나 환자의 심각한 상태와 자기 스스로의 영양학적 필요성을 돌보는 것이 어렵다는 것을 스스로 인정하는 것을 감안할 때 환자는 잠시 동안 집으로 돌아가서 식사 때에는 어머니가 그녀를 돕는 것에 동의하였다.

평가 회기가 끝난 다음 개별화된 피드백 편지를 환자에게 보냈다. 그 편지는 전문적이지 않은 언어로 작성을 하는데 환자가 말했던 것을 있는 그대로 적는다. 편지의 어조는 공감적이고 비판단적이다. 그 편지는 일반적으로 환자가 제시하는 문제에 대한 설명으로 시작하여, 환자의 삶에 이 문제가 주는 영향에 대해 지각한 대로 이야기를 시작한다. 긍정적 또는 긍정적 치료 결과에 대한 환자의 바람과 두려움을 밝혀 준다. 변화의 장애물을 열거하며 또한 회복의 희망을 증진시키는 요인들도 열거한다. 그런 다음에 환자의 인생 이야기를 열거하면서 어려운 영역과 강점에 대해 강조한다. 적합하다면 진단과 치료 대안을 진술한다. 또한 환자의 신체상태(예 : 신체검사와 혈액검사 결과)에 대한 피드백을 포함한다. 피드백 편지의 길이는 전형적으로 2~3장 내외이다. 사례 제시 1에서 언급된 환자(엠마)에게 보낸 편지 중 첫 페이지는 다음과 같다.

엠마에게
오늘 병원에서 당신을 만나게 돼서 즐거웠고, 다음에 쓰려고 하는 것은 우리들이 서로 이야기를 나눈 것의 요약입니다. 이렇게 함으로써 당신이 말해 준 것을 제가 제대로 이해했는지 확인해 주실 수 있겠지요. 중요한 것을 빠뜨렸거나 제가 잘못 이해했다면 알려주시면 감사하겠습니다.

당신은 테일러 박사로부터 저희에게 의뢰되어 오셨습니다. 어머니를 기쁘게 해주기 위한 주목적으로 그분을 찾아 갔고 그분은 당신의 최근 체중 감소에 대해 매우 염려를 표시하셨습니다. 당신에게는 아무런 문제가 없으며, 제 시간을 낭비하는 것이 아닌지에 대해 상당히 강하게 느꼈습니다.

우리들이 좀 더 이야기를 나누면서 당신 스스로 체중 감소부터 건강과 대인관계에 대해 다소 염려하고 있음이 밝혀졌습니다. 쉽게 피로해지고 항상 춥고 6개월간 생리를 하지 않고 있습니다. 또한 가족에 대해 짜증이 많이 나고 이러한 점에 다소 죄책감을 느끼고 있음을 알게 되었습니다. 예전처럼 친구들과 외출하는 것이 즐겁지 않고 공부에 집중하는 것이 더 어려워지고 있습니다.

더불어 체중 감소에 대해 많은 긍정적인 점을 발견했습니다. 특히 체중이 감소하기 시작했을 때 이전보다 더 많이 타인의 삶을 통제하는 것을 느꼈고, 정격적으로 느껴졌으며, 하는 일에 초점을 맞출 수 있었고, 화가 나거나 스트레스에 훨씬 덜 취약하게 느꼈지요. 또한 소량으로 먹는 당신의 의지를 부러워하는 친구들로부터 많은 긍정적인 찬사를 받았지요.

때로 체중 감소가 가져오는 부정적인 면이 긍정적인 면을 능가하는 것이 아닌가 의아해지기 시작한 것은 최근입니다. 그러나 어머니와 같이 타인들이 당신의 체중 감소의 위험에 대해 반복적으로 염려할 때 스스로의 위치를 방어하고 싶었던 것입니다.

다음 몇 회기는 변화 동기 만들기에 초점을 둔다. 이 작업은 표준적인 동기면담 기법을 사용함으로써 수행하는데 변화 준비도와 변화 자신감을 탐색하고, 변화의 득실을 검토하며, 미래를 예상하고 과거를 되돌아보며, 가치관을 고려하고, 가치와 행동 간의 일치감을 고려하는 것 등이 있다. 여기서 중요한 부분은 거식증에 대한 찬성 신념과 관련된 것을 알아내는 것, 거식증이 환자의 삶의 가치를 지닌 기능에 대해 탐색하는 것인데, 이러한 것은 일반적으로 변화하기를 원하지 않는 이유와 밀접하게 관련 있다. 이러한 신념은 환자에게 거식증이 어떤 점이 좋은지 거식증에 대해 어떠한 가치를 두는지 물음으로써 가장 간단하게 탐색 가능하다. 거식증에 대한 긍정적 부정적 신념을 파악하는 데 사용하는 부가적 기법으로는 환자에게 거식증의 두 가지 편지를 쓰도록 하는 것인데, 하나는 친구로서 또 다른 하나는 적으로서 쓰는 것이다. 저자들은 치료 초기에 편지 쓰기를 과제로 주며 이 과제를 설명할 때 환자가 자신의 거식증에 대한 위치를 명료하게 할 수 있도록 돕는 과제라고 말한다. 한 예는 다음과 같다.

> 거식증에게,
>
> 너는 나를 위해 늘 그곳에 있었어. 사람들이 나를 실망시키거나 등을 돌릴 때 너는 나에게 신실한 구원이 되었지. 사람들이 네가 내게는 나쁘다고 생각하지만 진실로 나를 지탱해 주었던 것은 너의 지지로구나. 네가 없었다면 나는 목적 없이 길을 잃어버렸을 거야. 나의 삶이 무너질 때 너는 초점을 맞출 수 있는 그 무엇을 주었고 내가 잃어버린 통제력을 다시 가져다주었지.

이 편지에서 거식증이 환자에게 가져다 준 삶이 초점과 통제감뿐만 아니라 거식증의 의존적 특성이 환자가 가치 있게 여기는 것으로 나타난다. 또 다른 환자들의 편지를 보면 거식증이 자신과 가까운 사람의 관심과 염려를 이끌어 내고 날씬한 친구들에게 인정을 받도록 어떻게 돕는지 많이 이야기한다[1](Lavender & Schmidt, 2006 참조).

---

1) 저자들은 편지의 내용을 살펴보았고 편지 내용에서 드러나는 주제들을 모았다(Serpell, Treasure, Teasdale, & Sullivan, 1999). 이러한 주제들은 거식증의 찬반을 측정하는 연구 도구로 취합되었다(Gale, Holliday, Troop, Serpell, & Treasure, 2006; Serpell, Neiderman, Haworth, Emmanueli, & Lask, 2003; Serpell, Teasdale, Troop, & Treasure, 2004). 이 도구를 사용한 연구에서 가장 중요한 거식증 찬성 테마로 밝혀진 것은 거식증이 환자에게 안전하게 느끼도록 그리고 통제감을 가지도록 도와준다는 것이며, 정서를 눌러 주고 스트레스를 전달해 준다는 것이었다.

거식증이 환자에게 제공하는 좋은 면에 대해 대화를 나눌 때에 중요한 대인관계와 대인관계에서의 결함을 밝혀 알려 주며, 환자가 개인적인 가치와 규칙뿐만 아니라 자기 자신, 타인, 전체 세상에 대해서 가지고 있는 기저의 신념에 대해 알려 주는 징표가 된다. 예를 들어, 거식증이 자기 자신을 특별하게 만들어 주어 남들이 자기 자신을 알아보고, 부러워하도록 만든다고 믿는 환자의 경우, 지루해지는 것, 사랑받지 못하는 것에 대한 핵심 신념을 가진다. 치료가 호전되면서 대화의 초점은 거식증을 통해서라기보다는 어떻게 환자가 자신의 타당성 있는 목표를 달성할 수 있는지 보도록 전달되어야 할 필요가 있다. 예를 들어, 안전하게 느끼고 타인으로부터 관심과 인정을 받으며, 어떻게 자기 자신을 잘 돌볼 수 있는지 등에 대한 목표이다.

지속적인 위험 중재

이것은 치료의 정수다. 위험은 정규적으로 중재되어야 하는데 위험 수준에 따라서 평가의 적절한 시간과 범위가 달라진다. 적어도 매 회기마다 치료자가 환자의 체중을 재야 하며, 이 작업이 필수 과제로 환자에게 제시되어야 한다(영국에서 규정으로 따라야 하는 지침으로 여긴다). 왜냐하면 정규적으로 체중을 재지 않으면 의료적 위험 수위가 높아지는 것을 알아채지 못할 수 있어서 잠재적으로 위험한 결과를 초래하기 때문이다. 체중을 재는 것에 대한 환자의 견해를 주의 깊게 탐색해서 반영해 준다. 만약 환자가 체중 재는 것에 대해 주저한다면 체중을 재는 것이 보다 덜 불안 유발적인 것이 될 수 있는 대안을 탐색한다. 예를 들어, 어떤 환자는 자신의 체중을 정확하게 알지 못하는 것이 더 편하다고 생각하므로 체중을 잴 때 뒤를 돌아보고 재도록 할 수 있다.

체중은 회기 초에 측정한다. 왜냐하면, 체중의 변화에 따라서 생길 수 있는 정서적 이슈와 계획 이슈가 있을 때 이런 것을 회기에서 거론하는 것이 중요하기 때문이다. 체중 증가야말로 거식증을 위한 모든 치료적 개입에서 가장 추구하는 결과이며, 치료 참여 및 성공의 중요한 지표이다. 만약 체중이 감량된다면 이것은 치료자가 환자의 참여 과정과 치료 동맹의 발달에 대해 반영할 필요가 있다. 치료 중에 체중 감소 또는 체중 증가의 실패는 환자의 삶에 있어서 거식증의 기능과 중요성 측면에서 그리고 환자의 변화 준비도와 변화 자신감 측면에서 언급되어야 한다.

임상 사례 3

거식증 환자 한 사람이 치료 초기에 변화에 대한 동기가 매우 있었고 체중 증가 측면에서 훌륭한 호전을 보였는데, 정체기에 다다랐다. 지난 5회기의 외래 회기에서 환자의 체중이 거식증 범위에 그대로 머무르고 있었다.

치료자 : 오늘 체중을 당신의 차트에 넣어 보도록 합시다. 최근에 체중이 다소 수평을 유지하는 것처럼 보이는데, 어떻게 생각하세요?

환　자 : 최선을 다해서 시작은 했는데 지금은 너무 두려워요. 더 이상 나아질 수 있다는 생각이 들지 않아요.

치료자 : 너무 빠르게 진행되어서 현재 급정거를 한 상태군요. 준비도와 자신감 척도를 다시 해 보면 도움이 될 수 있을지 모르겠군요. 지난번에는 거식증 극복 동기 수치가 7이었고 자신감은 6이었습니다. 지금 어디에 와 있다고 생각하세요?

환　자 : 모르겠어요. 방향을 잃은 거 같아요. 잘해도 지금 동기 수준은 4이고 자신감의 경우에도 그것보다 더 높다고는 생각하지 않아요. 왜 내가 변화하기를 했는지 기억하기가 정말 어려워요. 지금 저는 거식증을 포기하는 것에 대한 단점만을 볼 수 있는 것 같아요.

치료자 : 변화의 이유에 대해 잊어버리신 것 같군요. 모든 게 두렵고 익숙하지 않은 것처럼 보이고요. 더 진전할 준비가 되어 있다고 느끼지 않으시군요. 우리 같이 5년 후라고 상상해 봅시다. 거식증이 그대로라고 생각합시다. 그렇다면 어떨 것 같습니까?

환 자 : 증오스러울 거 같아요. 5년 후면 제가 서른이 될 거고, 그때가 되면 거식증이 더 이상 아니기를 스스로 약속했었거든요. 제 남자 친구가 아마도 절 포기해 버릴 거예요. 그 친구는 저처럼 가정을 이루기를 매우 원해요. 그렇지만 우리 모두 제가 먼저 거식증을 극복해야 할 거라고 동의했어요. 그렇게 된다면 가족을 가지는 것이 더 이상 대안이 될 수 없다고 생각해요. 제 친구들로부터의 선의를 소진하게 될 거고 부모님의 마음을 상하게 할 거예요.

 거식증 환자들이 변화의 힘을 지속하는 것이 어렵다고 보는 것은 매우 흔한 일인데, 특히 체중이 빠르게 증가해 버리는 경우가 그러하다. 따라서 때로는 환자들과 함께 원래 그들이 가졌던 변화의 이유를 재고하는 것이 유용하다.

영양학적 건강 단계

영양학적 건강에 초점을 맞추는 것은 치료의 지속을 위해 융통성 있게 사용해야 한다. 위 사례 2에서처럼 환자의 영양학적 건강이 빈약하고 환자가 고위험 수위에 있다면 환자에게 자신의 영양 상태에 변화를 하도록 동기를 부여하여 전반적인 위험을 감소시키도록 동기화하는 것이 우선순위가 된다. 그러나 환자가 자신의 영양학적 건강 수위를 단지 보통 정도의 위험 수위로 유지시킬 수 있다고 한다면 영양 상태에 즉각적인 변화를 해야 할 필수과제는 줄어든다. 이러한 경우 환자와 치료자는 다른 변화 영역으로 옮겨갈 수 있다. 환자가 거식증과의 관계에 대해 보다 많은 이해를 했을 경우에만 영양학적 건강 변화라는 문제로 돌아오는 것이 적절하다.

일단 거식증 환자가 자신의 영양학적 건강을 개선시킬 아이디어가 보다 개방적이라면 구체적으로 어떤 것이 포함되는지 검토하는 것이 도움이 된다. 치료 지침서에는 거식증에서 회복하기를 원하는 환자가 무엇을 섭취해야 하는지 그리고 고수위의 의료적 위험을 가진 환자가 입원하지 않기 위해서 해야 할 것이 무엇인지에 대해 정보를 제공한다. 다시 한 번 이러한 것에 대해 대화를 나눌 때 동기면담의 정신과 기법을 제공한다(다음 임상 사례 참조). 개별화된 피드백을 제공하는 하나의 방법으로 환자의 전형적인 하루의 에너지 소비를 계산하는 과정을 사용하는 것이 도움이 된다. 이렇듯 직선적이고 투명한 과정은 신뢰를 쌓는 데 기여하는데, 왜냐하면 거식증 환자는 표준화된 방법으로 어떻게 가치관을 이끌어 내는지 볼 수 있기 때문이다. 치료자는 그다음, 영양과 관련된 변화 계획을 구체적으로 이끌어 내도록 노력한다.

임상 사례 4 : 영양학적 건강 개선을 위한 계획 만들기

치료자 : 당신이 스스로 영양학적 안전을 개선하고자 한다면 어떻게 하루를 지내야 하는지 함께 생각해 보도록 합시다. 어떻게 진행될 거라고 보시나요?

환　자 : 세 끼 식사와 간식을 좀 더 많이 좀 더 규칙적으로 먹어야 할 거라고 생각해요. 혼자 있을 때는 내가 먹어야 한다는 것을 기억하는 게 매우 어려워요. 저는 항상 너무 바쁘고 먹는 거 이외에 해야 할 일들이 천 가지나 됩니다. 무엇을 먹으려고 할 때 저는 너무나 두려워져요. 제 머릿속에 작은 목소리가 항상 들리는데 '저는 벌써 너무 뚱뚱하다고 말하면서 먹을 만한 가치가 없다.'고 이야기합니다. 정말 속상해요.

치료자 : 제가 잘 이해했는지 보지요. 한쪽에서는 스스로의 영양학적 건강을 개선하고자 무엇을 해야 하는지 정확히 알고 있고요. 그것을 실천하려고 노력할 때 거식증 목소리가 매우 커지면서 그렇게 하지 않도록 막는군요. 먹는 거 말고 다른 일에 초점을 맞추면서 스트레스를 감소시키는 데 도움이 된다는 거지요.

환　자 : (슬픈 목소리로) 그렇게 말씀하시니 제가 정말 막막하게 보이네요.

치료자 : 그러니까 매우 불편하게 느끼는군요.

환　자 : 어떻게 시작해야 할지조차 모르겠어요.

> 치료자 : 당신과 유사한 상황에 있는 다른 사람이 자신의 영양학적 건강을 돌보기 위
> 해 시작하려고 할 때 도움이 되었던 것을 좀 더 이야기해 드려도 좋을까요?
>
> 환　자 : (고개를 끄덕인다.)

 환자와 치료자는 그다음, 환자의 곤경을 극복하는 데 도움이 될 수 있는 많은 실제적인 단계들을 모으기 시작한다.

중요한 타자들을 참여시키기

섭식장애 증상이 매 식사 때마다 일어나기 때문에 가족과의 삶의 중심부분에 타격을 준다. 중심이 되는 섭식장애 증상과 더불어 때로는 강박 행동, 강박 사고, 자해, 그리고 폭력적인 언어적, 신체적 행동과 같은 부가적 증상들이 종종 있다. 가족 내의 이러한 질병에 대한 대인관계적 반응들이 그 질병을 유지하는 데 중요할 수 있으며, 질병에 대한 불안감이 타인으로부터 과잉보호적인 반응을 자꾸 이끌어 낸다. 그러나 이것은 환자의 섭식 거부와 개발된 속임수(예 : 먹지 않고 먹은 체하는 것)로 인해서 적대감으로 흐트러지기도 한다. 중요한 타인들의 이러한 반응은 고조로 표현된 감정이 가지는 핵심 특징이 되는데 이런 반응은 많은 정신과 질환의 치료 효과에 부정적 영향을 줄 수 있다(Butzlaff & Hooley, 1998). 거식증의 평균 지속 기간은 6년이므로 중요한 타자의 대처 자원이 쉽게 소진될 수 있다.

저자들의 모델에서는 중요한 타인, 일반적으로 부모나 배우자가 필요에 따라 회기에 융통성 있게 참여하여 환자를 지지하도록 돕는다. 전반적으로 거식증 성인 환자의 중요한 타자들은 환자를 돌보는 데 참여하는 것을 기뻐한다. 즉, 건강 전문가들이 자기들과 정보를 나누면서 치료의 결정에 어느 정도 의견을 제공하기를 좋아한다. 환자 또한 일반적으로 중요한 타자들의 참여 유형에 대해 협조하기를 좋아한다. 거식증 환자가 고수위의 의료적 위험에 있는 경우 환자와 가까운 타인들을 참여시키는 것이 정도(正道)로 여겨지며, 법적으로 강요되기 전(前)의 단계에서 이루어

지는 것이 바람직하다. 비밀보장의 이슈가 문제가 될 수 있다. 환자 치료의 필수적인 정보만이 타인들에게 공개되는 것이 정상적임을 환자가 알아야 한다. 다음 사례에서 환자는 자신의 부모들이 어떻게 참여해 주기를 원하는지 보여 준다.

임상 사례 5

> 환 자 : 제가 아침식사를 한 후에 누군가와 이야기할 수 있었으면 해요.
>
> 치료자 : 누군가와 대화를 하면 거식증 목소리에서 벗어날 수 있겠지요. 그렇게 할 수 있는 사람이 누굴까요?
>
> 환 자 : 오랫동안 다른 사람들과 식사를 해보지 않아서 어렵겠지만, 그래서 부모님 앞에서 먹는다는 것은 정말 고투가 될 것 같아요. 부모님들은 하실 수 있을 거예요.

이러한 대화를 가진 후에 환자와 치료자는 어떻게 부모님들이 식사하는 동안, 식사 후에 그녀를 지지해 줄 수 있는지에 대해 구체적인 계획을 만들기 시작했으며, 이 사항을 부모에게 어떻게 거론할 것인가에 대해 계획을 세웠다. 이런 연합치료 회기는 가족 내의 갈등과 비난을 감소시키고자 개발된 중요한 타인을 위한 대안적 별개의 동기면담 토대의 기술 워크숍을 통해 보충될 수 있다.

사례 개념화와 변화를 위한 작업

개념화 단계에서는 협동적인 인지행동 사례 개념화를 만들어야 한다(Lavender & Schmidt, 2006). 이러한 사례 개념화는 환자에게 하나의 도표와 편지 형식으로 함께 나눈다. 개념화 편지를 쓰는 작업은 인지적 분석적 치료에서 유래한 것이다(Ryle, 1995). 치료 계획은 개념화를 토대로 만들어진다. 정서적인 회피, 완전주의,

그림 8.2 도표를 통한 사례 개념화의 예

초기 경험과 발병 소인

- 조산아이며, 어린 시절부터 불안한 경향이 있다.
- 어머니는 불안해하고, 항상 우리를 걱정했으며 특히 언니를 보호했다.
- 언니는 종종 몸이 아팠고 그로 인해서 많은 관심을 받았지만, 나는 이에 비해 덜 중요하게 느껴졌다.
- 아버지는 내가 할 수 있다고 생각하는 것만큼 잘 성취하지 못했을 때 나에 대해 비판적이었다.
- 나는 그리 썩 잘 어울렸다고 느끼지 않았다. 학교에서 인기가 좋은 아이가 아니었고, 늘 매우 수줍어했다.
- 우리 가족은 정서적인 이슈에 대해서는 서로 대화하지 않는다. 우리들은 각자의 생각을 간직한다.

핵심 신념

- 나는 약하고, 무력하며, 상처받기가 쉽다.
- 나는 괜찮지 않으며, 이상하고 결함이 있다.
- 사람들은 나를 판단하고, 비평하는 경향이 있다.

태도, 규칙 그리고 가설

일반적인 것

- 내가 약하다는 것을 사람들이 알게 내버려 두거나 내가 다르고 괜찮지 않다는 것을 사람들이 알게 된다면 난 더 상처받게 될 거다.
- 나의 감정을 나 자신에게 숨기고 사람들을 멀리해야 한다. 그래서 내가 괜찮지 않고 약하고 이상하다는 것을 알아차리지 못하게 한다.
- 나는 최상의 수준을 달성해야 한다. 그렇지 않다면 나는 괜찮지 않다는 증거가 된다.
- 열심히 노력하고 초점을 맞춘다면 내가 필요한 그 표준치를 달성하게 될 거다.

구체적인 거식증

- 먹는 것을 통제할 수 있다면 나는 덜 약하고 덜 상처받게 될 거다.
- 먹는 것을 통제할 수 있다는 것은 무엇인가 내가 잘한다는 것을 의미하고 나쁜 식이 아닌 좋은 식으로 다르다는 것을 의미한다.
- 먹는 것을 통제할 수 있다면 나는 안전하고 초점을 잘 맞추고 명료한 것이다.
- 먹는 것에 계속 초점을 맞출 때 다른 사람들과 안전거리를 유지할 수 있다는 것을 의미한다.
- 내가 아프게 된다면 그것은 내가 괜찮지 않은 아이라는 사실을 감출 수 있게 된다.

유발인자 : 왜 거식증인가?

- 학업으로 스트레스가 쌓이는 것, 친구들이 남자 친구를 사귀는 것, 체중 감소가 알려지는 것과 체육관에 가서 운동하는 것은 기분을 좋게 해 주고 우선은 다른 사람들이 나를 부러워하게 만들어 준다.

그림 8.2 도표를 통한 사례 개념화의 예(계속)

거식증과 거식증에 대한 나의 신념의 기능

대인관계적(내면적)
- 안전감 : 나만의 공간에 있게 해 준다.
- 통제 : 모든 것이 명료하고 간단하다.
- 성취 : 내가 잘할 수 있는 어떤 것이 되어 준다.
- 나쁘게 다른 것이 아니라 괜찮게 다르게 만들어 준다.
- 회피 : 다른 것에 대해서 생각하거나 기분 나쁘게 느낄 필요가 없다.

대인관계적(대외적)
- 회피 : 다른 사람들로부터 멀리 있을 수 있고 나만의 안전한 공간 안에 지낼 수 있음을 의미한다.
- 관심 : 부모들이 간섭하는 것에 짜증이 나긴 하지만 적어도 부모들이 알아차리고 있다. 그리고 이것은 질병이기 때문에 나의 잘못이 아니며 내가 괜찮지 않기 때문이 아니다.

행동
- 음식을 줄여라. 나만의 규칙을 정확히 따르라.
- 감정을 내 안에 간직하라. 사람들을 너무 가까이 하지 마라.
- 모든 것에 진정 열심히 노력하라. 완벽할 때까지 쉬지 마라.

나의 거식증을 유지하는 다른 요인

기아 효과
- 내가 조금이라도 먹으면 붓는 것 같다.
- 이 체중이 좋다. 좋다고 느낀다면 잘못된 것이 있다고 믿는 것이 어려워진다.

경직성을 감소시키는 데 초점을 둔 행동적 실험을 신중하게 선택하여 수행한다. 그림 8.2에는 도표를 통한 사례 개념화의 예이며, 환자의 치료 계획을 설명하는 동반된 개념화 편지에서 부분을 발췌했다.

임상 사례 6 : 사례 개념화와 치료 계획

사라는 20세의 여성으로 6년간 식사 제약의 경력이 있는 거식증 환자로 치료 시작 시 15.5kg/㎡의 BMI를 기록하였다. 그녀의 섭취량은 하루 두 번 소량의 최소 칼로리 식사라고 하는 엄격한 규정을 가지고 있었다. 사라는 언니 클레어(23세)와 부모님과 함께 살고 있었다. 클레어는 다운증후군이 있고, 이와 관련된 수많은 의료적 문제가 있었다. 사라 자신도 조산아였으며 한 달간 입원한 후에 퇴원하였다. 사라는 가족에 대해 어느 정도 가깝고, 서로 돌본다고 기술했지만, 가족들은 개인적인 느낌을 서로 많이 이야기하지 않았다. 지난 몇 년간 섭식 습관과 체중에 대해 많은 다툼이 있었다. 환자가 말하기를 어머니와의 관계는 괜찮은 편이나 아버지는 사라가 잘하지 못할 경우 매우 비판적이었다고 말했으며, 때로는 이러한 결과로 '왕따'를 시켰다고 한다. 사라는 언니를 사랑했지만 몸이 아픈 언니와 함께 성장하는 것이 어려웠다고 느꼈으며 때로는 언니가 모든 관심을 가진다고 느꼈다. 그렇게 느끼는 것에 대해 죄책감을 가지고 있었고, "그렇게 이기적인 생각을 해서는 안 되지요." 라고 말했다.

이러한 개념화에서 보는 바와 같이 거식증은 사라에게 있어 중요한 내면적 그리고 대인관계적 기능을 한다.

다음에는 사라를 위해 치료자가 개념화 편지에서 발췌하였는데 편지의 끝 부분에는 환자와 함께 개발한 치료 목표가 언급되어 있다.

> 우리는 함께 치료를 위한 계획을 결정했습니다. 당신 삶의 중요한 변화로 성취하고자 하는 것은 (1) 남들에게 자기의 생각, 느낌, 욕구를 공개적으로 자기주장적으로 표현할 수 있는 것이고, 다른 사람들을 늘 즐겁게 하고 그들의 요구에 동조하기보다는 아니라고 이야기할 수 있는 것, (2) 항상 모든 일을 완벽하게 하기보다는 충분히 괜찮으면 되는 것, (3) 건강한 식사를 하고 건강한 체중을 유지하는 것을 다시 배우는 것. 다음 10~15회기에 걸쳐서 당신의 목표에 부합하는 상황에 접근하는 데 있어서 새로운 기술과 방법을 개발하도록 함께 돕고자 하며 정말 기대를 하고 있습니다.

재발 예방과 종결

치료의 마지막 단계에서는 재발 예방과 종결에 초점을 둔다. 이 단계에서는 치료하는 동안에 성취했던 것, 아직 달성해야 하는 것, 그리고 계속적인 변화에 대한 찬반 대화를 포함해서 미래 계획을 정리하는 단계이다.

부가적인 치료 측면 : 서술하기와 구체화하기

저자들이 발견한 바는 거식증 환자들이 면대면보다는 서면으로 자신의 생각과 감정을 표현하는 것에 훨씬 더 능력이 있음을 알았는데, 이유는 아마도 그렇게 할 때 이야기하는 것보다 더 많은 통제력을 가지기 때문인 것 같다. 따라서 동기면담의 일반적인 전략과 동기 척도와 결정 저울 평가지와 같이 변화를 이끌어 내는 도구에 부가하여 저자들은 치료 전반에 걸쳐서 서면과제의 형태로서 서술하기 기법을 사용한다. 예를 들어, 거식증에게 친구 또는 적으로 쓰는 편지에서 환자의 삶에 거식증이 준 긍정적, 부정적 측면을 강조하고, 결정 저울을 탐색하는 데 도움이 된다. 더 나아가 이러한 편지는 그 장애를 구체화하는 개념을 소개하는 데 기여한다. 환자가 거식증을 하나의 자기 정체로서 덮으려는 경향이 있는데 아마도 이것은 성인 정체감이 형성될 때쯤 그 장애가 영향력을 발휘하여 이 두 가지 정체감이 서로 뒤섞여지기 때문이다. 따라서 많은 환자들의 경우 거식증이 없는 성숙한 정체감 경험이 없다 (Tan, Hope, & Stewart, 2003). 저자들은 거식증 목소리, 보다 의인화된 용어를 사용해서 거식증 증상을 지칭한다. 섭식장애가 있든, 없든 가정된 미래에 초점을 두어 서면과제를 주면 환자는 자신이 질병에 대해 보다 포괄적인 견해를 갖게 되고, 자기가 취하고자 하는 또 다른 목표, 가치, 삶의 방향에 대해 생각하게끔 해 준다. 이렇게 서면과제 중 많은 것이 불일치감을 높이도록 설계된 것으로 표준 동기면담 절차를 변형시킨 것이다. 이러한 과제에 포함되는 요소로는 미래 예상하기, 과거 되돌아보기, 전형적인 하루 일과 기술하기, 문제 행동이 지속되었을 때의 최고, 최악의 측면 바라보기 등이 있다.

치료의 후반기에는 환자의 삶에서 거식증의 역할과 주요 사건 혹은 대인관계에 초점을 맞추어 서면 작업을 하여 정서적인 피해를 줄이고, 정서적으로 중요한 문제를 처리하도록 촉진시켜 준다. 동시에 환자가 무엇을 노출하고, 얼마나 노출할 수 있는지에 대해 통제력을 가질 수 있게 해 준다. 명확하게 구조화된 서면과제는 또한 환자의 시각을 바꾸는 데 도움이 되며 부분적인 것에 과도하게 초점을 맞추는 것에서 벗어나게 해 준다. 대신 인생에 보다 폭 넓은 그림을 볼 수 있도록 하며, 변화에 대한 양가감정을 해결할 수 있게 돕는다. 글쓰기는 또한 화나게 하는 것을 절충하고 새로운 의미를 발견하며, 어려움의 새로운 해결책을 찾을 수 있게 허락한다. 이러한 과제는 숙제로 주는데 항상 동기적 스타일로 주어져야 한다. 즉, 환자들이 한 번 해보기를 원할 수도 있는 그런 것이라고 말한다. 이러한 서면과제에 대한 보다 자세한 설명은 Schmidt, Bone, Hems, Lessem과 Treasure(2002)의 연구에서 찾을 수 있다.

가족 기술 워크숍

중요한 타자들은 섭식장애 증상을 관리하는 것에 대한 기술과 지식이 결핍되어 있다(Whitney et al., 2005). 저자들은 타자들에 대한 대처 훈련 모델을 개발했고 협동적 치료 개입 메뉴얼을 고안한 바 있다(Treasure, Smith, & Crane, 2007; Treasure, Whitaker, Whitney, & Schmidt, 2005). 커리큘럼에 속하는 것으로는 대처하기, 의료적 위험, 변화 이해하기, 의사소통, 정서처리, 문제 해결, 대인관계, 섭식과 그 밖의 어려운 행동들 관리하기에 대한 모듈이 있다. 이 커리큘럼에 기술 중심 워크숍이 보완되며, 중요한 타자들에게 동기면담과 CBT의 정신과 중요 기술들을 가르쳐 준다. 이 치료 요소 중 어떤 것은 지역사회 보상 가족 치료 요소들과 유사하며, 지역사회 보상 가족 치료에서는(CRAFT; Smith, Meyers, & Miller, 2001) 중독 환자의 가족에게 치료를 위해서 환자의 동기를 어떻게 증진할 수 있는지 가르쳐 준다.

중요한 타자에게 동기면담 기술을 몇 가지 알려 주는 것은 환자와의 의사소통을 여는 데 기여한다. 중요한 타자는 반영적 경청하기 기술에 높게 가치를 둔다. 다음 코멘트는 환자의 보호자로부터 온 것으로, 반영적 경청을 배운 것이 자신의 거식증

딸과의 상호관계에 긍정적인 영향을 주었음을 말해 준다.

"네, 저는 반영적 경청 연습을 정말 좋아합니다. 반영적 경청을 배우고 난 후에 정말 제가 딸아이에게 어떻게 이야기를 건넬 수 있는지에 대해 변하였습니다. 제가 의식적으로 그것을 사용하고자 했을 때 사용할 수 있었습니다. 그것은 효과가 있었고 제 생각으로 바로 그것이었습니다. 반영적 경청은 정신분석자가 되게 하는 것이 아니었고, 단지 듣는 것이었으며, 단 한 번의 대화에서 딸의 문제를 제가 해결해야 한다고 느끼지 않게 해 주었습니다. 일종의 만사가 OK가 아니어도 괜찮아 하는 것이었고, 그저 받아 주는 것이었습니다. 그것은 많은 것을 의미한다고 생각합니다. 상황을 있는 그대로 받아들이는 것 그것에 대해 죄책감을 계속해서 느끼지 않는 것, 그것입니다. 반영적 경청은 정말 새로운 사실이었습니다."

저자들은 또한 서면과제를 중요한 타인에게도 사용하는데, 환자들에게 했던 것과 유사하게 감정을 처리하고 사랑하는 사람들과의 관계를 회복하는 방법으로 사용한다. 그들에게 '내 딸이 나에게 의미하는 바'의 주제로 글쓰기 과제를 주기도 한다.

섭식장애에서 동기면담 연구

많은 임상 연구가 있는 폭식증과는 대조적으로 거식증의 치료 연구를 수행하는 것은 어렵다. 거식증의 상대적인 희귀성이 어느 하나의 기관에서 큰 규모의 연구를 해낼 정도로 충분한 사례를 찾기가 어렵다는 것이며, 이 장애가 가지는 생명위협적 성격이 순수한 치료 개입 연구를 어렵게 만든다. 무선별 통제 임상 연구가 몇 가지 있지만 동기적 개입에 대한 연구는 없다. 그러나 사전치료 동기, 변화의 준비도와 변화 자신감, 그리고 치료 효과에 대한 정보들은 다소 있다.

거식증 치료에서 동기, 변화 준비도, 또는 변화 자신감, 변화단계와 같은 변인이 환자들이 치료를 시작할 것인가 또는 탈락할 것인가, 치료 중의 체중 증가를 보일 것인가 그리고 보다 장기적인 치료 효과가 있을 것인가의 여부를 추측하는 것으로 밝혀진 바 있으며, 이러한 결과는 치료에서 이러한 변인을 평가해야 하는 중요성을 강조한다. 거식증에서 개별 연구와 두 가지 소규모의 비통제 연구에서는 환자가 치료 효과에 대한 동기 개입의 효과를 조사한 바 있다. 이 중의 한 연구에서 동기면담 스타일을 사용했던 평가가 그 평가 이전과 이후의 동기 증가와 관련이 있었다. 두 번째 연구에서 4회기 동기증진치료[2)가 섭식장애 환자에게 제공되었는데 주로 거식증 환자들이었다. 이 연구에서는 1회기부터 4회기까지 변화 동기와 자신감이 유의미하게 증가하였다.

폭식증에서는 동기변인들이 치료 효과를 일관성 있게 예측하지는 않는다. 한 연구에서 변화단계가 환자의 탈락률을 예측하지는 못했으나 비록 CBT는 아니지만 대인관계 치료에서 치료 효과를 예측한 바는 있다. 또 다른 연구에서는 변화단계가 기대되는 방향으로 변화를 예측했는데, 체중 통제 척도에서 변화는 예측되지 않았다. 그러나 또 다른 연구에서는 폭식 행동을 중단하려는 환자의 욕구와 치료에 대해 기대되는 성공이 폭식 증상의 관해를 예측한 바 있다. 마지막으로 변화 동기의 부족은 폭식증의 재발을 예측하는 것으로 나타났다. 다이론적 변화 모델은 변화단계와 같은 개념을 토대로 한 모델로서, 최근에 개념적 방법론적 근거에 대한 비평을 받고 있다. 따라서 변화단계와 관련한 비일관적인 결과들은 그다지 놀랄 만한 것은 아닐 것이다.

---

2) 동기증진치료(Motivational Enhancement Therapy : MET)란 변화단계 모델과 동기면담을 토대를 한 단기 치료이다(Miller, Zweben, DiClemente, & Rychtarik, 2002). 이 치료의 목표는 환자의 내적 변화 동기를 증진하는 데 있다. 치료에 포함된 것으로 피드백 제공하기, 동기면담 기법, 변화의 장애물과 대안 나누기, 환자의 선택권과 환자 자신의 문제 해결 기술 강조하기, 변화 계획 설정하기 등이 있다.

세 가지 RCT의 무선별 통제 임상 연구는 폭식증에서 동기면담 또는 MET를 연구하였다. 이 중에 한 연구에서는 폭식증 또는 장애를 가진 90명의 연구 참여자를 대상으로 하였는데, CBT 자조 모임에 동기면담을 첨부함으로써 이전에 비해 6개월 후 절제율이 더 높게 나타났다. 또 다른 RCT 연구에서는 폭식증 또는 달리 분류되지 않는 섭식장애 225명의 연구 참가자가 세 집단으로 할당되었는데, 한 집단은 4회기의 개별 MET와 8회기의 집단 CBT였고 또 다른 집단은 8회기의 개인 CBT였으며 또 다른 집단은 4회기의 개별 CBT 이후 집단 CBT였다(4회기의 개별 CBT와 8회기의 개인 CBT라고 하는 명백한 4번째 집단은 자원 제약으로 인해 포함되지 않았다). MET는 두 번째로 이어지는 CBT에 환자의 참여 측면에서 CBT를 넘어선 장점을 보이지 않았으며, 단기 치료 효과(4주) 또는 장기 치료 효과(12주, 1년, 2.5년)에서도 그러하였다. 이 연구에서 모든 치료자들이 MET와 CBT 치료 둘 다 진행했고, 두 조건에 모두 별도의 감독과 치료 매뉴얼을 사용하였다. 그러나 자원 제약으로 치료의 순수성과 치료자의 유능성에 대한 공식적 평가를 할 수 없었다. 따라서 치료의 순수성 또는 치료자의 유능성이 최적이지 못했을 가능성을 배제할 수 없다. 이 연구에서 환자의 대부분이 이미 인식단계에 있었고, 치료 시작 시 인식전단계에 있었던 환자는 없다. MET가 덜 동기화된 집단에 치료 준수와 치료 결과를 증진시키는 데 더 효과적일 수 있을 가능성이 있다.

61명의 폭식증 환자를 대상으로 한 세 번째 RCT 연구에서는 인지행동 유도 자조치료에 MET의 전형적인 부분인 반복적으로 개별화된 동기유발 피드백을 첨가하여 연구하였다. 폭식증상과 불안, 우울, 대인관계 기능과 같은 다른 증상에 대해 피드백을 사용하였고 환자들의 변화 준비도와 변화 자신감 그리고 변화의 잠재적 장애물에 대해 동기적 대화를 시작하였다. 추가된 피드백은 치료 준수에 영향을 주지 않았으나 추가적 피드백이 없는 유도된 자기 치료보다는 추가적 피드백이 있는 자기 유도가 구토와 식사 제한에 더 많은 효과가 있었다.

결론

동기면담과 동기면담 관련 접근법은 섭식장애 분야에서 상당히 적합하고 적용 가능하다. 이 장에서 저자들은 주로 거식증에 초점을 두긴 했으나 저자들이 가정하고자 하는 바는 동기면담이 모든 섭식장애에 잠재적으로 적합성을 가진 것으로 간주한다. Miller 자신이 경고한 바와 같이 "동기면담의 인기도는 대부분 효과성 입증 데이터에 앞서 왔다(Miller, 2001)." 그리고 이 사실은 섭식장애에서도 틀림이 없다. 섭식장애에서의 동기면담과 동기증진치료의 보다 많은 연구가 필요한데, 이러한 연구는 동기면담과 동기증진치료 개입이 저자들의 치료적 영역에서 어떠한 위치에 있는지 완전히 측정 가능하게 해 준다. 이제까지 섭식장애에서 동기면담과 동기증진치료는 다른 개입, 특히 CBT 이전의 사전치료로서 사용되어 온 바 있다. 그러나 섭식장애의 경중 또는 부분적 사례의 경우는 단독 치료로서 탐색될 사례에서는 복합사례에서 요구되는 공식적인 사례 개념화와 기술이 필수적이지 않을 수 있다. 마지막으로, 섭식장애 환자들을 치료하는 사람들에게 동기면담 전략을 가르쳐서 환자의 갈등을 감소시키고 환자로 하여금 회복으로 발전할 수 있도록 돕는다면 좋은 전략으로 전망된다.

참고문헌

Bemis, K. M. (1986). *A comparison of the subjective experience of individuals with eating disorders and phobic disorders: The "weight-phobia" versus the "approach-avoidance" models of anorexia nervosa.* Unpublished doctoral dissertation, University of Minnesota, Minneapolis.

Beumont, P., Hay, P., Beumont, D., Birmingham, L., Derham, H., Jordan, A., et al. (2004). Australian and New Zealand clinical practice guidelines for the treatment of anorexia nervosa. *Australian and New Zealand Journal of Psychiatry, 38,* 659–670.

Blake, W., Turnbull, S., & Treasure, J. L. (1997). Stages and processes of change in eating disorders: Implications for therapy. *Clinical Psychology and Psychotherapy, 4,* 186–191.

Claudino, A., Hay, P., Lima, M., Bacaltchuk, J., Schmidt, U., & Treasure, J. (2006). Antidepressants for anorexia nervosa. *Cochrane Database of Systematic Reviews*; (1), CD004365.

Collier, D. A., & Treasure, J. L. (2004). The aetiology of eating disorders. *British Journal of Psychiatry, 185*, 363–365.

COMBINE Study Research Group. (2003). Testing combined pharmacotherapies and behavioral interventions in alcohol dependence: Rationale and methods. *Alcoholism: Clinical and Experimental Research, 27*, 1107–1122.

Cooper, M. J., Wells, A., & Todd, G. (2004) A cognitive model of BN. *British Journal of Clinical Psychology, 43*, 1–16.

Crisp, A. H., Norton, K., Gowers, S., Halek, C., Bowyer, C., Yeldham, D., et al. (1991). A controlled study of the effect of therapies aimed at adolescent and family psychopathology in anorexia nervosa. *British Journal of Psychiatry, 159*, 325–333.

Dunn, E. C., Neighbors, C., & Larimer, M. E. (2006). Motivational enhancement therapy and self-help treatment for binge eaters. *Psychology of Addictive Behaviors, 20*, 44–52.

Eisler, I., Dare, C., Hodes, M., Russell, G., Dodge, E., & Le Grange, D. (2000). Family therapy for adolescent anorexia nervosa: The results of a controlled comparison of two family interventions. *Journal of Child Psychology and Psychiatry, 41*, 727–736.

Fairburn, C. G., & Bohn, K. (2005). Eating disorder NOS (EDNOS): An example of the troublesome "not otherwise specified" (NOS) category in DSM-IV. *Behaviour Research and Therapy, 43*, 691–701.

Fairburn, C. G., & Brownell, K. D. (Eds.). (2001). *Eating disorders and obesity: A comprehensive handbook* (2nd ed.). New York: Guilford Press.

Fairburn, C. G., Cooper, Z., & Shafran, R. (2003). Cognitive behaviour therapy for eating disorders: A transdiagnostic theory and treatment. *Behaviour Research and Therapy, 41*, 509–528.

Favaro, A., Ferrara, S., & Santonastaso, P. (2003). The spectrum of eating disorders in young women: A prevalence study in a general population sample. *Psychosomatic Medicine, 65*, 701–708.

Feld, R., Woodside, D. B., Kaplan, A. S., Olmsted, M. P., & Carter, J. C. (2001). Pretreatment motivational enhancement therapy for eating disorders: A pilot study. *International Journal of Eating Disorders, 29*, 393–400.

Gale, C., Holliday, J., Troop, N. A., Serpell, L., & Treasure, J. (2006). The pros and cons of change in individuals with eating disorders: A broader perspective. *International Journal of Eating Disorders, 39*, 394–403.

Geller, J. (2002). Estimating readiness for change in anorexia nervosa: Comparing clients, clinicians, and research assessors. *International Journal of Eating Disorders, 31*, 251–260.

Gowers, S. G., Smyth, B., & Shore, A. (2004). The impact of a motivational assessment interview on initial response to treatment in adolescent anorexia nervosa. *Euro-*

pean Eating Disorder Review, 12, 87–93.

Halmi, K. A., Agras, W. S., Mitchell, J., Wilson, G. T., Crow, S., Bryson, S. W., et al. (2002). Relapse predictors of patients with BN who achieved abstinence through cognitive behavioral therapy. *Archives of General Psychiatry, 59*, 1105–1109.

Harris, E. C., & Barraclough, B. (1998). Excess mortality of mental disorder. *British Journal of Psychiatry, 173*, 11–53.

Hay, P. J., Bacaltchuk, J., & Stefano, S. (2004). Psychotherapy for bulimia nervosa and binging. *Cochrane Database of Systematic Reviews*; (3), CD000562.

Jacobi, C., Hayward, C., de Zwaan, M., Kraemer, H. C., & Agras, W. S. (2004). Coming to terms with risk factors for eating disorders: Application of risk terminology and suggestions for a general taxonomy. *Psychological Bulletin, 130*, 19–65.

Katzman, M. A., Bara-Carril, N., Rabe-Hesketh, S., Schmidt, U., deSilva, P., Troop, N., et al. (2007). *A randomized controlled two-stage trial in the treatment of bulimia nervosa, comparing CBT versus motivational enhancement in phase 1 followed by group versus individual CBT in phase 2*. Manuscript submitted for publication.

Keel P. K., & Klump, K. L. (2003). Are eating disorders culture-bound syndromes?: Implications for conceptualizing their etiology. *Psychological Bulletin, 129*, 747–769.

Lavender, A., & Schmidt, U. (2006). Cognitive-behavioral case formulation in complex eating disorders. In N. Tarrier (Ed.), *Case formulation in cognitive behaviour therapy: The treatment of challenging and complex cases* (pp. 238–262). East Sussex, UK: Routledge.

Miller, W. R. (2001). Comments on Dunn et al.'s "The use of brief interventions adapted from motivational interviewing across behavioral domains: A systematic review." When is it motivational interviewing? *Addiction, 96*, 1770–1772; discussion, 1774–1775.

Miller, W. R., & Rollnick, S. (2002). *Motivational interviewing: Preparing people for change* (2nd ed.). New York: Guilford Press.

Miller, W. R., Zweben, A., DiClemente, C. C., & Rychtarik, R. (2002). *Motivational enhancement manual: A clinical research guide for therapists treating individuals with alcohol abuse and dependence* (Project MATCH Monograph Series, Vol. 2). Rockville, MD: National Institute of Alcohol Abuse and Alcoholism.

Minuchin, S., Rosman, B. L., & Baker, L. (1978). *Psychosomatic families*. Cambridge, MA: Harvard University Press.

Mussell, M. P., Mitchell, J. E., Crosby, R. D., Fulkerson, J. A., Hoberman, H. M., & Romano, J. L. (2000). Commitment to treatment goals in prediction of group Cognitive-Behavioral Therapy treatment outcome for women with bulimia nervosa. *Journal of Consulting and Clinical Psychology, 68*, 432–437.

National Collaborating Centre for Mental Health. (2004). *National Clinical Practice Guideline: Eating disorders: Core interventions in the treatment and management of anorexia nervosa, bulimia nervosa, and related eating disorders*. London: National Institute for Health and Clinical Excellence.

Palmer, B. (2003). Concepts of eating disorders. In J. Treasure, U. Schmidt, & E. Van Furth (Eds.), *Handbook of eating disorders* (2nd ed.). Chichester, UK: Wiley.

Pike, K. M., Walsh, B. T., Vitousek, K., Wilson, G. T., & Bauer, J. (2003). Cognitive behavior therapy in the posthospitalization treatment of anorexia nervosa. *American Journal of Psychiatry, 160*, 2046–2049.

Prochaska, J. O., DiClemente, C. C., & Norcross, J. C. (1992). In search of how people change. *American Psychologist, 47*, 1102–1114.

Rieger, E., Touyz, S., Schotte, D., Beumont, P., Russell, J., Clarke, S., et al. (2000). Development of an instrument to assess readiness to recover in anorexia nervosa. *International Journal of Eating Disorders, 28*, 387–396.

Russell, G. (1979). Bulimia nervosa: An ominous variant of anorexia nervosa. *Psychological Medicine, 9*, 429–448.

Ryle, A. (1995). *Cognitive analytic therapy: Developments in theory and practice.* Chichester, UK: Wiley.

Schmidt, U. (1989). Behavioural psychotherapy for eating disorders. *International Review Journal of Psychiatry, 1*, 245–256.

Schmidt, U., Bone, G., Hems, S., Lessem, J., & Treasure, J. (2002). Structured therapeutic writing tasks as an adjunct to treatment in eating disorders. *European Eating Disorders Review, 10*, 1–17.

Schmidt, U., Landau, S., Pombo-Carril, M. G., Bara-Carril, N., Reid, Y., Murray, K., et al. (2006). Does feedback improve the outcome of guided self-care in bulimia nervosa?: A preliminary randomised controlled trial. *British Journal of Clinical Psychology, 45*, 111–121.

Schmidt, U., & Treasure, J. (2006). Anorexia nervosa: Valued and visible. A cognitive-interpersonal maintenance model and its implications for research and practice. *British Journal of Clinical Psychology, 45*, 3443–366.

Schubert, I., Landau, S., & Treasure, J. (2008). *The role of inpatient treatment in reducing medical risk in people with anorexia nervosa: A study of the predictors of the duration of treatment and short and long term body mass index in a series of cases with severe anorexia nervosa.* Manuscript in preparation.

Serfaty, M. A. (1999). Cognitive therapy versus dietary counselling in the outpatient treatment of anorexia nervosa: Effects of the treatment phase. *European Eating Disorders Review, 7*, 334–350.

Serpell, L., Neiderman, M., Haworth, E., Emmanueli, F., & Lask, B. (2003). The use of the Pros and Cons of Anorexia Nervosa (P-CAN) Scale with children and adolescents. *Journal of Psychosomatic Research, 54*, 567–571.

Serpell, L., Teasdale, J. D., Troop, N. A., & Treasure, J. (2004). The development of the P-CAN, a measure to operationalize the pros and cons of anorexia nervosa. *International Journal of Eating Disorders, 36*, 416–433.

Serpell, L., Treasure, J., Teasdale, J., & Sullivan, V. (1999). Anorexia nervosa: Friend or foe? *International Journal of Eating Disorders, 25*, 177–186.

Smith, J. E., Meyers, R. J., & Miller, W. R. (2001). The community reinforcement approach to the treatment of substance use disorders. *American Journal of Addictions, 10*(Suppl.), 51–59.

Tan, J. O., Hope, T., & Stewart, A. (2003). Anorexia nervosa and personal identity: The accounts of patients and their parents. *International Journal of Law in Psychi-*

Touyz, S. W., Beumont, P. J., Glaun, D., Phillips, T., & & Cowie, I. (1984). A comparison of lenient and strict operant conditioning programmes in refeeding patients with anorexia nervosa. *British Journal of Psychiatry, 144,* 517–520.

Treasure, J. L., Katzman, M., Schmidt, U., Troop, N., Todd, G., & De Silva, P. (1999). Engagement and outcome in the treatment of bulimia nervosa: First phase of a sequential design comparing motivation enhancement therapy and cognitive behavioural therapy. *Behaviour Research and Therapy, 3*(7), 405–418.

Treasure, J., & Schmidt, U. (2005). Anorexia nervosa. *Clinical Evidence, 14,* 1140–1148.

Treasure, J., Smith, G., & Crane, A. (2007). *Skills-based learning in caring for a loved one with an eating disorder: The new Maudsley method.* London: Routledge.

Treasure, J. L., & Ward, A. (1997). A practical guide to the use of motivational interviewing in anorexia nervosa. *European Eating Disorders Review, 5,* 102–114.

Treasure, J., Whitaker, W., Whitney, J., & Schmidt, U. (2005). Working with families of adults with anorexia nervosa. *Journal of Family Therapy, 27,* 101–103.

Vitousek, K., Watson, S., & Wilson, G. T. (1998). Enhancing motivation for change in treatment-resistant eating disorders. *Clinical Psychology Review, 18,* 391–420.

Ward, A., Troop, N., Todd, G., & Treasure, J. (1996). To change or not to change—"how" is the question? *British Journal of Medical Psychology, 69,* 139–146.

Whitney, J., Murray, J., Gavan, K., Todd, G., Whitaker, W., & Treasure, J. (2005). Experience of caring for someone with anorexia nervosa: Qualitative study. *British Journal of Psychiatry, 187,* 444–449.

Wilson, G. T., & Schlam, T. R. (2004). The transtheoretical model and motivational interviewing in the treatment of eating and weight disorders. *Clinical Psychology Review, 24,* 361–378.

Wolk, S. L., & Devlin, M. J. (2001). Stage of change as a predictor of response to psychotherapy for bulimia nervosa. *International Journal of Eating Disorders, 30,* 96–100.

Zipfel, S., Löwe, B., & Herzog, W. (2003). Medical complications in eating disorders and obesity. In J. Treasure, U. Schmidt, & E. van Furth (Eds.), *Handbook of eating disorders: Theory, treatment and research.* (2nd ed.). Chichester, UK: Wiley.

문제 도박과
병리 도박에서의 동기면담

David Hodgins, Katherine M. Diskin

임상 대상군

도박은 일반적으로 조직화된 방식으로 위험 요소들을 통합하는 것으로 이해된다. 조직화된 방법 내에서 개인은 더 많은 것을 획득할 바람으로 자신이 가진 것에 모험을 건다. 도박의 유형은 인류의 역사와 문화를 거쳐 존재해 왔다. 기원전 3500년쯤으로 추정되는 동굴에서는 양의 무릎 뼈로 만든 원시적인 주사위(astralagi)가 발견되었고(Bernstein, 1996), 2006년도에는 650만 명의 미국인들이 인터넷 도박 사이트에 접속하였다(American Gaming Association, 2007). 도박이 법적으로 허가되지 않을 때조차도 도박 카드, 주사위 놀이, 마권, 노름패, 불법 슬롯머신 등의 불법 도박이 존재했다. 캐나다와 미국에서는(유타 주와 하와이 주를 제외하고) 도박이 합법적이며 지방 자치 정부에서는 도박 기회를 제공하고, 도박의 길을 열어 주는 데 동참한다.

음주자의 대부분처럼 도박자의 대부분이, 도박 활동에서 부정적 영향만을 경험하지는 않는다. 하지만 과도한 도박은 수세기를 거쳐서 심각한 스트레스의 원천이 되어 왔다. 로마인들의 경우 도박 빚을 갚지 못했을 때 노예로 팔렸으며(National Research Council, 1999), 문제 도박자들과 병리 도박자들의 도박 관련 자살 시도율이 7~26%에 달했다(Hodgins, Mansley, & Thygesen, 2006).

도박광이란 1800년대 초에 편집광의 한 유형으로 파악되었으나 1980년대 초에는 APA의 DSM에 병리 도박이 처음으로 충동조절장애에 포함되었다. 병리 도박의 기준은 DSM의 수정판에서 지속적으로 보완되어 왔다. 현재는 DSM-IV-TR(American Psychiatric Association, 2000)에 의해 다음과 같이 정의를 내린다. "병리 도박의 필수 특징은 지속적이고 반복적인 부적응적 도박 행동이다"(p. 671). 이것은 개인의 가족 혹은 직업적 기회를 파괴시킨다. 병리 도박의 기준에는 약물사용과 유사한 기준에 맞추어서 도박의 효과(예 : 법적과 대인관계 문제, 손실 은폐)에 관한 기준들(내성, 금단)을 포함한다. 또한 여기에는 약물사용을 문제의 도피, 기분부전을 해소하려는 수단으로 사용하는 것을 포함한다(Cuningham-Williams & Cottler, 2001). 병리 도박의 유병률은 작년에 대략 1% 정도 되었다(Gerstein et al., 1999; Shaffer & Hall, 2001; Welte, Barnes, Wieczorek, Tidwell, & Parker, 2004).

약물사용 장애와는 달리 DSM에서는 남용의 분류가 없어서 하위 임상적이지만 여전히 문제가 많은 문제 도박 행동을 설명하지 못한다. 그럼에도 불구하고 문제 도박률은 전형적으로 유병 조사에서 2~3% 범위에 든다(Shaffer & Hall, 2001). 이러한 예상률은 성인 북미 인구의 총 4% 정도가 작년에 도박으로 인한 부정적 결과를 경험했음을 의미한다.

문제 및 병리 도박의 효과는 광범위하다. 도박자들은 스트레스 관련 신체 질병과 공존 정신병리의 고위험 수준에 있다. 도박이 도박자 자신의 문제보다 더 많은 문제에 영향을 주는 것은 사실이다. 가족, 친구, 고용주, 건강 및 사회복지 시스템 모두

가 문제 도박에 영향을 받고 있다. 도박자들은 종종 도박의 재정을 위해 불법 행위를 한 결과 심각한 법적 문제에 직면한다. 구체적으로 말하면 문제 및 병리 도박자들은 여가 도박자들에 비해 이혼율, 생활수급비를 받을 확률, 파산을 경험할 확률, 구속될 확률, 신체적 심리적 건강 문제를 가질 확률이 더 크다(National Gambling Impact Study Commission 보고서, Volberg, 2001에서 인용). 또한 도박 기회가 꾸준한 속도로 증가하고 있어서, 도박 문제가 가져오는 재정적, 사회적 손실 정도를 정확하게 추정하는 것이 어렵다.

일반적 치료

문제 도박의 원인이자 유지하는 요소에 대한 다양한 이해를 토대로 도박 치료에서 사용되는 치료 양상으로는 정신분석, 내담자 중심지지 치료, 다양한 집단 치료 형태, 부부 치료, 자조 매뉴얼을 활용한 행동 및 인지치료, 익명 도박 자조모임(Gamblers Anonymous : GA) 집단, 약물치료 등이 있다. 치료 효과에 대한 경험적 연구는 많지 않으며, 무선별 임상 연구에 대한 문헌상 자료는 거의 없다. 최근의 도박 치료에 대한 고찰에서는 많은 도박 치료 연구에서 사례 연구, 적은 수의 대상군, 무통제 개입이 포함된다고 밝힌 바 있다(Toneatto & Ladouceur, 2003). 무선별 임상연구는 11개로 수많은 방법론적 제약을 가지고 있다. 이러한 연구는 수많은 행동 개입법을 포함하는데, 그중에는 상상을 통한 탈감작화, 전기 혐오, 도박 상황에 직접적 노출을 다양하게 조합시킨 것, 인지행동 개입, 플루복사민과 날트렉손을 사용한 두 가지 약물치료 연구, 전화를 통한 지지를 해 주거나 또는 해 주지 않은 채 자조 워크북을 사용했던 두 가지 연구 등이 있다. 고찰 결과, '매뉴얼뿐이든 또는 치료자와의 최소 접촉을 포함한 것이라 하더라도 인지행동 스펙트럼 상에 있는 개입이라면 가장 많은 경험적 지지'가 나타났다. 제한적인 입증이기는 하나 치료 효과에 관련해 치료의 기간이나 강도가 중요한 변인은 아닌 것으로 제안된 바 있다(Toneatto

& Ladouceur, 2003, pp. 13-15).

도박 문제에 동기면담 활용의 이론적 근거

동기면담(MI)은 수많은 이유로 문제 및 병리 도박 분야에 자연스럽게 들어맞는다. 첫 번째 이유는 통제와 동기의 손상이 도박장애의 중요한 특징이라는 명백한 이유 때문이다. 병리 도박의 개념화에 대해서는 다소 논란의 여지가 있다. 몇몇 이론가들은 약물사용과 같은 중독장애와 도박의 유사점에 초점을 맞춘다. 또 다른 이론가들은 병리 도박을 충동조절장애로 간주하고 있으며, 혹은 도박장애를 강박장애 연속선상에 있는 것으로 고려한다(National Research Council, 1999). 이렇듯, DSM의 진단적 기준은 의견 수렴이 명백하지 않다. 이 기준은 물질 의존의 기준을 따라서 만들어졌고 도박장애를 DSM의 충동조절장애 부분에 넣고 있다(American Psychiatric Association, 2000). 하여튼, 다양한 개념화가 공통적으로 인식하는 바는 도박 통제의 손상이 도박장애의 중심적 특징이라는 것이며 결과적으로 동기 요인들과의 사투가 치료 효과의 핵심 부분이라는 것이다. 병리 도박을 위한 치료적 접근 면에서 인지행동치료와 같이 약물남용 치료 모델에 적용한 기법을 사용하는 것이 흔하다.

최근 중독이 '동기장애'가 원인이라고 제안된 바 있다(Heather, 2005). 이러한 견해는 중독자가 자신의 장기적인 이득과 반대되는 행동을 선택하는 것에 토대를 둔다. 이런 정의는 개인이 사회가 수용할 수 없다고 보는 것을 행동화한다는 생각 이상의 것을 포함한다—여기에는 개인이 스스로(적어도 때때로) 변화하기를 원하는 것이 있음을 포함하기도 한다. 이 점은 "서로 대조가 되는 동기를 유발시키는 것과 저하시키는 것으로 구성된 동기적인 갈등을 초래한다." 이러한 갈등의 해소가 동기면담의 핵심이다(Heather, 2005, pp. 4-5).

동기면담이 병리 도박에 적절한 두 번째 이유는 치료 없이도 도박 문제로부터 회복하는 일(즉, 자연적인 회복)이 흔하기 때문이다(Hodgins, Wynne, & Makar-chuk, 1999). 자기지시적 회복의 존재는 동기가 변화 과정에서 중심적이라는 주장과 일치한다. 회복한 병리 도박자들에서 확인된 사실은 인지 및 동기 요인이 단도박을 유지하는 데 중요한 것으로 지각된다는 사실이다(Hodgins & el-Guebaly, 2000).

문제 및 병리 도박에서의 동기면담의 임상적 적용

많은 정신건강 장애들이 치료를 받는 비율을 보면, 도박장애 환자들의 유병률에 비해 치료율이 낮은 편이다. 미국에서는 문제 도박자의 10% 미만이 치료를 받는다(Cunningham, 2005; National Gambling Impact Study Commission, 1999). 낮은 치료 추구율은 낮은 치료 동기와 치료 접근의 부족과 관련이 있다는 점에서 두가지 전제에 모두 보완이 가능한 해결책이 있다. 하나는 정규적으로 치료를 찾도록 환자의 동기를 증진하는 것이고, 또 하나는 보다 많은 치료 유형이 가능하도록 제공해 줌으로써 치료 대안을 넓히는 것이다. 저자들은 동기면담 원리를 이용한 이 두가지 접근법의 예를 제시하고자 한다. 첫 번째로 저자들은 병리 도박을 위한 자조 워크북의 효과를 높이기 위해서 단기 동기 개입의 사용을 제시한다. 두 번째로 저자들은 도박 행동의 감소를 고무하고자 1회기의 동기 개입을 설명한다.

도박 치료에서 동기면담의 세 번째 적용은 치료 준수와 관련된다. 심리사회적 약물치료적 임상 연구에서 모두 탈락률이 엄청나게 높게 나타났다(Grant, Kim, & Potenza, 2003; Hodgins & Petry, 2004; Toneatto & Ladouceur, 2003). 오스트레일리아의 한 연구에서는 문제 도박을 위한 외래 인지행동치료의 참여율을 높이는데 다양한 치료 준수 증진 개입이 가치가 있음을 보였다(Milton, Crino, Hunt, & Prosser, 2002). 치료 준수 증진 개입으로는 치료에 참석하도록 서면, 구두를 통한 보상을 제공하기, 치료 효과에 대한 낙관성과 자기효능감을 격려해 주기, 평가 결과에 대해 피드백을 제공해 주기, 회기와 회기 사이에 정규적으로 결정 저울 연습을 사용하기, 그리고 치료 참여의 장애에 대해 이야기하는 것이 포함되었다. 수많은 이런 전략들이 동기면담 문헌에서 채택되었다. 이러한 치료 준수 증진 개입들이 모두 합해졌을 때 변화 전 35%의 기본 준수율이 65%의 치료 준수율로 증가하였다.

동기증진을 사용하여 병리 도박자들의 자기 회복을 증진하기

정규적인 도움 없이 회복하고자 하는 몇몇의 문제 도박자들의 바람에 더하여(Hodgins & el-Guebaly, 2000) 자조 워크북이 개발되었다. 회복된 도박자들이 보기에 회복 과정에서 면담 시 중요하다고 인식된 기법들을 통합시켰다(Hodgins & Makarchuk, 2002). 워크북[1]에는 자기 평가, 목표 설정, 인지행동적 재발 방지 전략 그리고 보다 많은 정규적인 치료 자원들에 대한 정보를 다루었다.

저자들은 임상 연구에서 정규적인 치료를 원하지 않는 병리 도박자들에게 자조 워크북을 제공하는 것의 효과성을 평가하였다. 이 연구에서는 언론을 이용하여 참가자들을 모았으며, 두 가지 유형의 대안(자조 워크북)을 1개월간의 대기자 통제 집단과 비교 검증하였다(Hodgins, Currie, & el-Guebaly, 2001 참조). 첫 번째 접근은 단순히 우편을 통해서 자조 워크북을 제공하는 것이었다(워크북만 사용한 집단). 두 번째 집단은 워크북을 받기 전에 전화로 동기면담을 받았다(동기집단). 워크북은 제본된 책자로 발송되었고 그 안에는 각자가 연습을 통해서 작업하도록 지시 사항이 주어졌다.

동기면담을 하는 경우 20~45분이 소요되었고 동기면담 원리를 활용하여 수행하였다(Miller & Rollnick, 2002). 면담의 일반적 목표로는 지지적이고 공감적이어야하며 환자의 문제에 대해서 관심을 표명하는 것이었다. 면담은 기본 평가를 위해 정보 수집과 더불어 4가지 목표를 세웠고, 면담자는 도박자들이 경험하고 있는 염려

---

1) 워크북은 www.addiction.ucalgary.ca에서 내려받을 수 있다.

들을 이끌어 내고자 노력하였다. 예를 들어,

"도박에 대해 걱정하는 것이 무엇입니까? 도박을 변화시킬 필요가 있다고 생각하
게 만드는 것은 무엇입니까?"

면담자는 환자의 재정적, 법적 위치와 대인관계, 그리고 정서적 기능이 가져오는
도박의 효과에 대해서 질문하였고, 단도박의 이득에 대해 도박자들이 가지고 있는
생각을 이끌어 내었다. 면담의 둘째, 셋째 목표는 변화에 대한 도박자의 양가감정을
탐색하고, 자기효능감을 증진시키는 것이다.

"도박을 중단하는 것을 어렵게 만드는 것이 무엇일까요? 어느 정도 성공할 것이
라고 생각하시나요? 과거를 돌이켜 볼 때 무엇이 당신이 성공할 수 있다고 생각
하게 하나요?"

마지막으로 면담자는 과거에 도박자가 성공했던 변화 시도를 토대로 구체적인 전
략을 제안하였다. 이러한 전략은 워크북의 한 부분과 연결되어 있다. 예를 들어,

"단주를 하셨을 때 운동을 시작하는 것이 도움이 되었던 것 같군요. 이 워크북에
는 새로운 활동을 시작하는 것을 권하는 부분이 있는 데 도움이 될 것입니다."

면담 후에 임상가들은 도박자에게 간단한 개별 노트를 작성하여 워크북과 함께
우편으로 우송한다. 미국의 많은 지역과 캐나다 지역의 문제 도박자들에게 구조 전
화를 제공하여 치료 정보와 개인적 지지를 제공해 준다. 이러한 동기적 개입 프로토
콜은 오리건 주에서 전국적으로 도박 치료 시스템을 통해서 했던 것처럼 서비스를
통합시키는 것이 가장 이상적이다. 저자들의 연구 경험에서 보면 정규적인 치료에

관심이 없는 사람들을 성공적으로 이끌어 주었다.

사례 : 전형적인 치료 참가자

벨린다는 40대 후반의 기혼 여성이다. 남편이 가계를 책임지고 있는데, 최근에 만약 아내가 슬롯머신 도박을 그만 하지 않으면 아내를 떠나겠다고 말한 적이 있다. 벨린다는 단도박(Gamblers Anonymous : GA) 모임에 가 보았는데 그 모임의 종교적 측면을 좋아하지 않았고, 다른 사람들이 도박에 대해 이야기하는 것을 경청할 때 더욱 도박 갈망이 커진다는 걸 알았다. 또한 자신은 단도박에 갈 유형의 사람이 아니라고 보았다. 그녀는 전화로 누군가와 이야기하는 것이 자기 자신의 속도에 맞게 작업할 수 있는 치료적 접근으로서 진정 호소력이 있었다.

동기면담 과정에서 벨린다는 자신의 자아 이미지에 대해 많은 이야기를 했으며 자신을 중독될 유형의 사람으로 보지 않는다고 말했다. 그녀는 자신의 삶의 무료함을 한동안 도피할 수 있는 도전적이고 쾌락적인 면이 도박의 중요한 긍정적 측면이라고 말했다. 한편 자신의 결혼 생활, 가계, 자존감이 부정적으로 영향을 받고 있음을 인식했다. 벨린다는 자기 자신을 고수주의 자기지시적인 사람으로 묘사하였고 상당히 많은 자기 통제감이 있다고 설명하였다. 많은 사람들이 성공적으로 회복된다는 말을 듣자 관심을 표명하였다. 과거에 행동 변화의 경험에 대해 묻자 십대 때 많은 체중을 어떻게 줄였는지 설명하였다. 치료자는 체중 감량에 사용했던 그녀의 전략들 — 단기 목표 설정하기, 친구들과 정규적으로 운동하기, 장기 목표를 상기하기 — 이 워크북 내용과 관련이 있음을 말해 주었다.

전화 면담은 약 40분이 걸렸고, 동기면담에서 제안하는 바와 같이 치료자가 요약 진술을 해 주면서 마무리했다. 면담 종료 시 치료자가 다음과 같이 말했다.

"당신의 사투에 대해 솔직하게 말해 주셔서 감동받았습니다. 도박이 주는 도전을 좋아하고, 도박이 홀로 있게 해 주는 시간도 좋아하는 것 같군요. 다른 한편으로는 도박이 많은 문제를 가져왔고요. 당신과 남편 모두 가계 손실로 당황해 하고 있으며, 당신은 장기 저축에서 지출을 하기 시작했고요. 그것은 은퇴해서 해변에서 살려는 당신의 장기 목표를 의미했던 저축이지요. 한편 당신은 강한 사람이기도 한데, 도박이 당신의 자존감에 경종을 울렸습니다. 당신이 계속 도박을 할 거라는 것은 상상하기 어려워 보입니다. 이전에 체중 감량과 같은 어려운 개인적 문제를 해결한 적이 있어서 이 문제 역시 해결할 준비가 되어 있다고 들립니다."

벨린다는 사실 워크북에서 제안하는 바를 따라가면서 몇 가지 단기 도박 목표를 세웠고, 목표 기간을 2주로 하여 평가하기로 했다. 퇴근 후에는 매일 친구와 바로 산책을 함으로써 행동을 변화했는데 이전에는 그 시간에 일상적으로 카지노에 갔었다. 도박을 하지 않음으로써 자신의 저축 상황을 보다 꼼꼼하게 모니터함으로써 가계 문제를 해결하고자 결정했다. 또한 도박 갈망을 다른 곳으로 관심 돌리기와 장기 목표에 대해 기억하기 등을 통해 어떻게 처리할 수 있는지에 대해 스스로 준비하였다. 2주 후에 단 한 번 도박을 하였으나 바로 이번이 마지막이 되기를 원하고 있음을 깨달았다. 그리고는 자기의 목표와 전략을 되찾았으며 다시는 도박을 하지 않았다.

문제 도박을 위한 1회기 동기면담

위에서 기술한 자기 회복 증진 접근에서는 변화하고자 노력하는 사람들에게 전화 연락과 서면을 통해 자료를 제공하는 것에 초점을 두었다. 이 다음의 연구에서는 면대면 동기 개입과 비교하여 동기 요소를 포함하지 않는 임상 면담과 비교하는 것이었다. 면담에서 동기면담 요소들이 도박자의 반응에 구체적으로 기여하는지의 여부를 결정하고자 하였다. 저자들은 도박에 대해 어느 정도 염려하는 참가자들을 모으는 공고를 냈다. 그들을 면담에 출석하도록 하였으며 위에서 설명한 바 있는 자조 워크북을 주었다.

다양한 수준의 도박 문제와 도박에 대한 다양한 수준의 염려를 가진 광범위의 도박자들에게 사용될 수 있는 간략한 면담을 개발하기 위해서, 저자들의 주 목표는 개입에 동기면담 정신을 통합시키는 것이었다. 면담은 협동적인 만남의 기회로 개발되었다. 즉, 도박에 대한 대화였다. 저자들이 바랐던 것은 비판단적인 측면에서 도박자가 자신의 도박에 대한 염려와 양가감정을 탐색하는 기회를 제공하는 것이었다. 이 목표를 위해서 면담자는 도박자로부터 변화의 충동과 책임감이 나와야 한다는 신념을 성실히 지키는 것이 필수였다. 저자가 알게 된 사실은 동기 개입에 참여한 도박자들이, 그렇지 않은 일반 면담에 참여했던 도박자들에 비해 12개월 후에 더 유의미하게 도박을 감소시켰다는 사실이다.

면담

이 치료 개입에는 다음과 같은 기본 구성요소들을 포함한다. 도박 습관에 대한 간략한 대화, 도박에 대해 좋아하는 점과 덜 좋아하는 점에 대한 대화, 표준적으로 개발된 피드백 시간, 결정 저울 연습, 자기효능감 탐색, 미래지향적 상상 연습, 변화 동기와 자신감 평가, 그리고 필요하다면 도박 행동 변화에 대한 참여자의 생각에 관한 대화였다. 잠재적 변화에 대한 대화는 면담자의 판단에 맡겼으며 각각의 환자에 맞게 면담하도록 하였다. 어떤 참가자들은 변화를 고려할 준비가 되어 있지 않거나 문제가 있다고 느끼지 않았다. 변화 전략에 대해서만 고집하여 이야기를 할 경우, 참가자를 소외시킬 뿐 아니라 면담의 목적에도 벗어나는 것이다. 면담의 목적은 참가자에게 자신이 해 오고 있는 것에 대한 생각과 느낌에 접근하여 반영하는 시간을 허락해 주는 것이었다. 가능하다면 이러한 구성요소들의 모든 것을 면담에 포함하나 순서와 강조점은 면담자의 판단에 맡겨서 융통성 있게 진행하도록 해야 한다. 예를 들어, 만약 도박에 대한 '좋은 점'에 대해 질문하는 것이 반복적인 걱정을 유발시킨다면 그러한 염려를 표현하는 것을 중단시킬 필요가 없다. 대신에 그들의 말을 따라가면서 더 많은 정보를 얻을 수 있고, 면담 후반에는 좋은 점에 대해 더 물을 수 있으며 질문을 연대기적으로 구조화할 수 있다. 예를 들어,

"도박으로 인한 문제에 대해 많은 얘기를 했는데요, 처음 도박을 시작했을 때 어떠한 점이 매력이 있었는지도 궁금하군요. 도박의 어떤 점이 좋으셨나요?"

여기서 의도는 면담자가 만남의 방향에 대한 통제를 유지하면서 참가자로 하여금 그에게 중요한 것이 무엇인지 이야기하도록 허락하는 데 있다. 저자들은 이야기된 것을 간략하게 자주 요약하여 다음 면담 사항으로 넘어가도록 한다.

면담은 어떻게 진행되나?

모든 면담은 대부분 참가자의 도박에 대한 일반적인 질문으로 시작하였다. 도박에 대해 선호하는 점과 도박의 빈도를 설명한 후 현재의 어려움에 대해 말했으며, 이것은 원만하게 현재의 문제에 대한 대화를 시작하도록 이끌었다. 면담을 하는 데 어려움을 느낀 사람들에게 저자들은 그들에게 이 연구에 참여하도록 부추긴 요인이 무엇이었는지 질문하였다. 왜 자진해서 왔는지에 대해 물었고, 관심이 없거나 불확실해 보이는 사람들에게는 혹시 다른 사람들이 그들의 도박에 대해 어떤 말을 언급했는지 물었다. 만약 다른 사람들이 염려를 표현했다면, 저자들은 참가자가 어떤 염려를 가지고 있었는지 또는 문제로 인식된 이슈들을 문제라고 느꼈는지 혹은 그렇게 느끼지 않았는지에 대해 질문을 하였다. 말수가 적은 도박자들에게는 때때로 전형적인 하루의 도박 일정을 기술하도록 부탁했다. 그렇게 하면 직장(또는 무직), 어떤 특별한 날에 도박이 끌리는 상황적 요소, 그리고 도박하기 전과 후의 그들의 느낌에 대한 이야기를 이끌어 냈다.

면담은 전형적으로 다음과 같이 시작된다.

"저희는 도박에 대해 알고 싶어 하는 사람들에게 광고를 냈습니다. 당신의 도박에 대해 조금 이야기해 주시겠습니까?"

• 글쎄요, 처음엔 재미로 라스베이거스에 가기 시작했지만 지금은 더 이상 재미가 없습니다.
• 저는 술집에 가서 슬롯머신을 하다가 다른 물건을 사야 할 돈을 쓰고 맙니다.
• 아내와 저는 2년 전 별거했고, 외로워서 밖에 돌아다니게 됩니다. 그러나 애들이랑 좀 더 시간을 보내야 하고, 돈을 낭비하지 말아야 한다는 걸 알고는 있습니다.

도박의 좋은 점과 좋지 않은 점

그다음 저자들은 도박자들이 도박 행동의 어떠한 면을 즐기는지 탐색하는 시간을 보냈다. 종종 일련의 질문이 복잡한 반응들을 이끌어 내곤 한다 ―도박이 주는 몇 가지 긍정적 측면에 대해 이야기를 시작하다가는 부정적 요소들을 말하곤 하였다. 저자들은 그들이 도박에 끌리는 점에 대해 탐색할 기회를 갖도록 노력했다 ― 무엇이 처음 그들로 하여금 도박에 끌리도록 했으며 어떤 점을 여전히 즐기고 있는지 등.

"도박에 대해 어떤 점이 좋으신지, 좋았는지 말씀해 주세요."

"가장 좋았던 것은 무엇인가요? 그밖에는…"

• 저의 경우 사람들을 만나러 가는 장소가 됩니다 - 종종 저는 그곳에서 똑같은 사람들을 만납니다.
• 저는 긴박감을 좋아합니다. 이번에는 이길 거라는 느낌이 있지요.
• 돈을 딸 때는 정말 기분이 좋습니다. 흥분되고 빚을 다 갚을 수 있을 거라는 상

상을 합니다.

- 집에 무슨 일이 일어나는지 잊어버릴 수 있습니다.

그다음 저자들은 도박에 대해서 좋지 않은 점을 이야기하도록 한다. 예를 들어,

"도박에 대해서 당신이 지니는 몇 가지 걱정에 대해 이미 말씀해 주셨습니다(요약해 주기). 그밖에 또 어떤 다른 염려가 있나요? 도박에 대해 그리 좋지 않은 점은 무엇이 있습니까?"

- 저는 돈을 잃으면 우울해지고 바보같이 느껴지고 패배자같이 느껴집니다.
- 아이들을 위해 살 수 있을 것을 생각하게 됩니다.
- 빚이 점점 늘어납니다. 어떻게 청구서를 갚아야 할지 모르겠어요.
- 저는 여분의 돈이 전혀 없습니다.
- 제가 어리석다는 걸 다른 사람들이 알까 봐 또 그렇게 생각할까 봐 두렵습니다.

면담자는 도박에 대해 좋은 점과 덜 좋은 점을 이야기하는 과정에서 민감하고 주의 깊게 들으면서 반영적 경청을 사용하여 그들의 정서적 반응과 복합적인 문제들을 탐색하도록 격려한다. '좋지 않은 점'에 대해 이야기하는 동안 감정이 종종 매우 표면화되곤 한다. 면담자는 종종 도박이 가져다주는 효과에 대해 탐색하고자 초기 진술을 다음과 같이 할 수 있다. 예를 들어, "아이들을 위해 무엇을 살 수 있었을 것을 생각하게 됩니다."라고 하면, 그것에 대한 반영으로서 면담자는 간단하게 거기서 지각된 감정을 반영한다. "도박 때문에 애들이 가지지 못할 것을 생각하니 슬퍼지시는군요." 그리고 난 후 참가자로 하여금 이러한 감정을 가지고 잠시 머물도록 해 준다. 또 다른 경우로는 면담자가 도박이 가족에게 준 영향에 대해 더 깊게 파고들 수 있다. 예를 들어, "아이들을 위해서 무언가 사 줄 수 있는 당신의 능력에 도박이 영향을 주는 것 같군요. 아이들과의 관계에서 또 다른 방식으로 도박이 영향을 준 적

이 있는지요?"

피드백

도박에 대해 이야기하고 양가감정을 탐색할 기회를 도박자에게 준 후, 도박 문제 척도에 나타난 그들의 점수를 다른 사람들과 비교하여 결과를 알고 싶은지 묻는다. 저자들은 최근에 지역사회 설문지에서 나온 데이터를 사용하여 도박의 심각도 평가에 참가자들의 점수를 비교 제공해 준다. 이러한 정보는 대부분의 지역과 전 세계적으로 많은 국가에서 사용하고 있다. 피드백 문항은 Miller와 Rollnick(2002)이 기술했던 것처럼, 동기면담의 고전적인 부분이 아니라 치료 구성요소일 뿐이다. 그렇지만 피드백은 단기개입 접근에 있어서 중요한 요소로 기술된다(Miller & Rollnick, 1991). 피드백 전달을 위한 접근법이 일반적인 동기면담 원리와 일치한다. 참가자들에게 우선 그들의 점수와 그 밖의 지역사회 주민들과 어떻게 비교되는지에 대해 알고 싶은지 묻는다. 이후, 그들의 점수와 다른 사람들의 점수와 어떻게 비교가 되며 그들의 점수와 관련된 위험 범주에 대해 이야기를 해 준 다음, 이러한 피드백에 대해서 참가자의 반응이 어떤지 물어본다.

연구에 참여한 사람들 중에는 누구도 자신의 점수와 일반 대상군 점수와의 비교에 대한 조언을 거절하지 않았지만, 어떤 참가자들은 자신의 점수에 놀라지 않았고, 어떤 참가자들은 매우 스트레스를 받았다. 어떤 사람들은 자신의 도박 수준이 비교 결과처럼 평범하지 않다는 사실을 믿기 어려워했다. 저자들은 이렇게 느끼는 참가자들과 논쟁하지 않았다. 또한 비교 대상군들이 자신들의 도박 습관을 최소화한 것이 틀림없다고 주장하는 참가자들과도 논쟁하지 않았다. 그 대신 그들이 반응을 반영하였다. 예를 들어, "많은 사람들이 당신처럼 도박을 많이 한다고 생각하시는군요." 또는 "도박을 전혀 안 하는 사람이 있다는 것을 믿기 어려우시군요."

논쟁 대신 반영을 하면 그들 자신의 도박 참여 수준이 다른 사람들과 비교하여 평범하지 않은 것에 대해 스스로의 지각을 보다 더 탐색하도록 한다. 또한, 그들이 어떻게, 누구와 함께 시간을 보내는지도 고려해 볼 시간을 준다. 만약 피드백이 참가자 자신의 염려를 재확인시켜 준 것이라고 표현할 경우 면담자는 그들의 염려를 재확인하면서 좀 더 질문을 할 수 있다. 예를 들어, "이 점은 당신이 한참 동안 생각해 온 것이로군요. 이것에 대해 어떻게 하길 원하는지 생각해 보신 적이 있나요?"

12개월 후 추후 조사에서 저자들은 그들이 표본 비교 피드백을 받았던 사실을 기억하는지 물었다. 표본 비교 피드백을 받았던 도박자의 2/3 정도가 그것을 기억했고 한 명을 제외한 모든 사람들이 피드백이 도움이 되었다고 말했다.

표본 비교 피드백

"광고를 보시고 저희에게 전화를 주셨을 때, 연구 조교가 당신의 도박에 대해 몇 가지 질문한바 있습니다. 그 질문은 수천 명의 일반인들에게 실행한 설문지였습니다. 당신의 점수와 다른 사람들의 점수가 어떻게 비교되는지 보고 싶으십니까?

당신은 이러한 수준(문제성 도박이 될 수 있는, 중등도의 위험 수준 또는 도박 관련 문제의 심각한 수준)의 집단에 속하십니다. 이러한 결과가 놀라운가요?"

- 조금 우울해지는군요.
- 아닙니다. 그것이 제가 여기에 온 이유입니다.
- 와! 두렵네요.
- 제가 문제가 있다는 걸 확인시켜 주는군요.
- 사람들은 이러한 질문에 대해 거짓말로 답할 거예요. 저는 진실을 말한 거고요.
- 많은 사람들이 저만큼은 도박을 한다는 걸 알고 있어요.

개별화된 피드백

"관심이 있으시다면 당신과 당신의 도박이 어떻게 진전되어 가고 있는지 볼 수 있는 또 다른 방법이 있는데, 한 달에 집에 가져가는 돈과 비교해서 소비하는 돈의 양을 보시는 방법입니다. 조교에게 말씀하시길, 한 달에 ____를 집에 가져간다고 하셨군요. 또한 지난 두 달간 도박에 쓴 돈에 대해 말씀하셨고요. 그것은 평균 잡아 ____가 되겠군요. 이 정도 맞습니까? 버신 돈으로 쓴 돈을 나누면, 매월 도박에 들어가는 돈이 수입 중에서 몇 %인지 알 수 있습니다. 당신의 경우 도박에 들어가는 돈은 ____% 정도입니다. 어떻게 생각하십니까?"

- 정말 기분 좋지 않군요. 그렇지만 변화하기로 결심했어요.
- 조금 우울해집니다. 복권 사는 것은 줄일 수 있지만 카지노는 정말 좋거든요.
- 내가 왜 이런 짓을 하는지 확신이 안 섭니다. 저는 똑똑한 사람인데 말입니다.

결정 저울

결정 저울 연습은 지필 형식으로 수행하였고, 복사본을 개인적으로 가지고 가도록 주었다. 결정 저울은 가설적인 손실, 이득 연습으로서 수행되었다. 참가자들은 현재 상황을 변하지 않고 같은 수위로 가기로 선택할 경우 자기들에게 있을 손실을 생각하도록 했다. 도박에 대해 그리 좋지 않는 점에 대해서 한 걸음 더 나아간 탐색을 하는 것으로, 만약 도박이 같은 수위로 지속된다면 어떤 이득이 있는지 생각하도록 하였다(도박에 대해 탐색할 또 다른 기회를 주는 것이므로 참가자들에게 중요했다). 저자들은 그다음 변화했을 경우에 대해 질문하였다. 변화를 한다면 무엇을 포기해야 하는지에 대한 탐색을 하였다. 이 연습은 도박 행동을 변화시키는 것에 대한 자신의 두려움과 염려들을 표현할 기회를 주었다. 그리고 마지막으로 도박 행동을 변화할 때 갖게 되는 이득을 생각하도록 하였다(도박이 없는 미래를 상상할 기회를 준 것이다). 이러한 대화는 도박 행동에 어떤 변화를 가져올 수 있다는 가능성을 만끽할 수 있도록 구조화되었다. 단도박이나 도박 절제는 도박자가 그 주제를 드러내지 않는 한 소개하지 않았다. 대화의 가설적 특성을 계속 유지하면서 참가자들은 전혀 변화할 결심을 할 필요 없이 무엇이 다를 수 있을지에 대해 자유롭게 이야기할 수 있었다.

"우리들은 여러분에게 도박이 주는 좋은 점과 그렇지 않는 점에 대해 대화했습니다. 이 연습은 비슷하기는 하지만 상황을 다르게 볼 수 있는 길이 되어 줄 것입니다. 여러분이 단도박이나 도박 절제를 원한다고 확신하지 않더라도 이 질문에 대해 알아볼 수 있습니다."

현재 상태 그대로 유지하는 것이 주는 손실, 즉 도박 행동의 변화가 생기지 않을 경우 인생이 어떻게 될 것인가에 대해 생각하는 것부터 시작하였다. 이전에 이야기했던 문제들을 포함하여 행동에 조금의 변화도 생기지 않는다면 도박자에게 있는 손실이란 무엇일까?

• 저는 이중적인 생활을 하고 있어요. 가족과 친구들에게 거짓말을 하고 있어요.
• 절도요.
• 죄책감을 느껴요.
• 빚이 늘어가고 있어요.
• 파산될 거예요.

변하지 않는 것이 주는 이득에 대해 논의했다. 도박은 어떤 중요성이 있어서 유지되는가, 도박에 대해 무엇을 좋아하는가, 그리고 그것이 삶에서 어떤 목적을 달성하는가 등을 이해하는 기회가 된다.

• 돈을 딸 수 있을 거예요.
• 기분 전환이 돼요.
• 꿈을 꿀 수 있는 기회가 됩니다.

- 흥분감과 긴박감이 좋아요.
- 집에서 나와서 사교할 수 있어요.
- 도피가 됩니다.

많은 사람들이 현재 상태로 있는 것의 좋은 점에 대해 생각을 못할 수 있다. 종종 이 질문은 바로 다음과 같은 반응을 불러일으킬 수 있다. "좋은 게 하나도 없어요." 그 느낌을 반영한 후에 그다음 세 번째 부분으로 진행한다. 종종 우리들이 알게 되는 것은 도박 행동을 바꾸는 것이 가져오는 손실에 대해 생각하면 도박을 고집하는 자신들의 이유를 더 잘 파악한다. 이유로 떠오르는 것들을 지각된 이득으로 설명하였다(변화를 위해 그들이 포기해야 하는 것들).

변화가 주는 손실—이 부분은 매우 유용한 탐색 영역이다. 도박자가 무엇을 포기해야 하는지 그리고 변화하는 것이 무엇이 어려울 수 있는지의 측면에서 많은 생각들을 불러일으켰다. 또한 도박자들의 현재 활동에 대한 대안을 떠올리는 출발점이 되어 주었다.

- 외출할 수 있는 기회를 잃게 됩니다. 지루해요.
- 집안에서 도피할 수 있는 기회를 잃게 됩니다.
- 변화한다는 것은 어려워요.
- 책임진다는 것이 어렵습니다.
- 돈을 딸 수 있는 기회를 포기해야만 하지요.

변화의 이득—만약 변화를 한다면 무엇이 달라지는지를 상상하도록 한다. 이것은 가정적인 미래를 상상하는 기회가 된다. 도박 이외에 중요한 것에 대해 생각하는 기회가 될 수 있으며, 이전의 대화에서 언급된 여러 사항들을 확장하여 이야기할 수 있다.

- 내 스스로 더 신뢰할 수 있게 됩니다. 죄책감을 느끼지 않고서요.
- 그 돈을 가지고 다른 것을 할 수 있겠지요. 건강한 음식을 먹는 것, 여행하는 것, 아이들에게 더 많은 걸 해 주는 것, 빚을 갚는 것, 집을 사는 것.
- 스트레스를 덜고, 더 건강해지고, 아이들과 친구들과 시간을 보낼 수 있겠지요.
- 배우자와 이혼을 하지 않겠지요.

자기효능감 격려하기

이렇게 하여 보다 일반적으로 변화에 대해서 이야기할 기회가 되었다. 즉, 각 개인이 자신의 삶에 어떻게 변화를 할 수 있을지 물어보았다. 예전에 완전히 성공하지는 못했더라도 약간의 성공 경험을 가지고 있는지 물어보았다. 사람들은 일반적으로 기억을 해낼 수 있었는데, 행동을 바꾸는 것이 성공하지 않더라도 무엇이 효과가 있고, 효과가 없는지에 대한 생각들을 종종 떠올릴 수 있었다. 이것은 내담자 스스로가 자기 자신에게 최고의 권위자라는 점을 진술하는 기회가 되었다. 즉, 무엇을 기꺼이 수행하려 하는지를 가장 잘 아는 사람이 자기 자신임을 진술하는 기회다. 종종 사람들은 이전에 성공적이었던 전략을 사용하여 자신의 도박 행동을 어떻게 바꿀 수 있는지 생각을 떠올리기 시작한다. 만약 변화에 대한 개인적인 경험이나 생각이 없는 경우라면, 우리들은 다른 사람들이 사용했던 어떤 전략을 혹시 알고 싶은지 묻는다. 우리는 또한 도박을 할 기회가 있었지만 하지 않았던 상황이 있었는지 질문하면서 그러한 상황에서 그들이 달리 행동했던 것에 대해 탐색한다.

"우리들은 변화하는 것에 대해 이야기했습니다. 여러분 삶 속에, 다른 영역에서, 변화해 본 적이 있지요? 가장 효과가 있었던 것은 어떤 것이 있나요?"

- 저는 그냥 하지 말아야 해요.
- 사람들에게 이야기하고, 그들에게 개방적으로 나아가고 도움을 얻는 것입니다.
- 상담하는 것입니다.
- 그냥 결정하는 것입니다 - 나는 원하지 않는다고 결정 내리는 것이지요.
- 나처럼 행동하는 사람들과의 관계를 끊어야 합니다(예 : 음주, 약물사용).

미래지향적 상상 연습

우리들은 참가자들에게 5~10년 후의 삶에 대해 생각해 보라고 하였다. 두 가지 시나리오를 토대로 그들의 삶이 어떻게 될 것인지 상상하게 하였다 - 도박 행동에 변화를 주는 경우와 변화를 주지 않는 경우.

"여러분이 도박에 대해 지금 조금의 변화도 원하지 않는다면 5~10년 후의 당신의 삶이 어떨까요?"

- 똑같겠지요. 아마도 더 나빠질 거예요.
- 노숙자가 되겠죠.
- 전 사라져 버릴 거예요.

"만약 여러분이 지금 도박에 조금의 변화라도 원한다면 5~10년 후의 당신의 삶이 어떨까요?"

- 집을 새로 살 수 있을 거예요.
- 결혼생활이 나아질 거예요.
- 아이들을 돌보고 손자들을 볼 수 있을 거예요.
- 빚이 없어질 거예요.

변화 동기와 자신감 평가

이 연습은 도박자가 자신의 도박에 대해 어떻게 느끼는지와, 변화의 가능성에 대해 어떻게 느끼는지 생각을 알아보는 또 다른 방법으로 소개되었다. 우리들은 참가자들에게 0~10으로 점수를 매기는 도구를 상상하도록 하고 두 가지 질문을 하였다.

"만약 우리 앞에 척도가 있는데 척도 위에 0은 '나의 도박 행동에 대해 변화를 할 동기가 전혀 없다.'와 10은 '나의 도박 행동에 대해 변화할 동기가 매우 많다.' 라고 하면 지금 여러분은 어디에 있을까요?"

"여러분의 도박 행동에 변화하기를 원한다고 결정했을 경우 여러분은 변화할 자신감이 있습니까? 0은 '전혀 자신감이 없다.' 10은 '자신감이 매우 많다.' 입니다. 만약에 변화하기로 마음먹었다면 그렇게 할 자신감을 말합니다."

각각 연습한 후에 우리들은 참가들이 왜 그 특정 점수를 선택했는지 탐색하였다. 만약 참가자가 자신의 동기점수를 5라고 평가했다면 질문을 더 하였다. 만약 참가자가 매우 부정적으로 보이는데 5를 선택했다면 다음과 같이 코멘트한다. "와! 변화하는 것이 어떨 것인지 걱정하긴 하지만 동기 수준은 5점으로 평가하셨군요." 그러고 나서 "왜? 5점인지, 0점이 아닌지요?" 또는 "만약 동기 수준이 7점이나 8점으로 높아지려면 무엇이 필요할까요? 어떠한 일이 일어나야 하겠습니까?"라고 질문한다.

반응은 열정적인 것부터 극단적으로 회의적인 것까지 나왔다. 예를 들어, 어떤 참가자들은 10점 척도에 12점이라고 말한 사람들도 있었다. 이 연습은 도박을 변화시키지 않는 것이 현재 그들이 정말로 원하는 것인지의 여부에 대해 생각할 수 있는 또 다른 기회가 되었다.

결정 대화

면담이 마무리 될 때 우리들은 대화한 것에 대해 요약을 했고 참가자들이 낯선 상담자와 도박에 대해 이야기하는 것이 매우 어려울 수 있음을 인정해 주었다. 이것은 동기면담 중심 개념이기도 한 내담자 인정해 주기의 실제로 기억되도록 의도되었을 뿐 아니라, 참가자들이 자신의 삶 속에서 고통스럽고 힘든 영역을 우리들과 나누도록 허락해 주었다는 사실을 우리들이 잘 알고 있음을 알려 주고자 하는 의도이기도 하였다.

우리들은 또한 면담에 기꺼이 동참해 준 것에 대해 감사했으며 그들이 참여함으로써 우리들의 연구를 도와주었을 뿐만 아니라 그들 스스로 자기 자신을 돌보고자 하는 무엇인가를 하였다는 사실을 인정해 주었다. 면담을 통해서 경험한 것에 대해 그들의 생각을 이야기해 달라고 하였다. 이 질문에 대해 우리들은 광범위한 반응들을 만났다. 이 시점에 오면, 참가자들은 종종 변화에 대해 양가감정을 표현하였다. 어떤 사람들은 자신이 단도박 또는 도박절제를 상당히 원하고 있음을 더욱 명백히 밝혔고, 자신이 원하는 매우 구체적인 변화에 대해서도 진술하였다. 우리들은 이러한 계획을 보상하였고, 어떻게 변화가 일어날 수 있는지에 대해 더 탐색하여 생각과 계획을 격려했다. 또 다른 참가자들은 어떠한 변화도 고려할 준비가 되어 있지 않았다. 이들에게는 우리의 대화에 대해 계속 생각해 보도록 격려하였고 차후에 관심이 있다면 워크북을 보도록 격려했다. 우리들이 면담에서 상당히 많은 영역을 다루었다는 점을 인정하면서 참가자 자신이야말로 자기가 해야 할 것(또는 하지 말아야 할 것)을 아는 최고의 권위자임을 인정하였다.

"오늘 우리들은 많은 것에 대해 대화를 나누었습니다. 이 모든 것에 대해 어떻게 생각하시나요?"

• 저는 압도당한 느낌입니다. 몸이 아플 정도예요.

- 이것이 문제라고 제가 정말 생각하거나 제 건강에 영향을 주기 시작했다면 끊었을 겁니다.
- 정말 뭔가 해야 하겠어요.
- 저는 카지노, 술집, 그런 친구들로부터 멀어져야 겠어요.
- 돈 관리를 좀 다르게 해야 할 것 같습니다.
- 운동을 새로 시작해야 할 것 같아요.
- 그냥 그만둬야 해요.
- 돈 낭비하는 대신 어디에다 돈을 쓸지 목록을 만들 수 있겠지요.
- 제가 잃어버릴 수 있는 모든 것에 대해 생각하게 되었어요.
- 지금 당장 변화할 마음은 없어요.

문제와 제안된 해결책

일반적으로 동기면담 접근법이 문제 도박과 병리 도박에 모두 대단히 잘 적용되고 있다. 그러나 한 가지 잠재적인 복잡성은 도박장애와 공존하는 정신건강 장애들(약물남용, 기분 및 불안, 성격)의 유병률이 대단히 높다는 사실로, 이것은 도박 문제의 과정과 치료 효과에 영향을 줄 수 있다(Cunningham, 2005; Hodgins, Peden, & Cassidy, 2005; National Gambling Impact Study Commission, 1999; Petry, Stinson, & Grant, 2005). 현재까지 도박 치료에서 공존 병리의 함축 의미에 대해 아는 바가 거의 없다. 기타 장애가 먼저 해결되어야 할지, 치료가 동시에 병행되어야 할지(별개의 개입으로서), 통합되어야 할지, 또는 환자의 선호에 따라서 순서를 정해야 할지에 대해 명료하지 않다. 입증된 지침들이 없기 때문에 해결책은 환자가 움직여야 할 필요에 따라 움직여가는 것이 치료자 입장에서 융통성을 가진다. 그런데 이 해결책은 훈련과 경험 면에서 광범위한 기초와 토대를 요구한다. 각각의 공존 장애마다 전문성을 가져오는 것이 이상적인 상황이기는 하다. 이 책의 각 장에서 기술하는 바와 같이, 일반적인 동기면담 접근은 다양한 정신건강 장애들의 범위에서 독특한 특징에 맞추어 적용될 수 있다.

도박장애와 관련한 또 다른 복합적 문제는 치료의 한 부분인 재정적 이슈에 초점을 두어야 할 필요가 있다는 점이다. 환자 개인들은 전형적으로 엄청난 빚더미를 신속하게 갚지 못하며, 따라서 시간이 지나면서 빚 문제를 효과적으로 관리하는 방법을 배워야 할 필요가 있다. 만약 재정적 압박을 다루지 않는다면 이것은 동기를 부식시킬 수 있고, 재발 위험이 될 수 있다. 도박 문제를 해결하는 치료자들은 재정 상담 전문성을 개발하든지 또는 단기 동기면담 개입만을 제공하는 경우라도 이 영역에서 관련된 도움을 제공해야 한다.

연구

동기증진을 사용하여 병리 도박자들의 자기 회복 증진하기

위에서 기술한 바와 같이 무선별 임상 연구에서 워크북이 포함된 동기증진 워크북만을 사용한 조건과, 대기자 명단 통제 조건과 비교하여 연구 결과가 나왔다. 24개월 후에 참가자들을 추후 조사한 결과 동기 개입에 참여한 집단에게 유의미한 이득이 있음을 보였다. 예를 들어, 3개월째 동기집단의 42%가 단도박하였고 추가적으로 39%가 호전된 집단으로 분류되었다. 반면에 워크북만을 사용한 집단은 각각 19%와 56%이었다(Hodgins et al., 2001). 24개월 후에는 참가자 중 37%가 모든 집단에서 단도박을 하였으나 동기집단은 54%가 호전된 반면, 워크북만을 사용한 집단에서는 25%만 호전하였다(Hodgins, Currie, el-Guebaly, & Peden, 2004). 이 결과가 제안하는 바는 전화 통화를 한 단기적 동기 개입이 개인의 성공률을 증진하는 데 자원을 현명하게 투자한다는 사실이다.

우리는 현재 재검증 연구를 수행 중이며 이런 결과들을 확장하고 있다. 계속되는 연구에서 우리들은 대기자 집단과 워크북만을 사용한 집단, 워크북을 포함한 동기 전화 개입 집단, 그리고 초기 동기 전화 연락에 더불어서 5개월간 매달 치료자가 동기적으로 확인 전화를 하는 집단과 비교 중이다. 후자의 조건을 넣은 이론적 근거는 동기를 증진시키는 사람이 있을 때 시간이 지나면서 치료 효과를 지속 증진하는지의 여부를 결정하는 데 있다. 더불어 우리가 관심 있어 하는 것은 치료 호전의 기제들을 이해하는 것이다. 개입이 동기를 증진하고, 동기가 행동에 지속적으로 영향을 주는가이다. 현재, 참가 지원자 수집이 완료되었고 12개월 추후 조사가 진행 중이다.

문제 도박을 위한 1회기 동기 개입

이 연구는 동기 개입을 통제 면담과 비교한 무선별 임상 연구이다(Diskin, 2006). 우리들은 자신의 도박 행동에 대해 염려하는 참가자들을 모으고자 광고를 냈고, 이들은 미래 도박 행동에 면담 스타일을 평가하는 연구에 기꺼이 참여하고자 하였다. 참가자들은 자신의 도박 행동을 줄이기를 원해야 할 필요는 없었으나 여러 가지 수준에서 염려를 하고 있는 사람들이었다. 연구 참가 기준은 가능하면 광범위하도록 의도되었다. 참여 시 유일한 배제 기준은 잠재적 참가자들이 이전의 2개월간 도박을 했거나 캐나다 문제 도박 지표(Ferris, Wynne, & Single, 1998)에서 3점 이상을 받는 경우였다. 이러한 기준에 맞을 경우 이것은 문제 위험 수준에 있음을 가리키는 것이다. 참가자들은 두 집단 중 한 집단에 무선별 할당되었다. 참가자의 절반에게는 위에서 기술한 동기면담이 제공되었고, 나머지 절반은 같은 양의 시간 동안 면담자와 함께 자신의 도박에 대해 이야기하고 여러 가지 반구조화된 인성 검사를 수행하였다. 두 명의 임상가들이 동기적, 비동기적 면담을 모두 진행하였고, 모든 참가자들은 자조 워크북을 한 권씩 받았다. 우리들은 12개월 동안 추후 조사를 하였는데 1, 3개월, 12개월 후에 전화 연락을 하였다.

우리들은 이 연구가 문제 도박자들에게 동기면담 효과성에 대한 상당히 엄격한 조사가 되도록 의도하였다. 모든 사람들이 워크북을 받았고, 45분~1시간 동안 임상적으로 훈련된 면담가와 이야기를 나누었다. 12개월 추후 조사 기간을 사용한 이유는 대상군의 자연적 회복의 높은 비율을 알아보기를 원했기 때문이다.

면담이 끝나자마자, 저자들은 면담과 면담자에 대해 그들의 경험을 평가하도록 하였다. 두 집단 모두 면담자에 대한 평가가 다르지 않았으며 두 집단 모두 공감, 신뢰가치, 존중, 그리고 이해 면에서 면담자들을 매우 높게 평가하였다. 그러나 이 집단은 그들이 참여한 면담에 대해서 평가가 달랐다. 참가자들은 서너 가지 변인에서 동기 개입을 더 높게 평가하였는데, 변인으로는 유용성, 전반적 만족도, 그리고 문제들이 효과적으로 다루어졌는지에 대한 것이었다.

이 연구의 참여는 참가자들이 단도박하도록 의도하는 것은 아니었기 때문에(또는 도박에서 어떤 변화를 하도록 의도하는 것) 우리들은 매월 도박한 날의 수와 매월 도박지출을 도박 이득의 종속 변인들로 사용하도록 결정했다. 두 집단은 모두 면담 이전의 2개월간 매월 캐나다 달러로 평균 1,300달러 정도 지출하였으며 매월 평균 7일 정도 도박하였다.

이 연구가 끝난 다음 동기 개입에 참여한 참가자들은 통제 집단에 비해서 12개월에 거쳐 도박을 덜 하였고 지출도 덜 하였다. 마지막 면담 전 3개월 동안은 동기집단이 매월 약 2.2일의 도박일을 보였던 반면 통제 집단은 5일이었다. 12개월 면담 이전에 3개월간 동기집단은 또한 통제 집단에 비해서 매월 도박 지출이 더 적었다. 동기 개입 참가자들은 매월 캐나다 달러로 340달러 정도 도박하였으나 통제 집단은 매월 912달러에 달했다.

매우 흥미롭고 예측하지 못했던 결과는 문제 도박 심각 수준이었다. 이 연구에서 대부분의 도박자들은 도박이 유의미한 수준에 있었다. 우리가 기대한 것은 비교적 덜 심각한 문제를 가진 도박자들이 더 심각한 문제를 가진 도박자들에 비해 동기 개입이 더 유용하다고 볼 것이라고 생각했다. 그러나 우리가 발견한 사실은 12개월 추후 조사가 끝난 후 덜 심각한 문제를 가진 참가자들이 동기면담을 받았든 또는 통제 조건에 있었든 간에 유사한 방식으로 호전했다는 사실이다. 더 심각한 문제를 가진 참가자들은 동기 개입에 참여했을 때 도박이 유의미하게 감소되었다. 그러나 통제 집단에 있을 때는 그렇지 않았다.

이 연구 과정을 거쳐서 동기면담에 참여했던 낮은 심각도 집단의 도박자들은 매월 평균 약 325달러의 도박비를 썼는데, 이에 비해 통제 집단의 도박자들은 매월 265달러의 도박비를 소비했다. 이 차이는 통계적으로 유의미하지 않았다. 여기에서 보여 주는 것은 문제가 상대적으로 덜 심각한 사람들의 경우 동기 개입이 자조 매뉴얼을 받았거나 연구에 참여한 것보다 더 상위의 유의한 효과를 보이지 않았다. 낮은 심각도 참가자들은 이 두 집단 모두에서 12개월 동안 소비한 도박비가 상당히 감소되었다.

그러나 높은 심각도 집단의 도박자들로서 동기면담에 참여한 사람들의 경우 매월 약 300달러의 도박비를 소비하였다. 통제 집단의 도박자들은 매월 1,100달러를 소비하였다. 상대적으로 더 심각한 집단의 참가자들의 경우 동기 개입은 도박비를 줄이고 도박일수를 줄이는 데 도움이 되었다. 이 연구에서 참가자 모두가 자기 자신의 도박에 대한 염려를 탐색하는 노력을 기꺼이 하였다(면담에 참여하고 약속일을 지키는 등). 덜 심각한 문제를 가진 참가자들의 경우, 이러한 노력과 매뉴얼의 사용이 충분했던 것 같다. 더 심각한 문제를 가진 참가자들의 경우에는 참가하는 것에 유의미한 차이를 보였다. 이 시점에서 명확하지 않는 것은 면담의 어떤 요소가 12개월 과정 중에 심각한 문제를 가진 사람들로 하여금 그들이 도박 행동에 변화를 유지하도록 돕는 데 효과적인가 하는 것이다. 우리가 동기면담의 정신을 준수하는 만큼 비판단적인 분위기에서 도박에 대한 그들의 양가적 감정을 탐색하는 기회가 그들로 하여금 중요한 변화를 하려고 결정하게끔 힘을 부여하는 데 도움이 되었던 것으로 보인다. 동기면담의 언어와 과정 간의 관련성을 탐색하는 새로운 작업이 동기면담을 효과적이도록 하는 것이 무엇인가를 탐색하는 데 도움이 될 것이다.

결론

위에서 기술한 연구와 우리들의 임상 경험은 문제 도박과 병리 도박에서 동기면담이 효과가 있음을 입증하고 있다. 두 가지 연구에서 자조 워크북을 포함한 동기기반 개입이 워크북만을 사용할 비교 조건에 비해서 더 좋은 치료 효과가 있다는 것이 명백하다. 한 연구에서는 개입을 전화를 이용하였고 또 한 연구에서는 면대면을 이용하였다. 한 연구에서는 정규적인 치료를 하지 않음에도 불구하고 자신의 도박 문제를 다루길 추구하는 사람들을 모았으며 또 다른 연구에서는 걱정은 하지만 반드시 변화할 준비가 되어 있지 않은 사람들을 모았다. 이 두 연구의 증거가 제한적이긴 하나 결과는 일관성 있게 연구의 충실성을 입증하고 있다. 단기 동기 개입은 전통적 치료에서 제공하는 대안을 확장시키는 방법이자, 변화 과정을 주저하는 도박자로 하여금 변화 과정을 시작하도록 격려하는 하나의 방법으로 보인다.

좀 더 정교화된 연구가 많은 영역에서 필요하다. 공존 병리율이 높으며 공존 병리와 회복 및 치료가 주는 함축된 의미가 불명확하다. 보다 복잡한 임상적 증상들을 위해서는 단기 치료를 제공하는 것보다도 집중적인 치료 개입에 동기면담 원리를 담는 것이 더욱 이득이 있을 가능성이 있다. 동기 원리를 이용한 치료 순응 방법을 많이 개발하는 것이 더 중요한데, 왜냐하면 높은 치료 탈락률이 보고되기 때문이다. 또한 치료 탈락은 공존 장애를 가지고 있는 도박자들에게 더욱 많을 수 있다.

동기면담은 병리 도박과 문제 도박을 위한 치료는 기타 정신건강 장애들과 비교하여 아직까지는 초기 단계이지만, 도박장애 치료 시스템에 중요한 역할을 할 잠재력을 가지고 있다. 따라서 이 시스템은 정신건강의 다른 영역에서 보다 더 경험적인 효과성과 효율성 연구에 의해 즉시적으로 영향을 받을 수 있다.

참고문헌

American Gaming Association. (2007). *2007 State of the States. The AGA survey of casino entertainment.* Available at *www.americangaming.org/assets/files/aga_2007_sos.pdf*

American Psychiatric Association. (2000). *Diagnostic and statistical manual of mental disorders* (4th ed., text rev.). Washington, DC: Author.

Amrhein, P. C., Miller, W. M., Yahne, C. E., Palmer, M., & Fulcher, L. (2003). Client commitment language during motivational interviewing predicts drug use outcomes. *Journal of Consulting and Clinical Psychology, 71,* 862–878.

Bernstein, P. L. (1996). *Against the gods: The remarkable story of risk.* New York: Wiley.

Cunningham, J. A. (2005). Little use of treatment among problem gamblers. *Psychiatric Services, 56,* 1024–1025.

Cunningham-Williams, R. M., & Cottler, L. B. (2001). The epidemiology of pathological gambling. *Seminars in Clinical Neuropsychiatry, 6,* 155–166.

Diskin, K. M. (2006). *Effects of a single session motivational intervention on problem gambling behaviour.* Unpublished doctoral dissertation, University of Calgary, Alberta.

Ferris, J., Wynne, H., & Single, E. (1998). *Measuring problem gambling in Canada: Interim report to the inter-provincial task force on problem gambling.* Toronto: Canadian Interprovincial Task Force on Problem Gambling.

Gerstein, D., Murphy, S., Toce, M., Hoffman, J., Palmer, A., Johnson, R., et al. (1999). *Gambling impact and behavior study: Report of the National Gambling Impact Study Commission.* Washington, DC: National Gambling Impact Study Commission.

Grant, J. E., Kim, S. W., & Potenza, M. N. (2003). Advances in the pharmacological treatment of pathological gambling disorder. *Journal of Gambling Studies, 19,* 85–109.

Heather, N. (2005). Motivational interviewing: Is it all our clients need? *Addiction Research and Theory, 13,* 1–18.

Hodgins, D. C., Currie, S. R., el-Guebaly, N., & Peden, N. (2004). Brief motivational treatment for problem gambling: A 24-month follow-up. *Psychology of Addictive Behaviors, 18,* 293–296.

Hodgins, D. C., Currie, S. R., & el-Guebaly, N. (2001). Motivational enhancement and self-help treatments for problem gambling. *Journal of Consulting and Clinical Psychology, 69,* 50–57.

Hodgins, D. C., & el-Guebaly, N. (2000). Natural and treatment-assisted recovery from gambling problems: A comparison of resolved and active gamblers. *Addiction, 95,* 777–789.

Hodgins, D. C., & el-Guebaly, N. (2004). Retrospective and prospective reports of precipitants to relapse in pathological gambling. *Journal of Consulting and Clinical Psychology, 72,* 72–80.

Hodgins, D. C., & Makarchuk, K. (2002). *Becoming a winner: Defeating problem gambling*. Edmonton: AADAC.

Hodgins, D. C., Mansley, C., & Thygesen, K. (2006). Risk factors for suicide ideation and attempts among pathological gamblers. *American Journal on Addictions, 15*(4), 303–310.

Hodgins, D. C., Peden, N., & Cassidy, E. (2005). The association between co-morbidity and outcome in pathological gambling: A prospective follow-up of recent quitters. *Journal of Gambling Studies, 21,* 255–271.

Hodgins, D. C., & Petry, N. M. (2004). Cognitive and behavioral treatments. In J. E. Grant & M. N. Potenza (Eds.), *Pathological gambling: A clinical guide to treatment*. New York: American Psychiatric Association Press.

Hodgins, D. C., Wynne, H., & Makarchuk, K. (1999). Pathways to recovery from gambling problems: Follow-up from a general population survey. *Journal of Gambling Studies, 15,* 93–104.

Miller, W. R., & Rollnick, S. (1991). *Motivational Interviewing: Preparing people to change addictive behavior*. New York: Guilford Press.

Miller, W. R., & Rollnick, S. (2002). *Motivational Interviewing: Preparing people for change* (2nd ed.). New York: Guilford Press.

Milton, S., Crino, R., Hunt, C., & Prosser, E. (2002). The effect of compliance-improving interventions on the cognitive-behavioral treatment of pathological gambling. *Journal of Gambling Studies, 18,* 207–230.

National Gambling Impact Study Commission. (1999). *National Gambling Impact Study Commission final report*. Washington, DC: Author. Available at *govinfo. library.unt.edu/ngisc/reports*

National Research Council. (1999). *Pathological gambling. A critical review*. Washington, DC: National Academy Press.

Petry, N. M., Stinson, F. S., & Grant, B. F. (2005). Comorbidity of DSM-IV pathological gambling and other psychiatric disorders: Results from the National Epidemiologic Survey on Alcohol and Related Conditions. *Journal of Clinical Psychiatry, 66,* 564–574.

Shaffer, H. J., & Hall, M. N. (2001). Updating and refining prevalence estimates of disordered gambling and behavior in the United States and Canada. *Canadian Journal of Public Health, 92,* 168–172.

Toneatto, T., & Ladouceur, R. (2003). Treatment of pathological gambling: A critical review of the literature. *Psychology of Addictive Behaviors, 17,* 284–292.

Volberg, R. A. (2001). *When the chips are down: Problem gambling in America*. New York: The Century Foundation Press.

Welte, J., Barnes, G., Wieczorek, W., Tidwell, M., & Parker, J. (2004). Alcohol and gambling pathology among U.S. adults: Prevalence, demographic patterns and comorbidity. *Journal of Studies on Alcohol, 62,* 706–712.

정신분열병으로 진단된 사람들의
치료 준수를 위한 동기면담

Stanley G. McCracken, Patrick W. Corrigan

정신분열병 부류 장애(schizophrenia spectrum disorder : SSD)[1]를 가진 사람들은 심각한 스트레스를 야기하면서 사회 및 역할 기능을 저해하는 다양한 증상들을 경험한다. 이러한 상태의 사람들을 치료하기 위해 가장 널리 사용되는 접근으로는 항정신병 약물치료이다. 한편, 치료 실패를 가져오는 흔한 이유 중 하나는 처방약물의 비준수이며, 비준수의 흔한 유형은 처방보다 처방약을 적게 사용하는 경우이다(Nose, Barbui, & Tansella, 2003). 비준수로 인한 결과는 정신병적 증상의 재발, 재입원, 가정과 직업의 기능 손상 등이 있다(Dolder, Lacro, Leckband, & Jeste, 2003). SSD를 가진 사람들 중에 처방약 비준수율이 매우 높은데, 50%를 중앙값으로 기준 잡을 때, 비율은 10~80%의 범위로 추정된다. 한편, 비준수율은 예를 들어 인슐린 의존성 당뇨 환자와 고혈압 환자와 같이 복합적인 치료가 요구되는 만성질환을 가진 다른 사람들의 범위 내에 든다(Dolder et al., 2003; Fenton, Blyler, & Heinssen, 1997; Gray, Wykes, & Gournay, 2002). 동기면담(MI)은 SSD를 가진 사람들의 약물사용 문제(Baker et al., 2002; Barrowclough et al., 2001; Graeber, Moyers, Griffith, Guajardo, & Tonigan, 2003; Ziedonis & Trudeau, 1997), 목표 인식(Corrigan. McCracken, & Holmes, 2001), 병식과 치료 준수(Rusch & Corrigan, 2002), 그리고 처방약 준수(Kemp, Hayward, Applewhaite, Everitt, & David, 1996; Kemp, Kirov, Hayward, Everitt, & David, 1998; O'Donnell et al., 2003)에 적용이 제안되었다. 저자들은 SSD 환자들이 경험하는 몇 가지 증상을 살펴보고, 이 대상군이 치료 준수율을 증진하는 데 효과적인 것으로 밝혀진 바 있는 개입을 살펴볼 것이다. SSD 환자들에게 동기면담을 사용한 연구문헌과 저자들 자신의 경험을 토대로 다양한 제언을 함으로써 이 장을 마무리할 것이다.

임상군과 일반적인 치료

SSD 환자들은 양성 증상이라고 불리는 기능의 왜곡이 되는 증상과, 음성 증상이라고 불리는 기능의 감소가 되는 증상을 경험한다(American Psychiatric Association, 2000). 양성 증상으로는 환각, 망상, 언어장애 및 사고장애, 행동장애 또는 긴장성과 같이 종종 정신병의 특징이 되는 증상 유형들이 있다. 사고의 빈곤, 무욕증,

---

1) 인용된 문헌, 특히 치료 문헌들은 대상군으로 주로 정신분열병 진단을 가진 환자를 포함한다. 그러나 대부분의 연구들이 또한 분열정동장애, 정신분열형 장애, 달리 분류되지 않은 정신병적 장애 그리고 간혹 정신병 증상을 지닌 기분장애의 진단명을 가진 환자들을 포함하기도 한다. 이러한 병리 상태 간의 차이점보다는 유사점이 더 많기 때문에 저자들은 토론에서 기타 정신병적 장애를 가진 사람들을 포함할 것이다. 저자들은 이 장애를 하나의 유형, 즉 SSD로 일컬을 것인데, 왜냐하면 그 장애 간의 구별이 중요하지 않기 때문이다. 이후에 저자들은 구체적인 특정 진단에 대해 언급할 것이다. 이 장에서 검토된 연구 중에서 기분장애 환자들을 포함한 연구의 수가 적다. 이 장에서 기술하고 있는 접근이 양극성 장애와 주요 우울장애 환자들에게 적합하다고 믿는 한편, 분량의 제한으로 인해 과대망상이나 사고 진행 장애처럼 심각한 우울증과 조증 증상을 가진 사람들과 작업할 때 필요한 구체적인 보완책을 거론하지 못하게 되었다. 따라서 저자들은 정신병적 장애를 가진 사람들에게만 초점을 두어 제언하는 바이다.

무동기증, 둔마된 정동과 같은 음성 증상들이 양성 증상보다는 덜 두드러지기는 하지만 음성 증상들도 역시 피폐해지게 만들면서 치료를 더욱 어렵게 만들 수 있다 (Diamond, 2002). 양성 및 음성 증상에 추가하여 SSD 환자들은 또한 여러 종류의 인지 결함을 가질 수 있다. 몇 가지 인지적 결함은 주의집중, 기억력, 그리고 의사결정과 같은 실행 기능의 저하일 수 있다(Spaulding, Reed, Poland, & Storzbach, 1996). 이러한 결손은 사회 기술, 대처하기, 기타 독립적 생활 기술을 직접적으로 제한할 뿐 아니라 SSD 증상들을 증가시키기도 한다. 정신분열병은 적어도 두 가지 진단기준 A의 증상들(위에서 열거된 양성 증상과 음성 증상)을 1개월 동안 경험하는 시기가 있어야 하며, 사회 및 직업적 역기능, 6개월간 증상이 지속되는 기준을 충족해야 한다(American Psychiatric Association, 2000). 그 밖의 정신병적 장애는 기준 A의 증상에서 요구되는 패턴과 유병기간, 손상된 기능 수준, 그리고 분열정동장애와 같이 기분 증후군의 현존과 같은 부가적 증상 등에서 기준이 다르다(American Psychiatric Association, 2000). SSD의 양성, 음성 그리고 인지 증상들은 치료 제공자의 개입, 약속한 치료에 참여하는 것을 결정하는 것, 치료를 준수하는 것 등에 방해가 될 수 있다. 예를 들어, 피해 및 편집 망상은 가족, 친구, 치료 제공자에 대한 불신과 두려움을 자아낼 수 있으며, 사회적 철수와 격리되고자 하는 욕구는 약속 일정을 잡고 지키는 것에 방해가 되기도 한다. 인지적 손상은 질병 및 처방약 관리 기술을 익히고 수행하는 데 방해가 될 수 있다.

SSD를 위해서 가장 널리 사용되는 치료 개입은 증상 완화에 목표를 두며, 전통/전형적 그리고 비전형적 항정신병 처방약이 포함된다. 이러한 처방약들은 SSD의 증상을 완화하는 데 효과적이긴 하지만, 외관이 손상되고 삶의 질이 떨어지고, 생명의 위협조차 될 수 있는 부작용들을 가지고 있다. 더 나아가 수많은 약물과 부작용 완화에 사용되는 약물들(예 : 항콜린성 약물, 항파킨슨 약물치료)이 인지 결손을 증가시킨다(Corrigan & Penn, 1995).

부작용의 원인 중 흔히 약 복용 비준수가 원인으로 언급되는 것은 놀랄 만한 일이 아니다. 환자들이 자신의 처방약을 줄이거나 중단할 때 곧바로 재발하지는 않기 때문에 환자가 재발하기까지 치료 제공자와 가족들은 환자의 비준수 사실에 대해 알지 못할 수가 있다. 수많은 항정신 약물들이 매 2~4주(대포 약물류) 주사를 맞을 수 있는 형태로 가능하기 때문에 이러한 약물치료 방법이 증가된 준수율로 이어질 것으로 기대했다. 그러나 불행히 대포 약물류의 사용에서조차도 비준수율이 중요한 문제로 지속되며, 환자가 알약을 먹지 않을 때에 비해 주사를 맞으러 오지 않을 때에 더 잘 인식할 수 있다는 사실 때문에 치료 준수의 증진이 가능하다(Diamond, 2002). 이와 유사하게, 비전형적 항정신병 처방약의 사용으로 동작 관련 부작용을 줄이면서(예 : 지발성 안면마비, 파킨슨 부작용, 정좌 불능증) 그리고 음성 증상과 기분 증상을 완화하는 처방약의 효과 증진으로 인해 준수율이 증가하기를 바랐다. 그럼에도 불구하고 신약조차도 비준수가 여전히 문제가 되고 있다(Dolder et al., 2003).

처방약에 대한 비준수의 한 가지 중요한 이유는 낙인을 찍는다는 위험성 때문이다(Corrigan, 2004). 낙인은 피해를 주는 징표로 정신질환을 가진 사람들에게 징표가 되는 것은 낙인이다. A라고 하는 사람은 대다수의 사람과 다르고, 열등하다고 말하는 낙인이다. 낙인은 연상을 통해서 일어나는데, 외현적이고 공공연한 진술로는 '저 사람은 정신적으로 아픈 사람이다.' 또는 차별로 이끌어지는 기타 연상들로서, 예를 들면, '대화 치료 및 정신과 약을 먹는 사람들이다.' 라는 것이다. 이 두 가지 차별 형태는 낙인으로부터 초래할 수 있다. (1) 공공연한 낙인은 대다수의 사람들이 낙인을 공인하면서 차별적 방식으로 행동할 때 사회적인 기회를 상실하는 것이다. (2) 자기 낙인으로는 내면화하고 자존감과 자기효능감에 도전을 받음으로써 초래되는 피해이다. 낙인은 준수의 장애물과 같이 미묘한 방식으로 일어난다. 준수율을 증가시키고자 조력하는 개입 계획에서 낙인 관련 장애물을 언급할 필요가 있다.

정신질환과 관련된 요인, 질환을 치료하는 데 사용하는 처방약, 낙인과 더불어 비준수로 이끄는 수많은 다른 요인들이 있는데, 예를 들면 불법 약물사용, 약 복용에 대한 환자와 가족들의 부정적인 태도, 처방약 복용의 복잡성, 예를 들어 하루 중에 각기 다른 시간에 복용해야 하는 다양한 처방약 그리고 정신질환에 대한 인식 부족, 정신질환과 관리와 관련된 문화적 요인들이 포함된다(Fenton et al., 1997; Nose et al., 2003; Rusch & Corrigan, 2002). 처방약 준수 추정률이 다양한 범위로 나타나는 것은 서로 다른 대상군과 치료 장면에서부터이고 특히 준수에 대한 서로 다른 정의와 준수 평가에 사용되는 서로 다른 방법들 때문이다(Fenton et al., 1997; Young, Zonana, & Shepler, 1986). 처방약 비준수에는 생략해 버리는 실책(예 : 처방약을 먹지 않거나 완전히 중단하든지), 복용기준을 따르지 않는 실책(예 : 과다 복용이나 추가 약물 복용)(Blackwell, 1976)이 포함된다. 여기서 항정신병적 처방약 비준수는 주로 처방치보다 약물을 덜 사용하는 것을 말한다.

처방약 준수에 대한 연구에서 구체적인 비준수 형태에 대해 보고하는 경우는 거의 없다. 예를 들어, 환자가 완전히 약 복용을 중단했는가? 또는 환자가 처방대로 시간에 맞추어 복용했으나 처방약 분량을 적게 복용했는가? 처방대로 복용했으나 간헐적으로 했는가? 일반적으로 비준수 양상은 준수 문제의 성격에 관한 유용한 정보를 줄 수 있다. 그림 10.1은 네 가지 준수 형태를 제시하는데 각 형태는 50%의 준수율을 나타낸다. 각 형태마다 비준수의 이유는 매우 다를 수 있다. 1열에 있는 환자는 돈이 없어서 처방전대로 약을 사지 못했을 수 있으며, 혐오스러운 부작용을 경험했을 수도 있고 증상이 호전되어서 더 이상 약을 복용할 필요가 없다고 느낄 수

열	준수 형태							
1	×	×	×	×	○	○	○	○
2	○	○	○	○	×	×	×	×
3	×	○	×	○	×	○	×	○
4	$\frac{1}{2}$	$\frac{1}{2}$	$\frac{1}{2}$	$\frac{1}{2}$	$\frac{1}{2}$	$\frac{1}{2}$	$\frac{1}{2}$	$\frac{1}{2}$

그림 10.1 50%의 처방약 준수를 보이는 다양한 형태

X = 복용하였음, ○ = 복용하지 않았음, $\frac{1}{2}$ = 분량의 절반을 복용했음

있다. 2열에 있는 환자는 처방전 자체를 받을 만큼 돈이 없을 수 있고, 증상의 증가를 경험했을 수 있고 또는 자신에게 할당된 사례 관리자로부터 방문을 받았을 수 있다. 3열 환자의 $\frac{1}{2}$의 경우, 부작용을 경험하고 있거나 또는 자신의 처방약이 좀 더 오래 지속되도록 노력하고 있을 수 있다. 4열의 환자는 부작용을 경험하고 있거나 또는 약의 분량을 줄였을 때 더욱 효과적일 수 있다. 준수 문제가 모두 덜 효과적인 치료로 이어지는 것만은 아니고, 때로는 환자들이 스스로 보다 적합한 양의 분량으로 희석하곤 한다. 이러한 상황은 각각 서로 다른 준수 문제의 결과로서 서로 다른 개입으로 이어져야 하며 개입 중 몇몇은 문제에 대한 환자의 견해를 평가하고 이해하고자 반영적 경청의 동기면담 기법의 사용을 시작할 수 있다.

SSD 환자를 위한 동기면담 사용의 이론적 근거

SSD 치료와 재발의 심각한 결과들의 구축된 효과성을 가지고 있는 처방의 수가 증가하면서, 약물치료 프로그램의 참여를 촉진하는 것이 SSD 환자를 치료하는 데 중요한 우선순위가 된다. 치료 준수를 이해하고 도모하는 세 가지 주요 모델 또는 접근법이 있다. 여기에 건강 신념 모델과 같이 환자의 의사결정 과정에 맞추고, 과정에서 환자는 치료 과정에 따라 준수하는 것과 준수하지 않은 것이 주는 예측 가능한 위험성과 혜택을 평가하는 모델이 있다. 또 다른 종류의 모델로는 치료, 의사소통 과정 그리고 치료 제공자와 환자 간의 관계에 토대를 둔 모델들이 있고, 세 번째는 질병과 치료 도식을 통한 인지적 수준에서의 처리과정과 정서적 반응을 거친 동기 수준에서 처리과정에 나란히 초점을 둔 모델들이다(Zygmunt, Olfson, Boyer, & Mechanic, 2002). 동기면담은 이러한 주요 준수 접근법 각각에 있어서 중심이 되는 과정을 다루는 구성요소들을 가지고 있다. 동기면담은 치료 제공자와 환자 간의 협동적 관계를 증진하고 환자가 변화의 위험성과 혜택을 측정하는 결정 저울을 수행하도록 격려하고 정신질환과 치료에 대한 자신의 정서적 인지적 양가감정을 개별적으로 탐색하는 것에 공감적 반응을 사용하며 변화와 관련한 환자 개인의 자기효능감을 증진시킨다. 이러한 요소들이 SSD 환자와 작업을 할 때 어떻게 영향을 주는가 하는 것은 이 장의 나머지 부분에 자세히 기술된다.

SSD 환자와 함께 동기면담을 수행하기

SSD 환자의 변화 과정

다이론적 또는 변화단계 모델(TTM)은 개인이 중요한 행동 변화를 결정할 때 거쳐가는 변화 과정을 기술한다(Prochaska, DiClemente, & Norcross, 1992). 표 10.1은 여섯 가지 변화단계와 이 단계 각각에 있는 사람들의 특성을 열거한다. 이 모델이 처음에는 화학 의존 문제를 가진 사람들의 변화를 기술하는 데 가장 빈번히 사용되었으며 또한 SSD 환자에게 있어서 병식의 발전 과정과 문제 인식, 그리고 처방약 준수를 기술하는 데도 사용되고 있다(Corrigan et al., 2001; Rusch & Corrigan, 2002). 이 모델은 그 밖에도 자세하게 기술된 바 있기에(DiClemente &

표 10.1 변화단계

변화 단계	특징
인식전단계	문제의 인식이 없거나 인식이 부족한 사람. 행동이 가져오는 손실을 인식하지 못하고 변화에 대해 생각조차 하지 않는다.
인식단계	양가감정을 가진 사람. 행동의 손실과 혜택 모두를 인식하지만 손실이 혜택을 넘어선다. 이 시점에서는 변화할 의도가 없다.
준비단계	변화를 준비하는 사람. 이전의 행동이 가져온 손실이 혜택을 넘어선다. 변화 계획이 부족하다.
행동실천단계	계획을 통해 변화를 하고 있는 사람. 행동 변화를 위한 기술을 익히고 사용하고 있다.
유지단계	이득을 견고하게 하고 있는 사람. 기술을 지속적으로 사용하고 완성하는 중이며, 복지와 삶의 스타일 개선에 초점을 옮기고 있다.
재발	문제 행동의 재현을 경험하는 사람. 초기 단계로 되돌아갈 수 있다.

Velasquez, 2002; Prochaska et al., 1992) 저자들은 이 모델을 SSD 환자와 작업할 때 적용 시 고려해야 할 두 가지 중요한 사항에 한정하여 기술하고자 한다. 첫째, 처방약 준수에 대해 대화할 때 동기면담을 적절히 사용하기 위해서 인식전단계의 하위 유형 환자들(마지못해 하는, 반항적이고, 체념하고, 합리화하는)을 이해하는 것이 중요하다. 이 하위 유형들 각각이 SSD 환자에게 어떻게 나타나는지는 차후에 자세하게 거론될 것이다. 둘째, SSD 환자의 재발은 두 가지 면에서 고려되어야 한다. 한 가지는 행동실천단계나 유지단계에서 인식전단계나 인식단계로 되돌아가는 것이 재발이다. 이것은 다이론적 모델에서 재발이라는 것을 어떻게 전형적으로 간주하고 있는가이다—문제 행동으로 되돌아가는 것 또는 행동 변화 계획의 준수 실패라고 간주한다. 항정신병 약물의 준수 실패는 이러한 재발 견해의 한 예로 볼 수 있다. SSD 환자 가운데 재발을 정의하는 또 다른 면은 정신병적 그리고 이와 관련한 증상들의 재현으로 재입원을 초래할 가능성이 있다. 정신질환의 재발에 가장 흔한 이유가 처방약을 복용하지 않는 것이긴 하지만, 처방약이나 또는 기타 치료 구성요소의 준수가 반드시 정신질환의 재발을 장담하는 것은 아니다. 다시 말하면, 행동 변화 계획의 준수가 반드시 질환 증상들의 재현을 예방하지는 않는다는 것이다. 따라서 준수에 대한 어떠한 논의도 겸허함이라고 하는 깊은 의미를 가지고 해야 하며, 치료의 혜택이 몇몇 환자들만을 위해 제한될 수 있음을 인식하면서 수행해야 한다.

기본 원리

SSD 환자에게 준수를 언급해 주는 동기면담의 구체적인 요소가 표 10.2에 열거되어 있다. 그러나 구체적인 것을 거론하기 전에 저자들은 동기면담의 기본원리들을 살펴보고자 한다. 동기면담은 환자들과 함께 하는 하나의 방법으로 간주하는 것이 가장 최선이다—협동성, 유발성, 자율성 강조하기(Miller & Rollnick, 2002). 네 가지 기본원리들이 동기면담의 바탕이 된다. 공감 표현하기, 불일치감 만들기, 저항과 함께 구르기, 지지하기, 자기효능감이다(Miller & Rollnick, 2002). 공감 표현하기와 반영적 경청은 동기면담에서 근본적인 것이다. 그리고 많은 임상 기술들이 그 위에서 만들어질 수 있는 토대가 된다. 이 기술들은 수용적인 분위기를 형성해 주고, 상담가가 경청하고 있음을 느끼도록 돕는다. 공감 표현하기는 환자와의 몰입을 촉진하면서 협동적 관계 개발로 이끈다. 이러한 수용은 환자가 자신의 질병에 대한 염려를 표현하고, 목표를 알아내고, 치료의 장단점에 대해 이야기할 수 있는 환경을 제공해 준다. 예를 들어, 공감적 환경에서는 환자가 더욱 용이하게 처방약의 부작용에 대해 기술할 수 있고 이러한 부작용이 자신의 삶에 어떠한 영향을 주는지, 그리고 이 부작용이 자신의 처방약 복용법의 준수에 어떻게 영향을 미치는지에 대해 이야기할 수 있다. 불일치감 만들기를 통해서 상담가는 환자가 진단명이나 또는 특별한 치료법을 받아들이도록 설득하지 않아도 된다. 그 대신 특정한 행동이 환자 자신이 인식한 목표를 어떻게 달성하도록 돕는지 또는 방해하는지에 대한 환자의 견해를 이끌어낼 수 있다. 예를 들어, 상담가는 처방약 복용을 거부하는 것이 재발의 가능성에 영향을 주기 때문에 환자가 일자리를 얻거나 유지하려는 목표에 갈등을 초래하게 되는 상황들을 환자로부터 이끌어 낼 수 있다. 이러한 접근은 추상적인 개념보다도 환자에게 익숙한 문제와 개인적인 목표에 초점을 두게 함으로써 인지적 결함을 극복하도록 도와준다(Rusch & Corrigan, 2002). 이것은 또한 치료자의 목표

표 10.2 SSD 환자의 치료 준수를 위한 동기면담의 구성요소

- 동기면담을 사용해서 처방약 준수에 대해 언급할 때 알아야 하는 것은 처방약과 기타 치료 프로그램 구성요소들의 준수가 반드시 SSD 증상의 재발 또는 재입원을 방지하는 것이 아님을 알고 수행해야 한다.
- 동기면담은 치료 과정에서 수많은 각기 다른 시점에서 사용되고 치료팀의 모든 구성원들이 사용하고 치료 프로그램의 모든 구성요소에 통합되어야 한다.
- 면담 환경과 환자의 임상 상태는 동기면담이 어떻게 수행되는지에 영향을 줄 수 있다.
- 동기는 평가되는 것이지 추정되어서는 안 된다.
- 진단명을 수용하도록 고집하지 말라.
- 환자의 목표의 맥락 내에서 처방약 준수에 대해 이야기를 나누도록 한다.

가 아닌 환자의 목표에 초점을 두게 함으로써 힘을 부여하는 환경을 제공해 준다. 저항과 함께 구르기는 직면을 피하고, 강요가 전형적으로 이끌어 내는 심리적 반응을 피하는 수단이 된다. 양가감정이나 마지못해 하는 것은 변화 과정에 자연스러운 부분으로 수용되어야 한다. 환자가 정신분열병 진단명의 적합성 여부를 논쟁하기보다는 상담사가 망상으로 연상된 공포감에 대해 이야기하도록 이끌어 주며 그러한 공포감을 경감시키는 단계들을 밟는 것에 환자가 관심 있는지의 여부를 이끌어 낸다. 자기효능감 증진하기는 종종 무력감과 무욕감과 같은 음성 증상으로 인해서 SSD 환자와 동기면담을 하는 것이 힘든 측면 중의 하나가 되고 있다. 환자가 인지한 목표와 명료하게 관련된 구체적인 기술을 환자에게 제공해 주는 것은 자기효능감 증진하기의 중요한 부분이 된다.

치료 과정에서의 각기 다른 시점에서 치료팀의 모든 구성원들에 의하여 치료 개입의 모든 구성요소 안에서 동기면담을 사용하는 것이 바람직하다

동기면담은 정신질환과 치료에 대한 심리교육을 포함한 개별화된 치료 개입으로 효과가 매우 좋다. 가족 참여와 지지, 지역사회에 기반을 둔 사례 관리와 직업 목표를 둔 지지적 서비스, 교육, 주거시설을 포함한 지역사회 지지체계, 기술 훈련, 문제 해결, 처방약이 자신의 치료의 한 부분임을 환자가 일단 확고하게 하여 준수를 위한 구체적인 단서를 사용하는 구체적인 행동주의적 접근(Drake & Goldman, 2003) 등이 있다. 동기면담 정신과 전략들은 이러한 치료 개입의 전달에 적합하다. 동기면담은 이중진단의 통합 치료 모델의 한 구성요소로서 명백하게 언급되고 있다 (Mueser, Noordsy, Drake, & Fox, 2003). 동기면담은 또한 고용지원, 주거시설 지원, 자기주장적 지역사회 치료를 제공하는 스태프에 의해 빈번히 사용되고 있다. 저자가 밝힌 바로는 동기면담은 정신과적 재활의 모든 요소에서 준수와 행동 변화를 촉진시키는 데 사용될 수 있는 상호작용적 스타일이다.

그 밖에 정신과적 재활 서비스에서 동기면담을 사용할 수 있는 것에 부가하여 팀의 모든 구성원들은 처방약 준수를 언급할 때 동기면담을 사용하기를 제안한다.

사례 관리자, 직업 훈련자, 개인 상담가, 기술 훈련가 그리고 가족 심리교육 제공자들은 종종 SSD 환자들과 함께 처방약 준수에 대해 이야기하는 것이 필요하다는 것을 알고 있다. 그러나 정신과의사가 처방약을 처방하고 모니터링하는 것에 가장 직접적인 책임을 가지고 있다. 장면이 어떻든 간에 처방약 준수에 관한 거론은 근접한 구체적인 이슈와 관련성이 있다. 예를 들어, 정신과의사나 상담가가 치료 초기에 개별 심리치료를 제공할 때 처방약의 역할에 대해 이야기하며 동기면담을 사용할 수 있고 사례 관리자나 직업 훈련가들은 환자가 오랫동안 증상이 없어서 독립생활을 하게 된 다음에 처방약 준수에 대해 이야기할 때 동기면담을 사용할 수 있다. 이 사례에서 스태프는 동기면담 준수가 치료 초기에 언급되어야 하기 때문에 환자와 작업을 하는 동안 준수에 대해 언급하기 위해 동기면담을 사용할 준비가 필요하다. 모든 환자들이 그런 것은 아니지만 많은 경우에 처방약을 복용하려는 결정은 치료 과정의 많은 시점에서 재확인되곤 한다. 따라서 상담가들은 치료 과정의 많은 다른 시점에서 처방약 준수를 언급하는 데 동기면담이 유용하다는 것을 알게 될 것이다.

면담 환경과 환자의 임상 상태가 동기면담에 영향을 준다

면담의 환경과 환자의 상태는 동기면담이 어떻게 SSD 환자들과 함께 수행될 것인가에 영향을 준다. 면담 환경과 환자의 상태는 늘 그렇지는 않지만 종종 상관관계가 높다. 다시 말하면, 양성 증상(정신병적)을 현저하게 여전히 경험하면서 상당히 많은 스트레스를 가지고 혼란스러워하는 환자들의 면담은 종종 정신과 입원 병동에서 수행되는 한편 보다 안정되고 양성 증상이 없거나 증상이 경감된 환자들과의 면담은 종종 지역사회 내에서 수행된다. 환자의 상태와 상담 회기에서 종종 부여되는 시간 제약 때문에, 정신과 입원 병동에서의 초기 동기면담은 종종 간략하게 진행되면서 협동적 치료 관계를 형성하는 데 초점을 두며 전형적으로는 다음과 같은 질문을 언급한다. "저에게 무슨 일이 일어나고 있습니까? 왜 제가 여기 있습니까?" 면담자는 면담의 높은 수위의 구조화를 제공해야 할 필요가 있다—특히, 음성 증상과 인지적 손상이 높은 수준인 환자들의 경우—덜 손상된 환자들과 면담할 때 필요한 것보다 더 많은, 예를 들어 매우 짧게 진술식으로 말하거나 거의 대화를 시도하지 않는 증상의 환자는 면담자가 반영적 경청에 의존하면서 의사교환을 유지하려고 할 때 이야기를 지속하지 않을 수 있다. 따라서 면담자는 다른 경우라면 필요한 것보다 더 빈번히 즉각적인 메시지나 질문을 제공할 필요가 있다. 이와 유사하게 음성 증상과 인지 손상은 종종 일반적인 동기 이슈들에 대해 이야기하는 것이 어렵게 만들지만, 환자의 문제 행동의 결과와 환자의 목표에 초점을 맞추는 것은 가능할 수 있다 (Rusch & Corrigan, 2002).

환자 참여시키기

반영적 경청 사용하기를 통해서 공감을 표현하는 것은 환자를 참여시키고 환자의 수용을 전달하며 협동적 관계를 발전시키는 열쇠가 된다. SSD 환자를 참여시킬 때 동기의 평가가 중요하다. 이러한 마음가짐은 첫 번째 삽화를 경험한 환자와 작업할 때 도움이 될 뿐만 아니라 오랫동안 치료를 받고 있는 사람들과 작업할 때 역시 중요하다. SSD 환자는 다음과 같은 경험이 있을 수 있는데, 치료 제공자가 직면시키거나 비준수가 주는 중요한 결과에 대해 경고하거나 더 나아가 준수를 강요하는 수단으로 환자 개인의 재정 접근 상실 또는 직업 기회 상실로 위협을 하는 제공자를 경험했을 수 있다. 환자는 또한 자신의 양가감정, 마지못함과 저항을 표현하는 것이 벌을 받고, 언어적으로 동기를 표현하도록 보상되는 식의 학습 내력을 지녔을 가능성이 있다. 따라서 상담가는 종종 치료 시작 시 얼마 동안 경청하기와 반영하기 그리고 양가감정 수용하기를 통해서 환자의 동기를 탐색하고 평가하는 데 시간을 보내는 것이 도움이 되는 것을 알게 된다.

이전에 언급된 것과 같이 증상이 있는 환자와 작업을 하면서 동기면담을 사용하는 상담가는 진단명을 환자가 받아들일 것을 고집하지 말 것을 권한다. 병원에 입원하는 환자의 경우 자신이 정신질환이 있다는 사실을 부인하는 것이 일반적이며, 병원으로 오게 강요한 사람의 측면에서 입원 사실을 짜 맞추려는 것이 흔히 있다. 진단명을 수용하도록 고집하지 않는 것은 진단명에 기반을 두고 하는 치료에 익숙해 있는 팀 구성원이나 또는 진단명의 수용이 치료에 근본으로 간주하는 팀 구성원에게 있어서는 힘든 개념이 될 수도 있다. 환자에게 진단명을 강요하지 않는다고 해서 정신질환과 관리에 대한 심리교육을 제공하지 않는다는 것이 아님을 주지하라. 심리교육은 SSD 치료에 중요한 구성요소이지만 그 자료를 제시하는 사람은 참여자들이 그들 자신의 상태를 구체적인 진단명의 측면에서 짜 맞추지 않도록 해야 하는 것이다.

사례 1 : 환자를 병원 내로 참여시키기

지미는 어머니와 함께 살고 있는 27세 미혼 남자로 경찰에 의해 응급실로 실려 왔다. 지미가 처방약 복용을 거부하여 그의 편집증상과 환청의 심각성이 증가되는 것에 대해 걱정하게 된 어머니가 경찰을 부르게 된 것이다. 이 증상에서 지미는 다른 사람들이 자신을 죽이려고 한다는 소리를 들었다. 지미의 진단명은 편집형 정신분열병이었다. 다음의 대화는 입원하자마자 있었던 것으로 그의 증상이 감소되기는 했으나 여전히 의심을 하며 경계하는 모습이었다. 그는 환청을 부인했으나 그가 어떠한 종류의 활동에도 참여하지 않았을 때 여전히 환청을 가지고 있다고 스태프들은 생각했다. 이 면담의 목표는 협동적 관계를 만들고자 작업하는 것이고, 지미에게 어떤 일이 일어났으며, 왜 입원하게 되었는지에 대한 그의 견해를 이끌어 내고자 하는 것이었다.

> 상담가 : 지미, 저는 오늘 어떤 일이 일어났고 왜 여기에 오셨는지 알고 싶습니다. 아시다시피 제가 어머니와 이야기를 나누었는데, 이 상황에 대해 당신의 견해를 알고 싶어요. 괜찮지요?

지 미 : 물론이죠. 사실 저는 아프지는 않습니다. 여기에 온 것은 어머니와 제가 논쟁을 했기 때문이고 그래서 어머니가 경찰을 불렀어요.

상담가 : 그렇다면, 여기에 온 것은 어머니가 경찰을 부르고 난 후 경찰이 당신을 데리고 온 것이군요.

지 미 : 네, 경찰이 들어와 저를 와락 붙잡고 경찰차에 집어넣었습니다.

상담가 : 당신은 여기에 오고 싶지 않았던 것으로 들립니다. 당신의 의지와는 반대로 경찰이 이곳에 데리고 온 것으로 들리는군요. 그것은 매우 경악할 만한 것이 틀림없겠지요(공감 표현하기).

지 미 : 그랬어요, 저를 미치게 만들었어요. 사람들은 늘 제가 하기 원하지 않는 것을 하게 만드는 거예요. 어머니는 그 약을 먹게 하려고 계속 시도하셨어요.

상담가 : 약을 복용하는 것 같은 일을 하도록 강요받는 느낌이군요. 그래서 그것 때문에 다투셨나요?

지 미 : 네, 그거죠. 그리고 또 다른 일들도 있고요.

상담가 : 그것에 대해 편안하게 이야기해 주시겠어요?(허락 요청하기)

지 미 : 모르겠어요. 선생님이 왜 그것에 대해 알기 원하시는 건가요?

상담가 : 무슨 일이 일어났는지를 알고 제가 당신을 도울 수 있는 것이 있는지를 아는 것이 제게 도움이 될 것입니다. 당신이 원하지 않는 것에 대해서는 이야기하실 필요는 없어요. 모두 당신에게 달렸습니다(개인의 통제력 강조해 주기).

지 미 : 그렇다면 괜찮다고 생각합니다만, 이 약을 계속 복용하기를 원하지 않아요. 정말 재수 없어요.

상담가 : 지금 당장 제 목표는 무슨 일이 있었는지 이해하기를 시도하는 것뿐입니다(논쟁 피하기).

지 미 : 좋아요. 그러나 어떤 건 조금 혼란스러워요. 어떤 부분은 미친 것이 아닌가 하고 생각할 수 있겠지요.

상담가 : 모든 걸 기억해 낸다는 건 어렵지요.

지　미 : 제가 기억하기로 어머니에게 굉장히 화가 났었어요. 어머니를 이해시킬 수가 없었어요. 사람들이 저를 해치려고 할 것 같아서 두려웠어요. 그러나 어머니가 말씀하는 것은 모두 그 망할 놈의 약뿐인 거예요. 그것에 대해 선생님은 어떻게 생각하세요?

상담가 : 그건 정말 두렵고 좌절스러운 것이었군요. 무슨 일이 일어났는지 어머니를 이해시키기조차 할 수 없었으니까요(공감 표현하기).

지　미 : 저를 위협하는 목소리가 있었어요. 모두 혼란스러웠어요. 정말 끔찍했어요. 어머니는 정말 그걸 알지 못하는 거예요.

상담가 : 상황들이 악화되기만 했군요.

지　미 : 그리고 나서 경찰이 왔어요. 어머니를 해치려고 하지 않았어요. 어느 누구도 해치지 않았어요.

상담가 : 당신이 원했던 건 모두 안전해직을 위한 거였군요.

지　미 : 네, 사람들은 왜 그걸 모를까요?

이 사례에서 상담가는 처방약에 대해 이야기하기를 미루면서 진단명 붙이는 것을 피하는 바를 주지하라. 이 면담은 동기면담의 첫 번째 근본적 원리에 초점을 맞춘다 —공감 표현하기— 어떤 일이 일이 일어났는지에 대한 환자의 견해를 이해하고 신뢰하는 관계를 만드는 것이 이 면담의 주요 목표인 것이다. 지미는 다소 혼란스럽기는 했으나 심각한 인지 손상이 있는 것으로 보이지 않는다. 면담자는 반영적 경청을 사용할 수 있었고, SSD가 없는 환자와 면담하는 것과 매우 동일한 방식으로 공감을 표현할 수 있었다.

목표 찾아내기

저자들은 SSD 환자에게 있어 목표를 찾아내는 것이 항정신병 약물 준수에 대해 이후에 이야기를 하는 경우 필수적인 부분임을 밝혔다. 왜냐하면, 이러한 논의는 일반적으로 처방약 복용이 어떻게 해서 이러한 목표 달성을 방해하거나 증진시킬 것인 지에 대해 고려하는 것을 포함하기 때문이다. 다시 말하면, 환자 목표와 처방약을 복용하지 않는 것 간의 불일치감을 만드는 것이 된다. 어떤 목표는 정신질환과 관련될 수 있는데—병원에 가지 않는 것 또는 아프지 않는 것—가장 중요하면서 가장 빈번하게 언급되는 목표 중에 몇 가지는 일상생활 기능과 관련된다. 예를 들어, 직장을 얻는 것, 가까운 관계를 맺을 사람을 찾는 것, 독립적 생활, 자립하기. 불행히도 만연한 수동성과 같이 정신질환의 특징이 목표를 찾아가는 환자의 능력을 손상시키곤 한다. 지금의 삶이 미래에 어떻게 되기를 원하는지에 대한 질문은 무의미할 수 있다. 이러한 상황에서 면담자는 각 주요 기능 영역에 대해 특별하고 구체적인 일련의 질문을 사용할 필요가 있다. 다음과 같은 질문으로 시작한다. "지금 무슨 일이 일어나고 있습니까?" 예를 들어, 환자가 자신의 시간을 어떻게 보낼 것인가를 위한 일련의 질문은 다음과 같다.

- 하루 일과는 어떻게 보내십니까? (이에 대한 답으로는 TV 시청하기, 낮 병동 참여하기, 직장에서 일하기)
- 당신이 하는 일이 어떤 점이 좋습니까?
- 지금 하고 있는 것에 대해 좋아하지 않는 면들이 있습니까?
- 다른 일을 하고 싶다면 어떤 것이 있습니까? 또는 당신이 변화시키고 싶은 것이 이것입니까?
- 지금 노력하고 싶은 것이 이것입니까? 이것을 목표로 세우기 원하십니까? (서너 가지 목표가 언급되면, 다음과 같이 질문함으로써 가장 중요한 것을 환자가 찾아내도록 한다. "이 목표는 매우 중요합니까, 아니면 약간만 중요합니까?)

어떤 환자들의 목표는 현재 그들의 상황에서 성가신 것 없이 사이좋게 지내는 일 뿐일 수 있다. 그들의 목표는 무언가를 쟁취하는 것이기보다는 무언가를 피하고 싶어 하는 것일 수 있다. 예를 들어, 가족, 룸메이트, 치료 제공자와의 갈등을 피하는 것, 또는 홀로 내버려 두는 것, 방해받지 않는 것 등이 그 환자의 주요 목표로 인지될 수도 있다. 교도소로 돌아가는 것을 피하는 것은 물론, 사법 체제에 관련된 환자들이 자주 가지는 목표가 된다. 이러한 목표에 많은 것 특히(기능과 관련된 목표라든가 성가신 것을 피하는 것) 질환을 인식하는 것을 요구하지는 않는다. 적절하게 구조화만 된다면 질환관련 목표조차 자신이 아프다는 사실을 인식하는 것을 필수로 하지 않는다. 예를 들어, 편집적 사고를 가진 환자가 편집증을 인정하는 것에 대해 마지못해 할 수는 있으나 두려운 느낌이라든가 안전감을 바라는 것을 인정하는 것은 기꺼이 하고자 한다. 이와 유사하게, 처방약이 자신의 기분을 향상시킬 수 있다는 사실과 특정 진단명과 질환에 대해서 인정하지 않고도 목표를 달성하는 데 도움이 된다는 사실을 받아들인다. 처방약 준수에 대한 논의에서 동기면담이 가지는 중요한 공헌 중의 하나는 진단명이나 기타 레벨에 관해 논쟁을 피하는 것이 주는 중요성을 인정하는 것이다.

사례 2 : 심각한 인지 손상을 가진 환자의 목표를 찾아내기

달린은 만성 관리 시설에서 거주하고 있는 30세 여성으로 비전형성 정신분열병으로 진단되었고, 대마초 의존 장애를 가지고 있다. 양성 증상들(환각과 와해된 언어)은 약물치료로 잘 통제되고 있으나 많은 음성 증상들과 함께 심각한 인지 손상을 보이고 있으며, 인지 손상은 대마초 흡연으로 인해 악화되어 있었다. 이 문제에 대해 이전의 면담에서 자신의 대마초 흡연이 더욱 혼란스럽게 만든다는 것을 즉시 인정한 적이 있으나 다음과 같이 말했다. "맑은 정신으로 있는 것보다 혼란스러우면서도 약에 취해 있는 것이 오히려 더 낫습니다." 이 면담에서의 목표는 환자의 목표를 찾아내는 것이었으며 이 목표는 차후에 처방약 준수에 대해 이야기할 때 활용될 수 있다.

상담가 : 오늘은 당신이 미래에 대해 가질 수 있을 목표에 대해 함께 이야기 나누고

심습니다. 괜찮지요?

달 린 : 괜찮아요. 시간이 오래 걸릴까요?

상담가 : 저와 이야기를 하고자 하는 만큼만 걸릴 거예요(환자의 통제력을 강조하기). 20분이면 괜찮을까요?

달 린 : 좋습니다.

상담가 : 지금부터 5년간의 목표는 뭔가요?

달 린 : (한참 후에) 모르겠어요.

상담가 : 그러니까, 다음 몇 년 동안 당신이 하고 싶어 하는 특별한 사항이 정말로 있는 것은 아니군요.

달 린 : (한참 후에) 없어요. 없는 것 같아요.

상담가 : 어디에 사는지 말씀해 주세요.

달 린 : 레이뷰 테라스에서 살고 있어요.

상담가 : 그곳에서 사는 게 어떤 점이 좋습니까?

달 린 : 그렇게 썩 좋지는 않아요. 식사는 괜찮고요. 늘 그곳에서 지낼 필요는 없어요.

상담가 : 그렇다면, 그곳에서 사는 것에 대해 좋아할 만한 것이 많지는 않군요.

달 린 : 그래요.

상담가 : 그곳에 사는 것에 대해 좋아하지 않는 것으로는 어떤 것이 있나요?

달 린 : 룸메이트를 고를 수가 없었어요. 그리고 지루해요. 방에서 담배를 피울 수가 없고요. 사람들이 나를 내버려 두질 않아요.

상담가 : 거기서 사는 것에 대해 좋아하는 것은 많지 않고, 좋아하지 않는 것은 많군요. 사는 곳을 바꾸길 원하시네요.

달 린 : 네.

상담가 : 그렇다면 룸메이트를 선택할 자유가 있고, 자기가 하고자 하는 것을 선택할 자유가 있고, 사람들이 당신을 간섭하지 않는 곳 어딘가에 살고 싶다는 거군요.

> 달　린 : 네.
>
> 상담가 : 다른 곳으로 이사하는 것이 조금 중요한가요? 아니면 매우 중요한가요?
>
> 달　린 : 매우 중요하다고 생각해요.

달린이 자신의 시간을 어떻게 사용할 것인가와 같은 또 다른 기능의 영역에 대해 질문을 계속한다.

이 환자는 그렇게 다변적이 아님을 주지하라. 환자가 상대적으로 비언어적일 수 있는 많은 이유가 있다. 어떤 환자는 면담을 하고 있는 것에 대해 지루해하거나 불행하거나 화가 나 있을 수 있으며 또는 무엇을 말해야 할지 어떻게 반응해야 할지 확신을 하지 못할 수 있다. 또 다른 면에서는 SSD 환자들의 비언어적인 이유는 사고의 빈곤, 수동성, 무력함과 혼란과 같은 음성 증상과 인지적 결손 때문일 수 있다. 이전에 언급한 바와 같이 부가적으로는 SSD 환자들이 상당한 지원 없이는 미래의 목표를 알아내는 능력이 없을 수 있다. 이 면담은 첫 번째 사례보다 훨씬 더 구조화되어 있고 지시적이었다. 서너 가지 영역(시간을 어떻게 보낼 것인가? 누구와 사교를 할 것인가? 얼마나 돈을 지출할 것인가 등)에 대해 살펴보고 그 영역의 몇 가지에서 가능한 한 목표를 알아낸 후에 상담가는 이 영역 중에서 달린에게 가장 중요한 것이 무언인지 알아내고자 한다. 이것이 의미하는 바는 달린에게서 현재 가장 불만스러울 수 있는 영역을 알아내는 것을 의미한다. 명백한 것은 불만스러워 한다는 것이 반드시 환자가 자신의 상황을 변화시킬 단계를 밟을 것임을 의미하지는 않는다. 예를 들어, 상담가는 달린이 거주하던 시설을 떠나 있던 환자로 독립적으로 살고 있는 사람과 만나서 이야기할 수 있도록 계획해 주거나 또는 주거 지원 프로그램에 방문하도록 계획해 줌으로써 가능할 수 있는 변화의 중요성을 증가시킬 필요가 있다. 또한 환자의 자기효능감을 계발하고 그 밖에 목표의 동기를 증진시키기 위해서 요리법과 같은 몇 가지 독립생활 기술을 가르치는 것 또한 유용하다. 이 면담을 하는 동안 달린이 알아낸 목표는 차후에 처방약 준수에 대한 이야기를 할 때 사용될 것이다. 이 면은 다음에서 기술된다. 예를 들어, "보다 많은 자유를 누릴 수 있는 장소로 이사할 수 있게끔 도와주는 데 처방약 복용이 어떻게 도울 수 있을까요?"

미래의 처방약에 대한 대화는 환자 개인의 목표와 포부의 맥락 내에서 수행된다. 처방약 복용이 환자의 목표를 달성하는 데 어떻게 촉진하며 또는 방해가 되는가? 손실/이득 대화 또는 결정 저울 대화로 알려져 있는 이러한 대화는 환자로 하여금 재발과 경감된 증상의 가능성 또는 심각성과 같은 예상된 이득이 처방약을 복용할 때의 현재 또는 잠재적 부작용과 낙인이라고 하는 손실을 넘어서는지의 여부에 대해 고려하게끔 이끌어 준다. 손실/이득 대화에 관련된 정보가 제공되어야 하는데 이때 동기면담 접근을 사용한다. 다시 말하면, 환자에게 정보를 강요하는 것보다는 정보를 제공해도 될지 허락을 요청해야 하는 것이다. 예를 들어, 임상가는 다음과 같이 질문을 한다. "성문제를 초래하는 가능성이 적은 처방약에 대해 물어보고 싶으세요?" 만약 환자가 자신의 목표를 달성하는 데 도움이 되는 처방약의 잠재성을 인정한다면 이전의 손실/이득 대화의 결과가 가장 짜증나게 하는 부작용을 줄일 수 있는 처방약을 알아내는 데 도움이 되도록 활용될 수 있다.

사례 3 : 처방약 복용이 목표를 달성하는 데 어떻게 촉진 또는 방해가 될 수 있는지에 대한 손실/이득 대화를 수행하기

대릴은 자기 소유의 아파트로 최근에 이사를 한 28세 남성이다. 21세 때 첫 번째 정신과적 삽화를 경험하기 전까지 그는 지방 대학에서 2년 반 동안 무역회계학 과정을 완료하였다. 그는 고용지원 프로그램에 참석하면서 그곳에서 직업 훈련사를 만났고 그 훈련사는 경쟁적 취업을 찾아 적응하도록 도와주었다. 그는 최근에 우편실에서 일하다가 서무일로 승진하였다. 현재 업무는 더 오랫동안 앉아서 일을 해야 했고, 졸음으로 인해 어려움을 겪고 있어 처방약 중단을 고려하고 있다. 진단명은 편집형 정신분열병이다.

상담가 : 대럴 씨, 복용하고 있는 리스페리돌을 중단하고자 생각 중이라고 말씀하셨습니다. 그것에 대해 이야기해 주세요.

대　럴 : 우편실에서 근무할 때는 졸리는 것이 그리 심하지 않았습니다. 왜냐하면 더 많이 움직이는 일이었으니까요. 깨어 있을 수 있었던 겁니다.

상담가 : 지금은 한곳에 앉아 있으니 졸음으로 문제가 더 많다는 거군요.

대　럴 : 네, 지난 화요일 상사가 들어왔을 때 제가 졸고 있는 것을 보았어요. 정말 당혹스러웠습니다. 아마도 제가 약물에 취해 있는 것이라고 생각했을 거예요. 지난 몇 개월간 저는 정말 일을 잘해 왔습니다. 이제 처방약을 중단할 때라고 생각해요. 2주 전에 하루 걸렀습니다. 그래도 기분이 좋았어요.

상담가 : 글쎄요. 이것에 대해 저와 함께 이야기하고 싶으세요? (허락하기에 대한 질문하기)

대　럴 : 그럴지도 모르지만 제 마음을 바꾸진 않을 거예요.

상담가 : 그건 환자분께 달렸습니다(개인의 통제력을 강조함으로써 저항과 함께 구르기). 환자분과 저는 오랫동안 함께 이야기를 해왔기 때문에, 제가 환자분이 원하지 않는 것을 하라고 강요하지 않을 거라는 걸 아시지요(웃는다). 그렇게 해서 일이 되지는 않으니까요. 환자분이 그냥 일어나서 다시 오지 않을 수도 있고요.

대　럴 : 선생님 말이 맞습니다.

상담가 : 좋아요. 현재 처방약이 직장에서 졸음이 오게 한다고 말씀하셨어요. 좋은 일자리를 유지하려는 당신의 목표에 방해가 될 수 있는 또 다른 것들이 이 처방약에 있는지요?

대　럴 : 글쎄요, 졸음이 주요 문제입니다. 그러나 이런 종류의 처방약이 당뇨의 위험성이 있다는 이야기를 들은 것에 대해 다소 염려하고 있긴 합니다. 처음 그 약을 먹기 시작했을 때 저는 조금 불안했고 두통이 있었어요. 그러나 그 증상은 사라졌고 우편실에서 일할 때는 그리 방해가 되지 않았습니다. 만약 그런 증상이 다시 온다면 현재 업무에 방해가 되겠지요. 오, 그리고 저는 체중이 조금 늘었어요. 하지만 그리 많이 늘어난 건 아니에요. 그것이 작업에 방해되지는 않아요.

상담가 : 그러면 주 문제는 직장에서 졸음이 온다는 것이고요. 당뇨에 대해 조금 염려를 하고 있기는 하지만 많은 체중이 진정 늘은 건 아니고요.

대　럴 : 맞습니다. 특별히 점심 후에는 정말 졸려요. 이제 선생님은 제가 처방약의 장점을 열거하기를 원하실 거라는 생각이 듭니다. 제가 처음 약을 먹기 시작했을 때 정말 저의 사고 과정에 도움이 되었습니다. 제 사고가 그렇게 혼란스러운 상태로는 장부 일을 할 수 없었을 거예요. 사람들이 나를 지켜보고 있다는 생각이 있다면 전혀 일을 해낼 수 없었을 겁니다. 하지만 처방약이 지금 제게 어떤 도움을 주는지는 모르겠어요.

상담가 : 좋아요. 한편으로는 졸음이 특히 점심 이후에 깨어 있기가 어렵게 만들고요. 또 다른 한편으로는 처방약이 정말 사고 과정에 도움을 주어 왔습니다. 덜 혼란스럽고 사람들이 자신을 지켜보고 있다고 느끼지 않습니다. 지금 당신이 정신을 더욱 차리고 일을 할 수 있다는 점에서 이 모든 것이 특히 중요하지요(요약해 주기). 처방약 복용에 그 밖에 장단점이 있을까요?

대　럴 : 그 정도입니다.

상담가 : 그러면, 처방약을 중단하는 것이 훌륭한 일자리를 유지하려는 당신의 목표를 어떻게 도와주는지 또는 방해하는지 알아보도록 하지요(불일치감 만들기).

대　럴 : 글쎄요, 주된 장점은 제가 직장에서 보다 더 민첩해질 수 있다는 것이지요. 단점으로는 제가 다시 아플 수 있다는 거라고 봅니다. 그러나 저는 지금 정말 기분이 좋으며 약을 먹지 않았던 그날에도 별다른 차이를 눈치 채지 못했습니다.

상담가 : 그렇다면 중단하는 것이 주는 장점은 직장에서 당신이 더욱 민첩해진다는 거군요. 단점은 재발할 수도 있다는 것인데 그것에 대해서 확신하지 않으시

군요.

대　럴 : 맞아요.

상담가 : 과거에 어떤 일이 있었는지 말씀해 주세요. 처방약 복용을 중단했을 때 바로 아팠나요? 아니면 시간이 흐른 후에 아팠나요?

대　럴 : 바로 아프지는 않았어요. 즉시 그러지는 않았다는 말입니다. 걸리는 시간이 달랐어요. 한 번은 한 달 정도였고 또 다른 경우는 서너 개월 정도였어요. 그땐 저는 일하지 않았어요.

상담가 : 제가 이해했는지 확실하지 않군요. 일을 하는 것이 재발을 방지 또는 지연한다고 생각하시는지 또는 일하는 것이 더 빨리 재발하게 한다는 것인지요.

대　럴 : 모르겠어요. 대부분의 경우 저는 정말 일하는 것을 좋아해요. 함께 일하는 사람들이 좋아요. 돈을 받는 것이 좋아요. 제 능력에 맞추어 일을 하고 있는 느낌이 좋아요. 제가 일을 잘하고 있다고 슈퍼바이저가 말해 줄 때 좋아요. 승진된 것은 정말 좋았어요. 때로는 불안해지면서 스트레스를 느끼긴 합니다.

상담가 : 졸음이 오는 것만은 아니라는 말씀이군요.

대　럴 : 맞아요. 우리들이 마감일이 다가오거나 또는 월말에 근무 보고서를 정리해야 할 때가 그래요. 저는 실수를 해서도 안 되고 월급을 받지 못하는 사람이 있거나 또는 월급봉투에 잘못된 휴가일을 넣어서도 안 돼요.

상담가 : 그렇다면, 한편으로는 근무에 대해 좋아하는 점이 매우 많군요. 그런데 몇 가지 스트레스가 되는 상황으로 대처하기 상당히 어려울 수도 있는 점도 있군요. 만약 처방약을 중단한다면 이것이 어떻게 재발에 영향을 줄 거라고 생각하나요?

대　럴 : 모르겠어요. 그건 조금 두렵다는 생각이 들어요.

상담가 : 다시 아프게 되어 일자리를 잃을까 하는 두려움이군요. 그 밖에 다른 것이 있나요? 제가 빠뜨린 것이 있을까요?

대　릴 : 그런 것 같지 않아요.

상담가 : 만약에 환자분과 글래스 박사(대릴의 정신과 전문의) 그리고 제가 이 졸음에 대해 해결할 방법을 알아낸다면 그 방법을 좀 더 오래 시도해 볼 생각이 있으세요?(제언하는 것에 대한 허락 요청하기)

대　릴 : 글쎄요. 이 일자리는 정말 잃고 싶진 않아요. 제가 가졌던 일자리 중에서 가장 좋은 것이거든요. 학교로 가서 학위를 끝내는 것에 대해 생각하고 있어요. 나중에 회계사가 되는 것도요.

상담가 : 그렇다면, 어떤 다른 대안이 있는지 알아보고자 몇 가지 문제 해결을 하도록 하지요. 우선 밤에 어떤 일이 있는지 살펴보는 걸로 시작합니다— 얼마나 오랫동안 그리고 얼마나 좋은 수면을 하고 있는지요. 그런 다음, 글래스 박사와 저희가 이야기를 나눌 수 있는 몇 가지 사항들을 이끌어 낼 수 있을 거예요. 몇 시에 처방약을 복용하는지 당뇨의 위험성 그런 것 등이요. 괜찮나요?

대　릴 : 좋아요.

　　상담사가 대릴의 저항과 함께 구르면서 처방약 중단의 결과에 대해 경고하거나 그를 위협하거나 또는 약을 계속 복용하도록 설득하지 않았음을 주지하라. 명백한 것은 이러한 대화는 오랫동안 지속된 매우 훌륭한 치료적 관계에 토대를 둔 것이다. 많은 환자들은 자신이 처방약 중단에 대해 생각하고 있다는 것에 대해 이야기하는 것을 차치하고라도 그것에 대해 인정조차 하지 않을 수 있다. 이 대화는 치료 과정에서 초기에 일어났던 대화와 유사한데 처방약 복용이 대릴의 목표의 관계 속에서 거론되었기 때문이다. 이것은 대화를 추상적이 아닌 구체적인 것으로 만들어 주며 또한 문제 해결로 쉽게 이끌어 가는데, 일단 잠시 동안 처방약을 지속하기로 결정하였기 때문이다. 주지해야 할 것은 또한 정신과의사와의 위계적 관계가 아닌 협동적 관계의 함축된 의미가 있다는 것이다. 이 사례에서 정신과의사는 환자, 기타 전문가 그리고 정신과의사로 구성된 의사결정 복합체의 한 부분이다.

이런 유형의 관계는 처방약 준수를 증진하기 위해서 동기면담이 매우 중요하며 팀원들이 모두 동기면담을 학습하고 사용해야 하는 이유 중의 하나가 된다. 위계적 관계(내가 당신에게 ~하라고 말하면 당신은 그것을 한다)는 직면, 저항, 거절로 악화될 잠재력을 가지고 있다. 환자에게 무엇을 하라고 말하는 대신 상담가는 대럴의 목표—일자리를 유지하면서 학교로 돌아가는 것과 처방약 중단 간의 불일치감을 증진—를 강조하였다.

문제와 제안된 해결책

인지 손상과 음성 증상과 관련된 수많은 문제와 해결책이 이미 논의되어 왔다. 이 부분에서 저자들은 SSD 환자에게서 보이는 인식전단계의 네 가지 R에 대한 제시와 잠재력 해결책을 언급할 것이다. 마지못해 하기, 반항하기, 체념하기, 합리화하기.

마지못해 하는 참가자들은 지식의 부족 또는 지체된 동작으로 인해 변화를 고려하길 원하지 않는 사람들이다(DiClemente & Velasquez, 2002). 이러한 이유 중의 하나는 무력증, 무욕증, 무감동과 같은 음성 증상들의 현존 때문이다. 지체된 동작은 또한 파킨슨 부작용과 같은 처방약 부작용의 결과일 수 있거나 항정신약물과 관련한 약에 취한 느낌으로서 특히 전형적인 처방약들이 그러하다. 음성 증상과 처방약 부작용으로 인한 이차적인 마지못해 하는 환자들은 지속적인 지지와 코칭, 보상으로부터 혜택을 받을 수 있다. 저자들이 밝힌 바로는 동기 접근이 이러한 몇몇 환자들에게 거의 매일 매우 빈번하게 적용되어야 할 필요가 있다는 것이다. 사례 관리자, 가족원 또는 직업 훈련자들은 매일 시작할 때마다 목표를 재빨리 재확인하고 결단을 재확립할 필요가 있다. 또한 환자의 장기적 목표로 틀림없이 이어지는 매우 짧은 단기적 (매일 매일의) 목표의 분명한 순서를 확인하는 것이 중요하다. 여기에 포함되는 것으로서 처방약 복용이 그날의 목표를 달성하는 것에 어떻게 어우러지는지 생각하는 것이다. 마지막으로, 환자의 사기 저하를 피하도록 도울 수 있는 지지가 제공될 필요가 있는데, 왜냐하면 SSD 환자 중 마지못해 하는 많은 사람들은 쉽게 실망하기 때문이다.

SSD를 가진 반항적인 환자들은 무엇을 해야 하는지 이야기를 듣지 않으려는 특성이 있는 사람들로서 전형적으로 두 가지 유형으로 나눈다. (1) 자기들이 아프다는 사실을 더 이상 믿지 않는다. (2) 처방약을 복용하고 재활에 참여하는 등의 말을 듣는 것에 대해 싫증을 내는 사람들이다. 때로는 반항의 모습이 사실 좋은 징표가 되는데, 독립성의 발달을 가르칠 수도 있다. 첫 번째 유형의 환자들은 고수준 기능을 하고 있을 수 있고 증상이 전혀 없는 반복된 정신병적 삽화들(질병의 활성화 단계) 또는 삽화 간의 매우 사소한 증상들로 특징지어지는 정신병적 과정을 경험하곤 한다. 이 환자는 질병이 완전히 사라져서 처방약 복용을 지속할 이유가 없다고 믿는다. 어떤 환자들은 반복되는 주기 패턴을 보이는데, 활성화 단계, 증상 완화와 고수준 기능, 처방약 중단과 재발이라고 하는 주기 패턴이다. 종종 낙인이 이 패턴에서 하나의 역할을 맡는다. 반항하는 것이 환자가 더 이상 아프지 않다고 믿는 것으로부터의 결과이든 또는 환자가 자신에게 무엇을 하라고 이야기를 누군가 하는 것에 싫증을 내든 간에 저자가 발견한 사실은 처방약 복용의 손실과 이득 그리고 가능한 대안의 메뉴를 살펴보는 것이 상당히 효과가 있다는 것이다. 궁극적으로 결정이 환자에게 달려 있음을 인정하면서도 처방약 중단과 재발에 과거 패턴을 살펴보는 것은 종종 도움이 된다. 처방약 복용 행동을 가장 즉시적인 결정으로 초점을 맞추어서 이것을 오늘을 위해 선택한 하나의 결정으로 간주하는 것 역시 이득일 수 있다. 마지막으로, '죽을 때까지 약물을 복용하는 것'에 대해 대화하는 것을 피해야 함을 고려하라.

SSD를 가진 체념하는 환자의 경우, 변화의 가능성에 대해 포기하면서 그 문제로 압도당하는 경우이다(DiClemente & Velasquez, 2002). 이것은 처방약과 그 밖의 치료 개입의 준수를 함에도 불구하고 증상 재발을 가지고 있는 환자 간에 나타나는 특징적인 반응이다. 이러한 환자에게는 장기적인 질병관리를 위한 보다 더 현실적인 예측의 범위를 조심스럽게 제공하는 것이 중요하다. 불행히도 몇몇 환자들은 치료 제공자로부터 처방약 복용이 아마도 재발을 방지해 줄 것이라는 기대를 갖는다. 이보다 더 현실적인 기대가 되는 것은 처방약과 기타 질병관련 접근들이 만약에 성공한다면, 재발과 재발 간의 기간을 연장시켜 주고 재발의 심각성을 경감시키며 재발을 짧게 해 준다는 사실일 것이다. 희망 고취의 일부는 한 가지 처방약이 비효과적으로 판명되었다고 해서 또 다른 처방약도 효과가 없을 것임을 의미하지는 않는다는 메시지를 전달하는 것이다(Diamond, 2002). 이러한 개입들에 처방하여 동기면담 전문가는 환자의 목표를 살펴보고 결단을 새롭게 하는 것과 재발을 실패라기보다 후퇴로 재구조화하는 것이 유용하다는 사실을 알게 된다.

마지막으로, 합리화하는 환자는 자신이 모든 답을 가지고 있는 것처럼 보인다. 그들과 갖는 회기는 마치 논쟁을 하는 것과 같은 느낌이다(DiClemente & Velas-quez, 2002). SSD의 합리화하는 환자의 흔한 유형은 자신이 경험하는 것이 SSD가 아니라 별개로서, 예를 들어, 환경오염 또는 음식물 예민성, 비타민 부족, 영적 고민 등이라고 믿고 있는 환자이다. 정신질환의 낙인은 흔히 이러한 신념을 만들어 내는 요인이 되는데 왜냐하면 음식물이나 환경오염의 민감성은 정신질환을 가졌다는 것보다는 낙인이 덜 찍히기 때문이다. 이러한 신념은 또한 가족 및 문화의 신념의 결과 수치심, 죄책감으로 발전하기도 한다. 공감과 반영적 경청을 사용하는 것에 부가하여 동기면담 임상가들은 환자와의 접촉을 유지하는 특별한 단계를 밟아야 한다. 동기면담이 한 번 또는 그 이상의 재발을 거쳐서 지속적으로 적용되어야 할 필요가 있다. 만약 동기면담 상담가가 예를 들어, 훌륭한 컴퓨터 기술을 가진 환자와 작업할 경우 상담가는 의문이 되는 대안에 대해서 정보를 찾기 위해 문헌 검색을 하는데 환자를 돕고자 제안할 수가 있다. 구독을 하지 않고도 접근 가능한 검색엔진의 수가 증가하고 있다(Google Scholar—scholar.google.com 검색). 상담가가 검색을 통해서 수집할 수 있는 정보는 그 밖에 다른 자료들이 동기면담 식으로 제시되고 사용되는 것과 동일한 방식으로 제시되고 사용될 수 있다. 다시 말해 정보를 제공할 때 허락을 얻고 결론을 이끌어 내며 부과하지 않는다.

연구

SSD를 가진 환자 중에 처방약 준수율을 증가시키기 위한 수많은 개입들이 제안되고 연구되었다(Dolder et al., 2003; Fenton et al., 1997; Gray et al., 2002; Zygmunt et al., 2002 참조). Dolder와 동료들(2003)은 그 접근이 주로 교육적, 행동적 또는 정서적 전략들에 의존하는 여부를 토대로 하여 세 가지 기획된 범주로 나누었다. 교육적 전략은 정보를 제공하기 위해 고안된 지식을 토대로 한 강조점을 가지고 언어적 또는 서면의 개입에 초점을 두는 것이다. 예를 들면, 개인이나 집단 교수, 시청각 또는 인쇄 자료들이 있다. 행동적 전략은 처방약 자기 관리 기술 훈련(예 : 처방약 복용에 대한 기억을 돕는 자료 사용, 처방약의 적시 복용, 의사와 처방약 문제에 대해 타협하기) 모델링, 계약하기, 처방약 포장하기, 처방약 분량 조정과 같이 특수한 행동을 인식하고, 조형하고, 보상하기 위해 고안된 기법을 사용함으로써 직접적으로 준수행동에 초점을 둔다. 마지막으로 정서적 개입은 예를 들어, 가족 지지, 상담, 지지적 가정 방문과 같이 정서에 호소하기, 사교적 관계, 사회적 지지를 통해서 준수의 영향을 주고자 한다.

순수하게 교육적인 개입은 항정신약물 준수를 증진시키는 데 가장 성공률이 낮은 것으로 밝혀졌다. 한편 교육적, 행동적, 정서적 접근을 조합하여 사용한 개입이 가장 성공적이었다. 이에 부가하여, 장기적인 개입과 치료 제공자와의 긍정적 동맹이 또한 성공에 중요하다는 사실이 밝혀졌다(Dolder et al., 2003). 저자들이 주지했던 것은 경감된 재발률, 저하된 입원율, 감소된 정신병리와 같이 성공적인 치료에 부가적인 혜택들이 사회적 기능을 증진시켰고, 처방약에 대한 지식을 증가했으며, 치료 필요에 대한 통찰을 증진했다는 사실이다―이 결과는 더 나아가서 SSD 환자들에게 있어서 항정신처방약 준수를 유지하는 것의 중요성을 강조한 것이다. Zygmunt 와 동료들은(2002) 문헌 고찰에서 이와 유사한 결과를 밝혔는데 서양에서뿐만 아니라 중국과 말레이시아에서의 연구가 문헌에 포함되어 있다. 심리교육에만 온전히 의존하는 개입은 일반적으로 비효과적이었다. 성공적인 개입은 흔히 구체적인 문제해결 또는 동기 기법을 사용하였다. 또한 치료 준수의 구체적인 목표를 둔 개입이보다 광범위하게 목표를 둔 개입에 비해 더 성공적이었음을 밝혔다. 흥미로운 사실은 치료 준수를 증진시키는 데 목표를 둔 개입이 자기주장적 지역사회 치료와 집중적 사례 관리와 같이 지지적인 재활 지역 사회 기반을 둔 서비스를 포함했다는 사실이다(Zygmunt et al., 2002). 마지막으로 이 저자들은 치료 준수 문제들이 종종 재발한다는 것을 주장했으며 보충 회기의 사용을 권했다.

SSD 환자에게 동기면담을 사용한 연구의 대부분이 SSD와 약물사용 장애를 동반한 환자들에게 물질 사용을 경감시키고자 하였다(Barrowclough et al., 2001; Bellack & DiClmente, 1999; Graeber et al., 2003; Ziedonis & Trudeau, 1997). 동기면담 독단으로 또는 동기면담을 기술훈련과 같은 기타 방법을 포함한 구성요소로 활용하는 것도 공존 병리를 지닌 환자들이 물질 사용 문제를 언급하려는 동기를 증가하도록 돕는 데 효과적이었음을 밝힌 바 있다.

항정신약물의 준수를 증가시키는 데 동기면담의 효과성에 대해서만 특별히 연구했던 통제된 무선별 연구의 수는 적은 편이다. 이들은 순응 치료라고 부르는 그들의 치료 개입을 동기 개입의 원리에 토대를 두고 있다(Kemp et al., 1996; 1998). 그들은 1주일에 2번씩 4~6회기의 20~60분간의 회기로 구성되었다. 통제 집단은 지지적 상담과 같은 수의 회기에 참여했다(동일한 회기 시간). 첫 회기에서 순응 치료에 참석한 환자들은 그들의 병력을 살펴보고 문제를 개념화하였다. 그다음 두 회기에서는 보다 구체적이었는데, 증상과 치료의 부작용에 초점을 맞추었다. 치료의 혜택과 단점이 거론되었고 양가감정이 탐색되었다. 그리고 환자의 행동과 신념 간의 불일치감이 강조되었다. 마지막 두 회기에서는 처방약 치료에 대한 근거 없는 낙인에 대해서 언급했고, 처방약은 삶의 질을 증진하기 위해 자유롭게 선택된 전략임을 인지하는 데 맞추었다. 마지막으로 자기효능감이 격려되었고 건강을 유지하는 가치가 예방 치료에 필요성과 연계되었다(Kemp et al., 1996).

저자들이 밝힌 것으로서 순응 치료에 참석한 환자들의 순응률이 통제 집단의 순응률에 비해 유의미하게 높았다는 것이다. 이러한 차이는 개입이 완료 시 3, 6, 18개월 추후 조사에서 관찰되었다. Kamp와 동료들의 연구(1996, 1998)는 정신병적 장애 환자뿐 아니라 심각한 정동장애 환자들을 포함하고 있었음을 주지해야 한다. O'Donnell과 동료들(2003)은 이와 유사한 비교 연구를 했는데, 5회기의 30~60분의 순응 치료를(Kamp 매뉴얼에 기반을 둔 치료) 처방약 준수의 문제를 언급하지 않은 비특정적(지지적) 상담과 비교 연구하였다. 1년 후에 순응 치료와 비특정적 상담 간의 차이를 발견하지 못했고 1년 이전의 준수율은 보고되지 않았다. 이 저자들이 발견한 사실은 준수 기저선, 치료에 대한 태도, 여성, 교육 프로그램의 보호자 참석이 준수율을 가장 잘 예측했다는 것이다(O'Donnell et al., 2003). O'Donnell의 표본은 정신분열병 환자만을 포함했다. 순응 치료의 이 연구는 모두 치료 초기에 적용된 매우 단기적 동기면담 유형의 효과성을 평가했다. Zygmunt와 동료들(2002)이 제언한 대로, 준수율의 주요 변화를 가져오고자 치료 초기에 5~6회기 이상의 개입이 필요하다는 것이다. 그들의 제언은 SSD 환자와 작업했던 저자들의 경험과 일치한다. 준수에의 결단은 단 한 번에 만들어지는 것이 아니라 치료 과정을 통해서 반복적으로 새롭게 되어야 한다는 사실이다. 이 장에서 저자들이 제안했던 처방약 준수율의 접근의 효과성이 연구되지는 않았다. 연구를 통해서 확실하게 동기면담을 프로그램의 모든 구성요소에 통합시켜서 치료를 거쳐 반복적으로 사용하는 것이 처방약과 기타 치료 구성요소에의 준수를 증진시키는지의 여부에 대해 알아보아야 할 필요가 있다.

결론

서론에서 말한 바와 같이 SSD 환자의 치료 실패의 흔한 이유는 처방약의 비준수이며, 비준수의 가장 흔한 유형은 처방약을 처방 기준에 미달하여 사용한 것이다 (Nose et al., 2003). SSD를 위한 약물학적 치료가 개선되고 있기 때문에 이러한 약물준수의 중요성은 이와 함께 높아지고 있다. 수많은 준수 증진 개입이 제안되었고, 효과성이 검증되었으며, 처방약 복용을 증진하는 데 다양한 효과성이 있음이 드러났다. 연구와 임상 경험 모두 제안하는 것은 SSD 환자에게 있어서 항정신 약물의 준수를 증진하는 개입은 견고한 치료적 동맹에 기반을 두어야 하며, 비준수의 특별히 목표를 둔 장기적 측면을 취해야 한다는 것이며 또한 구체적인 문제 해결과 동기 기법을 사용해야 한다는 것이다(Dolder et al., 2003; Zygmunt et al., 2002).

동기면담의 수많은 특징이 제안하는 바는 심각한 정신질환 환자들에게 준수를 유용하게 증진시키는 것 중에 가장 중요한 것으로 협동성, 유발성 그리고 자율성의 강조를 두고 있다(Miller & Rollnick, 2002). 이러한 내담자 중심 스타일은 힘 부여하기와 회복하기를 위한 환경을 제공해 준다―SSD 환자를 돕는 프로그램에서 종종 보이는 강요된 스타일과는 매우 다르다. 이 장에서 제안된 모델은 특별히 항정신약물의 준수에 목표를 두며, 장기적으로는 기타 정신과적 재활 개입의 통합을 제언하고 있다. 저자들이 제안하기로는 준수의 목표를 둔 동기면담 개입이 고용지원, 지역사회에 기반을 둔 사례 관리, 가족지지, 이중 장애 치료를 포함한 수많은 맥락에서 있어야 한다는 것이다. 왜냐하면 처방약에 대한 대화가 자주 있게 되고 광범위한 분야의 치료 제공자들과 나누기 때문이다. 저자들의 접근에 대한 기본 원리는 전통적인 동기면담과 거의 다르지 않다. 그렇지만 저자들은 SSD 환자에게 종종 일어나는 문제를 다루기 위해서 수정보완을 위한 많은 제언을 한 바 있다. 가장 중요한 수정보완들로서는 음성 증상의 현존, 인지적 손상, 처방약 부작용과 같이 정신질환 관련 요소들에 대한 반응 내에 있다. 동기면담은 SSD 환자의 준수 증진과 치료 전달을 위한 방법으로 전망이 있으며 증상 조절과 양질의 삶의 개선 향상의 전망을 가져올 것이다. 저자들은 이처럼 중요한 대상군과 함께 미래의 연구에서 이러한 방법들에 대한 경험적 평가를 기대하고 있다.

참고문헌

American Psychiatric Association. (2000). *Diagnostic and statistical manual of mental disorders* (4th ed., text rev.). Washington, DC: Author.

Baker, A. I., Lewin, T., Reichler, H., Clancy, R., Carr, V., Garrett, R., et al. (2002). Motivational interviewing among psychiatric in-patients with substance use disorders. *Acta Psychiatrica Scandinavica, 106,* 233–240.

Barrowclough, C., Haddock, G., Tarrier, N., Lewis, S. W., Moring, J., O'Brien, R., et al. (2001). Randomized controlled trial of motivational interviewing, cognitive behavior therapy, and family intervention for patients with comorbid schizophrenia and substance use disorders. *American Journal of Psychiatry, 158,* 1706–1713.

Bellack, A. S., & DiClemente, C. C. (1999). Treating substance abuse among patients with schizophrenia. *Psychiatric Services, 50,* 75–80.

Blackwell, B. (1976). Treatment adherence. *British Journal of Psychiatry, 129,* 513–531.

Corrigan, P. W. (2004). How stigma interferes with mental health care. *American Psychologist, 59,* 614–625.

Corrigan, P. W., McCracken, S. G., & Holmes, E. P. (2001). Motivational interviews as goal assessment for persons with psychiatric disability. *Community Mental Health Journal, 37,* 113–122.

Corrigan, P. W., & Penn, D. L. (1995). The effects of antipsychotic and antiparkinsonian medication on psychosocial skill learning. *Clinical Psychology: Science and Practice, 2,* 251–262.

Diamond, R. J. (2002). *Instant psychopharmacology* (2nd ed.). New York: Norton.

DiClemente, C. C., & Velasquez, M. M. (2002). Motivational interviewing and the stages of change. In W. R. Miller & S. Rollnick, *Motivational interviewing: Preparing people for change* (2nd ed., pp. 201–216). New York: Guilford Press.

Dolder, C. R., Lacro, J. P., Leckband, S., & Jeste, D. V. (2003). Interventions to improve antipsychotic medication adherence: Review of recent literature. *Journal of Clinical Psychopharmacology, 23,* 389–399.

Drake, R. E., & Goldman, H. H. (Eds.). (2003). *Evidence-based practices in mental health care* (compendium of articles from *Psychiatric Services*). Arlington, VA: American Psychiatric Press.

Fenton, W. S., Blyler, C. R., & Heinssen, R. K. (1997). Determinants of medication compliance in schizophrenia: Empirical and clinical findings. *Schizophrenia Bul-*

letin, 23, 637–651.

Graeber, D. A., Moyers, T. B., Griffith, G., Guajardo, E., & Tonigan, S. (2003). Addiction services: A pilot study comparing motivational interviewing and an educational intervention in patients with schizophrenia and alcohol use disorders. *Community Mental Health Journal, 39,* 189–202.

Gray, R., Wykes, T., & Gournay, K. (2002). From compliance to concordance: A review of the literature on interventions to enhance compliance with antipsychotic medication. *Journal of Psychiatric and Mental Health Nursing, 9,* 277–284.

Kemp, R., Hayward, P., Applewhaite, G., Everitt, B., & David, A. (1996). Compliance therapy in psychotic patients: Randomised controlled trial. *British Medical Journal, 312,* 345–349.

Kemp, R., Kirov, G., Everitt, B., Hayward, P., & David, A. (1998). Randomized controlled trial of compliance therapy. 18-month follow-up. *British Journal of Psychiatry, 172,* 413–419.

Miller, W. R., & Rollnick, S. (2002). *Motivational interviewing: Preparing people for change* (2nd ed.). New York: Guilford Press.

Mueser, K. T., Noordsy, D. L., Drake, R. E., & Fox, L. (2003). *Integrated treatment for dual disorders: A guide to effective practice.* New York: Guilford Press.

Nose, M., Barbui, C., & Tansella, M. (2003). How often do patients with psychosis fail to adhere to treatment programmes:? A systematic review. *Psychological Medicine, 33,* 1149–1160.

O'Donnell, C., Donohoe, G., Sharkey, L., Owens, N., Migone, M., Harries, R., et al. (2003). Compliance therapy—a randomized controlled trial in schizophrenia. *British Medical Journal, 327,* 834–837.

Prochaska, J. O., DiClemente, C. C., & Norcross, J. C. (1992). In search of how people change: Applications to addictive behaviors. *American Psychologist, 47,* 1102–1114.

Rusch, N., & Corrigan, P. W. (2002). Motivational interviewing to improve insight and treatment adherence in schizophrenia. *Psychiatric Rehabilitation Journal, 26,* 23–32.

Spaulding, W. D., Reed, D., Poland, J., & Storzbach, D. M. (1996). Cognitive deficits in psychotic disorders. In P. W. Corrigan & S. C. Yudofsky (Eds.), *Cognitive rehabilitation for neuropsychiatric disorders* (pp. 129–166). Washington, DC: American Psychiatric Press.

Young, J. L., Zonana, H. V., & Shepler, L. (1986). Medication noncompliance in schizophrenia: Codification and update. *Bulletin of the American Academy of Psychiatry and the Law, 14,* 105–122.

Ziedonis, D. M., & Trudeau, K. (1997). Motivation to quit using substances among individuals with schizophrenia: Imlications for a motivation-based treatment model. *Schizophrenia Bulletin, 23,* 229–338.

Zweben, A., & Zuckoff, A. (2002). Motivational interviewing and treatment adherence. In W. R. Miller & S. Rollnick, *Motivational interviewing: Preparing people for change* (2nd ed., pp. 299–319). New York: Guilford Press.

Zygmunt, A., Olfson, M., Boyer, C. A., & Mechanic, D. (2002). Interventions to improve medication adherence in schizophrenia. *American Journal of Psychiatry, 159*, 1653–1664.

이중진단을 받은 환자들과의 동기면담

Steve Martino, Theresa B. Moyers

동기면담(MI, Miller & Rollnick, 2002)은 정신분열병 또는 분열정동장애 그리고 알코올 및 약물사용 장애를 동반하는 심각한 정신질환을 앓고 있는 환자들에게 포괄적인 치료 접근에서 높게 추천되고 있다(Carey, 1996; Drake et al., 2001; Minkoff, 2001). 그런데 임상가는 정신병적이면서 약물남용을 하는 환자들에게 어떻게 동기면담을 사용할 것인가? 동기면담의 적용이 수정 보완 없이도 적절한가? 또는 이중진단을 받은 환자들이 제시하는 임상적 도전 사항에 동기면담 활용을 적용하기 위해서 보완해야 하는가?

다른 연구자들처럼(Bellack & DiClmente, 1999; Carey, Purnine, Maisto, & Carey, 2001; Handmaker, Packard, & Conforti, 2002; Martino, Carroll, Kostas, Perkins, & Rounsaville, 2002), 저자들은 동기면담 활용에서 몇 가지 수정 보완하는 것이 이중진단 받은 환자들이 가지는 복합적인 요구들을 다루는 데 필요하다고 본다. 이 장에서는 정신병적 기능 손상을 입은 환자들과 작업을 할 때 동

기면담에 수정 보완하도록 몇 가지 사항을 추천한다. 우선 정신병으로 손상된 환자들이 제시하는 독특한 임상적 이슈를 자세하게 설명한다. 그다음, 짧은 사례를 통해 동기면담에서 추천된 수정 보완 사항들을 제시하며, 기술훈련, 지지적인 개입과 위기개입들이 동기면담보다도 더 합당한 상황에 대해 서술한다. 저자들은 이 장의 마무리에서 이중진단의 치료와 이와 관련한 연구에 동기면담이 어떻게 적용되는지 요약하며, 이러한 이중진단과 기타 이중진단에서의 동기면담 적용을 향상시키기 위해서 필요한 추후 방향을 기술한다.

임상 대상군과 일반적인 치료

이중진단된 정신장애 환자들이 치료에 흔히 제시하는 몇 가지 독특한 임상적 이슈들은 그들의 행동 변화 동기에 영향을 준다. 이러한 이슈로는 (1) 정신과적 치료와 약물남용 치료의 통합 필요성, (2) 인지적 손상, (3) 양성 증상, (4) 음성 증상, (5) 개입이 요구되는 급성 증상이 있다.

통합 치료의 필요성

이중진단된 정신장애 환자들은 심각한 정신질환을 가지면서, 또한 그들의 알코올 및 불법 약물사용 간의 상호작용을 경험한다. 이러한 상호작용에서 약물이 주는 효과로는 (1) 음성 증상 감소, (2) 양성 증상으로 인한 불편함을 경감, (3) 사회적 상호작용을 촉진, (4) 약물로 유도된 정신병적 증상들을 갑자기 출현한 정신과적 증상들로 덮어 주는 것 등이다. 그들의 기능을 증진시키도록 도와줄 때 필요한 것은 그들의 이중 문제 영역들이 서로에게 어떻게 영향을 주는지 이해해야 하며, 이러한 문제를 동시에 치료해야 한다는 것이다(Drake, McLaughlin, Pepper, & Minkoff, 1991). 또한 통합적이면서도 포괄적인 치료는 행동 변화의 목표를 이중진단 회복에 필수로 보이는 다른 영역까지 확장되어야 한다. 특히, 항정신병 약 복용 준수는 중요한 치료 목표가 되며 손상된 두뇌 구조에 대해 언급하고, 정신병과 관련된 신경학적 기제들을 다루는 것이다(Harrison, 1999). 이와 더불어, 이중진단 환자들의 수많은 치료 요구(예 : 의료적, 치과적, 직업적, 재정적, 거주시설)는 종종 서비스 체계에 있는 많은 기관을 참여하게 만든다. 통합 치료에서는 환자 참여와 치료 유지를 촉진시키는 전략을 채택하는 것이 중요하다.

인지적 손상

이중진단 환자들은 또한 유의미한 인지적 손상을 보인다. 평균적으로 정신분열병 환자들은 건강한 비교 환자군의 평균 집단과 비교할 때 인지적 수행 평가에서 표준편차 1 이하로 나타났다(Heinrichs, 2004). 연구 결과에서 보면, 정신분열병 환자들은 단어 인출, 추상적 논리와 정신적 융통성, 주의력과 주의 집중, 언어 학습 그리고 작업 기억에서 결함을 보인다. 만성 알코올 및 약물남용은 더 빈약한 인지적 수행(예 : 문제 해결, 산술 능력, 시공간 능력, 지각 운동 기능, 정신적 융통성, 정보처리과정의 속도, 학습과 기억에서의 비효율성)에 점차 독립적으로 기여함으로써 이들 영역을 더욱 악화시킬 가능성이 있다(Bolla, Brown, Eldreth, Tate, & Cadet, 2002; Lawton-Craddock, Nixon, & Tivis, 2003; Nixon & Phillips, 1999; Parsons, 1998). 이중진단 환자들의 인지적 손상을 조절하기 위해서 치료를 수정 보완하는 것은 임상적으로 유의미한 도전이 된다.

양성 증상

양성 증상은 정신장애 환자들에게 가장 독특한 것이다. 전형적인 양상 증상으로는 망상, 환각, 와해된 사고, 독특하거나 괴이한 행동(예 : 우회성과 지리멸렬과 같은 와해된 언어 표현)들이 있다. 이러한 증상이 심각해지면 환자들에게 정신과 입원, 위기개입 그리고 약물치료 개입이 요구된다. 그러나 많은 정신분열병 환자들은 극적인 수준의 증상에 미치지 않는 한, 삽화적 또는 만성적 양상증상을 가지고 기능을 계속하는데, 이 점은 임상가에게 이 환자들의 동기를 정확하게 이해하고, 증진할 능력을 가지도록 하는 도전 과제이다.

음성 증상

이와 마찬가지로, 정신분열병의 특징은 음성 증상의 발현이다. 음성 증상으로는 대부분의 환자들이 경험하는 사고, 행동, 감정 표현의 억압 또는 부재 등이다. 전형적인 음성 증상으로는 정서적 빈곤, 지체된 사고와 언어 표현, 감퇴된 동기, 에너지 및 쾌락 감퇴, 사회적 소외 등이다. 이러한 손상은 환자들이 면담에 참여하거나 많은 자발성과 유창한 언어로 반응하는 데 어려움이 될 수 있다. 이러한 환자들이 자신의 경험을 규명하고 기술하는 데 어떠한 어려움이 있는지를 알아채지 못하는 임상가는 환자들이 변화 동기가 없다고 오인할 수 있다. 음성 증상은 정신분열병 환자에게 매우 흔하며 정신질환에서 가장 오래 지속되는 증상들로 남아 있다. 치료에서 이러한 음성 증상을 다루는 것이 임상가들에게 또 다른 하나의 중심 도전 과제다.

개입이 요구되는 급성 증상

때로는 이중진단 환자들이 면담 내용에 집중하여 현실감을 가지는 데 정신적 안정이 불충분할 수 있다. 이들은 또한 공존 병리 상태가 없는 약물남용 환자들보다도 자살 및 타살 비율이 높다(Drake, Osher, & Wallach, 1989; Lyons & McGovern, 1989; Turner & Tsuang, 1990). 이러한 환자들과 작업하는 임상가들은 이중진단 환자들을 안전하게 보호하면서 가장 적절한 치료를 제공하기 위해서는(예 : 위기개입, 입원) 정신 상태와 위험성을 정확하게 평가하는 능력을 가져야 한다.

이중진단 환자에게 동기면담을 사용하는 이론적 근거

이중진단 환자들의 임상적인 이슈에 대해 광범위한 연구가 있었던 반면(Drake et

al., 2001; 공존 병리 장애에 대한 Managed Care Initiative Panel, 1998. 참조), 이 환자들의 행동 변화를 위한 동기를 이끌어 내는 전략을 개발하는 데는 이보다 덜 관심을 두어 왔다. 일반적으로, 동기면담은 이 대상군에게 사용될 수 있는 적용 방법으로 입증되고 추천되고 알려져 있다(Bellack & DiClmente, 1999; Carey, 1996; Drake et al., 2001; Osher & Kofoed, 1989). 변화 동기를 이끌어 내는 동기면담 스타일과 피해 경감에 대한 강조의 조합이 직면적이면서 단약 지향적 중독치료 접근법보다 매력적인 대안으로 보인다. 후자의 경우, 약물 및 알코올 문제에 그만큼 효과적이지 않으며 오히려 정신병 증상을 악화시킬 수 있다고 한다(Carey, 1996).

그러나 이중진단 환자들을 위한 동기면담의 수정 보완 및 평가 면에서 매우 적은 연구들이 있을 뿐이다. 최근 들어, 서너 명의 임상 연구자들이 이중진단 환자들에게 특히 동기면담을 적용시키고자 자신들의 초기 노력을 기술하고 검증하기 시작하였다(Carey et al., 2001; Graeber, Moyer, Griffith, Guajardo, & Tonigan, 2003; Handmaker et al., 2002; Martino et al., 2002; Van Horn & Bux, 2001). 이러한 활용은 많은 임상 관리 수준에서 수행된 바 있고(외래), 치료 양식(개인, 집단)과 타 치료 서비스로부터의 다양한 독립 수준 정도(통합 치료에 부과된 개입, 단독 개입)에서 수행된 바 있으며, 연구자들은 모두 이중진단의 중요한 임상적 이슈를 다루기 위해 동기면담을 어떻게 적용하였는지에 중점을 둔다. 이 장의 나머지 부분에서 이러한 동기면담의 수정보완에 대해 기술하고 종합할 것이며, 그들의 사용을 보고자 임상 사례를 제시한다.

이중진단 환자들에서의 동기면담의 임상적 적용

이중진단 환자들의 임상적 이슈들이 동기면담 적용에 부과하는 도전 과제에 맞추어서 이들 환자에게 어떻게 동기면담을 적용할 것인가에 대한 저자들의 토의를 체계화하였다. 즉, 저자들은 (1) 다수의 상호연관된 행동 목표를 조정하고, (2) 인지적 손상

그림 11.1 임상적 이슈, 동기면담에서의 도전과제 그리고 제안된 수정사항

임상적 이슈	동기면담에서의 도전과제	제안된 수정 사항
1. 관련된 중요 행동 영역에 목표를 두고 있는 정신과적 치료와 약물남용 치료의 통합 필요성	어느 하나의 행동 영역을 변화하려는 환자의 동기에 영향을 줄 수 있는 상호작용하는 행동 목표를 보다 더 넓게 조정할 필요가 있다. 임상가는 나머지 목표 행동에 대한 변화대화를 알아내고 보상하고 이끌어 내야 한다.	a. 약물사용 동기에 대해 주의를 하면서 정신질환을 다루고 이러한 동기들이 어떻게 상호작용하는지 본다. b. 정신과적 염려와 그것이 갖는 약물사용과의 상호작용에 대해 이야기하도록 열린질문 및 유발적 질문을 사용한다. c. 약물사용과 더불어 처방약과 치료 프로그램 준수에 목표를 둔다. d. 결정 저울 활동과 개별화된 피드백과 같은 전략을 확장하여, 처방약과 치료 준수 영역들을 포함한다.
2. 주의 집중력, 작업 기억, 부호화 획득, 단어 인출 및 언어적 유창성 그리고 추상적 사고와 융통성과 같은 실행능력 문제를 포함한 다중 인지측면들이 손상되어 있다.	환자들은 자기 반영이 어렵고, 임상가가 질문 또는 진술하는 것에 대해 인지적으로 따라가기가 어려우며, 문제 행동의 결과를 평가하는 어려움 그리고 변화 동기의 통합과 마찰을 균형 잡는 데 어려움을 가지고 있다.	a. 명료하고 구체적인 용어를 사용하여 질문하고, 반영하며, 요약한다. b. 연속적으로 반영과 요약을 자유롭게 사용한다. c. 변화대화를 이끌어 내기 위하여 구체적이면서도 몰입하게 해 주는 자료와 방법을 사용한다.
3. 망상, 환각, 관련된 괴이한 행동과 와해된 언어와 같은 양성 증상이 현존한다.	회기 중에 환자가 혼란되고, 빗나가거나 괴이한 방식으로 이야기할 때 정신병적으로 체계화된 표현과 행동이 반영적 경청 과정을 복잡하게 한다. 만약 임상가가 정서적으로 꽉 차 있는 내용을 반영하거나 환자의 양가적 상태에 대한 숙고를 지연시키게 되면 증상이 악화될 수 있다.	a. 현실감을 토대로 조직화된 환자-임상가 대화를 유지하기 위해서 종종 재진술해 준다. b. 겉으로 보기에 기괴한 말과 행동을 이해하고 설명해 줄 수 있는 은유 혹은 비유를 사용하라. c. 환자의 절망적인 언어 표현과 부정적 삶의 사건 혹은 부정적으로 표현된 정서를 탐색할 때 주의한다. d. 양가감정을 간단 명료하게 요약하고 나서, 양가감정을 해소하여 변화를 가져오도록 변화대화를 이끌어낼 수 있는 전략을 신속하게 적용한다.

그림 11.1 임상적 이슈, 동기면담에서의 도전과제 그리고 제안된 수정사항(계속)

임상적 이슈	동기면담에서의 도전과제	제안된 수정 사항
4. 사고 단절, 사회적 소외, 경감된 정서 표현, 사고 내용의 빈곤, 감소된 사고 처리 속도와 언어, 감퇴된 의욕과 욕구와 같은 음성 증상들이 현존한다.	회기 중에 환자가 무관심하거나 또는 몰입하지 않는 것으로 보이며, 참여의 어려움을 가지고 있다. 약물을 사용하지 않으려는 동기가 약물사용의 부재 시에 여전히 남아 있는 증상으로 인해 감퇴되었다. 치료 프로그램의 참여나 사회 재활 및 직업 재활의 노력, 자조 집단 등이 바람직하다고 보지 않는다.	a. 환자의 이야기를 자극해 주도록 종종 재진술해 준다. b. 질문과 반영에 대해 반응할 수 있는 충분한 시간을 환자에게 준다. c. 회기 중에 환자 참여에 대해 인정해 준다. d. 참여를 촉진시키기 위해서 평가도구와 기타 유발적 자료를 포함한, 개발되고 구조화된 피드백을 사용한다.
5. 수많은 이중진단 문제들은 기타 유형의 개입을 필요로 할 수 있다. 정신과적 증상의 심각도가 악화되고 있다. 급성 자살 시도 및 타살 시도가 일차적 약물 남용 환자보다도 이중진단 환자들에게 더 많이 일어날 수 있다.	환자들은 동기면담이 아닌 다른 개입을 요구할 수 있으며, 그들의 증상 심각도와 전반적 기능에 따라서 선택의 자유 및 개인의 자율성을 제약하는 치료 개입이 필요할 수 있다.	a. 복합적이면서도 많은 이중진단 문제들을 다루기 위해 융통성 있게 기술훈련 및 지지적 개입으로 바꾼다. b. 위기 상황 대처를 위한 능력과 전문가적 지지를 개발한다. c. 환자의 정신병적 양상으로 동기면담의 혜택을 받지 못하는 경우가 있는지를 결정한다.

을 조절하고, (3) 양성 증상에 대해 다루고, (4) 음성 증상을 관리하며, (5) 동기면담이 언제 적절한지를 아는 것을 기술했다. 그림 11.1에서 이러한 각각의 영역에서 동기면담을 수정, 보완하도록 제안한 바를 요약하고 있다. 저자들이 믿는 바로는 아무런 지원 없이 깊은 곳에 던져 버리는 것보다는 능력 있는 훈련가와 함께 얕은 곳에서 수영하는 방법을 배우는 것이 최상이다. 그렇기 때문에 저자들이 강하게 권하는 바는 동기면담을 이중치료에 적용하는 것에 관심이 있는 치료자는 이 환자군과 작업하기 위해서 훈련, 경험, 그리고 자격증을 가져야 한다는 것이다. 이와 유사하게, 임상

장면에서 덜 도전적인 물가에서 이미 자신들의 동기면담 기술을 개발했기 바란다.

다중 상호연관된 행동 목표를 조정하기

동기면담에서의 전통적인 알코올 및 불법 약물사용 목표에 부가하여 정신과적 문제는 이중진단 환자들의 변화 동기를 위한 임상가의 노력을 복잡하게 만든다. 임상가는 이 환자들이 자신의 약물남용과 정신과적 문제를 다루기 위해 환자들의 동기에 주의를 집중해야 하며, 이 두 가지 사이의 상호연관성을 이해해야 한다. 예를 들어, 심장 내막염이 발병한 환자의 경우 건강의 사유로 인해 헤로인 사용을 중단하고 싶어 할 수 있는데, 동시에 경멸적인 환청의 강도를 줄이고자 헤로인을 지속적으로 사용할 수 있다. 또 다른 환자는 코카인 구매로 인한 재정적 어려움에도 불구하고, 정서적인 무감동 대신에 일시적으로나마 행복한 기분을 느끼고자 코카인을 사용할 수 있다. 정신병으로 낙인 찍혔다고 느끼는 환자들의 경우 자신의 또래 집단과 어울리고자 약물을 사용할 수 있으며, 스스로가 정신장애 환자로 간주되는 것을 피하고자 이중진단 치료 프로그램에 참여하지 않을 수 있다. 임상가들은 이중진단 환자들을 효과적으로 치료하기 위해서 이와 같이 상호 관련된 동기를 이해해야 한다.

많은 동기면담 기법들은 이러한 상호작용을 다루는 데 수정이 가능하다. "음주가 환청에 어떠한 영향을 줍니까?" 또는 "마약을 할 때 정신과적인 측면에서 어떠한 일이 일어나는지 말씀해 주세요."와 같이 열린질문하기를 사용하는 것은 약물사용과 정신병 증상 간의 관계를 이야기하도록 이끌어 준다. 이와 같이 "대마초가 정신적으로 어떠한 문제를 초래합니까?" 또는 "음주나 약물사용 대신에 과거에는 덜 편집적이 되도록 도와주는 것으로는 어떤 것이 있습니까?"와 같이 유발적인 질문을 할 경우, 두 문제 영역의 교차에 관련 있는 변화대화를 이끌어 낼 수 있다. 더불어, 결정저울 활동과 개별화된 피드백 활동은 약물 관련 행동과 더불어 정신병 관련 행동들을 다룰 수 있다. Handmaker와 동료들(2002), 그리고 Martino와 동료들(2002)이 제안하기를 이중진단 치료 프로그램에서의 준수와 비준수에 대한 손실과 이득을 환자들과 살펴보는 것이다. Martino와 동료들은 최근에(지난 30일 동안) 중독 심각성 지표(ASI, McLellan et al., 1992) 평가도구에서 다루는 기능적 영역에서 상응하는 환자의 주관적 평가를 비교해 주는 다양한 색깔의 막대 그래프를 사용하였다. 면담에서 피드백 부분 중에 임상가와 환자들은 평가의 유사점과 차이점을 살펴보았고 약물사용이 특히 정신과적 영역에서 환자의 기능에 어떠한 영향을 주는지 살펴보았다. 이와 유사한 방식으로 이 연구자들은 양성 및 음성 증후군 척도(PANSS; Kay, Fizbein, & Opler, 1987)를 사용하여 환자들의 정신과적 증상에 대한 구체적인 정보를 제공하였으며, 이 정보를 사용하여 약물사용과 양성, 음성 증상들이 서로 어떤 영향을 주는지에 대해 이야기를 나누었다.

여기서 함축된 바와 같이 동기증진을 위한 목표 행동들은 정신장애의 회복에 필수적인 행동에까지 확장될 필요가 있으며, 임상가들은 이 영역 내에서 환자의 변화 대화를 알아내고, 보상하고 이끌어 내야 한다. 구체적으로 말하자면, 처방된 약물치료와 이중진단 서비스에 대한 치료 준수 동기가 결정적이다(Handmaker et al., 2002; Martino et al., 2002). 이 영역에서의 비준수는 더욱 빈약한 약물사용 및 정신과적 환자의 치료 결과와 상관관계가 있다(Drake et al., 1991; Owens, Fischer, Booth, & Cuffel, 1996). 여기에서 치료 준수의 실패는 환자들로 하여금 활성화시키는 치료 약물로부터 물러나게 하는데, 이 치료 약물은 환자의 회복을 보다 성공적으로 도와줄 수도 있을 것이다(Zweben & Zuckoff, 2002). 정신분열병의 신경생물학적 신경전달 물질을 치료하고자 시도하는 데에는 약물치료가 필수적이다. 특히 부작용이 훨씬 적으면서 음성 증상을 치료하는 데 더 효과적이며, 불법 약물사용을 하고자 하는 갈망을 줄이는 잠재력을 가지고 있는 비전형적 항정신병 약물 출현이 있기 때문이다(Bardy & Malcolm, 2004; Owens et al., 1996). 동기면담을 사용하여 이중진단 환자들과 작업할 때 임상가들은 환자들이 약물 복용에 대해 어떻게 보고 있는지 치료 준수에 방해가 될 수 있는 장애들(불편한 부작용, 제한된 효과성, 복잡한 복용법, 비용)에 대해서 어떻게 접근하는지를 임상가들이 질문한다. 이중진단 환자들은 신경안정제에 대한 관리를 증진시키기 위해서 약물치료 대안의 범위와 접근성을 확장하고, 안내 지침의 수를 증가시키는 동시에 항정신병 약물의 혜택에 대한 희망과 낙관적 태도가 증가하게 되며, 임상가와 환자 모두에게 치료 준수의 가능성을 증가시키는 가시적인 약물치료 전략에 관해서 상호 협동할 수 있는 새로운 기회를 만든다(Mellman et al., 2001).

통합된 이중진단 서비스에서의 환자 참여와 치료 유지 또한 심각하고도 만성적인 정신과적 장애와 약물사용 장애가 성공적으로 장기적인 회복을 하는 데 있어 필수적이다(Drake, Mercer-McFadden, Mueser, McHugo, & Bond, 1998). 이와 같은 프로그램 서비스는 환자에게 거주시설의 확보, 고용 및 의료 서비스의 이용, 약물사용을 하지 않는 사회 연계망과 보다 강도 있는 가족 연계의 개발, 그리고 사회 대처 기술의 향상을 위한 필수적인 지원을 제공해 준다. 환자의 안정성과 기능의 호전을 가져오기 위한 이와 같은 포괄적 통합 관리 시스템의 유형에 환자들이 참여하도록 임상가들이 지속적으로 도모하는 능력은 중요하다(Drake et al., 2001). 이 관점에서 보면 이중진단 치료에 활용되는 동기면담은 일반적으로 적용되는 것과 같이 1~4회기의 단기 개입 이상의 것을 필요로 할 수가 있다. 이 경우 환자들의 다수의 행동 변화 영역과 치료 단계를 거쳐 갈 때 동기 수준의 변화가 치료 호전의 장애가 될 때는 동기면담을 임상적 도구로 만들어서 임상가들이 사용하는 것이 더 좋다(Martino et al., 2002). 일단 환자가 치료 목표를 향해 적극적으로 작업을 하고 있다면, 동기면담의 사용은 불필요할 수도 있다. 그러나 임상가는 여전히 동기면담 기법의 협동적 정신을 강조하고 싶어 할 것이다.

Handmaker와 동료들은(2002) 단계에 맞춘 통합적 이중진단 외래 치료 모델을 기술한 바 있는데, 이 모델에서는 환자의 동기 수준에 맞게 치료에 지속적으로 참여시키는 장기적인 관점에서 유형을 채택하고 있다. 환자들은 다양한 집단에 참여하면서 각기 다른 문제 영역에 각기 다른 준비 단계들을 다룬다. 따라서 한 환자의 경우 불법 약물사용을 중단하고 약물 재발 예방 기술을 연습하도록 고안된 집단에 참여할 수가 있다. 그러나 그 환자의 경우, 때로는 과도하게 음주를 지속할 수 있고, 지지적인 거주시설 지원 프로그램에 들어가는 것에 대해 양가적일 수 있다. 그러한 환자의 경우 '변화에 대해 이야기하기' 집단에 참석하여 자신이 가지는 이러한 영역의 변화에 대한 복잡한 동기에 대해 다룰 수 있다. 만약 그 환자가 이전에 저항했던 행동 변화를 하고자 결정한다면, 그 환자는 새로운 행동 목표의 달성을 위해(예 : 거주시설 프로그램을 위한 면담 기술의 개발) 행동 계획 및 연습 집단에 옮겨갈 수 있다. 만약 환자의 동기가 흔들린다면 그 환자는 자신의 동기 수준에 보다 적합한 집단으로 돌아갈 수도 있다. 이러한 방식으로 환자는 행동 변화 영역에 자신의 동기 진화 수준에 맞게 목표가 설정된 치료에 지속적으로 참여하는 것이다.

인지적 손상을 조절하기

인지적 손상은 동기면담 과정을 복잡하게 할 수 있는데, 환자가 스스로 반영하고, 임상가가 질문을 하거나 진술하는 것을 인지적으로 쫓아가고, 문제 행동의 결과를 평가하고, 변화를 위해 통합 또는 마찰을 보이는 동기들을 개념 있게 유지하는 것의 어려움 등이다. 만약, 이와 같은 과정상의 문제점이 명백하다면 동기면담에 이런 손상을 조절하도록 보완하는 것이 필요하며, 이렇게 함으로써 이중진단 환자 대상군에게 고수준의 반영적 접근으로 적절하게 사용할 수 있도록 한다. 몇 가지 제언이 참고 문헌에 실려 있다.

가장 중요한 것은 면담 과정에서 단순성과 명료성이 필요하다. 열린질문하기는 명료하고 구체적인 용어로 진술되어야 하며, 동일한 질문 내에서 상세한 설명을 하기 위해 여러 차례 질문을 하여 열린질문이 복잡해지거나 과다하게 어렵지 않도록 하는 것이 좋다. 예를 들어, "언제 마지막으로 입원을 하셨습니까? 그리고 약물이나 처방약의 사용은 어떠세요? 이것과 관련된 문제점이 있으신지요?"라고 하는 질문은 많은 질문을 분석해야 한다는 것과 그 질문을 기억에 보존하면서 연속선상에서 반응해야 한다는 것이 환자에게 부담이 될 수 있다. 이것은 정신병으로 인해서 손상된 환자에게는 확실히 도전과제로 될 수 있다. 임상가는 이러한 유형의 질문을 피해야 하며, 이러한 질문을 단순화하여 직설적인 방식으로 보다 적은 분량의 정보들을 조금씩 이끌어 내도록 질문을 해야 한다. 예를 들어,

"입원하게 된 주된 원인이 무엇이라고 생각하는지 말씀해 주세요."

이와 더불어 면담에서 반영과 요약을 연속적이면서 명료하게 진술하여 자유롭게 사용하면 환자는 대화에 주의를 집중하고, 기억하고, 그리고 논리적으로 조직화할 수 있다. 다음에 나오는 임상 사례는 연속적인 반영하기, 요약하기 진술의 유용성을 보여 주는 것으로, 대상은 분열정동장애와 약물 의존으로 힘들어하는 남성 환자로 5일 간 입원치료 후에 병동에서 면담을 하는 사례이다.

환　자 : 저는 우울합니다. 이대로 견딜 수가 없어요. 환청이 약해지지 않아요.

임상가 : 환청이 약해지지 않는군요. 그래서 점점 더 우울해지겠군요. 포기하고 싶으셨군요.

환　자 : 노숙한다는 것이 어려워요. 지금 쉼터에 있지 않습니다. 쉼터는 안전하지가 않아요(잠시 후) 약물이 있으니까요.

임상가 : 환청이 들리는 것에 더해서, 쉼터에서 산다는 것이 안전하게 느껴지지 않으시군요. 그곳에 약물이 널려 있으니까요. 노숙하며 살아가는 것이 최선의 일이었군요.

환　자 : (눈물이 고이면서) 제 여자 친구가 구속되어 있어요. 그녀는 저보고 약을 얻어 오라고 내쫓았어요. 내가 그렇게 해 줄 때까지 소리를 지르고 고함을 쳤어요. 환청도 정말 안 좋아졌어요. 여자 친구가 구속된 다음 저는 갈 곳이 없었어요. 쉼터로 돌아가지 않을 거예요.

임상가 : 당분간 안전하게 머무를 수 있는 곳이 없으셨군요. 여자 친구와 함께 있을

때 약을 구해 오라고 당신을 이용하고 몰아세웠군요. 여자 친구가 구속된 다음에는 거주지를 잃었고요. 쉼터에서 살려고 했지만, 주위 사람들이 약물을 해서 당신은 불안전하게 느꼈고요. 안전하게 살 곳도 없는데, 안 좋아진 환청을 듣고 있으면서 당신은 점점 더 우울해졌군요.

환　자 : 그래요. 더 이상 견딜 수가 없어서 약물을 사용했어요. 자살하려고 했던 것 같아요 (눈물을 쏟는다). 돈이 다 떨어졌어요.

임상가 : 당신은 완전히 빈털터리였군요.

환　자 : 되는 일이 없었어요. 그리고는 제가 복용했던 처방약을 사지 못했어요. 그래서 응급실로 갔어요.

임상가 : 좀 더 나아질 어떤 방법을 찾고 있었군요. 약물사용은 도움이 되지 않았고 노숙도 도움이 되지 않았군요. 처방약을 복용하지 못한 것도 또한 도움이 되지 않았습니다. 당신의 여자 친구나 쉼터 사람들처럼 주위에 약을 하는 사람들이 있는 것도 도움이 되지 않았군요. 환청과 우울감은 견디기 어렵고, 처음에는 자살하는 것이 탈출구라 생각했군요. 그러나 자살 대신 당신은 응급실로 가기로 결정했어요. 그런 결정을 하셔서 다행입니다.

환　자 : 저는 죽고 싶지 않아요. 아들이 한 명 있어요.

임상가는 이러한 방식으로 지속화하면서 명료화했던 것은 환자의 어머니가 현재 환자의 아들을 양육하고 있으며 환자는 자기 아들의 삶에 보다 많이 관여하고 어머니를 경제적으로 돕고자 일자리를 얻고 싶어 한다는 사실이다. 임상가는 여러 가지 방법들을 부추겨서 약물사용이 마침내는 환청과 우울증을 악화시킨다는 것과, 처방약을 복용하지 못하게 만들었다는 점, 환자의 고용 및 양육 목표를 달성하는 데 도움이 되지 않는다는 점을 이끌어 냈다.

변화대화를 이끌어 내기 위해서 지시적인 방법 대신에 사용할 수 있는 몇 가지 대안은 종종 인지적 손상을 조절하는 데 도움이 된다. 결정 저울 탐색, 목표 및 가치관 명료화, 객관적 피드백 제공하기와 같은 전략들은 보다 구조화되고, 참여 가능한 방법으로 단순화되어 전달되어야 할 필요가 있다. 결정 저울에 관해서는 정신분열병 환자들이 자신의 약물사용과 이에 수반된 부정적 결과 간의 관계를 알아보는 데 어려움이 있을 수 있다. 그들은 또한 행동을 변화하는 것과 변화하지 않는 것의 손실과 이득에 대해서 긴 시간 동안 반영을 하는데 어려움이 있을 수 있다. Bellack과 DiClemente(1999)가 제안하기로는 환자에게 강력하게 영향을 주는 한두 가지 구체적인 부정적 결과만을 알아낸 후에 이러한 중요한 장애물에 초점을 둠으로써 환자가 약물사용을 감량하거나 중단하도록 동기화하는 것이다. Martino와 동료들 (2002)은 정신장애 환자들의 경우 2×2 표를 작성하는 것이 혼란스럽다고 한다(예 : 약물사용 대 단약의 이득과 손실). 그들이 제안하는 것은 이 과제를 단순화시켜서 행동 변화가 가져다주는 긍정적 그리고 부정적 결과에만 초점을 맞추라는 것이다. 그에 대한 대안으로 Carey와 동료들(2001)은 환자들이 이 두 가지 항목이 갖는 찬반을 구체적으로 변별하는 대신에 변하지 말아야 하는 이유와 변해야 하는 이유를 따로 이야기하도록 한다는 것이다. Handmaker와 동료(2002)들은 이 접근법을 보다 더 구체화하고 있는데, 각 항목의 이유만큼 토막을 쌓은 후 환자들과 어느 쪽이 더 많은지에 대해 대화를 하는 것이다. 그들은 또한 단약의 이유를 색깔 카드(단약은 빨간색)에 적으면서 환자들이 그 카드를 가지고 다니면서 약물을 사용하고 싶은 충동이 있을 때마다 살펴보게 하는 것이다.

불일치감 만들기를 위한 전략을 보완하는 것이 유용할 수 있다. Carey와 동료들 (2001)이 제언하기로는 개념적으로 단순하고 고도로 구조화된 '개인적인 노력' 이라는 목록을 만들어서 환자가 미래에 무엇을 달성하고 싶은지 언어로 표현하는 것을 돕는 것이다. 임상가와 환자는 환자가 달성하고자 하는 목표 세 가지 정도를 알아내도록 질문을 하는 워크시트를 함께 작성한다. 각각의 인지된 목표를 위해서 워크시트에는 단서가 포함되어 있는데, 이 단서는 약물사용의 절제와 중단이 그들의 목표 달성에 어떤 영향을 주는지에 대해 질문한다. 만약, 환자가 자신의 목표를 끄집어내는 데 어려움을 보인다면 임상가는 이중진단 회복과 관련된 가능한 목표를 고려해 보도록 촉진한다(예 : 증상 완화, 고용 프로그램의 접근). 이와 더불어 치료 준수(처방약, 정식 프로그램, 사례 관리 서비스)가 목표 달성에 어떻게 영향을 주는지를 고려해 보도록 요청한다. Graeber와 동료들(2003)은 가치관 카드를 활용하였다(Miller, C'de Baca, Matthews, & Wilbourne, 2001). 그러나 이들이 한 것은 정신분열병 환자에게 적합한 구체적인 성취를 반영할 수 있도록 도구를 보완하였으며(예 : 자율성은 〈나의 자산 관리하기〉에 적용되었다), 이렇게 단순화되어 인지된 가치관을 불일치감 만들기를 위한 토대로 사용했다. 이 보완카드 도구의 개정판(Moyers & Martino, 2006)은 멕시코 대학 내의 CASS에서 다운로드할 수 있다(casaa.unm.edu).

개별화된 피드백을 제공하는 것이 동기면담만의 독특한 것은 아니지만, 이 전략은 동기면담 개입에서 가장 자주 포함된다(Burke, Arkowitz, & Menchola, 2003). 그리고 많은 임상가들은 이중진단된 환자들의 인지적 손상을 조절하기 위해서 이것을 적용한 다양한 방법을 기술하고 있다. 일반적으로 환자들이 스스로 이러한 자료를 끄집어내지 못하는 경우에 자신의 약물사용과 정신장애의 경험에 대해 자기 반영하도록 몰두시키는 데 유용한 전략이 되고 있다(Carey et al., 2001). 시각적인 보조자료(그래프, 차트)의 사용, 자료를 제시할 때 적은 양의 정보로 나누어 단순화시키는 것, 활동에 참여시키는 구조를 사용하여 흔히 제시되는 사항에 환자들이 지속적으로 초점을 맞추도록 하는 것 등이 제안되고 있다. 예를 들어, 환자의 약물사용에 절제나 중단의 결단 수준에 대해서 이야기를 촉진하기 위해서 온도 측정계와 같은 평가도구를 사용하면 환자들이 자신의 동기 수준에 대해 이야기하면서 무엇이 변화 결단을 높여 줄 수 있고, 강하게 할 수 있는지에 대해 대화를 할 수 있도록 도와준다(Carey et al., 2001). 색깔이 칠해진 파이 도표나 막대도표의 사용은 %로 설명하는 것 대신 활용할 때 대상군이 표본과 비교하는 것이 자신의 약물사용 양상을 보다 더 잘 이해하도록 도와준다(Carey et al., 2001). 피드백 제시 팸플릿 등을 준비하는 것 역시 이중진단 회복 이슈를 환자들이 고려하도록 하는 데 도움이 된다 (Martino et al., 2002). 마지막으로, 기술적 용어를 환자에게 친숙한 용어로 단순화하여 그들이 경험을 포착하게 되면, 피드백 절차를 증진시켜 준다. Martino와 동료들(2002)이 밝힌 것으로는 환자의 피드백 활동에서 PANSS의 양성 및 음성 증상 척도를 사용했을 경우 많은 환자들이 양성 증상이라는 용어를 혼란스러워한다. 왜냐하면 그 용어는 정신장애가 있는 것이 혜택을 주는 것처럼 암시되기 때문이다. 한 환자는 양성 증상 대신 '뜨거운 증상' (즉 환자로 하여금 그 안에서 끓고 있다고 느껴지게 만드는 증상)이라는 용어로, 음성 증상은 '차가운 증상' (그 증상 내에서는 얼어붙도록 만드는 증상)이라는 용어로 바꾸었고, 이것은 현명한 제안이었다. 따라서 저자들은 정보를 막대도표 형태로 제시하면서 뜨거운 증상을 빨간 막대, 차가운 증상을 파란 막대로 제시했으며 환자들은 이러한 시각적 이미지에 더 잘 반응하는 것을 보았다. 이렇게 수정 보완된 피드백 기법은 원래의 피드백 구조에 비해서 환자 대화와 더불어 상세한 설명을 더 많이 이끌어 냈다.

양성 증상 다루기

환청, 망상, 사고 혼란과 같은 양성 증상은 환자가 말하는 것을 임상가가 정확하게 이해하여 반영하는 능력에 도전이 될 수 있다. 저자들이 발견한 사실은 이러한 증상들 때로 환자가 하는 말을 매우 어렵게 만들 수 있는 동시에 양성 증상이 환자들이 진술한 바 있는 사실에 덧칠을 하게 되더라도 환자들은 계속해서 유용하고도 자신의 의도하는 의미를 전달하는 것으로 보인다.

동기면담에서 양성 증상을 다루는 것과 관련하여 저자들의 주요 제언은 반영적 경청하기와 모두 관련되어 있다. 특히, 임상가들이 재진술을(또한 복합 반영) 사용하는 데 많은 시간을 들여 반영하는 능력이 중요하고도 사전에 있어야 할 능력으로 강조된다(Miller & Mount, 2001; Moyers, Martin, Catley, Harris, & Ahluwalia, 2003). 이러한 기술은 이중진단된 환자들과 작업할 때 처음에 보기에는 비논리적이거나 이상하게 들리는 말을 할 경우에 최상으로 보인다. 임상가가 환자와의 대화에 순서와 논리성을 가져오려는 적극적인 노력 없이는 양자 모두에게 혼란이 일어나며, 환자의 증상은 악화될 수 있다.

따라서 이중진단 동기면담에서는 반영적 경청하기가 임상가의 공감을 표현하는 것과 환자가 최소한 일관성 있게 이야기를 할 경우에 환자와 임상가 간의 대화가 현실을 토대로 하고, 논리적으로 조직화되게끔 도와주는 두 가지 기능을 한다. 저자들이 발견한 것은 재구조화하기를 자유롭게 사용하는 것이 정신증적으로 인한 손상이 없는 환자를 위한 동기면담에서 더욱더 필수적이다. 몇 가지 사례들이 이러한 과정을 보여준다. 첫 번째 사례에서 만성 편집증 정신분열병 남자 환자로 과거에 알코올 및 대마초 남용을 한 내력이 있는데, 집중적인 외래 프로그램을 위한 초기 평가에 참여하고 있는 사례이다. 임상가는 초기 평가가 어떻게 이루어질 것인가를 기술하는 소개의 말을 한 후에, 환자가 프로그램 서비스를 찾은 이유에 대해 환자 중심의 열린질문하기로 면담을 시작한다. 환자의 의심은 두드러진다.

> 임상가 : 저희 프로그램에서 치료를 받도록 한 것이 무엇인지 말씀해 주세요.
>
> 환　자 : 제가 치료를 받으려고 온 것이 아니라 치료가 저를 찾아서 온 것이지요.
>
> 임상가 : 여기에 치료 때문에 오고자 원했던 것은 아니군요. 환자분에게 치료가 강요되었던 것이군요.
>
> 환　자 : 저의 주거시설 상담자와 치료자가 저를 쫓아다니고 있어요. 두 사람이 공범입니다.
>
> 임상가 : 그분들이 환자분께 이곳에 가라고 권했는데, 환자분께서는 불이익으로 느껴지는군요. 여기에 오고 싶지 않았고요.
>
> 환　자 : 제가 술을 마시고 있기 때문에 제가 여기 와야 한다고 말할 권리가 그 사람들에게 있는 걸까요?
>
> 임상가 : 환자분께서는 술을 마시는 것에 대해 비난받는 것이 잘못이라고 느끼는군

요. 게다가 술을 마셨다 하더라도 그들이 관여할 바가 아니고요.

환 자 : 술을 마시긴 했지만 많이는 아닙니다. 그 사람들은 그걸 가지고 과대적으로 소란을 피우고 있는 거예요. 상담자가 묻지도 않고, 제 방에 들어와서 계속 집안에서 쫓아다니는 거예요. 제 방에서 빈 맥주병을 발견한 후에 여기서 평가를 받아야 한다는 겁니다. 저는 음주로 인한 도움이 필요하지 않아요. 이곳은 자유국가입니다. 제가 원하는 것을 살 수 있어야 한다는 겁니다.

임상가 : 음주 때문에 강제로 치료에 오기를 원하지 않으시군요. 아마도 다른 사항이 당신에게 염려가 될 수가 있겠지요. 만약에 자신을 위해 치료에 시간을 투자하기로 결정한다면, 치료에서 어떤 것에 대해 작업을 하고자 하는지 선택할 자유를 원하시는군요.

환 자 : 네, 저는 화가 납니다. 다른 사람들을 믿지 않습니다. 때로는 그럴 만한 이유가 있어요. 그 점에 대해서 작업하기를 제가 원할 수도 있지만, 저는 맥주 한 병을 한 것뿐이에요. 상담자나 치료자가 그것에 대해 과잉 반응을 해야 한다고는 생각하지 않습니다. 그건 정말로 기분이 나빠요.

임상가 : 음주 문제가 있다고 생각하지 않으시군요. 때로는 이번 상황과 같이 그럴 만한 이유가 있을 때 화가 나시고요. 대변하자면, 사람들이 진정 해를 주려고 의도하지 않을 때도 때로는 화가 날 수 있다는 것을 아신다는 거군요. 그 점이 아마도 환자분이 작업하기를 원하는 것일 수 있겠군요. 그 사람들이 환자분의 음주에 대해 초점을 두는 것은 환자분의 주된 염려를 다루는 데 도움을 주지 못하는군요.

이 사례에서 환자는 자신의 부정확한 의심성에 대해 어느 정도 인식을 가지고 있다. 편집증 환자들에게 반영을 사용하는 것은 환자의 망상이 고정되어 있지 않을 경우엔 적절하다. 그러나 임상가가 환자의 망상적 신념을 반영할 때, 환자가 경직될 정도로 자신의 망상적 신념을 고수하면서 점차적으로 더욱 편집증적으로 된다면 계속 반영하는 것은 부적절할 수 있다. 이와 같은 개입이 더 많은 편집증적 사고를 늘릴 수 있기 때문이다. 이러한 상황에서 저자들이 바라는 것은 임상가가 단순히 환자의 신념을 수긍하고 나서 동기증진의 기회가 남아 있을 수 있는 다른 영역으로 초점을 바꾸도록 하는 것이다.

은유나 비유를 통합해 주는 재구조화하기를 보다 심도 있는 반영 수준을 사용하는 것이 또한 공감적 경청을 증진하는 동시에, 환자가 진술하는 바를 현실에 닻을 내리도록 하는 데 도움이 된다. 이 사례는 19세의 대학생으로 휴학 중이며, 외래 회기 동안에 임상가와 함께 대화를 나누고 있는 사례이다. 이 환자는 수차례 대학에서 환각제와 MDMA(엑스터시)를 사용했다. 그는 첫 학기에서 과목들을 겨우 끝냈는데, 이것은 그의 일반적인 학업 능력에 미치는 것이 아니었다. 이 환자는 부모에게 처음에는 대학생활에 적응하는 것이 어렵다고만 하였고, 2학기가 되면 학점이 올라갈 것이라고 말한 바 있다. 겨울 방학 동안에 그는 더 철수되어 보였으며 고등학교 친구들과의 연락을 취하는 데 관심을 보이지 않았다. 2학기 초에는 수업을 듣지 않았고 점차적으로 기괴한 행동을 보이기 시작했다. 단기 입원과 약물치료를 시작한 후, 부모의 집으로 돌아갔으며 개인치료를 시작하였다. 그는 추상적인 언어 표현을 드러나게 지속적으로 하면서 이상한 행동을 간헐적으로 보여 주었다. 회기 중에 임상가와 환자는 그가 사용한 LSD와 엑스터시 사용에 대해 이야기를 하였고, 약물사용이 그의 기능에 미치는 영향에 대해 대화를 나누었다.

임상가 : 이러한 약물사용이 갖는 부정적 효과는 어떤 것이 있었나요?

환　자 : 환각이 증폭되는 경험이었어요.

임상가 : 약물이 정신을 망쳐 놓았다고 느끼는군요.

환　자 : 아시다시피 당장은 대학에 갈 수 없어요.

임상가 : 예전과 같이 머리가 돌아가지 않는다는 거군요. 부분적으로 약물 때문이고요. 그래서 당장은 대학에 돌아가는 것을 생각하기 어렵다는 거군요.

환　자 : 집중을 잘할 수 없어요. 기억을 하는 것이 어렵고요. 다른 사람들은 그렇지 않은데, 저의 경우 기소가 될까요?

임상가 : 왜 이런 일이 생겼는지에 대해 의아해하는군요. 다른 사람들도 약을 사용하고 나서 중단하고 그 후에는 좋아지고 계속적으로 기능을 하는 데 말입니다. 어떻게 일이 되어질지 확신이 서지 않으시군요.

환　자 : (자리에서 일어나서 문 쪽으로 걸어가 문을 연 후에 힘 있게 닫는다. 그리고 나서 혼란스러운 듯이 방 한가운데 서 있다.)

임상가 : 대학으로 돌아갈 문이 이미 닫힌 것이 아닌지 확신이 서지 않으시군요. 그 문을 열 수 있는 무엇을 하고 싶은데, 무엇을 할 수 있을지 확신이 서지 않으시군요.

환　자 : (임상가를 바라보며) 제가 무엇을 할 수 있을까요?(자리에 앉는다.)

이 시점에서 임상가는 약물치료, 마약 중단, 치료에 대한 피드백을 주면서 환자의 현재 대처 능력을 넘어서는 상황을 최소화하고 있다.

보다 심도 있는 반영을 위한 흔히 사용되는 또 하나의 동기면담 기법은 환자가 표현하는 정서 상태나 느낌을 재진술을 하는 것이다. 그러나 정신증적 환자의 의견을 존중하여 우울감이나 불안감을 대처하는 데 어려움을 가질 수 있다. 강도 높은 부정적 정서가 인지적 혼란, 망상적 사고, 증가된 환각을 이끌어 올 수 있고, 공격적인 성향과 편집증적 환자의 경우에는 적대감조차 이끌어 올 수 있다. 따라서 임상가들은 부정적 정서 상태를 유발시킬 부정적인 생활 사건에 과도하게 초점을 두거나 또는 절망적인 환자의 진술에 과도한 초점을 두는 것을 최소화해야 한다. 임상가는 또한 그처럼 심도 있게 집중적인 반영적 경청하기가 환자들에게 혼란스러울 경우에는 스트레스를 주는 느낌을 탐색하는 것을 피해야 한다. 느낌에 대해 반영할 경우, 임상가들은 일반적으로 환자가 표현한 말을 반복하거나 재진술해 준다. 마지막 사례에서 임상가는 대학으로 돌아갈 능력에 대해서 환자가 염려하는 바를 반영해 주고,

그리고 나서 환자가 정신과적으로 충분히 회복하지 못하거나 또는 중요한 인생목표를 달성하지 못할 수 있다는 환자의 두려움을 탐색하는 대신에 환자의 불안을 관리하기 위한 권유적인 피드백을 제공하고 있다.

이와 유사하게, 이중진단 환자들은 종종 서로 다른 또는 괴리가 있는 동기 수준을 평가하는 데 어려움이 있기 때문에 자신들의 부적응적 행동들이 변화하는 것에 일반적으로 존재하는 양가감정을 생각하면, 극도의 정서적 불편감과 심리적 흥분을 경험할 수 있다. 이러한 경험이 면담 중에 지속되면 환자의 정신과적 증상들(예 : 혼란된 사고, 편집증)을 불러일으키거나, 악화시킬 수 있어서 동기면담으로부터 이득을 얻을 수 있는 그들의 능력이 감소될 수 있다. 이중진단 동기면담에서 저자들이 제안하는 바는 임상가가 환자의 양가감정을 반영할 때 환자의 심리적 불편감에 주의 깊게 집중해야 하며, 양가감정 중에 한쪽 또는 다른 쪽에 보다 더 집중을 해야 하는 하나의 지표로 환자의 심리적 불편감보다 낮은 식역치를 사용하도록 권한다. 이 때쯤 환자의 양가감정을 스스로 해결할 주 전략으로 반복적인 반복이나 증폭하는 대신에 이중진단 동기면담에서의 임상가들은 환자가 가진 양가감정을 간결하게 요약하는 쪽으로 보다 빨리 움직여야 한다. 또한 변화대화를 이끌어 변화를 선호하는 쪽으로 양가감정을 해결할 수 있는 전략을 사용하는 쪽으로 재빨리 움직여야 한다. 다음의 사례에서는 환자가 새로운 약물치료를 시도하는 것에 대한 양가감정을 설명하고 있다. 상담자는 환자의 강도 있는 양가감정을 반영하는 대신에 지시적인 방식으로 해결점을 향하여 움직일 것을 선택하고 있다.

환　자 : 그 약을 먹어야 한다는 것을 알고 있지만, 그 전에도 너무 많은 것을 사용한 적이 있어요. 더 이상 실험 재료처럼 느끼고 싶지 않아요. 이 신약을 사용하게 되면, 한 달에 한 번씩 혈액 검사를 해야 한다고 합니다. 제가 여기에 자주 오지 않는 것처럼 말이에요. 제 친구 중에 한 명은 그 약을 6개월간 복용했는데, 상당히 건강해 보여요. 자기 아파트도 가졌어요. 저도 제 아파

> 트를 가지고 싶네요.
>
> 임상가 : 이 약에 대해서 희망을 주는 무언가가 있으시군요.
>
> 환　자 : 네, 하지만 주사는 좋지 않아요.
>
> 임상가 : 당신 자신의 공간을 마련할 수 있을 거라는 생각도 하시고요. 대단한 일일
> 것 같군요. 혈액 검사를 할 만한 가치도 있는 거 같고요.
>
> 환　자 : 제 소유의 살 곳이 있다면, 가치 있을 거예요.
>
> 임상가 : 친구처럼 이 약이 당신에게도 좋은 효과가 있으면 상당한 보상이 되겠어요.
>
> 환　자 : 저도 그렇게 되었으면 좋겠어요.
>
> 임상가 : 네, 제가 말씀드렸던 그 희망이지요.

음성 증상 관리하기

음성 증상은 동기면담에 서너 가지 도전과제를 제시한다. 환자들은 자신의 이중진단을 관리할 내적 욕구가 거의 없을 수 있으며, 보상해 주는 지원이 부재할 경우에 동기를 지속할 만한 욕구가 없을 수 있다(Bellack & DiClemente, 1999). 환자들은 또한 회기 중에 거의 이야기를 하지 않아서 임상가에게 반응할 때까지 시간이 걸린다. 따라서 회기 중에 임상가보다 환자가 더 많은 말을 하는 경우라면, 이것은 임상가의 동기면담 능력과 환자 협동의 표시가 될 수 있는데(Moyers et al., 2003), 이것도 음성 증상으로 심하게 손상된 환자들과 작업할 때는 제외시켜야 한다. 현저한 양성 증상을 보여 주는 환자들의 경우 동기면담은 대화를 구조화하고 때로는 제약하는 기능을 해 준다. 음성 증상으로 손상된 환자들의 경우 도전과제가 되는 것은 상호 대화를 자극시키는 것으로 동기증진을 촉진시킬 자료들을 만들어 내는 것이다(Carey et al., 2001).

이 도전 과제를 성취하기 위해서 동기면담 임상가들은 환자만큼이나 또는 그들보다 더 많이 이야기를 해야 하는데, 환자들이 그들의 제한된 의사소통에서 의미하는 바를 자주 빈번히 재진술해야 하고, 환자들이 임상가가 한 반영에 대해서 충분

히 생각하고 반응할 시간을 제공해 주며, 환자가 참여하고 있다는 사실을 인정해 줌으로써 알아채도록 하며, 각 회기 내에 구조화된 과제물을 사용해야 한다. 다음 대화는 임상가가 만성 미분화형 정신분열병과 코카인 남용 진단을 가진 사람과의 면담이다. 환자는 퇴원 후 복용해 온 항정신병 약물을 4~6주간 중단하기를 반복한 사람이다. 최근에 환자에게 올란자핀(자이프렉사)이 처방되었는데, 환자의 지속적인 음성 증상을 보다 더 잘 치료하고, 과거에 자신이 처방약 준수를 하지 않게 만든 부작용 프로파일을 감소시키는 데 목적이 있었다. 이 환자는 예정과는 달리 8주 동안 자이프렉사를 지속적으로 복용하고 있다. 그러나 지난주에 환자의 처방약 준수를 확인하고자 방문한 간호사는 두 번 모두 그가 집에 없었다고 하였다. 간호사는 임상가에게 연락을 했고, 임상가는 무슨 일이 있었는지 이야기를 나누고자 약속 일정을 잡았다.

임상가 : 저를 보러 와 주셔서 감사합니다. 여기에 오신 것은 자이프렉사가 어떠한지에 대해 이야기를 기꺼이 하시고자 하는 걸로 보이는데요.

환　자 : (바닥을 쳐다보며) 네.

임상가 : 처방약은 어떠신가요?

환　자 : (몇 초 동안 침묵을 하다가 거의 활기 없이 이야기를 꺼낸다.) 괜찮아요.

임상가 : (잠시 후-환자의 무감정이 순수하게 증상적인 것인지 또는 처방약 복용에 대한 양가감정을 의미하는지를 생각하고 있다.) 어떤 점에서는 약이 효과가 있고 어떤 점에서는 그렇지 않다는 거군요.

환　자 : 이 약이 더 나아요(침묵).

임상가 : 다른 약에 비해서 이 약이 어떤 점이 나은가요?

환　자 : 제 생각에 나은 거 같아요. 몸이 말을 더 잘 들어요(침묵).

임상가 : 더 낫군요.

환　자 : 이전에 비해서 집단(치료)에 있을 때 가만히 앉아 있을 수 있고, TV를 더 오래 시청할 수 있고 집단에서도 사람들과 더 오래 이야기할 수 있지요.

임상가 : 그렇다면 이 약을 복용하는 것이 당신의 정신과 신체에 효과가 더 좋군요.
주의 집중력이 증진되었다고 보시고요. 이전보다도 더 많이 사람들과 이야
기할 수 있고요. 이 약이 또한 신체적으로도 더 편안하게 느끼게 도와주는
군요. 이러한 이유라면 아마도 다른 일도 있겠지만, 이전의 약물에 비해서
이 약물을 더 오랫동안 복용해 오신 것 같네요. 그런 노력에 대해서 많은 칭
찬을 드리고 싶고, 어떠한 처방약이 더 도움이 되는지 알아내는 능력에 대
해서 신뢰가 갑니다.

환　자 : (오랫동안 침묵한 후에) 제가 무엇이 가장 효과가 있는지 알고 있습니다.

임상가 : 8주 동안 이 약을 복용함으로써, 저와 의사와 간호사로 하여금 약이 효과가
있다는 것을 알려주는 것입니다. 한편 간호사가 방문을 했을 때 두 번 모두
집에 계시지 않았다고 하더군요. 약을 드셨는지 모르겠다고 말하면서 당신
에 대해 염려했습니다.

환　자 : (잠시 후) 집에 있었어요. (잠시 후) 그냥 문을 열어 주지 않았어요.

임상가 : 집에 계셨군요. 그냥 간호사를 보고 싶지 않으셨군요.

환　자 : 제가 약을 먹는지 간호사가 항상 확인을 하러 올 필요는 없어요.

임상가 : 당신은 그 약을 복용하기로 결정하셨군요. 그 시점에서는 매일 간호사가 당
신을 확인해야 할 필요가 없다고 느끼시고요. 간호사가 방문할 때에 당신을
도와줄 수 있는 그 밖에 것이 있을 거라고 봅니다. 하지만 끊임없이 당신의
약물에 대해 감독하는 것은 싫으시군요.

환　자 : 네. (잠시 후)간호사가 저를 보러 오지 않았던 날에도 약을 복용했단 말입
니다.

면담이 계속되면서 환자는 과거에 자신이 주삿바늘에 의해서 어떻게 강탈당하였
는지를 이야기하였는데(입원치료 동안 강제적으로 약물 처치가 되었음), 권위적인

약물 전략에 대해 그가 혐오감을 느끼는 이유를 상세하게 말했다. 임상가는 능숙하게 환자가 자신의 약물 처치에 대해 더 많은 자율성을 가져야 함에 대한 중요성을 이야기하면서 이 중요한 시점에서 환자가 지속적으로 항정신약물을 복용하는 것을 격려하였다. 회기가 지속되면서 임상가와 환자는 환자가 선호하는 처방약 준수의 대안에 대해 이야기를 나누었고, 어떻게 하면 방문간호사가 가장 도움이 되는지 이야기하였다(예 : 방문 수 줄이기, 방문하는 동안에 약물 감독 줄이기).

때로는 신중하면서 적극적인 반영적 경청이나 유도적 질문의 사용이 음성 증상 환자들의 이야기를 끌어내는 데 충분하지 않을 수 있다. 환자들은 대화물을 생각해내는 데 어려움을 느낄 수 있어서, 동기면담의 전통적인 실현에서 흔히 있는 것보다도 더 많은 적극적인 자극 유발이 필요하다. 인지적 손상의 경우와 같이 환자의 약물사용과 정신병 증상에 대해 이야기를 이끌어 낼 수 있는 솔직하고 시각적이면서 참여를 이끄는 구조화된 피드백 사용이(음성 손상 환자들과 이야기를 할 경우에) 동기증진을 부추기는 효과를 줄 수 있다. Carey와 동료들(2001) 또한 제언하기를 결정 저울 척도나(King & DiClmente, 1993) 알코올 및 약물 결과 질문지(Cunning-ham, Sobell, Gavin, Sobell, & Bresklin, 1997)와 같은 평가도구를 사용하여 환자들이 약물사용을 하는 이유와 사용하지 않아야 하는 이유을 인식하도록 도와야 한다고 하였다. 이와 유사하게 연구자들은 환자의 개인적 목표를 떠올리고 이야기할 수 있도록 목표 목록을 사용하여 환자들을 격려하고 있으며, 약물사용과 치료 비준수가 어떻게 목표 달성과 갈등이 될 수 있는지에 대해 질문하고 있다.

동기면담이 언제 적절한지를 알기

이중진단 환자들이 임상가에게 드러내는 복잡하고도 다중적인 상담의 도전과제는 동기면담으로만 다룰 수 없다. 기타 이중진단 치료 계획(예 : 사례 관리, 사회기술 훈련, 재발 방지, 직업 재활, 가족 상담)이 환자들의 회복 기술을 가르치고 그들에게 지지적인 서비스를 제공해 줌으로써 행동 변화를 하게끔 도와주고, 또 시간이 지나도 이러한 변화가 지속될 수 있도록 도와주는 것이 필요하다(Bellack & DiClmente, 1999). 임상가들이 환자의 전반적인 치료를 통해서 동기면담 상담 스타일에 깔린 공감적이고 협동적인 것을 활용하도록 지속하거나 재발되거나 새로운 동기 면에서의 딜레마를 체계적으로 해결하는 데 필요한 만큼 동기면담을 정식으로 사용하는 경우에, 숙련된 임상가들은 융통성 있게 환자의 이중진단 치료요구를 다루기 위해 목표가 설정된 동기적, 기술 발달, 지지적, 그리고 위기개입을 자유롭게 사용해야 한다. 예를 들어, 약물사용을 변화하고자 동기화된 이중진단 환자들은 자신의 동기를 오랫동안 탐색하는 것은 반복적이면서도 비생산적인 것임을 알게 된다. 그 대신, 이중진단 재발 예방 기술과 회복 지원을 개발하는 데 초점을 두는 것이 더 적절하다(Ziedonis & Trudeau, 1997). 임상가들은 환자의 정신병 증상의 급성적 악화가 심각하게 환자들의 의사결정, 자율적인 기능, 자신이나 타자들의 안전을 유지하는 능력을 손상했을 경우에 동기면담을 사용해서는 안 된다. 이러한 상황이라면 임상가가 느끼기에 환자에게 최선의 이익이 된다고 보는 것을 환자가 동의하지 않아도 환자가 하게끔(비자발적 입원) 하는 선택의 자유를 빼앗을 수 있고, 강제적인 힘을 활용할 수 있다(경찰호출, 응급 평가 요구서 작성). 동기면담은 이러한 상황에서는 부적합하다(Miller & Rollnick, 2002). 공존 병리가 없는 약물남용 환자보다 이중진단 환자들이 심각하나 증상적 퇴행과 위기 상황들이 더욱 만연하기 때문에(Drake et al., 1989l Lyons & McGovern, 1989; Turner & Tsuang, 1990) 이중진단 동기면담을 수행하는 임상가들은 정신 상태 및 위험성 평가를 능숙하게 수행할 능력이 있어야 하며, 이 점이 심각하게 손상되어 있는 경우 환자를 어떻게 다루어야 할지 아는 능력이 있어야 한다.

그러나 덜 명백한 것으로는 환자에게 동기면담을 사용할 수 없는 정신과적 기능의 식역치에 대한 것이다. 다른 말로 하면, 환자가 아직까지는 중대한 장애 수준에 미치지 않았을 경우 어느 시점이 환자가 너무 정신증적이어서 동기면담의 혜택을 받지 못할 것인가? 라는 질문이다. 저자들이 믿기로는 이 질문에 대한 답은 환자의 반응에 있다고 본다. 임상가-환자 대화가 진행된 이후 임상가들은 환자의 양성 및 음성 증상과 전반적인 인지 기능의 수준을 결정하게 된다. 유의미한 증상 해소 또는 심각한 증상 악화의 경우나 동기면담의 적절성 또는 부적절성이 명백할 경우를 제외하고, 임상가들은 종종 양성 및 음성 증상이 혼합된 양상과 또는 인지적 손상을 가진 환자들을 면담하게 된다. 임상가가 동기면담 전략을 적용할 때에는 환자가 어떻게 반응하는지 그리고 임상가의 동기면담 사용에 맞추어서 적응하는지에 대해 주의 깊게 관찰해야 한다(Miller & Moyers, 2007). 예를 들어, 환자가 반영에 대해서 더욱 혼란한 반응을 한다면 임상가는 보다 더 구조화된 개입을 사용해 볼 수 있다. 예를 들면, 임상가는 사례 관리, 문제 해결, 사회 재활, 그리고 약물치료 개입을 통해서 환자를 더 잘 도와줄 수 있다. 환자들이 정신과적 안정성과 인지적 명료성을 더 많이 갖게 되면 동기면담이 치료에 개입될 수 있다. 한편, 만약 임상가의 개입에 대한 반응을 하는 환자가 증상을 덜 보이고 언어 면에서 보다 더 조직화되고 논리적인 면이 일관성 있게 대화 내용을 기억하고 고려하는 능력을 보여 준다면, 이중진단 환자들에게 동기면담은 사용 적절하다고 본다. 그런 경우에 동기면담은 현실을 토대로 현실과 관련된 환자의 지각을 유발하는 데 효과적으로 기능하고, 더 나아가 이러한 지각은 동기증진 과정으로 통합될 수 있다. 따라서 이중진단 동기면담에서는 환자의 변화대화와 저항의 균형에 대해 경청하고, 환자의 정신병 증상이 어떤지를 감독하면서 임상가는 면담을 어떻게 진행할 것인가를 생각해야 한다. 임상가는 그렇게 할 만하다라고 보일 때에만 환자의 뒤를 쫓아가야 한다.

연구

이중진단 환자들을 위한 세 가지 동기면담 적용 방법들—(1) 의뢰 참여, (2) 표준 치료 보조, (3) 단독 개입—이 이 문헌에서 기술되고 연구된 바 있다. 저자들은 이들의 적용에 대해 간략하게 기술하면서 후속 연구 방향에 대해 이야기하고자 한다.

의뢰 참여

동기면담은 입원 장면에서 외래 장면으로 환자를 옮기는 데 도움을 주기 위해 사용되었다. Swanson, Pantalon과 Cohen(1999)은 정신과 환자들을 동기화하는 2회기 면담을 사용했는데, 대상군 중 77%가 약물 관련 장애가 있었다. 이 연구에서 첫 번째 외래 일정에 대해 추수 조사를 하고자 하였다. 연구자들은 환자들을 동기면담 또는 표준적인 퇴원 계획으로 무선별 할당하였다. 이중진단 환자들의 경우 2회기 동기면담은 치료 참여율을 두 배 이상 증가시켰다(42 대 16%). 가장 최근에는 정신분열병 또는 분열정동장애와 흡연 의존을 가진 78명의 외래 환자를 대상으로 무선별 통제 연구를 하였는데, Steinberg, Zeidonis, Krejci와 Brandon(2004)은 1회기 동기면담에 참여했던 참가자들이 표준적인 심리교육 상담 또는 조언만을 받은 참가자와 비교했을 때 유의미하게 높은 비율이 흡연 의존 치료 기관에 연락하여 1개월 내에 첫 상담 회기에 참여한 바 있었다.

표준 치료 보조

동기면담은 또한 표준적인 통합 이중진단 치료(즉, 약물사용과 정신증적 문제의 치료와 집중 사례 관리 및 재활 지원의 조합)의 보조 수단으로 사용되어 왔다. Martino, Carroll, O'Malley와 Rounsaville(2000)은 기분장애, 정신장애, 그리고 약물사용장애를 가진 23명의 참가자들을 무선별로 할당하여 이중진단 부분 병원 프로그램을 시작하기 전의 단계로서 1회기의 사전 동기면담 또는 표준적인 정신과 접수 회기를 받도록 하였다. 이와 같이 단기개입은 프로그램 참여와 몰입률을 증가시키는 결과를 주었다. 그런데 약물 재발과 약물치료 비준수의 차이는 유의미하지 않았다. 이와 마찬가지로 Carey와 동료들(2001)은 이중진단 환자를 위해서 4회기 동기면담을 가지고 외래 장면에서의 지속적인 정신건강 치료에 보조 수단으로 제안한 바 있다. 이 모델에서 동기면담은 낮은 변화 준비도를 보이는 환자들에게 시행되었는데, 이들은 현재 약물을 사용하고 있거나 약물남용 치료에서 낮은 수의 참여를 보인 사람들이었다. 현재까지 이 접근의 효과성을 자세하게 설명해 줄 만한 연구 결과가 밝혀지고 있지 않다.

단독 개입으로서의 동기면담

동기면담은 환자의 약물사용 패턴을 변화시키기 위해서 단독으로 심리사회 치료로 사용되어 왔다. 무선별 통제 예비연구에서 Graeber와 동료들(2003)은 정신분열병과 알코올 의존의 공존 병리를 가지고 치료를 받지 않은 36명의 재향군인들과 동일한 길이의 장기적 심리교육을 받는 대신에, 3회기 이중진단 동기면담에 참여했을 때 그들의 음주한 날수와 일일 알코올 소비량이 현저히 줄어들었다고 하였다.

후속 연구 방향

동기면담을 이중진단 장면에 통합시키려는 예비 노력들은 고무적이다. 후속 연구에서는 연구 방법론적 개선이 필요하며(대규모 표본 사이즈, 치료자의 동기면담 능력 확인, 한두 명 이상의 치료자 그리고 추후 조사 기간의 연장), 방법론적 개선이 있는 한 많은 전망 있는 추가적인 기회가 동기면담을 이중진단 환자에게 적용하는 데 우리들의 이해를 증진시킬 것이다. 예를 들어, 좀 더 장기적인 이중진단 치료 프로그램 내에서 6단계에 걸쳐 보다 집중적인 동기면담 개입이 제공될 때의 잠재적 효과성이 검증되어야 할 필요가 있다(Bellack & DiClemente, 1999; Carey et al., 2001; Handmaker er al., 2002). 더 나아가 정신건강과 중독 치료 서비스 부분에서 상담 개입을 제공하는 가장 흔한 방법의 집단 형태로서 제공되는 동기면담의 효과성은 아직까지 임상 연구 중요성에 미탐색 영역이다(Handmaker et al., 2002). 향후 연구는 또한 정신장애와 약물사용 장애 간의 특수한 조합을 가진 보다 동질군의 이중진단 환자들을 포함해야 한다. 최근 동기면담 효과성 연구 문헌에서처럼 동기면담은 주로 알코올 남용이나 의존인 정신장애자들에게 가장 효과가 있을 수 있다. 현재까지 이중진단 환자에게 있어서 약물사용 결과에 중요한 효과가 있는 것으로 보여 준 유일한 동기면담 연구에서는 환자의 음주가 개입의 목표가 되었던 정신 분열병이자 알코올 의존 외래 환자들을 포함하는 것이었다(Graeber et al., 2003). 동기면담이 약물남용 또는 의존의 정신장애자를 치료하는 데 얼마나 효과적인가 하는 것은 알려진 바 없으며, 환자의 주요 약물 문제의 유형에 따라 달라질 것으로 본다. 이와 마찬가지로 동기면담의 효과성은 환자의 정신증적 증상과 사회적 결함의 심각도에 따라 다양해질 수 있다. 마지막으로, 복합 반영을 빈번히 사용하는 것과 같은 임상가의 이중진단 동기면담 기술은 치료 효과에 영향을 줄 수 있는 특히 중요한 요소가 될 수 있다. 저자들이 여러 방식으로 묘사한 바 있는 연구 방법은 고도의 능숙한 동기면담 수행과 동기면담 학습에서의 고급 단계를 기준으로 삼아야 한다(Miller & Moyers, 2007). 임상가 동기면담을 최고 수위의 기술로 수행하여 정신 장애로 인해 두드러진 증상과 사회적 손상을 다루어야지만 동기면담은 이중진단 환자들에게 영향을 줄 것으로 본다. 임상가의 동기면담 준수와 이중진단 치료 효과 간의 관계가 향후 검증될 필요가 있다.

결론

동기면담은 포괄적이고 통합적인 이중진단 서비스 시스템 내에서 중요한 치료 요소가 되고 있다. 동기면담이 원래 목적을 두지 않았던 대상군에게 활용을 확장할 때 이 접근이 이중진단 환자들이 치료 장면에 가지고 있는 독특한 인지적, 증상적, 임상적 도전 과제들을 다룰 수 있도록 수정 보완될 필요가 있다. 저자들이 믿기로는 생기 있는 열린질문하기와 반영, 연속적이고 조직화된 요약해 주기, 빈번한 재진술하기, 보기에는 이상한 진술과 제스처 다중 의미를 보여 주는 은유 사용 그리고 단순하면서 구체적이고 참여를 이끄는 자료들과 방업을 사용하도록 제언하는 것이 이중진단 동기면담의 효과성을 최대화하면서 전반적인 동기면담 활용에서 의미가 있다. 필수적인 약물치료, 위기관리 기타 심리사회적 개입을 포함한 이러한 환자들의 복잡한 요구를 감안할 때, 임상가는 융통성 있게 임상적인 상황에 맞게 치료 접근을 세우고, 바꾸어 가는 능력을 가져야 한다. 이러한 기술은 이중진단 환자들과 작업을 매우 잘하기 위해서 임상가들이 동기면담을 최고 수준의 능력으로 수행해야 함을 필수로 한다. 그럼에도 불구하고 정신장애 약물남용 환자의 동기적 기반에 도전할 때 때로는 혼란스러울 수 있으며, 임상가와 환자가 모두 무엇을 이야기해야 할지 모르거나 원하는 행동 변화를 이끌기 위해서 어떻게 진행해야 할지 모를 수 있다. 한 환자는 이러한 딜레마를 적절하게 표현했는데, 최근에 코카인 사용 재발 이후 프로그램을 다시 시작한 후에 임상가에게 다음과 같은 질문을 하였다. "무음의 환경에서 태어나서 소음의 환경으로 옮겨 가는 경우 다른 사람들이 듣고 있는 것을 들을 수 있을까요?" 이중진단 동기면담에서 환자들과 임상가들은 더욱더 열심히 경청해야 할 것이다.

참고문헌

Bellack, A. S., & DiClemente, C. C. (1999). Treating substance abuse among patients with schizophrenia. *Psychiatric Services, 50*, 75–80.

Bolla, K. I., Brown, K., Eldreth, D., Tate, D., & Cadet, J. L. (2002). Dose-related neurocognitive effects of marijuana use. *Neurology, 59*, 1337–1343.

Brady, K. T., & Malcolm, R. J. (2004). Substance use disorders and co-occurring axis I psychiatric disorders. In M. G. Gallanter & H.D. Kleber (Eds.), *Textbook of substance abuse treatment* (3rd ed.). Washington, DC: American Psychiatric Publishing.

Burke, B. L., Arkowitz, H., & Menchola, M. (2003). The efficacy motivational interviewing: A meta-analysis of controlled trials. *Journal of Consulting and Clinical Psychology, 71*, 843–861.

Carey, K. B. (1996). Substance use reduction in the context of outpatient psychiatric treatment: A collaborative, motivational, harm reduction approach. *Community Mental Health Journal, 32*, 291–306.

Carey, K. B., Purnine, D. M., Maisto, S. A., & Carey, M. P. (2001). Enhancing readiness-to-change substance abuse in persons with schizophrenia. *Behavior Modification, 25*, 331–384.

Cunningham, J. A., Sobell, L. C., Gavin, D. R., Sobell, M. B., & Breslin, F. C. (1997). Assessing motivation for change: Preliminary development and evaluation of a scale measuring the costs and benefits of changing alcohol and drug use. *Psychology of Addictive Behaviors, 11,* 107–114.

Drake, R. E., Essock, S. M., Shaner, A., Carey, K. B., Minkoff, K., Kola, L., et al. (2001). Implementing dual diagnosis services for clients with severe mental illness. *Psychiatric Services, 52,* 469–476.

Drake, R. E., McLaughlin, P., Pepper, B., & Minkoff, K. (1991). Dual diagnosis of major mental illness and substance disorder: An overview. *New Directions for Mental Health Services, 50,* 3–12.

Drake, R. E., Mercer-McFadden, C., Mueser, K. T., McHugo, G. J., & Bond, G. R. (1998). Review of integrated mental health and substance abuse treatment for patients with dual disorders. *Schizophrenia Bulletin, 24,* 589–608.

Drake, R. E., Osher, F. C., & Wallach, M. A. (1989). Alcohol use and abuse in schizophrenia: A prospective community study. *Journal of Nervous and Mental Disease, 177,* 408–414.

Graeber, D. A., Moyers, T. B., Griffith, G., Guajardo, E., & Tonigan, S. (2003). A pilot study comparing motivational interviewing and an educational intervention in patients with schizophrenia and alcohol use disorders. *Community Mental Health Journal, 39,* 189–202.

Handmaker, N., Packard, M., & Conforti, K. (2002). Motivational interviewing in the treatment of dual disorders. In W. R. Miller & S. Rollnick, *Motivational interviewing: Preparing people for change* (2nd ed.). New York: Guilford Press.

Harrison, P. J. (1999). The neuropathology of schizophrenia: A critical review of the data and their interpretation. *Brain, 122,* 593–624.

Heinrichs, R. W. (2004). Meta-analysis and the science of schizophrenia: Variant evidence or evidence of variants? *Neuroscience and Biobehavioral Reviews, 28,* 379–394.

Kay, S. R., Fizbein, A., & Opler, L. A. (1987). The Positive and Negative Syndrome Scale (PANSS) for schizophrenia. *Schizophrenia Bulletin, 13,* 261–276.

King, T. K., & DiClemente, C. C. (1993). *A decisional balance measure for assessing and predicting drinking behavior.* Poster presented at the annual meeting of the Association for the Advancement of Behavior Therapy, Atlanta, GA.

Lawton-Craddock, A., Nixon, S. J., & Tivis, R. (2003). Cognitive efficiency in stimulant abusers with and without alcohol dependence. *Alcoholism Clinical and Experimental Research, 27,* 457–464.

Lyons, J. S., & McGovern, M. P. (1989). Use of mental health services by dually diagnosed patients. *Hospital and Community Psychiatry, 40,* 1067–1069.

Managed Care Initiative Panel on Co-Occurring Disorders. (1998). *Co-occurring psychiatric and substance disorders in managed care systems: Standards of care, practice guidelines, workforce competencies, and training curricula.* Rockville, MD: Center for Mental Health Services.

Martino, S., Carroll, K., Kostas, D., Perkins, J., & Rounsaville, B. (2002). Dual diagnosis motivational interviewing: A modification of motivational interviewing for substance-abusing patients with psychotic disorders. *Journal of Substance Abuse Treatment, 23,* 297–308.

Martino, S., Carroll, K. M., O'Malley, S. S., & Rounsaville, B. J. (2000). Motivational interviewing with psychiatrically ill substance abusing patients. *American Journal on Addictions, 9*, 88–91.

McLellan, T. A., Kushner, H., Metzger, D., Peters, R., Smith, I., Grissom, G., et al. (1992). The 5th edition of the Addiction Severity Index. *Journal of Substance Abuse Treatment, 9*, 199–213.

Mellman, T. A., Miller, A. L., Weissman, E. M., Crismon, M. L., Essock, S. M., & Marder, S. R. (2001). Evidence-based pharmacologic treatment for people with severe mental illness: A focus on guidelines and algorithms. *Psychiatric Services, 52*, 619–625.

Miller, W. R., C'de Baca, J., Matthews, D. B., & Wilbourne, P. L. (2001). Personal values card sort. Available at *www.casaa.unm.edu*

Miller, W. R., & Mount, K. A. (2001). A small study of training in motivational interviewing: Does one workshop change clinician and client behavior? *Behavioral and Cognitive Psychotherapy, 29*, 457–471.

Miller, W. R., & Moyers, T. (2007). Eight stages in learning motivational interviewing. *Journal of Teaching in the Addictions, 5*, 3–17.

Miller, W. R., & Rollnick, S. (2002). *Motivational Interviewing: Preparing people for change* (2nd ed.). New York: Guilford Press.

Minkoff, K. (2001). Developing standards of care for individuals with co-occurring psychiatric and substance use disorders. *Psychiatric Services, 52*, 597–599.

Moyers, T., Martin, T., Catley, D., Harris, K. J., & Ahluwalia, J. S. (2003). Assessing the integrity of motivational interviewing interventions: Reliability of the motivational interviewing skills code. *Behavioural and Cognitive Psychotherapy, 31*, 177–184.

Moyers, T., & Martino, S. (2006). *Personal values card sort for dually diagnosed patients.* Available at *www.casaa.unm.edu*

Nixon, S. J., & Phillips, J. A. (1999). Neurocognitive deficits and recovery in chronic alcohol abuse. *CNS Spectrums, 4*, 95–110.

Osher, F. C., & Kofoed, L. L. (1989). Treatment of patients with psychiatric and psychoactive substance abuse disorders. *Hospital and Community Psychiatry, 40*, 1025–1030.

Owens, R. R., Fischer, E. P., Booth, B. M., & Cuffel, B. J. (1996). Medication noncompliance and substance abuse among patients with schizophrenia. *Psychiatric Services, 47*, 853–858.

Parsons, O. A. (1998). Neurocognitive deficits in alcoholics and social drinkers: A continuum? *Alcoholism Clinical and Experimental Research, 22*, 954–961.

Steinberg, M. L., Zeidonis, D. M., Krejci, J. A., & Brandon, T. H. (2004). Motivational interviewing with personalized feedback: A brief intervention for motivating smokers with schizophrenia to seek treatment for tobacco dependence. *Journal of Consulting and Clinical Psychology, 72*, 723–728.

Swanson, A. J., Pantalon, M. V., & Cohen, K. R. (1999). Motivational interviewing and treatment adherence among psychiatrically and dually diagnosed patients. *Journal of Nervous and Mental Disease, 187*, 630–635.

Turner, W. M., & Tsuang, M. T. (1990). Impact of substance abuse on the course and outcome of schizophrenia. *Schizophrenia Bulletin, 16,* 87–95.

Van Horn, H. A., & Bux, D. A. (2001). A pilot test of motivational interviewing groups for dually diagnosed inpatients. *Journal of Substance Abuse Treatment, 20,* 191–195.

Ziedonis, D. M., & Trudeau, K. (1997). Motivation to quit using substances among individuals with schizophrenia: Implications for a motivation-based treatment model. *Schizophrenia Bulletin, 23,* 229–238.

Zweben, A., & Zuckoff, A. (2002). Motivational interviewing and treatment adherence. In W. R. Miller & S. Rollnick, *Motivational interviewing: Preparing people for change* (2nd ed., pp. 299–319). New York: Guilford Press.

제 12 장

교정 체제에서의 동기면담
형사 체제 내에서 동기면담을 수행하려는 시도

Carl Åke Farbring, Wendy R. Johnson

교도소 대상군과 일반적 치료

무기징역이라고 하는 명백하게 예외적인 사례를 제외하고는 재소자가 재범하지 않도록 하는데 교도소 시스템은 심각한 결점을 드러내고 있다(Lipsey, 1992; Wool-dredge, 1988). 교도소에 수감되어 있는 범죄자들은 지역사회 내에서 감독을 받고 있는 범죄자에 비해 약 7% 정도 높은 재범률을 보여 주고 있다(Smith, Goggin, & Gendreau, 2002). 다양한 재활 프로그램의 결과는 빈약하다(Lipsey & Wilson, 1998). 어떤 재활 프로그램은 오히려 재발률을 증가시켰다(Petrosino, Turpin-Petrosino, & Buehler, 2002). 한 교정 프로그램은 위험 수준에 있는 청소년들을 구치소와 교도소에 데리고 가서 고질적인 범죄자들과 직면하게 하는데 이 범죄자들은 일반적으로 장기간 또는 무기 징역을 받고 있는 재소자들이다. 이러한 재소자들은 청소년들에게 교도소 삶의 실체와 범죄의 말로에 대해 눈에 명백하게 직면시켜 준다. 충격 수감, 일반적으로 신병 캠프라 불려지고 있는데 이것은 교도소의 과밀 현상의 대안으로 만들어진 것으로 젊은 층의 비폭력적 범죄자가 초범을 했을 경우에 고안된 것이다. 신병 캠프의 공통요소로는 엄격한 군대 분위기, 집중적 신체 활동 그리고 미래의 범죄 예방 목표 등이 있으나, 이러한 공통요소는 광범위하게 다양할 수 있다(MacKenzie & Hebert, 1996). 신병 캠프 연구에 대한 메타 분석에 따르면(Kider, MacKenzie, & Wilson, 2003), 이렇게 정치적으로 호평을 받는 방법이 재범률을 줄이기보다는 증가시키고 있음을 지적하고 있다. 다른 기타 프로그램 역시 재범률과 같은 효과에 대해서는 거의 유익한 결과를 보여 주지 못한다.

효과가 있는 것의 적용

최근 몇 년간 많은 나라에서 판결받은 대상군에서 약물사용과 관련된 재범률을 줄이기 위해 전략을 지원해 왔다. 이러한 프로그램은 종종 효과가 있는 부류 속에 들어가는데 효과성이 검증된 연구 결과에 토대하고 있음을 의미한다. 효과 있는 것이라고 하는 용어는 사실상 아무것도 효과가 없다고 하는 말에 반해서 나온 용어이다. 아무것도 효과가 없다고 하는 말은 재활 프로그램의 나쁜 결과에 대해 보고한 1974년 논문으로 인해 널리 알려졌다(Martinson, 1974). 흥미로운 것은 Martinson이 5년 후에 그의 논문에서 자신의 초기 의견을 철회했으나 종종 간과되고 있다(Mar-tinson, 1797).

Cullen과 Gendreau(1988)는 프로그램과는 관계없이 교정 치료의 효과성을 높일 수 있는 다섯 가지 지침이 되는 원리를 밝혔다. 이 원리는 권위, 반범죄적 모델링, 문제 해결, 지역사회 자원의 사용, 그리고 양질의 대인관계 등이다. 첫 번째 원칙인 권위란 규칙과 기대치를 명료하게 하고, 예측 가능한 것을 말한다. 반범죄적 모델링으로는 범죄자와 접촉하게 된 모든 직원에 의해서 보여야 한다. 범죄자에 의해서 보이는 반범죄적 행동과 언어 표현은 보상되어야 한다. 문제 해결의 노력으로는 범죄자가 친사회적 생활양식을 시작하는 것을 방해하는 문제를 해결하고자 적극적으로 이들이 참여시키는 것을 포함한다. 지역사회 자원으로는 범죄자의 비수감 환경 내의 모든 요소들을 포함하는데 이 요소는 친사회적 생활양식을 촉진시키는 것이다. 여기에는 가족 유대, 고용 기회, 영적 자원 그리고 여가 활동의 기회가 포함된다. 마지막으로, 온정, 진솔함, 공감 그리고 적극적인 경청과 같은 인본주의적 상담 가치관은 범죄자들과의 모든 상호작용에 있어야만 한다. 이와 같은 다섯 가지 원칙은 효과적인 교정 치료를 제공하는 데 기반을 이루는 초석들이다.

교정 치료 체제 내에서 가장 흔하게 만들 수 있는 재활 프로그램으로는 인지행동 프로그램과 치료 공동체이다. 인지행동 접근은 오랫동안 교정 치료에서 황금률이 되어 오고 있다. 사고의 변화가 행동을 변화한다는 전제를 토대로 대부분의 형사정책 프로그램은 이와 유사한 양식으로 범죄적 사고와 인지적 재구조화를 다루고 있다. 인지행동과 사회학습 치료는 비행동적 접근에 비해서 재범률을 저하시키는 데 상당히 큰 효과의 크기를 보여 주고 있다(Dowden & Andrews, 2000l; Lipton, Pearson, Cleland, & Yee, 2002).

치료 공동체(Therapeutic Community : TC)는 고도로 구조화된 환경을 가진 거주 프로그램들이다. TC의 거주자들은 전문직원의 도움을 받아 함께 TC를 운영한다(Lipton, 2001). TC의 중요한 요소로는 사회적 모델링, 인지적 재구조화, 문제 해결 기술, 자신의 행동에 대한 책임을 포함한다. TC 내에서의 치료로는 집단 및 개인 상담, 12단계 촉진, 이론 교육, 그리고 공동체 내의 업무들이다(Anglin & Hser, 1990). TC는 판결을 받은 대상군에게 재범률과 약물사용을 줄이는 데 효과적인 것으로 일관성 있게 보인다(Anglin & Hser, 1990; Butzin, Martin, & Inciardi, 2002; Pearson & Lipton, 1999; Wexler, DeLeon, Thomas, Kressel, & Peters, 1999). 가장 성공적이고 장기적인 개입으로 스웨덴 교도소에서 보여 준 바 있는 TC로는 2~5년 내의 추후기간 중에 통제 집단과 비교했을 때 실험집단의 재발률이 14~21% 낮은 것으로($p<.005$) 나타났다(Farbring, 2000).

효과가 있는 프로그램은 일반적으로 인지적 기술의 결함에 목표를 둘 뿐만 아니라, 보다 더 구체적으로 범죄 행동, 공격성, 약물 의존, 가정 폭력, 그리고 성폭력에 목표를 둔다. 효과가 있는 적용에는 전반적인 효과가 혼합되어 있다. 영국의 내무부에서 발표하기로는 2001년과 2002년 각각 비행청소년의 재범률이 4.5%에서 3.6% 감소한 것으로 보고하였다(Home Office, 2004). 이러한 수치는 적기는 하지만 절대로 예사로운 것은 아니다. 성인과 관련하여 비교된 보고에서는 2년 내에 1.8%의 저하를 보여 주고 있는데 이 범죄자들은 2001년 1/4분기와 비교해서 보호관찰 또는 지역사회 판결로부터 풀려난 사람들이었다. 2002년에 유사한 집단의 최근 보고에서는 2000년도의 결과에 비해서 적으나 유의미하지는 않은 호전을 보이고 있다 (Home Office Statistical Bulletin, 2005).

스웨덴, 기타 스칸디나비아 및 유럽 국가에서 매우 구체적으로 '효과가 있는 프로그램'이 영구 활용을 전파했으며 점차 증가하는 추세로서 지금은 영국에 비해서 부족한 편이다. 스웨덴에서는 효과성을 근거로 하는 프로그램을 완료한 전체 재소자의 수가 2003년도에서 2004년도에는 1/3 정도 증가하여 총 1,500여 명이 되었다. 이 장에서 기술하고 있는 동기적 프로그램은 이러한 증가 중에서 73%를 설명하고 있다.

교도소에서의 동기면담 사용에 대한 이론적 근거

교정에 토대를 둔 치료는 흔히 지시적이고 직면적이고 제한적이다. 재소자들은 일반적으로 치료를 받도록 강요되며 치료받는 것에 대해 기꺼이 하지 않는다면 그들이 받는 혜택을 잃어버리는 것으로 벌을 받게 된다. 일단 치료에 들어가면 재소자들은 그들이 가진 사고의 오류와 인생의 잘못된 선택의 내력에 대해 직면하게 되는데, 이렇게 하는 것이 변화를 하도록 그들에게 확인시켜 주는 것이다. 불행하게도 사람들은 변화하게끔 외부적인 요구를 경험하게 되면 그들의 저항은 증가한다. 동기면담은(MI; Miller & Rollnick, 2002) 직면을 피하기 때문에 저항이 감소되며 내적 동기가 생겨날 기회를 제공한다. 동기면담은 변화의 외적동기를 내적동기로 전환하는 데 상당한 전망을 가지고 있다(Mann, Ginsburg, & Weekes, 2002).

동기면담이 범죄자가 치료에 참여하는 데 도움이 되는 또 다른 훌륭한 이유로는 동기면담이 낙인을 찍거나 판단하는 것으로부터의 자유로운 방향성 때문이다. 알코올중독자와 같은 재소자들은 오랜 기간 동안 부정적 분류와 부정적 가치판단 그리고 낙인의 극단을 받아 왔다. 그러나 동기면담은 수감되었다는 것 또는 범죄를 저질렀다는 것과 관련된 낙인의 경험을 감소시켜 준다. 더 나아가 분노가 많은 사람들에게 특히 효과가 좋다는 사실이 증명되었으며(Allen et al., 1997), 이 사실은 교정 대상군에게 동기면담의 유용성을 제안해 주는 것이다.

동기면담이 인식전단계와 인식단계에 있는 사람들에게 적절하기 때문에 (Prochaska & DiClemente, 1992) 재소자로 하여금 그 밖의 프로그램을 보다 더 효과적으로 활용할 수 있도록 도와줄 수 있다. 대부분의 교정 재활 프로그램은 재소자가 이미 변화할 준비가 되어 있다는 가정을 내포하면서 시작한다. 따라서 많은 노력이 그들에게 다양한 친사회적 인생 기술을 가르치는 데 쓰여 왔다. 그러나 만약에 그 개인이 변화하기를 원하지 않는다든가 또는 변화에 대해서 자신의 양가감정을 해결하지 않은 상태일 경우 이러한 노력은 헛수고일 수 있다. 약물 중독자와 같이 재소자는 그들의 삶에서 변화를 모색하는 것에 대해 양가감정을 가진다. 극단적으로 모험적이긴 하지만 범죄에 참여하는 것이 적어도 짧게는 흥분을 조장시키면서 재정적으로 도움을 줄 수 있다. 범죄 연계망은 재소자에게 집단과 소속감을 제공해 줄 수 있는데, 특히 보다 관습적인 사회적 사교 기회가 닫혀 있을 때 그러하다. 동기면담을 통해서 재소자들은 변화하는 것에 대한 이득과 손실을 탐색할 수 있으며 범죄 행동에 대한 그들의 양가감정을 해소하도록 노력할 수 있다.

약물남용과 형사 체제 내의 구속은 함께 간다. 교도소와 구치소에 있는 재소자 중의 60~90%가 구속 당시 알코올을 포함한 약물의 영향 내에서 약물 습관을 지속하기 위해 범죄를 저질렀거나 또는 알코올 및 약물 관련 범죄로 인해 구속된 것이다

(Belenko & Peugh, 1998). 이와 같이 약물사용과 구속의 높은 공존율은 단순히 약물 소지를 범죄화하려는 결과인 것은 아니다. 약물의 영향하에 있는 사람들은 범죄를 저지를 가능성이 더 높다. 폭력 행위의 과반수와 아동학대 및 방임의 60~80%, 기물관련 범죄의 50~70%, 그리고 약물 제조 및 배포의 75%가 범죄자 자신의 약물 사용과 관련이 있다(Belenko & Peugh, 1998; National Institute of Justice, 1999). 동기면담은 사람들로 하여금 약물남용 행동을 성공적으로 변화시키는 데 도움을 주기 때문에 이와 같이 약물과 관련된 범죄 행동 역시 변화될 수 있다는 논리를 세우고 있다.

전반적으로 교정에서 동기면담에 대한 연구가 부족하여 교도소 내에서 약물사용 또는 재범을 감소시키는 데에 동기면담 효과성을 지지해 줄 만한 결과가 없다. 그러나 알코올중독자와 약물사용자에게 효과가 있는 동일한 기제들이 약물사용 재소자에게 또한 적용될 수 있으며 동일한 기제가 범죄 관련 재소자로 하여금 친사회적 변화를 할 수 있도록 돕는 데 특히 적절할 수 있다고 묻는 것은 타당하다.

교정에서의 동기면담의 임상적 적용

프로그램 설명

2003년도에 스웨덴의 교도소 시스템 내에 동기면담 개입이 소개되었다. 프로그램 안내서가 배포되었는데 재소자들이 프로그램에 참여하여 상담자와 비밀보장을 전제로 자기 자신에 대해 이야기하도록 초대되었다. 프로그램 속에서는 내담자에게 확신을 주었는데 옳고 그른 답은 없으며 어떤 부담도 그들에게 주어지지 않았다. 이 프로그램은 그들이 자신의 미래에 대해 어떻게 생각하고 있는지를 상담자들이 이해하도록 도와주는 것이었다. 현재, 재소자의 입을 통해서 대부분이 이 프로그램에 의뢰되고 있으며 대기자 명단까지 있다. 이 프로그램을 완료한 재소자의 수는 2003년 175명에서 2006년 1,011명으로 증가했으며, 이 사실은 동기면담이 스웨덴 교정 체제 내에 가장 광범위하게 전달되고 있는 개입으로 만들어졌다.

BSF(영어로 번역 시 Behavior-Interviewing-Change; Farbring & Berge, 2003)라고 제목이 붙은 매뉴얼에서 약물사용과 범죄 행동에 초점을 둔 반구조화된 5회기 동기면담을 설명하고 있다. 이 5회기는 Prochaska와 DiClemente(1982)의 변화단계 모델과 순서를 같이 한다. 그리고 Amrhein(2000)의 부호화 매뉴얼에 토대를 둔 표준화된 변화대화 분류법이 제시되고 있다.

실제적인 개입 이전에 상담자는 재소자를 만나서 변화라고 하는 개념과 다이론적 모델의 개념을 소개하고 자기보고식 동기 척도를 작성하도록 한다. 소크라테스(SOCRATES; Miller & Tonigan, 1996), 우리카(URICA; McConnaughy, Prochaska, & Velicer, 1983). 내담자에게 비밀보장에 대해 확신을 해 주고, 또한 그림을 통한 자신의 위치를 선택하도록 격려해 주는데, 이 그림에서의 위치란 자신이 선택한 프로그램에 대한 변화단계를 보여 주는 것이다(그림 12.1 참조, Prochaska & DiClemente, 1982). 그림에서의 위치는 0°에서부터 각도를 측정하도록 되어 있고 동기면담의 5회기가 끝난 다음에 비교하도록 활용된다. 내담자는 프로그램에서 사용되는 모든 훈련을 포함한 워크북을 준다.

우선 첫 번째 회기에서는 프로그램 전에 있었던 소개 미팅을 토대로 내담자에게 피드백을 제공해 준다. 여기서 언급되는 주제로는 변화라는 것이 내담자에게 어떻게 보일 수 있는지, 내담자의 친구들은 어떠한 변화해 왔는지 등이다. 내담자는 여러 다른 문제 영역과 관련하여 각각의 변화단계를 살펴보도록 격려된다.

2회기에서는 상담자와 내담자가 어떤 구체적인 행동을 유지하는 것의 긍정적, 부정적 측면을 탐색한다. 여기에서의 목적은 내담자가 변화의 긍정적인 면을 보고 변화대화를 이끌어 내도록 격려하는 데 있다. 이 회기에서 사용되는 '힘의 영역'이라고 하는 훈련에서 내담자가 현재 상태를 유지하는 것에 대한 찬반에 대해 정서적 가중치를 두도록 격려된다. 여기서 상담자는 의도적으로 내담자의 현재 상태에 찬성하는 말에 대해 반영하기를 피하면서, 내담자로부터 이와 같은 말이 많이 나오도록

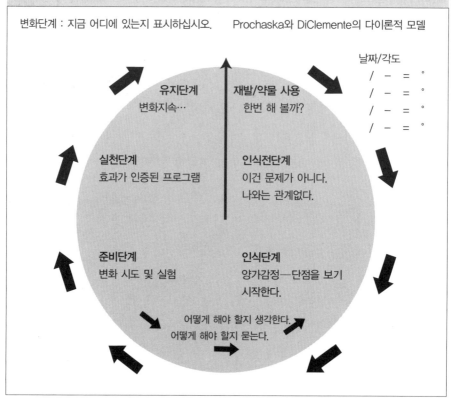

그림 12.1 변화단계 모델. 프로그램 사전 사후 자신의 위치를 밝히도록 한다. 수직 화살표는 0°를 말한다.

변화단계 : 지금 어디에 있는지 표시하십시오.　　Prochaska와 DiClemente의 다이론적 모델

이끌어 내며 변화를 향한 경로를 유지하려는 의도를 가진다. 그 밖의 훈련에는 변화를 하는 것의 중요성, 자신감, 우선순위 그리고 내적, 외적 동기에 대한 평가들이 있다. 이 훈련에서는 변화에 대한 내적, 외적 동기(예 : 가족으로부터의 압력)를 기술하는 양면 중에 각각의 1kg의 무게를 가진 10개의 추를 올려놓도록 격려한다. 이러한 훈련들은 또한 사후 검사에서 반복된다.

3회기에서는 가치라는 주제를 소개하면서 가치 카드 분류 훈련을 소개한다 (Miller, C'de Baca, Matthews, & Wilbourne, 2001). 내담자는 자신의 워크북에 가장 중요한 가치를 적어 내도록 격려되며, 이러한 가치와 자신의 현재 행동 간의

불일치감을 탐색함으로써 변화대화를 이끌고자 한다. 3회기에서 나오는 한 가지 훈련으로는 '변화의 원동력'이라고 부르는 것으로 현재 상태와 변화 대안 간의 차이점이 가진 정서적 측면에 초점을 둔다. 이 훈련은 정서에 중점을 두는데—이러한 정서 없이는 변화의 움직임을 일어날 가능성이 없다. "존, 당신이 약물을 사기 위해서 부모로부터 돈을 훔쳤을 때 당신이 사랑하는 사람들과의 관계에 그러한 행동이 어떠한 영향을 주었나요? 부모님이 어떤 말을 했으며 그 말에 대해 어떠한 느낌을 가졌나요?" 많은 사람들이 그 전에도 이야기하는 것과 같이 만약에 이성적인 이해만으로 행동 변화를 만드는 데 충분하였더라면 이 세상에는 어떠한 약물사용자도 없었을 것이다.

4회기에서는 두 번째 만남에서 진행했던 내적, 외적 동기에 대해 결정 저울 훈련을 하여 내담자가 외적 동기에서 복구되었던 것을 계속해서 언급한다. 여기에서 내담자는 두 가지 훈련을 하는데, 하나는 사회적 연계망 지도이고 또 하나는 가족들이 재소자의 생활양식에 대해 언급했던 부정적 표현들을 인지적으로 재구조화하는 것이다. 내담자의 연계망은 재범의 중요한 원인이 되고 있다(Andrews & Bonta, 2003). 교정에서 대부분의 내담자들은 반사회적 연계를 없애거나 감소시키기 위해서 대인관계의 변화를 할 필요가 있다.

5회기에서는 내담자의 개인적인 장점과 자질을 이끌어 낸다. 이전에 있었던 실수는 자기효능감을 침식시킬 수 있다. 내담자가 실패라고 생각해 온 것에 대해 재구조화하도록 훈련한다. 여기에서 훈련은 자신이 가지고 있는 모든 자질과 자원을 접도록 한다. 5회기에서는 변화대화와 관련하여 긍정적인 기록을 함으로써 마무리한다(Amrhein, Miller, Yahne, Palmer, & Fulcher, 2003). 따라서 단기적인 변화 계획을 만들지 또는 내담자가 미래를 상상해 보도록 수정기술을 하든지 할 수 있다. 만약에 내담자가 어떤 구체적 계획을 하는 것에 대해 꺼린다면 가정법으로 바꾸는 것이 더 받아들여지기 쉬울 수 있다. "지금 당장 그것을 하고 싶지 않다는 것을 알고 있습니다. 그러나 만약 당신이 변화를 향한 단계를 밟는다고 한다면 무엇이 가장 당신에게 적합할 수 있을까요?"(Farbring, 2003). '만약… 라면'이라고 하는 계획하기는 새로운 인지적 구조화의 길을 열어 놓을 수가 있다. 5회기에서는 사전 검사와 평가지를 작성함으로써 마친다. 마지막으로 몇 개월 후에 추후 회기를 가지는 것에 대해 관심이 있는지를 내담자에게 물어본다.

훈련과 치료 보존

치료 프로토콜을 따라가는 것을 확증하기 위해서는 구조화된 매뉴얼을 활용하는 것에 대해 찬반의 의견이 있다(Hettema, Steele, & Miller, 2005; Project MATCH Research Group, 1997). Porporino와 Fabiano(2002)가 지적하기를 동기화 작업은 행동 및 인지 프로그램에 통합되어야 하며, 그렇게 함으로써 내담자는 변화 의제로부터 벗어나는 위험성을 피해야 한다고 하였다. 스웨덴 교정 내의 약물치료 프로그램에 대한 예비 평가에서(Swedish National Council for Crime Prevention, 2005) 결론을 짓기로는 형사 체제 내의 막대한 동기면담 교육 시도 이후 즉각적인 긍정적 결과의 표시가 없었다고 하였다. 사실상, 특별화된 동기 주거시설에 거주해 있던 재소자 중에 어느 누구도 자신이 동기 회기에 참여했다는 사실조차 인식하지 못했다. 그래서 BSF라고 하는 매뉴얼을 가진 프로그램의 시작은 이와 같은 훈련결과의 부족을 토대로 생겼으며 기술을 향상시키고자 하는 실제 적용의 요구에서부터 만들어졌다. 매뉴얼은 내담자 자율성과 협동성을 존중하면서 프로그램 수행과 치료 준수를 관찰하는 데 필수적인 것으로 여겼다.

훈련과 치료자 감독

스웨덴에서는 2001년부터 2003년까지 연구 기금을 제공하여 교도소와 보호관찰의 모든 스태프는 동기면담으로 훈련하도록 훈련가를 양성하게 하였다. 2003년 3월, 모든 교도소 프로그램 상담자들이 3일간의 동기면담 훈련을 마쳤고, 추가적으로 BSF 매뉴얼을 가지고 훈련을 했다. 이전의 연구 경험을 고려할 때(Miller, Yahne,

Moyers, Martinez, Pirritano, 2004), 새롭게 훈련된 치료자를 지속적으로 감독 및 관찰하는 계획의 개발이 필요하였다.

BSF 매뉴얼의 마지막 부분에 내용 관련 보존성 평가도구가 포함되어 있는데, 이 도구는 1-PASS라는 것으로(Resnicow, 2000), 연구자의 허락을 얻어서 약간 수정 보완하여 교정 서비스의 요구에 맞추도록 만들었다. 여기에 추가된 모듈로는 상담자가 변화대화를 이끌어 내는 능력을 감찰하는 것이며 더불어 나침반이라고 부르는 척도가 추가되었다. 기타 모듈의 설명에 프로그램에서 다루면 더 많은 기술을 포함시키도록 확장되었다. 여기에서 1-PASS를 사용하는 목적은 치료자가 프로그램 후기의 순서대로 사용되었던 기술을 관찰하고 평가함으로써 자신의 기술을 증진시키는 데 있다. 기술 관찰 및 채점을 위한 도구가 매뉴얼에 통합되었으나 관찰과 감독은 첫 일 년 동안에는 자발적으로 진행하였으며, 매뉴얼에 보다 더 익숙해질 때까지 진행하였다. 모니터링에 대한 저항을 만들지 않기 위해서 모니터링을 비위협적으로 제시하는 것이 중요했다. 이처럼 동기면담 일관성 기법은 잘 받아들여지는 것 같으나 불안을 감소시키는 데 기여하였다.

동기면담과 BSF에서 훈련된 감독자 협회가 2005년도에 만들어졌으며, 상담자를 모니터하고, 피드백을 주고, 자격증을 주었다. 상담자는 5주에 한 번씩 자기 지역에 있는 감독자와 만남을 가진다. 그들은 '동료 검토팀'의 일원이 가져온 논문을 경청하면서 1-PASS 양식(Resnicow, 2002)을 가지고 모니터하면서 건설적인 피드백을 주고받는 데 사용한다. 상담자들은 또한 개별적으로 지도 감독자와 만나서 자격을 받게 되는데, 자격을 받게 되면 교정 웹사이트에 올려서 공식적인 인정을 받는다. 자격을 받은 후에 상담자들은 동료 검토팀에 지속적으로 참여해서 다른 사람들을 도우면서 학습을 증진시킨다. 자격을 유지하기 위해서는 매년 새로운 훈련을 하고, 감독자에 의해 승인을 받는다. 이러한 절차를 통해서 적절한 활력, 모니터링, 그리고 피드백이 정확하게 수행되고 있음을 확증하는 데 매우 중요하다는 사실을 명료하게 하고 있다.

조직 체계의 동기면담

교도소 스태프가 느끼는 스트레스와 불안을 감소시키는 데 중점적으로 목표를 둔 연구 프로젝트가 재소자 연구와 함께 수행되고 있다. 이 프로젝트는 동기면담에서 유래된 것인데 여기에서는 사람들이 일반적으로 일상 대화에서 다양하게 혼합해서 사용하는 세 가지—지시하기(가르치기), 경청하기, 안내하기—간단한 의사소통 스타일을 포함하고 있다. Rollnick은 이 세 가지 스타일을 토대로 스웨덴 형사 정책과 협동하에(Farbring) 단축형 개입을 개발한 바 있다. 이 개입은 교도소 직원들을 위해 고안된 웹 서비스를 통한 상호작용 프로그램인데 이것은 교도소 이외의 다른 장면에서 활동하는 스태프에게도 쉽게 채택될 수 있다. 교도소, 정신병원, 청소년 기관 등에서 일하는 스태프는 종종 어려운 상황에 직면하게 되는데 이러한 상황에서 좌절감의 수준이 높을 수 있다. Härenstam(1989)은 결론 내리기를 교도소 스태프가 느끼는 스트레스 수준은 스웨덴의 이와 유사한 직업인보다 2~3배 높고, 이들의 스트레스는 건강에 위험을 주고 있다고 말했다. 최근의 연구에서 한 가설은 직원들의 보다 나은 의사소통 기술이 그들의 스트레스를 경감해 준다는 것이다. 결과적으로 이러한 기관에 있는 재소자들의 스트레스 수준도 더 낮아져야 하며 이렇게 해서 발생된 환경 분위기가 변화를 가져오는 데 더욱 자발적이어야 한다는 것이다. 7군데의 교도소에 있는 스태프들이 통제 집단 또는 의사소통 기술을 증진하는 훈련을 받는 집단에 무선별로 할당되었다. 모든 참가자들은 CD 하나와 매뉴얼 하나를 받는다. CD에서는 여러 가지 시나리오가 들어 있는데 시나리오의 연기자들은 경청하기, 지시하기, 안내하기가 서로 달리 혼합되어야만 하는 상황을 제시해 주고 있다. 사전 사후 평가에서 그 효과들이 심리적, 생리적 차원의 측면에서 평가되는데 예를 들면, 스트레스 코르티솔 그리고 기타 의료적 검사들이 포함된다. 예비연구 결과에서(2007년 5월) 이러한 개입 외에 스트레스 반응의 감소를 보여 준 바 있다.

임상 사례

다음은 교도소 재소자들과 매뉴얼화된 회기에서 발췌한 것이다. A는 약 30세이며 말을 천천히 하고 면담을 하는 동안에 심사숙고하는 시점이 여러 번 있었다. 그는 자신이 범죄를 지속적으로 할 가능성이 60%라고 말한 바 있다.

면담자 : 그렇다면, 재발할 확률이 60%라는 거군요. 왜 그보다 더 많지 않을까요?

A : 가족에 대해서 생각하기 때문입니다.

면담자 : 가족에 대한 사랑이 많으시군요.

A : 네, 많은 사랑이 있습니다.

면담자 : 가족들이 당신을 어떻게 도울 수 있을까요?

A : 그냥 그곳에 있으면 됩니다.

면담자 : 형제를 보게 되면… 큰 차이가 있을 수 있을 것 같아요.

A : 그것으로 제가 범죄를 그만두는 데 충분합니다. 저는 가족들과 정말 함께 하고 싶어요.

면담자 : 당신이 그렇게 할 수 있다고 마음을 먹은 것같이 느껴지는군요. 당신은 그러한 분이시군요.

A : 네. 저는 그러한 사람입니다. 그것이 바로 저입니다.

면담자 : 이곳 교도소 내에서 약물과 범죄를 지속하게 하는 다른 분들의 압력을 저지할 수 있는 것같이 보입니다.

A : 여기에 있는 사람들은 약한 사람들이지만 저는 강합니다.

면담자 : 당신은 스스로 처리할 수 있는 분인 것 같군요. 일단 마음을 먹으면 아무것도 막지 못할 것 같습니다(반영적 경청과 인정해 주기, 긍정적인 특성을 내담자에게 귀인하기).

A : 네, 저를 막는다는 것이 매우 어렵습니다.

B는 50세의 내담자로서 스톡홀름에서 온 사람인데, 10세부터 여러 가지 약물을 사용했으며 그중에 헤로인, 필로폰, 대마초를 사용했다. 자녀들과 부모 역할이 주제가 되는데 적합하게 사용이 된다면 정서적으로 뿌리를 둔 불일치감을 만드는 데 기여할 수 있다.

면담자는 우선 소크라테스 결과에 대해 피드백을 숙련되게 제공한 후에 가족 이슈를 언급하고 있다.

> 면담자 : 여기서 당신은 양가감정의 수치가 매우 높은 좋은 점이 있습니다. 이것이 의미하는 것은 당신은 변화에 대해 많이 생각한 사람이며 변화가 의미하는 바를 이해하는 것을 의미합니다(인정해 주기와 긍정적 피드백).
>
> B : 네, 저는 범죄자가 아닙니다. 저는 약물을 사용할 뿐입니다. 이전에는 일을 했었어요. 일한다는 것이 어떤 것인지 저는 압니다.

면담을 조금 더 진행하면서 이들의 대화는 B가 대부분의 약물사용자들보다 나이가 많다는 사실과 만약 계속해서 약물을 사용한다면 10년 이상 살 수 있을지에 대해 모른다는 것이다.

> 면담자 : 그렇다면, 당신의 인생에서 할 수 있는 것이 무엇이 있을까요? 자녀들과의 관계는 어떻습니까?
>
> B : 아이들이 저에 대해 자신감을 다시 가질 수 있도록 해야 합니다. 저는 제가 원했던 그런 아버지가 아닙니다.
>
> 면담자 : 자녀들이 그것에 대해 슬프게 느끼는군요.
>
> B : 저 또한 슬픕니다. 서로 이별을 할 때 제가 그들을 떠날 때 눈물을 흘립니다. 한 번은 기차 안에서 몇 시간 동안 울었던 적이 있고요. 또 한 번은 가족을 떠날 때에 천천히 운전을 해서 비행기를 놓치고 싶었던 적이 있습니다.

> 면담자 : 이러한 느낌들은 강한 느낌들이군요.
>
> B : 나는 그들을 실망시켰어요. 제가 약물사용자이긴 하지만 아이들이 나를 사랑한
> 다는 것을 제가 알고 있습니다.

사례 C에서는 내담자가 BSF 프로그램에 참석한 덕분으로 변화단계 모델에서 (262에서 280~285°까지) 약간 정도의 발전을 한 것으로 추정한다. 자신이 생각하기로는 수감된 것이 그에게 좋은 일이었다고 믿고 있다. 교도소에서 지내는 시간을 이용하여 환자가 변화하는 동기를 증진시키는 데에 훌륭한 투자가 될 것이며, 용이하게 접근 가능한 치료 대안을 제공할 수 있다는 사실이 정책결정자들에게 한 가지 상기되는 바이다.

> 면담자 : 변화에 대해 어떻게 생각을 시작하게 되었나요? 이렇게 많은 생각을 어떻
> 게 하게 되었나요?
>
> C : 여기에 수감되었기 때문이라고 봅니다. 여기에 왔을 때 저는 '다시는 이곳에 오
> 고 싶지 않아' 라고 생각하게 되었지요(외적 동기가 내적 동기의 발전에 도움이
> 되었다).
>
> 면담자 : 그렇다면 이곳에 오시지 않았더라면…
>
> C : 아마도 저는 범죄 나날을 지속했을 겁니다.

C는 스스로 장점을 보는 것이 어려웠다. 왜냐하면 그는 자신의 문제점과 성격 결함에 대해서 이야기 듣는 것에 너무나 익숙했기 때문이다. 다섯 번째 면담 시간에 그는 자신이 가진 긍정적 속성에 대해 설명하는 데 어려움을 보였으며("제가 무엇이 나쁜지 말하는 게 더 쉬울 것 같군요.") 그리고 상담자는 한 가지 좋은 생각을 떠올린다.

면담자 : 어떻게 해서 당신은 성공적인 범죄자가 되셨나요? 어떻게 그렇게 많은 약
물을 팔 수 있었나요?

C : 저는 훌륭한 사업가입니다. 계획을 잘 세우고 돈을 낭비하지 않지요.

면담자 : 그런 점들은 훌륭한 개인 자원이 아니겠습니까? 당신이 달성하고자 원하는
어떤 목표를 위해서는 그런 점을 사용할 수 있지요.

C : 맞습니다. 융통성이 있지요. 여러 종류의 사람들에게 적합한 가격을 매길 수 있
는 능력이 있어요

면담자 : 사교하는 데 영리하신 것 같군요.

C : 네, 저는 사람들을 판단하지 않지요. 저는 매우 열심히 일하는 사람입니다.

면담자 : 그것 또한 탁월한 재능이군요. 그러한 재능을 어떻게 달리 쓸 수 있을까요?

C : 암스테르담에서 커피숍을 하나 운영할 수 있으면 가장 좋겠다는 생각이 듭니
다…(여전히 양가적이다가 잠시 후) 치료 시설에 가고 싶어요. 거기서 모든 것이
새로 시작된다고 봅니다.

교정 체제에서의 동기면담의 몇 가지 고려사항

진정한 공감

형사 체제 내에서 내담자에게 변하도록 '조력한다'는 법적으로 처방된 의제를 가지
고 작업을 할 때는 늘 조정 대 진정한 공감이라고 하는 이슈를 불러일으키는 것 같
다. 이상적인 세상이라면 상담가들은 늘 무조건적이고 진정한 공감을 토대로 내담
자를 도울 것이지만 때로 이러한 견해는 교도소와 보호관찰이라고 하는 부담에 도
전을 받을 수 있다. 내담자에 대한 진실한 희망이 부족하거나 또는 내담자가 동정적
가치가 없다고 생각하는 상담자들이 흔히 있을 수 있다. 만약 진정한 공감이 그곳에
없다면 상담자는 그 내담자를 포기하고 다른 종류의 내담자에게 집중해야 하는 것
인가? 또는 각각의 내담자와 최선을 다하려고 노력해야 하는 것인가? 이 이슈에 대

해 다음 한 가지 사례가 도움이 된다.

저자는(Car Fabring) 교도소 내에서 치료 공동체를 진행했다. 18세의 내담자와 상담 회기를 가지면서 나는 늘 터놓고 사람들에게 진실을 말할 수 없다는 점에서 몇 가지 사실을 이야기를 했는데, 왜냐하면 그렇게 할 경우 문제를 일으킬 수 있기 때문이다. 이후에 저자는 다른 내담자로부터 이 내담자가 상담자를 위협하려고 한다는 경고를 받게 되었다. 왜냐하면, 저자가 어떠한 상황에서든지 진실만을 이야기해야 한다는 내담자 아버지의 가치관에 대해 의문을 표시했기 때문이다. 그 내담자는 폭력 전과를 가지고 있었기에 다소 걱정이 되었다. 그래서 폭력적으로 위협을 하지 않겠다는 계약을 어겼다는 이유로 치료 공동체로부터 그 내담자를 쫓아낼 것을 생각했다. 저자는 그 내담자를 공동체 내에 있도록 결정하고 나서 그의 아버지에게 교도소로 방문하도록 했으며 우리들은 이 문제에 대해서 함께 이야기를 나눈 후 서로 이해하게 되었다. 그 순간 이후부터 저자는 많은 시간을 이 내담자와 가졌으며 그가 교도소에 있는 동안 내내 그를 인도하고자 노력하였다. 그러나 우리들의 대화시간 동안에 매우 편안하게 느껴본 적은 없었으며 솔직히 그 내담자에 대해 많은 희망을 가지고 있지는 않았다.

10년 이상이 지난 후에 나는 학회에서 발표를 하러 간 적이 있었다. 발표 후 한 사회복지사가 다가와서 내게 묻기를 그 내담자를 기억하느냐고 말했다. 그렇다고 말하자 그 사회복지사는 내담자가 지난 10여 년 동안 매우 잘 생활하고 있으며 직장에서도 성공적으로 일을 하고 있다고 말했다. 그 내담자는 저자가 이 회의 석상에 올 것이라고 사회복지사로부터 알게 되자 사회복지사에게 다음과 같은 메시지를 내게 전달해 달라고 했다. "저는 선생님이 제게 주신 지지와 믿음이 없었더라면 이렇게까지 되지 못했을 겁니다."라는 메시지였다.

공감이나 희망을 찾기 어려운 경우조차라도 상담자는 자기 자신의 내면에 심도 깊게 파고들어야 하며 내담자는 그것에 의존한다는 사실을 이해해야 한다.

반영적 경청

반영적 경청이라고 하는 예술은 기법적 기술 이상의 것이다. 사법 체제 내의 내담자들은 종종 사회와 또 자기 자신을 벌 준 사람들에 대해 불만을 가진다. 상담자로서 그러한 저항과 적대감을 직면할 때 자신의 자아를 제쳐 두고, 내담자의 변화대화를 인식해야 한다. 내담자는 종종 대화에서 두 가지 서로 다른 주제들을 내어놓곤 한다. 즉, 사법 체제에 대한 그들의 분노와 좌절감 속에는 자신들에게 중요한 가치관과 목표에 대한 단서가 존재한다. 내담자의 부정적 정서를 무효화하지 않으면서 이러한 점을 알아내어 반영하는 것이 상담자에게는 진정 도전 과제가 될 수 있다. 그런 좌절적이면서 분노하는 진술만을 반영할 경우에 좌절감과 분노를 증폭시키기만 한다. 상담자는 내담자의 좌절감을 알아차리고, 반영하면서 또한 그들의 문제 인식과 변화대화를 향한 단서에 초점을 맞추어야 한다.

반영적 경청은 또 다른 장애물을 가질 수 있다. 만약, 내담자가 말한 것을 반영할 때 상담자가 그것을 순수한 전문적 또는 심리적 언어로만 재진술할 경우, 내담자는 그것을 걸림돌로 경험할 위험이 도사린다. 고도의 언어 표현을 가진 내담자에게 탁월한 인정이 될 수 있는 것이 또 다른 내담자에게 소외시키는 것처럼 보일 수 있다. 때로는 내담자의 말을 재진술하는 대신에 느낌이나 경험에 대한 말을 수용하는 것이 더 나을 수 있다. 단순 반영이 사법 체제 내담자에게 가장 효과가 있는 것 같다. 그리고 문단 이어가기 반영은 평범한 언어로 진술될 때 탁월한 도구가 된다.

동기적 작업이 반발의 위험이 될 경우

변화하려는 희망과 욕구를 증가시키는 동기면담 프로그램이 이러한 희망을 충족할 만한 가능성이 교정 체제로 인해 저해되는 경우 좌절감을 만들 위험을 가진다. 그 결과 내담자들은 변화의 희망을 포기해 버릴 수 있다. 교정 내의 내담자들이 수감으로부터 풀려날 때 심각한 도전 과제에 직면하게 된다. 거주, 고용, 역기능적 동료 연계망, 가족, 정신건강 문제들이 모두 해결하기 어려운 이슈가 된다. 변화하려는 증가된 동기는 변화할 수 있는 현실적 기회를 맞아야 하며, 그렇지 않다면 프로그램에 대한 심각한 반발이 있게 된다.

연구

스톡홀름에 있는 Karolinska 연구소에서는 BSF 개입 효과에 대한 연구를 수행하고 있다. 이 연구에서 내담자들은 세 집단으로 할당된다. 집단 1은 다섯 번의 BSF 매뉴얼화된 반구조화된 회기와 한 개의 워크북을 받게 된다. 집단 2는 집단 1과 동일한 개입을 받지만 상담자는 1-PASS를 사용하여 동기면담에 대한 감독과 피드백을 받게 된다. 집단 3은 사전에 계획된 보통 대화와 치료 계획을 받게 되며, 이 대화는 동기면담을 포함할 수 있다. 왜냐하면 모든 스태프들이 동기면담 기법으로 훈련을 받았기 때문이다. 그러나 BSF 매뉴얼은 사용되지 않는다. 이 회기들을 안내하고자 프로토콜이 개발된 바 있는데, 결과는 재범률, 약물사용, 기타 치료 프로그램 신청, 치료 유지에서 측정된다.

　무선화된 시도의 결과가 아직까지는 나와 있지 않으나, 2004년도와 2005년도의 BSF 프로그램에서의 사전, 사후 차이가 분석된 바 있다(표 12.1 참조). 소크라테스 8D(약물 사용에 대한 태도 측정)에서 문제 인식과 실천단계에서 모두 예상한 방향으로 변화가 있는 반면, 양가감정 차원에서는 변화가 없었다. 소크라테스 8A(알코올 소비에 대한 태도 측정)는 양가감정과 실천단계 차원에서 유의한 변화를 보였다. 우리카에서는 동일한 양상이 드러났다. 즉, 인식전단계 차원에서 예측한 방향으로

표 12.1　2004~2005 대상군의 소크라테스 8D와 8A의 사전 사후 평가 비교

평가	문제 인식	실천 단계	양가감정	인원수
소크라테스 8D	0.58($p < .7$)	0.53($p < .7$)	-0.27(n.s)	271
소크라테스 8A	0.28(n.s)	1.22($p < .7$)	-1.40($p < .7$)	81

표 12.2 내담자 변화에 대한 상담자의 견해, 2004~2005 대상군				
질문	예(%)	아니요(%)	무응답(%)	인원수
치료에 지속적으로 참여하려고 하는가?	55.76	32.73	11.51	443
내담자는 BSF의 추후 회기를 원하는가?	45.80	32.20	22.20	441
협동 차원에서 개선이 있었는가?	54.20	38.55	7.26	441
변화하려는 욕구 차원에서 개선이 있었는가?	78.68	16.33	4.99	441

차이가 있었으나 유의미하지는 않았고, 인식단계 차원에서는 긍정적 변화가 있었다. 그리고 실천단계 차원에서는 유의미한 차이를 보였다. 실제 변화에 대한 욕구, 지각된 자기효능감, 지각된 우선순위를 내담자 삶에서의 다른 중요한 사항들과 비교한 척도와 내적 대 외적 동기를 측정한 척도에서 사전, 사후 검사는 모두 유의미한 차이와 예측된 방향으로 차이를 보였다.

변화단계 모델에서 내담자가 예상한 위치는 사전 검사에 비해서 그리고 6회기 이후(선택회기)에서 모두 확실하기보다 긍정적이었다. 이러한 점은 5회기와 비교했을 때 다양한 시간 간격마다 드러났다.

5회기가 지난 후 상담자는 표 12.2에 있는 질문에 대해서 답을 하도록 하였다. 변화를 측정하고 이와 유사하게 내담자들도 변화에 대한 자신의 생각을 평가하도록 하였다. 결과는 표 12.3에 제시되어 있다.

결론

사법 내의 대상군 중 재범률이 매우 높기 때문에 낮아져야 한다. 일반적으로 교도소와 보호관찰 내의 역점은 규율과 보안에 있으며 스태프는 이러한 기대를 염두에 두고 발탁된다. 때로 이러한 목표는 재활에서 말하는 입증을 토대로 한 시도와 어긋난다. 교도소 기관 치료 공동체와 효과 있는 것의 시도는 교정 영역에 영향을 주기 시작했지만 재범률에 상당한 감소를 달성하기 위해서는 많은 사항이 개선될 필요가

표 12.3 내담자 변화에 대한 내담자 자신의 견해, 2004~2005 대상군

문항	절대 아니다	아마도 그럴 것이다.	예, 어느 정도 그렇다	예, 매우 그렇다	무응답	인원수
프로그램 전보다 지금 나는 변화에 대해 더 많이 생각 한다.	0	9.29%	32.99%	43.30%	14.43%	97
나는 벌써 변화를 시작했다.	0	4.17%	35.42%	46.88%	13.54%	97

있다. 이 세상의 많은 교도소가 사실상 범죄와 약물사용의 재발을 가져오는 직접적인 기여자들이다.

스웨덴의 사법 체제 내에서 약물사용을 감소함으로써 범죄를 줄이려는 역점이 증가되면서 동기면담 적용이 관심을 받게 되었다. 내담자들은 피드백과 테이프를 경청하여 판단할 때 그들 자신의 준거 틀 내에서 자신에 대한 이야기를 기꺼이 그리고 열심히 하고자 한다. 이러한 사실은 사법 체제에 상당한 인간적 발전을 나타낸다고 본다. 이 테이프의 질적인 수준으로 평가할 때 상담자는 동기면담을 즐겨할 뿐 아니라 동기면담을 적용하는 데 상당한 기술을 가지고 있다.

동기면담은 스웨덴 교정 서비스 내에서 내담자들에게 대화를 하는 효과성이 입증된 방법으로 긍정적인 평판을 받아 왔다. 재소자들과 직접적으로 치료에 참여하는 상담자들이 연계망을 형성하고 있는데 그 연계망 밖에서도 매우 잘 알려진 사실이다. 아직 3년은 되지 않았지만, 동기면담을 BSF 프로그램에서 적용하는 것은 이미 스웨덴 사법 체제 내에서 가장 널리 사용되는 프로그램이 되고 있다. 이것은 단기형을 받은 재소자나 보호관찰 대상에게 단독으로 사용되는 개입이 될 뿐만 아니라 보다 장기적인 치료 개입의 전주곡으로 사용되고 있다. 무선별 실험연구의 자료는 매년 분석된다.

동기면담은 이미 스웨덴 교도소와 보호관찰 프로그램 내에서 변화 대안을 내담자들이 고려하도록 도와주는 데 상당한 기여를 하였다. 이것은 또한 환경의 분위기를 개선해 줄 것인데, 특히 교도소 내에서 그러할 것이며 이로 인해 변화를 위한 적정의 분위기를 만들어 줄 것이다. 동기면담은 스태프가 재소자와 작업하는 데 있어서 보다 효과적인 방법을 제공해 줄 뿐만 아니라 좌절감이나 스트레스를 낮추어 줌으로써 보다 건강한 작업장을 만들어 준다는 전망을 가져다준다. 교도소 내에 이미 치료 문화를 바꾸어 주었다는 사실 그 자체가 문화적 개혁이라고 볼 수 있다.

참고문헌

Allen, J., Anton, R. F., Babor, T. F., Carbonari, J., Carrol, K. M., Connors, G. J., et al. (1997). Project MATCH secondary a priori hypotheses. *Addiction, 92,* 1671–1698.

Amrhein, P. C. (2000). *A training manual for coding client commitment language, version 1.0.* Albuquerque: Center on Alcohol, Substance Abuse, and Addictions, University of New Mexico.

Amrhein, P. C., Miller, W. R., Yahne, C., Palmer, M., & Fulcher, L. (2003). Client commitment language during motivational interviewing predicts behavior outcomes. *Journal of Consulting and Clinical Psychology, 71,* 862–878.

Andrews, D. A., & Bonta, J. (2003). *The psychology of criminal conduct* (3rd ed.). Cincinnati, OH: Anderson Publishing.

Anglin, M. D., & Hser, Y. (1990). Treatment of drug abuse. In M. Tonry & J. Q. Wilson (Eds.), *Drugs and crime* (pp. 393–460). Chicago: University of Chicago Press.

Belenko, S., & Peugh, J. (1998). *Behind bars: Substance abuse and America's prison population.* New York: National Center on Addiction and Substance Abuse at Columbia University.

Brottsförebyggande Rådet (Swedish National Council for Crime Prevention). (2005). *Evaluation of the program against drugs in corrections during the years 2002–2004.* Stockholm: Author.

Butzin, C. A., Martin, S. S., & Inciardi, J. A. (2002). Evaluating component effects of a prison-based treatment continuum. *Journal of Substance Abuse Treatment, 22,* 63–69.

Cullen, F., & Gendreau, P. (1988). The effectiveness of correctional rehabilitation: Reconsidering the "nothing works" debate. In L. Goodstein & D. L. MacKenzie (Eds.), *The American prison: Issues in research policy* (pp. 23–44). New York: Plenum Press.

Dowden, C., & Andrews, D. A. (2000). Effective correctional treatment and violent reoffending: A meta-analysis. *Canadian Journal of Criminology, 42,* 449–469.

Farbring, C. Å. (2000). The drug treatment programme at Österåker Prison: Experience from a therapeutic community during the years 1978–1998. *American Jails, 14,* 85–96.

Farbring, C. Å. (2003). "IF"—a way of broaching the subject without creating resistance. *MINUET, 10,* 4.

Farbring, C. Å., & Berge, P. (2003). *BSF Beteende–Samtal–Förändring: Fem samtal om förändring. Manual och arbetshäfte.* [Behavior–Interviewing–Change: Five interviews about change: Manual and workbook]. Stockholm: Kriminalvårdsstyrelsen.

Härenstam, A. (1989). *Prison personnel—working conditions, stress and health: A study of 2000 prison employees in Sweden.* Doctoral dissertation, National Institute of Psychosocial Factors and Health, Department of Stress Research, Karolinska Institute, Stockholm.

Hettema, J., Steele, J., & Miller, W. R. (2005). A meta-analysis of research on motivational interviewing treatment effectiveness (MARMITE). *Annual Review of Clinical Psychology, 1,* 91–111.

Home Office. (2004). News and Updates, December 2, 2004. Available at *www.probation.homeoffice.gov.uk/output/page 268.asp*

Home Office Statistical Bulletin. (2005, May 25). *Re-offending of adults: Results from the 2002 cohort.* Available at *www.homeoffice.gov.uk/rds/pdfs05/hosb2505.pdf*

Kider, S., MacKenzie, D. L., & Wilson, D. B. (2003). *Effects of correctional boot camps on offending: A Campbell collaborative systematic review.* Newbury Park, CA: Sage.

Lipsey, M. W. (1992). The effect of treatment on juvenile delinquents: Results from meta-analysis. In F. Lösel, T. Bliesener, & D. Bender (Eds.), *Psychology and law: International perspectives* (pp. 131–143). Oxford, UK: Walter de Gruyter.

Lipsey, M. W., & Wilson, D. B. (1998). Effective intervention for serious juvenile offenders: A synthesis of research. In R. Loeber & D. Farrington (Eds.), *Serious and violent juvenile offenders: Risk factors and successful interventions* (pp. 313–345). Thousand Oaks, CA: Sage.

Lipton, D.S. (2001). Therapeutic community treatment programming in corrections. In C. R. Hollin (Ed.), *Handbook of offender assessment and treatment* (pp. 155–175). Chichester, UK: Wiley.

Lipton, D. S., Pearson, F. S., Cleland, C. M., & Yee, D. (2002). The effectiveness of cognitive behavioural treatment methods on offender recidivism. In J. McGuire (Ed.), *Offender rehabilitation and treatment: Effective programmes and policies to reduce re-offending* (pp. 79–112). Chichester, UK: Wiley.

Mackenzie, D. L., & Hebert, E. E. (Eds.). (1996). *Correctional boot camps: A tough intermediate sanction.* Washington, DC: National Institute of Justice.

Mann, R. E., Ginsburg, J. I. D., & Weekes, J. R. (2002). Motivational interviewing with offenders. In M. McMurran (Ed.), *Motivating offenders to change. A guide to enhancing engagement in therapy* (pp. 87–102). Chichester, UK: Wiley.

Martinson, R. (1974). What works?: Questions and answers about prison reform. *Public Interest, 35,* 22–54.

Martinson, R. (1979). New findings, new views: A note of caution regarding sentencing reform. *Hofstra Law Review, 7,* 243–258.

McConnaughy, E., Prochaska, J. O., & Velicer, W. F. (1983). Stages of change in psychotherapy: Measurement and sample profiles. *Psychotherapy: Theory, Research and Practice, 20*, 368–375.

Miller, W. R., C'de Baca, J., Matthews, D., & Wilbourne, P. (2001). *Personal Values Card Sort*. Retrieved July 4, 2005, from the University of New Mexico, Center on Alcoholism, Substance Abuse and Addiction Website, *casaa.unm.edu/inst/personal valuescardsort.pdf*.

Miller, W. R., & Rollnick, S. (2002). *Motivational interviewing: Preparing people for change* (2nd ed.). New York: Guilford Press.

Miller, W. R., & Tonigan, J. S. (1996). Assessing drinkers' motivation for change: The Stages of Change Readiness and Treatment Eagerness Scale (SOCRATES). *Psychology of Addictive Behaviors, 10*, 81–89.

Miller, W. R., Yahne, C. E., Moyers, T. B., Martinez, J., & Pirritano, M. (2004). A randomized trial of methods to help clinicians learn motivational interviewing. *Journal of Clinical and Consulting Psychology, 72*, 1050–1062.

National Institute of Justice. (1999). *Annual report on drug use among adult and juvenile arrestees*. Washington, DC: U.S. Department of Justice.

Pearson, F. S., & Lipton, D. S. (1999). A meta-analytic review of the effectiveness of corrections-based treatment for drug abuse. *Prison Journal, 79*, 384–410.

Petrosino, A., Turpin-Petrosino, C., & Buehler, J. (2002). Scared Straight and other juvenile awareness programs for preventing juvenile delinquency. *Annals of the American Academy of Political and Social Science, 589*(1), 41–62.

Porporino, F., & Fabiano, E. (2002). New Reintegration Program for Resettlement Pathfinders/Pre-Course Brochure. Ottawa, ON, Canada: T³ Associates.

Prochaska, J. O., & DiCLemente, C. C. (1982). Transtheoretical therapy: Toward a more integrative model of change. *Psychotherapy: Theory, Research, and Practice, 19*, 276–288.

Project MATCH Research Group. (1997). Matching alcoholism treatments to client heterogeneity: Project MATCH posttreatment drinking outcomes. *Journal of Studies on Alcohol, 58*, 7–29.

Resnicow, K. (2002). *1-PASS coding system for motivational interviewing: Introduction and scoring*. Unpublished rating scale.

Smith, P., Goggin, C., & Gendreau, P. (2002). *The effects of prison sentences and intermediate sanctions on recidivism: General effects and individual differences*. Ottawa, ON, Canada: Solicitor General of Canada.

Wexler, H. K., DeLeon, G., Thomas, G., Kressel, D., & Peters, J. (1999). The Amity prison TC evaluation: Reincarceration outcomes. *Criminal Justice and Behavior, 26*, 147–167.

Wooldredge, J. (1988). Differentiating the effects of juvenile court sentences on eliminating recidivism. *Journal of Research in Crime and Delinquency, 25*, 264–300.

제 **13** 장

심리적 문제의 치료에서의 동기면담

결론 및 향후 방향

Hal Arkowitz, William R. Miller, Henny A. Westra, Stephen Rollnick

동기면담(MI)은 약물사용 장애(Hettema, Steele, & Miller, 2005)와 건강관련 문제 (Rollnick, Miller, & Butler, 출간 중)를 위한 치료로서 확고히 자리를 잡았다. 수많 은 장면에서 그리고 국가에서 동기면담이 널리 사용되고 있으며, 그 효과성을 지지 해 주는 견고한 연구 토대를 가지고 있다. 이제는 동기면담을 그 밖의 다른 임상 문 제들로 확장하는 것을 고려할 시간에 다다랐다. 이 책에서 각 장마다 이전에 동기면 담으로 치료되지 않았던 정신건강 문제와 대상군들에게 동기면담 및 동기면담 관련 접근을 적용하는 중요한 시작점을 보여 주었다. 저자들이 바라기는 이 작업을 통해 서 심리장애의 모든 범위에 동기면담의 유용성을 탐색하는 정신건강 임상가들과 연 구자들을 위한 촉진제로서 기여하는 것이다. 이 책의 각 장마다 치료 참여와 치료 효과를 촉진시키고자 다양한 정신건강 문제들과 대상 군들에게 동기면담 및 동기면 담 관련 접근들의 사용을 보여 주었다.

- Westra와 Dozois는 4회기의 동기면담 사전치료를 불안장애를 위한 이후 CBT 의 효과를 증진하고자 적용하였다.

- Murphy는 PTSD 진단을 받은 재향군인들의 문제 인식, 변화 동기, 치료 참여 를 촉진하고자 동기면담 관련 프로그램을 적용한 바 있다.

- Tolin과 Maltby는 동기면담과 그 밖의 다른 접근들로부터 끌어낸 다면적 4회 기 개입을 사용하여 노출 치료에 참여하기를 거부하는 강박장애 환자들의 치료 참여를 촉진하는 것을 돕고자 하였다.

- Zuckoff, Swartz와 Grote는 치료가 필요하지만 치료를 찾지 않는 우울증 여 성들을 위해서 동기면담 관련 참여 회기를 사용하였다.

- Arkowtiz와 Burke는 CBT와 같은 기타 치료들이 통합될 수 있는 우울증 치료 를 위한 통합 구조 틀로서 동기면담을 적용하였다.

- Zerler는 자살위험 내담자에게 동기면담 관련 접근을 사용하여 자살위험성을 평가하고, 이후 치료 참여를 촉진하고자 하였다.

- Tresure와 Schmidt는 섭식장애자들을 위해서 동기면담의 특정 측면과 인지 대인관계 치료 접근을 조합한 바 있다.

- Hodgins와 Diskin은 1회기 동기면담 관련 개입을 개발하여 문제 도박자들이 치료에 참여할 가능성을 증가시키면서 치료 효과성을 향상시키고자 하였다.

- McCracken과 Corrigan은 정신분열 유형 장애를 가진 내담자의 처방약 준수 를 증진시키고자 동기면담을 사용하였다.

- Martino와 Moyers는 정신장애자가 약물치료에 준수하고자 하는 동기를 증진 시키고자 동기면담 관련 개입을 개발하였다.

- Farbring과 Johnson은 스웨덴의 교정 체제 내에 전국적으로 동기면담을 활용 하도록 하였는데, 모든 교도소와 보호관찰 스태프들을 동기면담으로 훈련하는 프로그램뿐 아니라 약물사용 재발을 감소시키고자 5회기 개인 동기면담 치료 를 사용하였다.

각 장에서 저자들은 다양한 방식으로 동기면담을 사용하였다. 어떤 저자들은 Miller와 Rollnick(1991)이 기술한 것처럼 동기면담을 사전치료로 적용했거나 또는 전체 치료 과정에 적용하는 방법으로 사용하였다(Westra & Dozois; Arkowitz & Burke; Zerler; Hodgins & Diskin; McCracken & Corrigan; Farbring & Johnson). 어떤 저자들은 동기면담에서 선별된 요소들을 사용한 바 있고 또는 동기면담의 다른 요소들을 추가시킨 바 있다. 그러나 동기면담의 어떤 요소만이 적용되고 그 밖의 요소들은 적용되지 않았거나(예 : 반영적 경청하기) 또는 동기면담이 다른 접근과 혼합되었을 경우에 저자들은 그 개입을 동기면담 관련이라고 고려하였으며 '순수한' 동기면담이라고 보지 않았다. 후자, 즉 순수한 동기면담이란 동기면담 정신(협동성, 유발성, 자율성), 원리(공감 표현하기, 불일치감 만들기, 저항과 함께 구르기, 자기효능감 지지하기), 방법을 포함하는 것으로서 그중 가장 중요한 것은 양가감정을 해소하도록 돕는 변화 및 결단(혹은 전념)대화를 이끌어 내고, 선별적으로 보상하는 것이며, 변화 동기를 증가시키고 행동 변화를 도모하는 것이다. 저자들은 동기면담이 무엇이며 또 동기면담 관련 개입이 무엇인지에 대해 명료하게 하는 동시에 내담자를 돕는 어떤 방법이든 그 사용을 고무하고자 한다.

저자에 의해서 제시된 자료들이 입증하는 것은 동기면담과 동기면담 관련 접근이 치료 수행의 방법에 긍정적인 영향을 주었으며, 결과적으로 치료 참여와 치료 효과의 증진을 가져왔다고 입증한다. 이러한 접근의 임상적 활용은 연구 지지도에 따라 상당히 다양하다. 어떤 장에서는 연구의 방향을 준비해 주는 임상적 연구안에 대해 설명하며, 어떤 장에서는 그들의 접근을 평가해 주는 예비 자료 또는 초기 연구 결과를 제시해 준다. 전반적으로 보면 이제까지의 연구 결과는 매우 전망 있어 보인다. 그러나 많은 부분들이 확실히 연구되고 알려져야 한다.

왜 동기면담은 빠르게 확산되었는가?

동기면담과 관련하여 아직까지도 이해되어야 할 많은 사항 중의 하나는 '동기면담이 왜 그렇게 빠르게 확산될 수 있었는가'이다. 동기면담에 대한 첫 번째 저서 출간 이후(Miller & Rollnick, 1991) 이 영역에서 출판수가 매 3년마다 두 배로 증가하고 있으며, 현재 160가지 이상의 무선별 임상 연구 실험이 발표된 바 있다. 동기면담이 처음 적용되었던 중독 분야를 통해서 동기면담 적용 실천이 빠르게 퍼져 갔으며 이후 건강관리와 건강 증진 영역으로 확산되었고, 최근에는 교정 체제에까지 퍼져 있다. 이 책의 편집자들은 동기면담과 동기면담 관련 접근들이 광범위하게 다양한 임상 문제와 대상군에게 적용한 바를 살펴보는 연구가 진행 중이며, 수많은 연구 기금 신청과 논문 발표가 있음을 인식하고 있다. 이 책은 정신건강 서비스 영역에서 치료의 부분이 되고 있는 동기면담의 또 다른 하나의 적용일 뿐이다.

동기면담 호소력의 한 가지 근원이 되는 것은 동기면담이 동기 문제를 직접적으로 다루고 있다는 것으로 동기 문제는 조력 분야에 있는 전문가들을 오랫동안 힘들게 했으면서도 심리치료 연구 문헌에서 충분한 관심을 받고 있지 않았던 문제들이다. 종종 내담자들은 비난받기를 그들의 전문가들이 처방해 준 것에 대해 '동기 결여', '비협조', '저항적', 그리고 '따르지 않는다.'고 하였다. 중독 치료 분야에서는 이러한 상황이 내담자가 충분히 준비가 되기까지는 생명 위협적 상태에 있는 사람들이라도 치료 거부까지 몰고 갔다. 조력자는 이러한 상황이 잘못되었음을 안다. 동기면담이 가져다준 한 가지 공헌은 사고의 변화였는데, 변화 동기를 증진하는 것이 치료자의 중요한 업무 중의 하나임을 인식하는 것이었다. 내담자가 치료에 준비가 되기까지 충분히 고통을 느끼도록 기다리거나 또는 내담자가 치료에 저항적이기 때문에 내담자를 내보내기보다는 변화 동기를 유발하는 것이 가능하다. 그렇게 할 때, 보다 많은 범위에 있는 사람들을 치료하는 것이 가능하며 치료를 해야만 할 때보다 더 일찍 치료를 하게 해 준다. 이것은 정신건강 분야에 정말로 필요한 견해이다. 이 견해는 또한 치료가 필요하지만 치료에 참여하고 있지 않는 사람, 특정 치료를 거부하는 사람, 이미 치료를 받고 있는 사람의 치료 참여를 증가시키는 것을 가능하게 해 준다.

동기면담 접근은 또한 견해의 전환을 가져왔는데, 마치 하드웨어에 소프트웨어를 넣는 것같이 상대방에게 동기를 주입시키려고 노력하는 것이 아니라 동기를 유발하는 치료자로서의 견해를 말한다. 동기면담은 변화 동기는 이미 존재하기 때문에 변화 동기를 창출해 내는 것이 아니라 그것들을 불러 이끌어 내는 일이라는 생각을 바탕으로 기술된 바 있다. 사람들이 고통을 당할 때 문제는 변화의 동기 부족 때문이 아니라 변화의 양가감정 때문이다. 사람들은 변화를 원하거나 변화를 원하지 않는다. 동기면담은 변화의 방향으로 그 양가감정을 해결하는 것에 대한 것이다.

많은 치료자들이 추정하는 바는 내담자가 치료 회기에 나타났다는 것만으로도 동기가 있으며 기꺼이 치료에 참여하려 하고, 치료에 이끄는 것 또는 변화하는 것에 대한 양가감정은 없을 것이라고 생각한다. 이러한 가정을 할 경우 소위 저항, 중간 정도의 치료 준수 그리고 높은 탈락률로 도전을 받게 되는데, 이러한 사항은 종종 정신건강 센터와 개인 치료 연구소뿐만 아니라 심리치료 효과 연구에서 만나게 된다. 동기면담은 이와 같은 가정을 하지 않는다. 동기면담에서 내담자가 가진 동기와 치료 참여 그리고 양가감정은 초기 단계뿐만 아니라 치료의 전 과정에 걸쳐 중심이 되고 주의를 요하는 것이다.

동기면담의 적용은 내담자와 변화에 대해서 씨름을 하는 등의 대안으로부터 임상가를 유쾌한 안도감으로 인도해 준다. 내담자를 변화하게 하는 것이 치료자로서 자기 자신에게 달려 있다고 감지하는 것은 큰 부담이면서 동시에 전문가의 좌절감을 가져오는 중요한 원천이 된다. 이러한 시나리오에서 보면 당신은 변화의 챔피언이 되어야 하며, 자신이 현재 상태를 방어하려는 거대한 용들을 극복해야 한다는 것이다. 이러한 것을 이기기에는 너무나도 어려운 전투일 뿐이다. 동기면담은 조력자의 작업을 씨름에서 댄스로 재구조화하고 있다. 내담자와 동기와 관련하여 작업하는 것은 힘의 싸움이나 의지의 시합이 더이상 아니며, 이와는 반대로 협동적인 노력인 것이다.

동기면담과 동기면담의 확장이 기타 분야에 신속하면서도 지속적으로 전파되는 또 하나의 이유는 동기면담이 종종 적은 수의 회기 내에서도 좋은 성공률을 달성한 다는 점이다(Burke, Arkowitz, & Menchola, 2003; Hettema et al., 2005). Burke와 동료들(2003)이 알아낸 것은 연구자가 조사한 실험 연구 중에 내담자가 참여했던 동기면담의 회기 수는 평균 2회기이며 최대 4회기였다는 사실이다. 이렇 듯이 단기적 치료가 상당한 치료 효과를 나타낸 것이다. 프로젝트 MATCH(Project Match Group, 1997, 1998)에서는 동기면담 관련 개입의 4회기 치료가 기타 기존 의 잘 확립된 치료(CBT와 12단계 접근)의 12회기만큼이나 효과가 있었다. 그러나 진정 동기면담이 더 빠른 속도로 효과가 있다는 것을 밝혀내기 위해서는 이러한 기 타 접근법의 4회기 치료와 동기면담을 비교해야 할 필요가 있다. 이 책에서 거론된 대부분의 동기면담 개입은 또한 1회기 내지 4회기 범위에 있는 단기적인 것이다. 길 이가 더 긴 치료가 훨씬 더 큰 효과를 가져올 정도의 동기면담의 '적정 효과'가 있는 가에 대한 질문은 호기심을 자극한다. 적어도 1회기의 동기면담은 2회기 이상의 회 기보다는 효과가 적은 것으로 입증되었다(Rubak, Sandbaek, Lauritzen, & Christensen, 2005).

어떤 복잡한 치료 방법이 빠르게 확산될 때는 문제점이 야기되며, 확산은 확산물 을 초래할 수 있다. 임상가는 자기 나름대로의 스타일, 활용 방법 그리고 인간 본성 의 모델로 변함없이 채택하는 것은 늘 있는 일이다. 적용 실천이란 확산 과정 중의 하나의 자연스러운 일부분이다(Rogers, 2003). 핵심 방법이 가지고 있는 본질이나 효과성을 상실하지 않고 어떠한 적용 실천이 가능할 수 있을지의 질문이 이후에 떠 오르게 된다.

더 나아가 임상가들은 종종 자기 나름대로 비공식적으로 새로운 실용 방법을 배 우곤 하는데, 이런 경우 책을 통해서 또는 동료들로부터 배워 오해가 산재할 수 있다. 저자들이 목격한 바에 의하면 저자들이 이해하고 있는 동기면담 정신과 전략과는 판이하게 다르게 임상가들이 동기면담을 활용하고, 훈련가들이 동기면담을 가지치고 있다는 사실이다. 그들이 하고 있는 것이 스트레스에 처한 내담자들을 존중하고 있고 또 효과적이라고 한다면 어떤 면에서는 그것이 동기면담이든 아니든 관계가 없다. 그러나 동기면담이 아닌 것을 동기면담이라고 명명할 때에 동기면담을 배우고자 원하는 사람들에게 혼란을 야기할 수 있으며 그 치료 방법에 대한 연구 결과를 해석하는 데도 혼란을 초래할 수 있다.

선도적인 사항과 관련하여 임상 연구 결과에서는 임상가들과 장면에 따라서 동기면담의 효과성에 상당한 변수가 있다고 한다. 고도로 통제된 임상 실험조차도 동기면담을 전달하는 임상가에 따라서 내담자가 갖고 있는 치료 효과들이 광범위하게 달랐다(Project Match Research Group, 1998). 특정 문제에 대해 다룰 때에도 동기면담은 어떤 실험연구에서는 효과가 있으나 또 다른 연구에서는 효과가 없는 것으로 보였으며, 다(多)장면 실험 연구 내에서도 장면에 따라서 그 효과성이 달랐다(Carroll et al., 2006). 이러한 사실은 지금까지 연구에서 동기면담에게만 독특한 것은 아니지만 확실히 동기면담의 성격적인 것이기도 하다. 이러한 사실은 임상가와 장면 간의 효과성 차이에 대해 어떻게 설명할 것인가에 대한 질문을 불러일으킨다. 이 질문에 대한 답은 동기면담이 가지는 효과적인 구성요소의 성격을 이해하는 데 도움이 된다.

동기면담이 호소력이 많은 것은 최근 연구 결과로부터 생겨났다. 단기 개입이 덜 심각한 문제를 가진 내담자들에게 차별적으로 효과가 있을 것이라고 예측을 할 수 있다. 그러나 지금까지 추정된 연구 결과에서는 그것이 사실이라는 증거가 거의 없었으며, 어떤 연구에서는 반대의 연구 결과를 제안하고 있다. 즉, 동기면담의 반응은 문제의 심각도가 증가할수록 더 크다는 것이다(Handmaker, Miller, & Manicke, 1999; McCambridge & Strang, 2004). 동기면담의 효과성은 덜 심각한 알코올 의존 대상군보다(Miller, Benefield, & Tonigan, 1993) 더 심각한 대상군에서(Bien, Miller, & Boroughs, 1993; Brown & Miller, 1993) 집단 간 효과성이 더 크게 나타났다.

동기면담 효과성에서 무엇이 필수적인가?

모든 심리치료는 미신적인 요소를 담고 있는데, 이 요소는 중요한 것으로 믿어지는 구성요소라고 보았으나 사실은 임의적이고, 영향력 없거나 또는 장애물이라도 될 수 있는 요소이다. 여기에서 도전 과제는 이전의 선배들과 임상가들이 가지고 있는 신념을 임상 결과가 보여 주는 실체와 구별 짓는 것이다. 이 과제는 앉아서 논쟁을 하거나 개별적인 사례 경험을 가지고 할 때보다도, 가설을 검증하고 인간의 편견을 통제하기 위해서 특별히 고안된 과학적 방법을 통해서 가장 잘 실행될 수 있다. 심리치료의 어떤 구성요소 또는 과정이 진정 변화를 촉진하는 데 '적극적인 구성요소'가 있는가?

이와 관련하여 임상 과학은 어떻게 심리치료가 효과가 있는지를 이해하는 데 상당히 짧은 역사를 가지고 있다. 특정 문제에 대한 구체적인 방법의 효과성을 지지해 주는 연구를 넘어서서 광범위한 종류의 치료에 변화를 도모해 주는 가정된 '공통 요소' 또는 '공통 과정'과 같은 구체화할 수 있는 원칙에 주의를 기울여 왔다(Arkowitz, 1997, 2002). 이제까지 제안된 많은 공통 요소 중에는 치료 관계(Lambert & Barley, 2002)와 공감(Bohart, Elliott, Greenberg, & Watson, 2002)이 가장 많은 관심을 받았으며, 어떤 유형의 치료가 적용되었든 간에 치료의 결과에 상당한 효과를 주는 것으로 밝혀졌다.

그 밖의 심리치료에서처럼 이제 막 연구가 시작됨으로써 어떻게 해서 그리고 왜 동기면담이 임상 연구에서 보이는 효과가 있는지 명료화해 주고 있는 중이다. 따라서 이 장은 결정된 것이 아니라 진행 보고서인 것이다.

이것도 동기면담인가?

몇 년 전 TV 광고에서 어머니가 요리를 하고 있는 것을 보던 한 아이가 "이것도 수프야?"라고 물었다. 저자들은 임상가에게 동기면담의 임상적 방법에 연속적인 접근을 하면서 훈련을 하다 보면 이와 유사한 도전을 받게 된다. 동일한 문제가 일어나는데, 임상 실험에서 제공된 동기면담 개입의 순수성 확인에 대해 제공해 달라고 요구를 받을 때이다. 임상가들은 저자들이 강조하는 바를 실행하고자 최선을 다하고 있지만 "이것도 동기면담인가요?"라는 질문을 한다.

아마도 동기면담이 아닌 것을 인식하는 것이 더 쉬울 것이다. 초기의 고통스러운 경험을 통해서 저자들이 배운 것은 임상가들이 동기면담에서 몇몇 구체적인 기법을 적용 실천할 수 있기는 하지만 저자들의 견해에서 볼 때 동기면담 기법의 본질을 완전히 놓쳐 버릴 수 있음을 알게 되었다. 다시 말해 임상가들은 가사는 배웠지만 음악을 배운 것은 아니었다. 그 임상가들은 동기면담과 일관된 반응을 해 냈지만 여전히 그것은 동기면담이 아니었던 것이다. Miller와 Mount(2001)는 동기면담 훈련 연구에서 밝힌 바, 임상가들이 동기면담 워크숍이 끝난 후에 몇 가지 동기면담의 일관적 행동(반영적 경청)을 자신이 가지고 있는 실무 습관 속에 통합시켰으나 그 변화가 너무 사소하여 그들이 만나는 내담자에게는 실제적 차이를 주지 못했다는 것이다.

동기면담 정신

이러한 경험을 통해서 저자들은 동기면담의 심장부, 동기면담 기법의 음악이자 정신이라고 믿는 바에 대해서 명료하게 하는 데 도움을 주었다. 동기면담의 구체적인 치료 방법은 동기면담 저변에 존재하는 정신으로부터 흘러나오고 제공된다. Miller와 Rollnick(2002)는 동기면담 적용을 안내해 주는 동기면담 정신의 세 가지 특징 요소들을 기술한 바 있다.

첫째, 동기면담 정신은 협동적인 내담자 중심 접근이다. 이것은 동료와 함께 작업하는 하나의 방법이며, 그 사람에게 작업을 부여하는 방법이 아니다. 면담자(임상가)와 피면담자(내담자)와의 관계는 파트너 정신을 강조하는데, 이 파트너 정신은 전문가 대 피험자(나-그것)의 대화라기보다는 Buber가 말한 대로 나-당신과의 관계인 것이다(Buber, 1971; Buber, Rogers, Anderson, & Cissna, 1997). 저자들은 이것을 마치 한 소파에 나란히 앉아 있는 것으로 비유하였다. 나란히 앉아 자신의 인생 앨범을 함께 보는 것으로 비유된다. 그 사람은 앨범을 넘기면서 이야기를 하고, 경청자는 몇 가지 정중한 질문을 하면서 상대방의 인생 경험을 이해하고자 노력하는 것이다. Carl Rogers의 내담자 중심의 상담 스타일은 동기면담과 가까운 관계이고, 동기면담 적용에 있어서 단단한 토대를 형성하고 있다.

둘째, 동기면담 정신은 유발적 성격을 지니고 있다. 이것은 결함 모델에서 출발한 것이 아니다. 결함 모델이란 내담자는 상담자가 제공할 수 있는 어떤 중요한 사항이 결핍되어 있다고 보는 것으로 통찰, 지혜, 지식, 기술 등이 포함된다. 동기면담이 전달하는 것은 '저는 당신이 필요한 것을 가지고 있어요.' 라고 하는 것이 아니라 '당신은 당신이 필요한 것을 가지고 있어요.' 라고 전달하는 것이다. 동기는 부여하는 것이 아니라 내담자 자신의 견해와 가치관으로부터 이끌어지는 것이다. 확실한 것은 상담자는 내담자가 요구할 때 전문성을 제공해 줄 수는 있으나 동기면담에서는 내담자 자신이 가치관과 견해에 대한 존중과 관심으로부터 시작한다. 결국, 가장 설득력이 있는 것은 내담자 자신의 변화 이유이지 상담자가 주는 변화의 이유가 아닌 것이다.

셋째, 동기면담 정신은 내담자의 자율성을 인식하고 존중한다. 자기 결단, 즉 어떻게 바라볼 것이며, 어떻게 될 것인가를 선택할 수 있는 능력을 말하는데 이것은 최고도로 극심한 박탈로부터조차도 한 인간에게서 결코 빼앗을 수 없는 것이다 (Frankl, 1963). 이러한 점에서 볼 때 결코 한 사람이 다른 사람을 동기화할 수는 없다. '당신은 내담자가 결정하게 내버려둬서는 안 됩니다.' 라고 고집하든지 또는 내담자가 무엇을 '해야' 하며 무엇을 '할 수 없는지'에 대해 이야기를 하든지 간에 선택은 내담자에게 달려 있다. 이러한 사실을 수용하고 인정하는 것이 동기면담 정신의 한 부분이며, 역설적으로 볼 때 이러한 사실이 변화가 일어나게 해 주는 통로를 열어 줄 수 있다는 사실이다.

바꾸어 말하면 동기면담 정신의 이러한 세 가지 특성은 동기면담이 아닌 것이 무엇인지 명료하게 해 준다. 사람들에게 무엇을 해야 하며, 반드시 해야 할 것을 말해 주는 것은 아니다. 동기면담은 내담자의 면전에 직면하여 자신의 현실과는 다른 또 하나의 현실을 보게끔 만드는 것이 아니고, 내담자가 결핍하고 있는 것을 심어 주는 것도 아니며, 그들이 하기 원하지 않는 것을 하게끔 속이는 것도 아니다. 동기면담은 '직면'이라고 하는 용어의 일반적인 측면의 직면은 아니지만 사람들이 자신의 어려우면서도 고통스러운 현실을 탐색하도록 도와 자신의 선택을 가지고, 직면하게끔 도와주는 모든 것이다.

동기면담 정신은 무형이 아니고 유형이다. 상담 테이프를 경청하는 사람들은 동기면담의 존재를 신뢰성 있게 평가할 수 있으며(Moyers, Martin, Catley, Harris, & Ahluwalia, 2003) 이러한 전반적인 평가로부터 보다 나은 내담자 결과가 예측되는데, 이것은 동기면담 특수 행동의 적용을 훨씬 넘어서는 것이다(Moyers, Miller, & Hendrickson, 2005).

치료자 태도는 동기면담 적용을 안내해 주는 데 매우 중요하다. 그러나 내담자 중심 치료로부터 차별화하는 것은 동기면담의 방향 지시적 구성요소이다. 동기면담은 방향 지시적인데, 내담자로 하여금 변화하고자 하는 개인적 동기를 증가시키도록 도와주고 변화에 대한 양가감정을 해소하고, 변화대화를 증가시키고자 특별히 시도한다는 점이다. 이와 같은 방향 지시적인 구성요소가 빠진 동기면담 정신을 사용하는 것은 동기면담이 아니며 이것은 Rogers의 내담자 중심 치료에 더욱 가깝다고 할 수 있다. 동기면담에서 변화대화는 다양한 방법에 의해서 의식적으로 유발되는데, 예를 들어, 특별한 열린질문하기가 있으며 이러한 질문에 대한 답에서부터 내담자 자신의 변화에 대한 바람, 능력, 이유, 필요가 이끌어진다. 이것은 내담자가 가지고 있는 지각과 경험에 대해 관심을 가지고 존중하는 공감적이면서 지지적인 스타일로서 수용된다. 내담자 개인의 변화 동기가 반영되고 인정되며 요약하기에서 수집된다. 이것은 일반적인 내적 양가감정의 경험으로부터 떨어져 나오게 하는 것으로서 변화해야 할 이유에 대해서 생각하고 난 후, 변화해야 할지 말아야 할지에 대해 생각하기를 멈추는 것이다. 동기면담은 치료적 변화의 방향으로 양가감정을 해소하는 것을 목표로 움직여 가는 과정이다. 동기면담에서 기술하는 구체적인 방법은 이와 같이 안내해 주기 원리를 위해 사용된다.

동기면담은 왜 효과가 있는가? : 세 가지 가설

동기면담의 어떤 구성요소들이 그 효과성이 중요한지를 연구하다 보면 보다 근본적인 질문에 다다른다. 즉, '이 접근법이 왜 이렇게 효과가 있는 것인가?' 라는 질문이다. 동기면담이 발전하면서 동기면담의 영향력에 대해 설명하는 다양한 가설들이 떠오르고 있는데, 흥미로운 사실은 이러한 가설들이 어떻게 동기면담이 활용되어야 하는가에 대한 다소 다른 처방으로 이어지게 한다. 모든 가설은 동기면담 정신의 존재가 있다고 본다.

이 가설 중에 첫 번째는 사람들이란 사실상 자기 자신이 변화하도록 스스로 이야기를 한다는 것이다. 사람들이 변화대화를 말로 하는 만큼 실제 행동 변화의 방향으로 움직여 가는 경향이 있다. 바꾸어 말하면, 내담자들이 변화에 반대로 이야기하는 만큼은 이전 행동을 지속할 가능성이 있다. 회기 내의 변화대화는 이후에 있을 행동 변화를 예측하며(예 : 단약)(Amrhein, Miller, Yahne, Palmer, & Fulcher, 2003), 동기면담 회기 중에 표현된 저항의 분량은 행동 변화에 반비례한다는 입증된 자료가 있다(Miller et al., 1993). 이 사실에서부터 나오는 것은 상담자가 변화대화를 차별적으로 유발하고 보상해야 하며 또한 변화에 대한 내담자의 저항을 최소화하고 내담자의 논쟁을 최소화하는 방식으로 상담해야 하는 것이다. 동기면담에 관한 Miller와 Rollnick의 저서(1991, 2002)에서 보는 것처럼, 이것은 동기면담의 초기 전제였다(Miller, 1983). 이것을 동기면담의 방향 지시적 가설이라고 명명할 수 있는데, 이 점은 변화대화를 차별적으로 이끌어 내는 데 중요성을 강조한다.

동기면담이 어떻게 효과가 있는 것인가에 대한 두 번째 설명을 관계적 가설이라고 명명할 수 있다. 이 견해에서 보면 변화대화를 선별적으로 이끌어 내고 보상한다는 생각은 비본질적 측면이고 동기면담이 효과가 있는 것은 상담자가 Carl Rogers에 의해 기술된 바 있는 수용적이고 인정해 주는 내담자 중심의 분위기를 제공해 줄 때 저변에 깔려 있는 인본주의적 정신이 주된 이유라는 것이다(Rogers, 1980; Truax & Carkhuff, 1967). 상담 관계에서 이 특성은 치료적이며, 상담자가 이처럼 촉진적 분위기를 제공해 줄 때 내담자는 자연스럽게 긍정적 변화의 방향으로 움직인다. 이것은 본질적으로 비지시적 내담자 중심 상담의 저변에 깔려 있는 이론이다(Rogers, 1959). 내담자 중심 치료의 효과성에 대한 연구는 이 견해와 일치한다(Elliott, Greenberg, & Lietaer, 2004).

동기면담에 대한 세 번째 설명을 갈등 해소 가설이라고 부를 수 있다. 이 견해에서는 상담자가 내담자의 양가감정의 양면 모두를 면밀하게 탐색하는 것이 중요하다는 것이다. 양가감정이란 변화하고자 하는 이유와 그대로 있고자 하는 이유들이다. 이가설은 첫 번째 방향 지시적 이론과 다른데, 즉 내담자가 변화에 반하는 동기에 대해서 말로 표현하고 탐색하는 것이 필수임을 역설한다. 반(反)변화 동기란 현재 상태에 대한 좋은 점과 변화했을 때의 결함을 말하게 한다. 이 견해에서 보면 만약 상담이 내담자로부터 변화 찬성 언어뿐만 아니라 이와 같이 변화 반대 표현들을 이끌어 내지 못한다면 불안하다는(또는 비효과적) 것이다. 여기서의 가정은 내담자가 공감적이고 수용적인 분위기 내에서 자신이 가진 양면의 딜레마를 탐색할 때 자연스럽게 자신의 양가감정을 해소한다는 것이다. 이 점에서 갈등 해소 가설은 관계적 가설과 중복되기는 하지만 양가감정의 양면을 의도적이고 전략적으로 유발한다는 점에서 순수한 내담자 중심 견해와는 거리가 있다.

양가감정을 탐색하는 것이 어떤 이유에서 변화를 불러오는가? 여기서의 추정은 사람은 서로 경쟁적인 동기 간의 능동적인 갈등으로 인해 움직이지 못하게 되며, 이러한 갈등에 대해서 철저히 작업하는 것이 중요하다는 것이다. 이 견해는 Engle과 Arkowitz(2006)에 의해서 상세히 기술된 바 있고, Greenber와 동료들의 연구(Greenberg, Rice, & Elliott, 1993)에 많은 영향을 주었으며, 접근-회피 갈등에 대한 Dollard와 Miller(1950)의 초기 연구에 많은 영향을 주었다. 이 갈등 해소가 일어나게 되는 것은 두 가지 서로 반대되는 면이 서로에게 덜 적대적이 되면서 서로 간에 통합될 때이다(Clarke & Greenberg, 1986).

이와 같은 인과론적 가설들은 동기면담 가정과 효과 간의 관계에 대한 갈등적이고 검증 가능한 예측을 이끌고 있다. 아마도 이러한 갈래의 가장 명백한 시안점은 내담자로 하여금 변화의 불이익과 현재 상태에 대한 동기를 말로 표현하게 하는 것의 중요성에 있다고 본다. 변화 반대 표현을 의도적으로 유발하는 것은 일반적으로 동기면담의 방향 지시적 가설 내에서는 반대적이고, 갈등 해소 가설 내에서는 기본 토대가 되는데 관계적 가설 내에서는 무관하다.

공감과 같은 관계적 요소들이 행동 변화를 증진한다고 하는 입증된 연구들이 있다(Bohart et al., 2002; Burns & Nolen-Hoeksma, 1992; Miller & Baca, 1983; Miller, Taylor, & West, 1980; Valle, 1981). 또한 관계적 요소로 설명될 수 있는 것 이상으로 동기면담의 방향 지시적 요소가 효과성을 부과한다는 것에 대한 입증도 있다(Lincourt, Kuettel, & Bombardier, 2002). 갈등 해소 가설은 동기면담과 관련하여 여전히 조작적으로 검증되어야 한다.

이 책의 각 장에서는 동기면담이 어떻게 효과가 있는지에 대해 이와 같이 다양한 견해를 반영해 준다. 몇몇 장에서는 관계적 동기면담 정신을 강조하고 있으며, 몇몇 장에서는 결정론적 갈등을 강조하면서 변화 찬성과 반대 표현 모두를 전략적으로 유발시켜야 함을 고무하고 있다. 또한 몇몇 장에서는 동기면담의 방향 지시적이면서도 전략적인 측면을 강조한다. 이러한 가정된 기제들이 동기면담에 참여하는 내담자들의 하위 집단에서 전반적인 다양성에 기여를 할 수 있고 변화를 설명할 수 있다.

동기면담과 인지행동치료(CBT)의 조합

광범위한 범위에서 임상 문제군을 대상으로 CBT가 탁월하고 효과성이 있다는 것을 고려할 때 동기면담이 CBT와 어떻게 조합 또는 통합되는지 아는 것이 의미가 있다. 이와 같은 조합 또는 통합은 많이 추천되어야 한다. CBT에서 대부분 작업은 내담자가 변화할 동기가 되어 있고, 실천단계에서 일반적으로 작업이 시작된다고 보는 것이다. 매우 드물게, 예외를 제외하고는(Leahy, 2002), CBT는 동기 또는 저항, 양가감정이라고 하는 이슈에 대해 구체적으로 다루지는 않는다. 동기면담을 CBT에 추가함으로써 이러한 이슈들을 다룰 수 있기 때문에, 그리고 더 많은 내담자들이 CBT에 지속적으로 참여하면서 치료 과제에 협조할 것이기 때문에 잠재적으로 보다 좋은 치료 결과를 이끌어 낼 것이다.

동기면담과 CBT를 조합하는 명료한 방법 중의 하나로는 동기면담을 CBT의 사전치료로서 사용하는 것이다. Westra와 Dozois(제2장)의 연구에서 동기면담 사전치료의 잠재성을 지적한 바 있는데, 이것은 차후에 이어지는 불안장애들을 위한 CBT에 내담자 참여도 및 치료 효과성을 증진하였다. Connors, Walitzer와 Dermen(2002)은 이와 유사하게 알코올중독을 위한 동기면담 사전치료가 가지는 긍정적 효과를 밝힌 바가 있는데, 이 사전치료 이후에 CBT의 많은 면들을 포함한 다면적 치료를 제공하였다. 이 연구자들은 또한 이전의 연구에서 효과적으로 알려진 바 있었던 또 다른 사전치료(역할 유도 면접)보다도 동기면담 사전치료가 더 효과가 있는 것으로 밝혔다. 동기면담 사전치료의 분량은 CBT 참여의 준비 수준에 따라 맞춰질 수 있다. 예를 들어, Amrhein과 그 동료들(2003)은 내담자 중의 2/3가 1회기 동기면담에 잘 반응을 한 반면, 나머지 1/3은 1회기에서 과정을 종료하고자 압박을 주었을 때 이들과는 반대를 보여 주었다.

　동기면담은 사전치료뿐 아니라 과정 전반에 걸쳐 사용될 수 있다. 낮은 동기와 저항은 치료의 어떤 시점에서 일어날 수 있다. CBT 과정 중에 이러한 문제들이 일어나는 경우 치료자는 한 회기의 부분에서 동기면담으로 전환하여 진행하거나 또는 필요하다면 1회기 이상에서 동기면담으로 전환하여 진행함으로써 저항을 해결하고 변화 동기를 증가시킬 수 있다.

　이와 같은 통합된 심리치료는 이 연구를 위해 개발된 바 있는데 알코올 의존을 위한 여러 장면에서의 치료 연구였다. 조합 행동 개입(combined behavioral intervention)은 동기증진치료로 시작되었고, 그 이후에 동기면담이라고 하는 전반적인 임상 스타일 내에서 CBT 모듈을 전달해 주는 것으로 확대되었다(Miller, 2004). 연구 결과가 보여 주는 바는 이 심리치료 또는 약물치료(날트렉손) 또는 이 모두를 제공받았던 환자의 경우 심리치료 없이 플라세보 약물치료를 받았던 환자들에 비해 유의미하게 좋은 치료 결과를 가져왔다(Anton et al., 2006).

　CBT에 대해서 쓰인 많은 것들이 특수한 기법에 내용을 담고 있다. 그러나 CBT를 수행하는 스타일에 대해서는 거의 쓰인 자료가 없어서 더 많은 것을 알아야 할 필요가 있다. 즉, CBT 문헌에서 많은 역점들이 CBT를 어떻게 수행하는가보다는 무엇을 수행하는가에 맞춰진 바 있다. 치료 전반에 걸쳐 긍정적이고 협동적인 작업관계를 개척하고 유지하는 방법에 대해서 CBT 문헌에 없는 것은 거의 놀랄 만한 일이다. 아마도 동기면담 정신이 CBT 치료 효과를 증진할 수 있는 관계적 맥락의 형태가 될 수 있을 것이다. 그러나 강조해야 하는 것은 동기면담 정신이 동기면담에만 독특한 것이 아니며, 또 정신 그 자체가 동기면담이 아니라는 점이다. 따라서 CBT 수행에 동기면담 정신을 사용하는 것은 사실 이 두 접근의 통합이 아니다. 동기면담 정신뿐만 아니라 동기면담 원리와 방법들이 적용될 때에만 이 두 가지 통합이 일어나는 것이다. 필요시 CBT 전반에 걸쳐 간헐적으로뿐만 아니라 사전치료로 동기면담을 사용하는 것과 동기면담 정신을 가지고 CBT를 수행하는 것은 CBT에서의 참여 및 효과 증진에 좋은 전망을 가지고 있을 뿐만 아니라 기타 치료에서도 역시 그럴 것이다.

반항적이면서 양가적인 내담자들에게는 특히 이러한 스타일이 중요하다. 여기서 자율성을 보존하면서 내담자에게 무엇이 도움이 되고, 또 어떻게 치료자가 도와줄 수 있는지에 대한 내담자 자신의 생각들을 유발하는 것, 그리고 피드백을 이끌어 내는 것은 치료에 참여하는 그러한 종류의 내담자들을 몰입시키는 데 특히 중요한 것으로 판명된다. 한 가지 예시처럼 내담자들은 종종 노출 치료에 대해서 고도로 양가적이다. 이럴 경우 공감과 타당성을 높이 제공하고, 불일치감을 만들고, 저항과 함께 구르는 것은 이러한 곤경을 피해 가는 데 중요할 수 있다(Tolin & Maltby, 제4장 참조).

CBT 수행의 방식이 어떻게 해서 훌륭한 또는 빈약한 치료 결과에 기여하는가에 대해 훨씬 더 많은 것이 밝혀져야 하는데, 특히 CBT의 과정 연구가 중요하다. 이는 CBT 참여를 촉진할 수 있는 관계의 원리들을 설명할 수 있기 때문이다. 한 연구에서 밝힌 공감이라고 하는 치료자 자질은 알코올 문제를 위한 CBT에서 음주 결과에 대해서 강도 높게 예측한 바 있다(Miller et al., 1980). Marcus, Westra, Angus와 Stala(2007)는 범불안장애를 위한 치료에 참여했던 내담자들의 CBT 경험에 대해 연구한 바 있는데, 그들이 밝힌 바는 훌륭한 치료 결과를 보인 내담자들이 자신의 목표 달성을 위해서 치료자가 안내자였음을 일관성 있게 기술하였으며, 이러한 점은 그들이 예상했던 권위적이고 지시적인 스타일과는 현저하게 대조적이었음을 밝혔다. 한 내담자가 말한 것처럼, "제 치료자는 선생님이었지, 지시하는 사람이 아니었어요." 또 다른 내담자가 지적하기로는 "저는 치료자가 보다 전문가 소견을 토대로 할 것이라고 생각했는데, 사실상 전문가에 대한 것보다 저에 관한 것이었습니다." Rollnick과 동료들(미발행)은 지시하면서 권위적 스타일과, 따라가면서 수동적인 스타일 사이의 중간 형태로서 안내하기 스타일로 설명한 바 있다. 후속 연구에서는 이러한 연구 결과들의 인과 관계 방향을 결정해 줘야 할 필요가 있으며, 이러한 결과들이 제시하는 것은 CBT 수행에 동기면담 정신을 채택할 때 보다 긍정적인 치료 참여와 더 좋은 치료 결과로 기여될 것이라는 전망이 높다.

동기면담의 측정과 기제

현재까지 동기면담 연구에서 한 가지 중요한 문제점은 치료가 전달되고 검증되는 명백한 구체성이 빈번하게 부족하다는 것이다(Burke et al., 2003). 매뉴얼에 맡기거나 의도된 개입을 설명하는 것으로는 충분하지 않다. 임상가에 대한 신중한 훈련과 감독이 있더라도 동기면담 적용은 상당히 변동적일 수 있다. 사실상 어떤 것이 전달되었는가에 대한 문서화는 따라서 필수적인 것이다. 그렇게 하기 위한 황금률은 동기면담 회기를 정규적으로 기록하고 체계적으로 채점하는 것이다. 몇 가지 채점 체계들이 이러한 목적으로 개발된 바 있다(Lane et al., 2005; Madson & Campbell, 2006; Madson, Campbell, Barrett, Brondino, & Melchert, 2005; Miller & Mount, 2001; Moyers et al., 2003; Moyers, Martin, Manuel, Hendrickson, & Miller, 2005). 이러한 채점은 또한 치료 과정과 결과 간의 관계성에 대해서 정보를 주는 분석이 될 수 있다(Moyers, Miller, et al., 2005).

동기면담 회기를 위한 훌륭한 채점 체계의 현존에도 불구하고, 양가감정과 동기라고 하는 구체적인 구성 개념을 측정하기 위해서는 더 많은 연구가 실행되어야 할 필요가 있다. 이러한 구성 개념의 측정은 임상 및 연구 모두를 위해 필요하다. 임상적인 면에서 본다면 동기와 양가감정에 대한 신뢰성 있고 타당성 있는 측정은 우리들의 연구의 방향을 설정해 줄 수 있다. 동기가 낮고 양가감정이 높은 정도라면 이러한 측정에서 내담자의 현재 상태를 변화시키기 위해 더 많은 동기면담 작업이 필요할 것이다. 만약 동기가 높고 양가감정이 낮다면 치료의 행동실천단계로 옮겨가야 할 때이다. Miller와 Rollnick(2001)이 제안하기를 이러한 구성개념의 비공식적 지표로서 사용될 수 있는 다양한 내담자의 행동을 제시한 바 있다. 그러나 신뢰도와 타당도가 있는 측정도구들은 임상가를 안내하는 데 훨씬 더 효과적일 수 있다. 더 나아가 이러한 측정을 하게 되면 왜 동기면담이 효과가 있는지에 대해 보다 더 밀접하게 연구자들이 연구할 수 있으며, 동기면담 이론의 부가적인 조명을 해 줄 수 있게 된다. 동기면담이 진정 동기를 증진시키면서 양가감정을 감소시키는가? 그리고 이러한 효과는 변화의 매개체들이 되는가? 현재, 연구에서 입증한 바로는 동기면담이 유의미한 행동 변화를 이끌어 낸다는 것이다. 그러나 왜 그리고 어떻게 효과가 있는지에 대해 구체적으로 밝힌 바는 이에 비해 적은 편이다.

동기의 측정에서 한 가지 유망한 주역이 되는 것은 변화대화인데, 특히 변화 결단을 반영해 주는 변화대화이다(Amrhein et al., 2003). 치료 회기 중에 이러한 대화를 채점해 볼 때 그 대화가 행동 변화를 유의미하게 측정하는 것으로 밝혀진 바 있다. 또 하나의 유망한 주역은 동기에 대한 자기 보고 평가로서 Pelletier, Tuson과 Haddad(1997)에 의해 개발되고 Deci와 Ryan's(1985)의 자기결정 이론에 토대를 둔 내적 동기를 포함한 평가이다.

현재로는 양가감정에 적절한 평가도구는 없다. Engle과 Arkowitz(2006)은 문헌을 샅샅이 검색하여 저항의 수많은 평가도구들을 밝혀냈으나 그 어떤 것도 특별히 신뢰도나 타당도가 있는 것은 아니었으며, 양가감정의 평가도구를 찾지 못했다. 명백한 사실은 이 분야야말로 차후 도구 개발이 필요한 영역이다.

남아 있는 질문

거론되어야 할 필요가 있는 동기면담 관련 질문과 논점이 그 밖에도 많이 있다. 저자들은 다음 부분에 그중에서 몇 가지 중요한 질문과 문제들을 열거하였다. 이 목록이 그렇다고 해서 결코 전부는 아니다. 사실상 연구에서는 한 가지 질문에 답을 했을 때 더 많은 질문이 유발되는 것이 일반적인 것이기 때문에 이 목록은 동기면담에 대한 연구자와 임상가들의 사고를 자극해 주는 단초가 되는 것이다.

- 약물남용과 건강관련 문제 이외의 문제에 대해서 동기면담은 어떻게 효과적인가? 이 책에 기고한 연구자들의 연구에서 제안하는 것은 동기면담이 그 밖의 다른 많은 문제에도 역시 고도로 적용 가능하다는 사실이다. 그러나 이러한 문제와 그 밖의 문제들에 대한 강도 높은 무선별 통제 실험 연구가 이 질문에 대해서 답을 주어야 할 필요가 있는 것이다. 아마도 동기면담은 몇몇 문제보다 더 다른 문제에 효과가 더 있을 수 있다. 거식증에서처럼 특정한 임상 문제가 높은 수준의 저항과 관련이 있는 것으로 알려졌다. 저항과 비교적 덜 관련이 있는 문제에 비해서 이러한 문제에 동기면담이 더욱 효과가 있는 것인가?

- 동기면담을 사용하는 서로 다른 방식이 어떻게 효과가 있는가? 이 책의 몇몇 장에서는 동기면담 접근이 가지는 현저한 융통성에 대해 보여 준 바 있다. 동기면담은 사전치료로 사용되었으며, 단독의 완성된 치료로 사용되었다. 또한 동기면담은 기타 치료 방법과 조합되어 사용됐고, 저항 관련 문제가 일어나는 것과 관련 있어서 다른 유형의 치료를 동기면담으로 바꾸어서 수행하는 방식으로 '전환적' 방식으로 사용될 수 있다. 마지막으로, 동기면담은 기타 치료 방법이 함께 통합될 수 있는 소위 통합적 기본 틀로서 도움이 되었던 것이다. 동기면담의 이러한 서로 다른 사용법은 다양한 대상군과 문제에 대해 통제 연구에서 보다 더 발전 및 평가될 필요가 있다.

- 동기면담의 비교 효과성은 어떠한가? 동기면담의 효과는 CBT와 같이 이미 견고화된 기존 치료의 효과와 비교한 보다 통제된 연구가 필요하며, 각기 다른 대상과 문제에 대한 효과 비교 연구가 필요하다. 더 나아가 감소율, 치료의 과제에 대한 협동, 관련 문제에 대한 효과 그리고 변화의 유지라는 이슈에서 동기면담의 비교 효과성이 또한 평가될 필요가 있다.

- 동기면담은 Rogers의 내담자 중심 치료보다 더 효과적인가? 이 질문은 동기면

담이 지니는 방향 지시적 측면과 관련이 있다. 만약에 그러하다면 방향 지시적 측면들이 얼마만큼 내담자 중심 치료에 추가되었으며, 또한 얼마만큼의 동기면담이 내담자 중심 치료에 토대를 두고 있는가?

• 동기면담은 대상군에 따라 더욱 효과적인 대상군이 있는가? 동기면담이 더욱 효과적일 수 있는 어떤 특정 대상군이 있는가? 예를 들어, 프로젝트 MATCH에서 나온 몇몇 결과에 의하면 분노가 동기면담의 긍정적 효과성을 예측한 바 있다. 이러한 결과는 반복 연구될 필요가 있다. 덧붙여, 그 밖에 개인적 차이점(예 : 반응과 변화에 대한 기대) 또한 검증되어야 할 필요가 있는데 어떻게 해서 개인의 특징이 치료와 상호 관계를 가지면서 치료 효과에 영향을 주는지 결정할 수 있다.

• 동기면담 사용에서 고도의 효과성과 관련된 치료자의 특성은 무엇인가? 많은 연구에서 밝힌 바와 같이, 공감이 높은 수준의 치료자들이 공감이 낮은 치료자들에 비해 CBT와 기타 치료에서 더욱 효과적인 것으로 나타났다. 이 결과는 동기면담에서도 그러한가? 그 밖에 어떤 치료자 특성이 동기면담의 효과를 증진시키는가?

• 서로 다른 대상군에게 있어서 동기면담은 어떻게 효과적인가? 서로 다른 연령 집단에 대해 동기면담은 차별적으로 효과적인가? 대부분의 동기면담 연구에서 대상이었던 성인 연령 집단만큼이나 아동, 청소년, 그리고 노년층이 동기면담에서 효과적인가? 서로 다른 인종 집단, 입원치료 대상군, 인지적 결손이 있는 대상군에게 어떻게 동기면담은 효과적인가?

• 동기면담은 부부, 가족, 집단 치료 양식에서 어떻게 효과적으로 적용될 수 있는가? 만약에 한 사람의 내담자에 초점을 두는 대신 밀접한 체계 내에 있는 다수 내담자에게 초점을 두었을 경우, 어떠한 영향력을 동기면담이 결과에 가져오게 될 것인가?

• 좀 더 장기적인 동기면담 치료가 보다 나은 치료 효과를 끌어오는가? 동기면담

이 상당히 적은 수의 회기(1~4)에서 전형적으로 사용되었을 때 성공률을 성취함을 보이는 것은 놀랄 만하다. 이보다 더 많은 동기면담 회기를 수행했을 때 치료 결과가 더 나아질 것인가?

- 동기면담에서 문제관련 규범적 피드백의 역할은 무엇인가? 알코올 남용과 약물남용 영역에서 수많은 연구는 피드백 구성요소를 구성한 바 있는데, 피드백에서는 다른 사람들과 비교하여 내담자의 문제가 어디에 위치하고 있는지를 알려 주게 된다. 이러한 피드백은 동기면담 접근에서 중요한 부분은 아니지만 널리 사용되고 있다. 이러한 피드백은 알코올 및 약물남용에서 동기면담 사용 효과성을 증진시키는가? 불안, 섭식장애와 같은 기타 문제에서 이런 피드백의 역할이 존재하는가?

- 동기면담을 훈련시키는 최상의 방법은 무엇인가? 최근 연구에서(Miller & Mount, 2001; Miller, Yahne, Moyers, Martinez, & Pirritano, 2004) 밝힌 것은 동기면담을 가르치는 소개 형식의 워크숍의 유형이 광범위하게 사용되고 있는데, 이것은 참가자들이 차후에 실천하는 것에는 상당히 적은 영향력을 주고 있다는 것이다. 새로운 훈련양식과 방법을 평가함으로써 피훈련자들이 미래에 동기면담을 자신들의 임상 실천에 일관성 있게 통합시키는 연구가 필요하다.

결론

저자들이 바라기로는 이 책이 동기면담 사용에서 새로운 발명과 확장을 촉진시키고자 하는 것이다. 이 책에서 많은 장들이 약물남용과 건강관리를 넘어선 임상문제에 동기면담과 동기면담 적용을 창조적이면서 융통성 있게 사용된 바를 보여 준다. 대부분의 장에서는 단지 예비 자료만을 제시하고 있기는 하나 이러한 자료들은 일반적으로 긍정적 방향을 보여 주고 있다. 저자들이 바라기는 이 예비 자료에서 발생한 연구가 가까운 미래에 참고 문헌에 나타나는 것이다.

약물남용과 건강 분야에서의 광범위한 연구가 많은 질문에 대한 답을 주면서 동시에 그 밖의 많은 질문을 유발시킨 바가 있다. 동기면담 사용 면에서 그 밖의 장애와 대상군을 위해 보다 더 많은 연구와 임상적 발명이 될 필요가 있으며 동기면담의 서로 다른 사용과 유형에 대한 평가가 함께 있어야 할 필요가 있다. 만약에 이 책이 이러한 연구 및 실천을 위한 하나의 촉매가 되었다면 저자들은 목표를 달성한 것이 된다.

참고문헌

Amrhein, P. C., Miller, W. R., Yahne, C., Knupsky, A., & Hochstein, D. (2004). Strength of client commitment language improves with therapist training in motivational interviewing. *Alcoholism: Clinical and Experimental Research, 28,* 74A.

Amrhein, P. C., Miller, W. R., Yahne, C. E., Palmer, M., & Fulcher, L. (2003). Client commitment language during motivational interviewing predicts drug use outcomes. *Journal of Consulting and Clinical Psychology, 71,* 862–878.

Anton, R. F., O'Malley, S. S., Ciraulo, D. A., Cisler, R. A., Couper, D., Donovan, D. M., et al. (2006). Combined pharmacotherapies and behavioral interventions for alcohol dependence: The COMBINE study: A randomized controlled trial. *Journal of the American Medical Association, 295,* 2003–2017.

Arkowitz, H. (1997). Integrative theories of change. In S. Messer & P. Wachtel (Eds.), *Theories of psychotherapy: Origins and evolution* (pp. 227–288). Washington, DC: American Psychological Association Press.

Arkowitz, H. (2002). An integrative approach to psychotherapy based on common processes of change. In J. Lebow (Ed.), *Comprehensive handbook of psychotherapy: Vol. 4. Integrative and eclectic therapies* (pp. 317–337). New York: Wiley.

Bien, T. H., Miller, W. R., & Boroughs, J. M. (1993). Motivational interviewing with alcohol outpatients. *Behavioural and Cognitive Psychotherapy, 21,* 347–356.

Bohart, A. S., Elliott, R., Greenberg, L. S., & Watson, J. C. (2002). Empathy. In J. C. Norcross (Ed.), *Psychotherapy relationships that work: Therapist contributions and responsiveness to patients.* New York: Oxford University Press.

Brown, J. M., & Miller, W. R. (1993). Impact of motivational interviewing on participation and outcome in residential alcoholism treatment. *Psychology of Addictive Behaviors, 7,* 211–218.

Buber, M. .(1971). *I and thou.* New York: Free Press.

Buber, M., Rogers, C. R., Anderson, R., & Cissna, K. N. (1997). *The Martin Buber–Carl Rogers dialogue: A new transcript with commentary.* Albany: State University of New York Press.

Burke, B. L., Arkowitz, H., & Menchola, M. (2003). The efficacy of motivational interviewing: A meta-analysis of controlled clinical trials. *Journal of Consulting and Clinical Psychology, 71,* 843–861.

Burns, D., & Nolen-Hoeksma, S. (1992). Therapeutic empathy and recovery from depression: A structural equation model. *Journal of Consulting and Clinical Psychology, 92,* 441–449.

Carroll, K. M., Ball, S. A., Nich, C., Martino, S., Frankforter, T. L., Farentinos, C., et al. (2006). Motivational interviewing to improve treatment engagement and outcome in individuals seeking treatment for substance abuse: A multisite effectiveness study. *Drug and Alcohol Dependence, 81,* 301–312.

Clarke, K. M., & Greenberg, L. S. (1986). Differential effects of the Gestalt two-chair intervention and problem solving in resolving decisional conflict. *Journal of Counseling Psychology 33,* 11–15.

Connors, G. J., Walitzer, K. S., Dermen, K. H. (2002). Preparing clients for alcoholism treatment: Effects on treatment participation and outcomes. *Consulting and Clinical Psychology, 70,* 1161–1169.

Deci, E. L., & Ryan, R. M. (1985). *Intrinsic motivation and self-determination in human behavior.* New York: Plenum Press.

Dollard, J., & Miller, N. E. (1950). *Personality and psychotherapy: An analysis in terms of learning, thinking, and culture.* New York: McGraw-Hill.

Elliott, R., Greenberg, L. S., & Lietaer, G. (2004). Research on experiential psychotherapies. In C. R. Snyder & R. E. Ingram (Eds.), *Handbook of psychological change: Psychotherapy processes and practices for the 21st century* (pp. 493–539). New York: Wiley.

Engle, D. E., & Arkowitz, H. (2006). *Ambivalence in psychotherapy: Facilitating readiness to change.* New York: Guilford Press.

Frankl, V. E. (1963). *Man's search for meaning.* Boston: Beacon Press.

Greenberg, L. S., Rice, L. N., & Elliott, R. (1993). *Facilitating emotional change: The moment-by-moment process.* New York: Guilford Press.

Handmaker, N. S., Miller, W. R., & Manicke, M. (1999). Findings of a pilot study of motivational interviewing with pregnant drinkers. *Journal of Studies on Alcohol, 60,* 285–287.

Hettema, J., Steele, J., & Miller, W. R. (2005). Motivational interviewing. *Annual Review of Clinical Psychology, 1,* 91–111.

Lambert, M., & Barley, D. E. (2002). Research summary on the therapeutic relationship and psychotherapy. In J. Norcross (Ed.), *Psychotherapy relationships that work* (pp. 17–36). New York: Oxford University Press.

Lane, C., Huws-Thomas, M., Hood, K., Rollnick, S., Edwards, K., & Robling, M. (2005). Measuring adaptations of motivational interviewing: The development and validation of the behavior change counseling index (BECCI). *Patient Education and Counseling, 56,* 166–173.

Leahy, R. L. (2002). *Overcoming resistance in cognitive therapy.* New York: Guilford Press.

Lincourt, P., Kuettel, T. J., & Bombardier, C. H. (2002). Motivational interviewing in a group setting with mandated clients: A pilot study. *Addictive Behaviors, 27*, 381–391.

Madson, M. B., & Campbell, T. C. (2006). Measures of fidelity in motivational enhancement: A systematic review. *Journal of Substance Abuse Treatment, 31*, 67–73.

Madson, M. B., Campbell, T. C., Barrett, D. E., Brondino, M. J., & Melchert, T. P. (2005). Development of the Motivational Interviewing Supervision and Training Scale. *Psychology of Addictive Behaviors, 19*, 303–310.

Marcus, M., Westra, H. A., Angus, L., & Stala, D. (2007, June). *Client experiences of cognitive behavioural therapy for generalized anxiety disorder: A qualitative analysis.* Paper presented at the annual meeting of the Society for Psychotherapy Research, Madison, WI.

McCambridge, J., & Strang, J. (2004). The efficacy of single-session motivational interviewing in reducing drug consumption and perceptions of drug-related risk and harm among young people: Results from a multi-site cluster randomized trial. *Addiction, 99*, 39–52.

Miller, W. R. (1983). Motivational interviewing with problem drinkers. *Behavioural Psychotherapy, 11*, 147–172.

Miller, W. R. (Ed.). (2004). *Combined Behavioral Intervention manual: A clinical research guide for therapists treating people with alcohol abuse and dependence* (COMBINE Monograph Series, Vol. 1; DHHS No. 04-5288). Bethesda, MD: National Institute on Alcohol Abuse and Alcoholism.

Miller, W. R., & Baca, L. M. (1983). Two-year follow-up of bibliotherapy and therapist-directed controlled drinking training for problem drinkers. *Behavior Therapy, 14*, 441–448.

Miller, W. R., Benefield, R. G., & Tonigan, J. S. (1993). Enhancing motivation for change in problem drinking: A controlled comparison of two therapist styles. *Journal of Consulting and Clinical Psychology, 61*, 455–461.

Miller, W. R., & Mount, K. A. (2001). A small study of training in motivational interviewing: Does one workshop change clinician and client behavior? *Behavioural and Cognitive Psychotherapy, 29*, 457–471.

Miller, W. R., & Rollnick, S. (1991). *Motivational interviewing: Preparing people to change addictive behavior.* New York: Guilford Press.

Miller, W. R., & Rollnick, S. (2002). *Motivational interviewing: Preparing people for change* (2nd ed.). New York: Guilford Press.

Miller, W. R., Taylor, C. A., & West, J. C. (1980). Focused versus broad spectrum behavior therapy for problem drinkers. *Journal of Consulting and Clinical Psychology, 48*, 590–601.

Miller, W. R., Yahne, C. E., Moyers, T. B., Martinez, J., & Pirritano, M. (2004). A randomized trial of methods to help clinicians learn motivational interviewing. *Journal of Consulting and Clinical Psychology, 72*, 1050–1062.

Moyers, T. B., Martin, T., Catley, D., Harris, K. J., & Ahluwalia, J. S. (2003). Assessing the integrity of motivational interventions: Reliability of the Motivational Interviewing Skills Code. *Behavioural and Cognitive Psychotherapy, 31*, 177–184.

Moyers, T. B., Martin, T., Manuel, J. K., Hendrickson, S. M. L., & Miller, W. R. (2005).

Assessing competence in the use of motivational interviewing. *Journal of Substance Abuse Treatment, 28,* 19–26.

Moyers, T. B., Miller, W. R., & Hendrickson, S. M. L. (2005). How does motivational interviewing work?: Therapist interpersonal skill predicts client involvement within motivational interviewing sessions. *Journal of Consulting and Clinical Psychology, 73,* 590–598.

Pelletier, L. G., Tuson, K. M., & Haddad, N. K. (1997).Client Motivation for Therapy Scale: A measure of intrinsic motivation, extrinsic motivation, and amotivation for therapy. *Journal of Personality Assessment, 68,* 414–435.

Project Match Research Group. (1997). Matching alcoholism treatments to client heterogeneity: Project Match post-treatment drinking outcomes. *Journal of Studies on Alcohol, 58,* 7–29.

Project Match Research Group. (1998). Therapist effects in three treatments for alcohol problems. *Psychotherapy Research, 8,* 455–474.

Rogers, C. R. (1959). A theory of therapy, personality, and interpersonal relationships as developed in the client-centered framework. In S. Koch (Ed.), *Psychology: The study of a science: Vol. 3. Formulations of the person and the social contexts* (pp. 184–256). New York: McGraw-Hill.

Rogers, C. R. (1980). *A way of being.* Boston: Houghton Mifflin.

Rogers, E. M. (2003). *Diffusion of innovations* (5th ed.). New York: Free Press.

Rollnick, S., & Miller, W. R. (1995). What is motivational interviewing? *Behavioural and Cognitive Psychotherapy, 23,* 325–334.

Rollnick, S., Miller, W. R., & Butler, C. C. (in press). *Motivational interviewing in health care: Helping patients to change behavior.* New York: Guilford Press.

Rubak, S., Sandbaek, A., Lauritzen, T., & Christensen, B. (2005). Motivational interviewing: A systematic review and meta-analysis. *British Journal of General Practice, 55,* 305–312.

Truax, C. B., & Carkhuff, R. R. (1967). *Toward effective counseling and psychotherapy.* Chicago: Aldine.

Valle, S. K. (1981). Interpersonal functioning of alcoholism counselors and treatment outcome. *Journal of Studies on Alcohol, 42,* 783–790.

찾아보기

Index

Hal Arkowitz, Ph.D. 미국 Arizona 대학교의 심리학과 교수로 사람들이 어떻게 변화하고 왜 변화하지 않는지에 대한 이해에 주 관심을 가지고 있다. Arkowitz 박사는 불안, 우울, 심리치료, 그리고 통합 심리치료 분야에 수많은 저서, 논문을 발표하였고, 최근에는 *Ambivalence in Psychotherapy: Facilitating Readiness to Change*(2006)라는 저서가 있다. 또한 *Scientific American Mind*라고 하는 잡지에 기고자이고, 지난 10년간 *Journal of Psychotherapy Integration*의 편집자로서 임상 장면에서 활동 중이며 연구와 실제의 상호작용을 가치 있게 본다.

Henny A. Westra, Ph.D. 캐나다 토론토에 있는 York 대학교 심리학과 교수로 불안장애 치료 분야에서 30부 이상의 논문과 기고가 있으며 100개 이상의 발표와 워크숍을 진행한 바 있다. 캐나다 국립 보건원으로부터 동기면담, 변화 기대, 치료 참여 연구를 위해 기금을 받은 바 있다.

William R. Miller, Ph.D. 미국 New Mexico 대학교 심리학과 명예교수이며, 35개의 저서를 포함한 400개 이상의 출판물이 있다. Miller 박사는 1983년 논문에서 동기면담(motivational interviewing)을 소개하였다. 그는 Institute for Scientific Information으로부터 세계에서 가장 많이 인용되는 과학자 상을 받은 바 있다.

Stephen Rollnick, Ph.D. 영국 Wales에 있는 Cardiff 대학교의 심리학과 교수이자 임상심리학자로, 동기면담과 건강 행동 변화를 주제로 수많은 논문을 출간했고, 건강과 사회적 관리 분야에 관한 도전적 자문에 특히 관심을 가지고 있다.

Hal Arkowitz, Ph.D. 미국 Arizona 대학교 심리학과

Brian L. Burke, Ph.D. 미국 Fort Lewis 대학교 심리학과

Patrick W. Corrigan, PsyD. 미국 Illinois Institute of Technology 심리학 연구소

Katherine M. Diskin, Ph.D. 캐나다, Foothills Medical Centre 중독 센터

David J. A. Dozois, Ph.D. 캐나다 Western Ontario 대학교 심리학과

Carl Åke Farbring, M.A. 스웨덴 국립 교정 및 보호관찰

Nancy K. Grote, Ph.D. 미국 Washington 대학교 사회사업과

David Hodgins, Ph.D. 캐나다 Calgary 대학교 심리학과

Wendy R. Johnson, M.S. 미국 New Mexico 대학교 심리학과

Nicholas Maltby, Ph.D. 미국 Institute of Living 불안장애 센터

Steve Martino, Ph.D. 미국 Yale 대학교 의과대학 정신과

Stanley G. McCraken, Ph.D. 미국 Chicago 대학교 사회복지행정과

William R. Miller, PhD. 미국 New Mexico 대학교 심리학과

Therasa B. Moyers, Ph.D. 미국 New Mexico 대학교 심리학과

Ronald T. Murphy, Ph.D. 미국 Francis Marion 대학교 심리학과

Stephen Rollnick, Ph.D. 영국 Cardiff 대학교 의과대학

Ulrike Schmidt, Ph.D. 영국 Institute of Psychiatry 섭식장애

Holly A. Swartz, M.D. 미국 Pittsburgh 대학교 의과대학 정신과

David F. Tolin, Ph.D. 미국 Connecticut 대학교 의과대학 불안장애 센터

Janet Treasure, Ph.D. 영국 Kings 대학교 정신과

Henny A. Westra, Ph.D. 캐나다 York 대학교 심리학과

Harry Zerler, M.A. 미국 Hunterdon Medical 센터

Allan Zuckoff, Ph.D. 미국 Pittsburgh 대학교 의과대학 정신과

역자 소개

신수경, M. S.

현재_ 국립법무병원 약물중독재활센터 임상심리사

임상심리 전문가

주요 역서_ 중독과 동기면담, 동기면담 전문가 훈련 핸드북, 건강관리에
서의 동기면담, 동기면담의 실제 : 전문가 훈련 밀러 DVD 핸드북

조성희, Ph. D.

동기면담 훈련 전문가(TNT 2007)

한국 최초의 동기면담 전문가

현재_ 백석대학교 기독교학부 상담학과 교수

주요 역서_ 중독과 동기면담, 동기면담 전문가 훈련 핸드북, 건강관리에
서의 동기면담, 동기면담의 실제 : 전문가 훈련 밀러 DVD 핸드북